D1926990
CREPERIE
MAIRIE
TAHITI NUI TRAVEL
CLUB MED
Rue du Général de Gaule
PARKING TARAHOI
TAXIS
Papeete Public Market place : 43 19 62
Faa'a Airport : 83 30 07
Centre Vaima : 42 33 60
USEFUL NUMBERS
Tahiti Tourism Office : 50 57 00
SOS Police : 17
SMUR : 15
Air Calédonie Int'l : 85 09 04
Air France : 42 22 22
Air Moorea : 86 41 41
Air Tahiti Nui : 45 55 55
Air New Zealand : 54 07 47
Corsair : 42 28 28

Rüdiger Barth

# Endlich weg

Rüdiger Barth

# Endlich weg

*Über eine Weltreise zu zweit*

Mit 24 Farbbildseiten

MALIK

*Für M.*

Mix
Produktgruppe aus vorbildlich bewirtschafteten Wäldern und anderen kontrollierten Herkünften
www.fsc.org Zert.-Nr. GFA-COC-1278
FSC


ISBN 978-3-89029-341-7

Satz: Satz für Satz. Barbara Reischmann, Leutkirch
Fotos: Rüdiger Barth, bis auf Karte S. 1:
Helga Lade Fotoagentur
Bildteilgestaltung: Birgit Kohlhaas, München
Druck und Bindung: Ebner & Spiegel, Ulm
Printed in Germany

*www.malik.de*

# Inhalt

## EINS
# Ein Paukenschlag tut not

Sie schlug der Länge nach hin, vor dem Eingang zum Terminal, ein nasser Tag in Hamburg, der Asphalt glänzte schwarz, sie hielt die Arme nicht vors Gesicht. So kam sie mit dem Gesicht zuerst auf, es war kein Geräusch zu hören, gar kein Geräusch. Ich war ein paar Meter hinter ihr gelaufen, ich zögerte kurz, eilte dann hin, zwei, drei Männer kamen mir zuvor, die hatten nicht gezögert. Der Mantel der Frau war feucht, ihre Haare grau, das Grau des Himmels. Wir drehten sie auf den Rücken, vorsichtig, sie blutete aus der Nase, rot rann es ihr aus dem Mund. Splitter bedeckten ihre Augen, die Gläser der Brille, zerbrochen. Wir trugen sie auf den Gehweg. Ich hielt ihr rechtes Bein, die Hose ein derber Stoff, die Frau war ganz schlaff, sie mochte sechzig Kilo wiegen, der Körper einer alten Frau, wir vier Männer schleppten schwer (dachte, was, wenn sie stirbt, einfach so stirbt).

Als sie auf dem nassen Gehsteig lag, rief einer einen Arzt, und wir betteten ihren Kopf auf meine Tasche, graue, feuchte, blutige Haare auf glattem Nylon, sie atmete ganz schwach, und ihre Augen waren Splitter. Einfach umgefallen, sagten die Leute, sie ist nicht gestolpert, was ja möglich wäre, einfach hingefallen, aufs Gesicht, so was. Als hätte sie der Schlag getroffen. Ich hielt ihr den Kopf, mit der Hand unter dem Nacken, er war ganz warm, die Haut war faltig, aber warm, kleine Härchen unter meinen Fingern. Das Blut lief ihr den Hals herab, jemand hatte ein Tuch in der Hand, tupfte es weg, ein anderer nahm ihre Brille ab, ganz langsam, die Splitter waren beschlagen. Die Gläser wie blinde, geborstene Spiegel.

Ihre Augen aber bluteten nicht. Sie sah uns nicht an, sie sah in eine sehr weite Ferne, sie atmete flach. Meine Hand unter ihrem Nacken, ihre Hand in der meinen, die Wärme schien aus ihr herauszufließen. Jemand hatte eine Decke organisiert, viele Menschen standen um uns herum, die meisten guckten nur, lange Hälse. Ich kniete neben ihr, ihr Blut rann dunkel und rot auf meine Handfläche, die wurde warm und rot wie das Blut (lass sie jetzt nur nicht sterben). Wir sprachen leise mit ihr, das heißt, die anderen, ich brachte kein Wort heraus, hielt sie nur fest, bis ich dachte, ich halt's nicht mehr aus. Sehr lange blieben wir so.

Endlich kam ein Krankenwagen, Männer in Uniformen, mit ruhiger Stimme und schnellen Griffen, keinen Blick für mich, sie schoben mich zur Seite, jetzt begannen sie mit der Frau zu reden, die Frau murmelte etwas, das keiner verstand. Dann brachten sie sie weg, auf einer schmalen Trage. Ihr geht's gut, sagte einer noch, die Uniform glänzte im feinen Regen, wir anderen schauten uns an, zuckten die Achseln, die Leute zerstreuten sich, wie wenn es nichts zu sagen gäbe. Ihre Wärme auf meiner Hand, langsam auskühlend, und auf der Tasche, da, wo ihre linke Wange lag, ist bis heute ein kleiner Blutfleck zu sehen.

Um den bin ich froh.

Der Tag, an dem eine Frau vor meinen Augen umfiel, sie hatte sich nicht gewehrt, die Hände schlaff an der Seite, war der Tag, an dem mir schwante, dass das Leben doch recht kurz sei. Zuvor hatte ich stets geglaubt, unser Dasein dauere, wenn nicht ewig, so doch schon unerhört lange, wenigstens lange genug, um sich nicht vorzustellen, dass es einmal enden könnte. Ich beschloss noch am selben Abend, den Rest kompromisslos zu genießen, und meine Frau Anna sagte spontan: Da bin ich dabei.

So ein Beschluss ist die Basis von allem. Ich bin 34 Jahre alt, und mein Problem ist (es ist natürlich keines, aber das gehört schon zum Problem), ich habe einen guten Job und ich habe gute Chefs, sie zahlen mir anständig Geld für etwas, das ich gerne tue, und sie achten mich, aber all das hilft nicht, an zu vielen Tagen bedaure ich es, zur Arbeit gehen zu müssen. Als ob ich morgens mein Leben zurückließe. Und das liegt daran, dass ich das Freihaben liebe, und ich merke, dass es Tag für Tag dahinschwindet, das Leben, und das Ende kommt offenbar früher, als man denkt. Sieht auch Charles Bukowski so, der nicht nur ein Schweinekerl war, sondern auch vollkommen recht hat, wenn er sagt, der Tod ist der einzige Gegner, den es zu bekämpfen lohnt, vielleicht hat er's aber auch nicht gesagt, und ich hab's gerade erfunden. In meinem Alter gibt es nicht viel, was an den Tod erinnert, es gibt da diese Stelle an meinem Kopf hinten oben, da gehen die Haare aus, aber Anna sagt, das wirkt, als wärst du hart, ein cooler Typ, der das Leben verstanden hat, und ich sage, findest du, sie streicht mir über die kahle Stelle und sagt, sei stolz drauf.

Doch ich denke: Das ist der erste Gruß vom Tod. Und Anna lacht, weil sie weiß, was ich denke, sie kennt mich zu lange, sie denkt: eitler Sack.

Ich beginne zu schimpfen. Wir jungen Deutschen sind im Reichtum aufgewachsen, ich komme gerne ins Grundsätzliche, wir kennen unsere Geschichte, oja, kennen wir die, wir fürchten uns vor Fehlern, also wagen wir nichts, wir essen warm, wann immer wir wollen, es ist alles zur Hand, wann immer wir wollen, unser Leben liegt vor uns ausgebreitet, zurechtgezupft von unseren Eltern und Großeltern (wenn sie nicht zu *denen* gehört hatten), nur kann uns keiner sagen, was wir mit unserem Leben anstellen sollen. Wir würden es uns natürlich auch nicht sagen lassen. Oh, gesagt haben sie schon etwas, aber es passt nicht mehr recht, unsere Zeit ist zu schnell und zu weit. Und wir wissen exakt, wie wir unser Leben leben wollen, nur wissen wir leider nicht, wozu das alles. (Denn wozu das alles?)

Dein Steak wird kalt, sagt Anna.

Immerhin weiß ich seit ein paar Jahren, dass mein Leben, das ich leben will, nicht dem gleicht, das die paar Typen mit Vergangenheit, mit denen ich befreundet bin, in ihren Erzählungen ausbreiten. Manche bezeichnen diese Kerle als Große-Töne-Spucker, andere als echte Männer, jedenfalls waren sie in ihrer ewigen Jugend so viel wilder als ich und bauten so viel mehr Mist, sie kennen die Drogen, den Knast, die Bullen, die Huren, die übliche Palette, und sind heute, als Zivilisten, noch immer stolz darauf. Als würde das was gelten.

Also, da wir unsere Tage radikal zu unseren Gunsten ändern werden, indem wir, wann immer es geht, nichts mehr machen, was uns Lebenszeit klaut, fangen wir mit einem Paukenschlag an. Wir nehmen uns Urlaub, dass es kracht, und werden uns in den Flieger nach New York setzen, und von dort geht es weiter um die Welt, einmal um die Welt in 120 Tagen, das ist eine schöne Zeit, das müsste reichen, eine Idee zu bekommen, ein Gefühl, dass es sich lohnt. Wenigstens eine kleine Antwort.

Aber bitte schön daraus kein Tagebuch. Das klingt nach Pflicht, weniger für den Leser, schöne kleine Happen, mehr für den Schreiber, und wenn ich auf dieser Reise eins nicht will, dann ist es die Pflicht. Die ganze verdammte zur Hölle fahrende heilige Pflicht. So ähnlich hat's Jack London mal gesagt, und da war unsereins siebzig Jahre noch gar nicht auf der Welt.

Nur, was uns widerfährt, auf unserem Weg, den zu planen ein Abenteuer ist. Alles beginnt damit, dass man das eine Wort hört, *Round-the-world-Ticket*, gar nicht so teuer, kannst einmal um die ganze Welt fliegen und aussteigen, wo immer du willst, für das, was du kriegst, wie geschenkt. Und kannst dir deine eigene Route zusammenstellen, völlig ohne Einschränkung! Und … Warum machst du's nicht auch?

Vier Wochen ist zu kurz für einmal um die Welt, da waren wir uns einig, wenn man nirgendwo länger bleiben kann als drei, vier Tage, kommt die Seele nicht hinterher. So hat es Bruce Chatwin verkündet, er zitierte dabei, was ihm natürliche Autorität verlieh, die Aborigines aus Australien, oder waren es afrikanische Nomaden? Weiß es nicht mehr, aber es stimmt ja dermaßen. Und dann überlappen sich alle Eindrücke, und heraus kommt ein einziger Brei. Nee. Du brauchst Zeit.

Zeit. Das ist das Wertvollste, je älter man wird, wenn man einen Job hat und genügend Geld verdient, um nicht an Geld denken zu müssen. Wir haben die Zeit bekommen, durch Tapferkeit und Tricksen und manchmal auch im Bürosein, wenn kein Schwein sonst im Büro ist (aber nur manchmal). Und dann brauchst du Chefs, die dir sagen, machen Sie mal eine Auszeit, das wird Ihnen guttun, Sie haben es sich ja verdient, und das so meinen, dass sie sich freuen, wenn du als der Alte zurückkommst, oder besser runderneuert.

Vier Monate haben wir uns schenken können, was üppig schien, in den ersten Stunden, aber wenn man anfängt zu planen, merkt man, dass das gar nichts ist. Die Tage und Wochen zerstäuben unter den Fingern, sobald man sie über die Weltkarte verteilt. Fffft. Der selbstherrliche Plan, die ganze Welt zu erobern: undurchführbar. Ob *Star Alliance* oder *One World*, bei 39 000 Meilen ist Sense bei den verbündeten Fluggesellschaften, was so viel gar nicht ist, wenn man ja doch eigentlich die Welt erobern will. Das Leiden beginnt. Von der ersten ekstatischen Freude (Phase EINS) gelangen wir sehr rasch zu Phase ZWEI, zur qualvollen Erkenntnis, dass man sich hundertfach entscheiden muss, immer wieder: Indien oder Indian Summer? Tage-, wochenlang brüten wir auf unseren Sehnsüchten herum. Wir diskutieren, streiten, schwärmen, und am Ende, die Nerven längst dünn, wollen wir nur noch eins: uns entscheiden. Und das tun wir dann auch, auf Teufel komm raus. Phase DREI: ab ins Reisebüro. Ein Rundflugticket gibt's nämlich nicht im Internet – viel zu kompliziert. Angeblich.

Wir konsultieren Hamburgs Spezialistenreisebüro. Draußen baut sich ein Gewitter auf, es kommt der August 2006, der lange Sommer glüht noch immer, die Meisterschaft der Welt in unserem kleinen Land! Nun spüren wir den Wind, der die Alster verführen wird, ein kleines Meer zu werden, mit Wellen und Gischt, wir sind vor dem Gewitter hergeradelt, und wir sagen, endlich, endlich Regen, die Natur braucht das ja, und haben uns gerade noch vor den dicken Tropfen ins Reisebüro geflüchtet und wissen nicht, dass es die nächsten vier Wochen regnen wird, bis wir vergessen haben werden, wie es ist, wenn die Sonne scheint und die Alster zum Schmelzen bringt.

Drinnen, beim Spezialisten: Wir wollen vor den dunklen Fängen unseres Winters fliehen, sagen wir, also werden wir vor allem die Südhalbkugel beharken (1. Große Entscheidung). Allerdings geht es schon Ende September los, wie geschaffen, um ein bisschen den einsetzenden Herbst des Nordens zu spüren – folglich starten wir in Richtung Westen, mit dem Indian Summer (2. Große Entscheidung). Dazu gratulieren auch alle Experten, so herum macht einem der Jetlag weniger zu schaffen, aber was wäre schon der Jetlag gegen Neuengland um diese Jahreszeit, der John-Irving-Zeit? Und wir haben ja vier Monate, nicht nur vier Tage. So oder so: westwärts. Der Abendsonne nach. Eh romantischer.

Somit werden wir am Anfang fürchterlich viel Hummer essen und Blätter sammeln, roter als ein Feuer, und so den Herbst fangen, und wir trinken auch ein Bier da, wo die Crew der *Andrea Gail* ein Bier trank, bevor sie im Sturm unterging, und wir werden in Melvilles Kapelle in New Bedford knien, ohne zu beten, und die Augen schließen und uns fragen, ob sie noch nach Tran riecht, von wegen der Walfänger und ihrer Weiber. Und das machen wir in Neuengland. Und von da aus nach New Orleans und sehen, wie das Leben sich berappelt nach Katrina, und da sein, das ist schon mal was, und ein paar Musiker fragen, ob es sich leichter Musik machen lässt, jetzt, wo die Stadt untergegangen ist, oder schwerer oder ob es sogar unmöglich ist, und was wir hören, ist keine Musik mehr, sondern ein Grabgesang.

Und dann geht es nach Kuba ... – Vergessen Sie Kuba, sagt uns der Mann im Reisebüro, ein wirklich absolutes Spezialistenreisebüro, der Mann fühlte sich jung genug, uns zu siezen, und hatte an diesem Abend keine rechte Lust, er hatte erst Lust, als ein Fräulein zur Tür reinkam und ein Päckchen abgab und nebenbei mit dem Hintern wedelte und ihm von vorne zulächelte, sodass er auch lächeln musste, es war das erste Mal, dass er lächelte. Unmöglich, nuschelte er, als sie draußen war (eins dieser Versprechen, die nie wahr werden, dachte ich), unmöglich, Kuba und die USA auf ein Ticket zu bekommen, unmöglich, dann müssen Sie über Mexiko reisen.

Wir hatten, als wir das erste Mal drüber sprachen, ob wir nicht die Welt umrunden wollen (einfach so, alles zurücklassen und von vorne wieder angreifen), für ein paar Tage eine Wohnung am Meer gemietet, es war der einzige Ort, wo ich sein mochte, manchmal muss ich am Meer sein, ich kann mich beim Draufgucken auflösen.

Da war eine Terrasse – von der sah man das Meer, das war Bedingung, es lag platt da, in der Hitze, als wäre ihm zu heiß. Man konnte es draußen nicht aushalten, unsere Terrasse war für die Nächte gebaut. Ich hatte mein Hemd aufgeknöpft, ich bin ein Brusthaarversager, trotzdem, über mir drehte sich der Ventilator. Eine Sirene, unten auf der Straße, weit entfernt. Gehupe, bösartig anfahrende Mopeds, sie störten mich nicht. Im Treppenhaus helles Gelächter, Schritte auf alten Bohlen. Es hörte sich so schön fremd an. Das Zimmer war klein, Holz an der Decke und Stein am Boden, ich lag auf dem Bett und starrte an die Balken und blieb hier, obwohl ich mich draußen hätte auflösen können, am Meer, aber manchmal ist es besser, sich das nur vorzustellen. Und ich träumte von unserer Tour, endlich weg, einmal rum um die Welt, und dachte in dieser Sekunde: Kuba wäre schön. Solange es Kuba noch gibt.

Und nun, im Reisebüro: Kuba!

Nur über Mexiko, sagt der junge Mann.

Mexiko?

Unsere Blicke suchen sich. Anna nickt.

Der Spezialist macht hmhm. Gut, sagen wir, reisen wir also über Mexiko, erst mal Cancun, auch wenn es da furchtbar sein soll, aber weiter unten wird es schön, das haben wir gehört, und eine Pyramide steht sogar direkt am Strand, Tulus? Tulum!, und da kann man in Hütten übernachten, ganz billig, und abends liegt man erschöpft vom Rumhängen in Hängematten und trinkt Bier und schaut zu den Sternen (und verscheucht die Mücken). Und wenn wir wollen, fahren wir weiter nach Belize und schlagen uns durch den Busch und übernachten in dieser Lodge, die Coppola gehört, der diesen Film gemacht hat … Dings. Ja, *Es war einmal in Amerika*. Nein, das war Sergio Leone. Ja, aber Filme macht er. Coppola. Und vielleicht, sage ich, trauen wir uns nach Guatemala, obwohl da oft Touristen erschossen werden. Quatsch, sagt Anna, du mit deiner Phantasie. Guatemala machen wir auf jeden Fall, wenn wir schon mal da unten in der Ecke sind. Wollen wir zehn Tage oder vierzehn? Oder drei Wochen? (Das fragen wir uns. Sagen Sie mal. Na? Und so fängt es erst an.)

Kostet 500 Euro extra, pro Mann, sagt der Spezialist, der sein Lächeln irgendwann gerade eben verloren hat.

Extra?, fragen wir.

New Orleans, Cancun, Havanna, Cancun und weiter, sagt er. Extra.

Keine Chance, das anders zu machen?, fragen wir.

Keine Chance, sagt er. Er lächelt.

3. Große Entscheidung: Kuba umkurven. Und damit auch Yucatan und Belize und Guatemala und die Gefahr, erschossen zu werden. Es bricht uns das Herz. Zumal Fidel Castro am nächsten Tag abdanken wird und langsam Bewegung in die Sache kommt, wer weiß, wann die Amis das alles übernehmen, so wie sie es in Puerto Rico gemacht haben, nicht, dass wir dort schon mal gewesen wären, aber Hunter S. Thompsons *Rum Diary* spielt da, und das ist ein wunderbares Buch, voll Hummer und Rum, aber in den Reiseführern steht, dass es da heute ganz anders ist, total amerikanisch, was ja nicht schlimm wäre, in Amerika, ist aber nicht Amerika.

Der Spezialist, gegelte Haare, ganz fein hochgestellte Spitzen, hört sich an, was wir noch ausbaldowert haben, er nickt wissend, seine Finger tippen währenddessen in wahnwitziger Geschwindigkeit, ahaha, Brasilien, sagen wir, Chile, Neuseeland.

Na ja, sagt er gelangweilt.

Und dann Australien und über Saigon nach Hongkong und Südafrika und Namibia und schwupps, nach Hause.

Geht nicht, sagt er.

Wir wollen aber nach Hause.

Südafrika, sagt er.

Muss aber.

Und Namibia.

Muss aber.

Geht nicht. Zu viele Meilen.

Echt? (Echt.)

4. Große Entscheidung: Afrika umkurven. Trifft immer die, sagt Anna, tut mir irgendwie leid. Das Umkurven tut

langsam mehr weh, als es Spaß machen wird loszufahren. Sofortiger Beschluss: Werde Kapuczinskis *Afrikanische Reise* einpacken. Afrika ist dabei, sage ich und habe trotzdem ein schlechtes Gewissen.

Einen Tag später die Mail des Reisebüros: 2800 Euro. So was haben wir befürchtet. Irgendjemand hatte behauptet, ein Ticket gibt's ab 1900 Euro, spottbillig, wenn man bedenkt, einmal um die Welt, aber wir müssen ja auch Extrawürste noch und nöcher haben. Und plötzlich lesen wir in einem Magazin, dass man auch die Osterinsel und Tahiti ansteuern kann, fliegen eh drüber, von Chile aus, kann doch nicht so schwer sein, zweimal aufsetzen, zweimal abheben, die Meilen bleiben sich gleich. Unser Mann ist ernst und freundlich, am Telefon, man hört seine Finger, wie sie tippen, vielleicht machen sie das ja von selbst, denke ich, gehören gar nicht zu ihm. Gutgut, sagt er am Schluss, ich kriege jetzt St. Lucia rein, wenn wir über Miami fliegen, Guadeloupe geht nicht und Martinique auch nicht, die werden nur von Frankreich angeflogen (echt?), und die Osterinsel und Tahiti kriegen wir auch rein, das ändert nicht viel an den Meilen, macht dann 4100 Euro.

Hm, sagen wir. Viereins. Plötzlich.

Ja, viereins, sagt er. Ist teurer geworden, seit dem letzten Mal. Und er sagt nicht, dass er sich beim letzten Mal verrechnet hat, und vielleicht hatte ihn das Mädel mit dem Hintern verwirrt, und wir fühlen uns hintergangen, aber das fühlt er sich wohl auch, wir haben nämlich, raffiniert, parallel ein anderes Reisebüro beauftragt, einen Turbospezialspezialisten aus München, die Idee war, dass sie sich gegenseitig unterbieten. Lief aber nicht. Stattdessen buchten beide Spezialisten dieselben Flüge auf dieselben Namen, das System gab laut (immer ist irgendwo ein System schlauer als man selbst), und unser Mann in Hamburg ist seitdem offenbar besonders schlecht gelaunt. Und wir sind es ja auch.

Wir entscheiden uns folglich für München, das mit Kuba können wir dem Herrn aus Hamburg nicht verzeihen. Viereins heißt es auch da, wir schlucken, das geht ans Eingemachte, da muss man sich gar nichts einbilden, aber dann schauen wir wieder auf die Weltkarte und denken, viereins, das ist ja geschenkt. Wir fliegen nach gestern und kommen von vorne wieder an. Geschenkt.

5. Große Entscheidung: Es tun. Man gibt für so viel Unsinn im Leben Geld aus. Und außerdem sind wir alle bald nicht mehr da, und was machen wir dann mit dem Geld, das wir nicht ausgegeben haben? Unsere Kinder, die wir dereinst in die Welt setzen wollen, würden davon sicher 'ne Weltreise machen, wenn wir sie richtig erzogen haben werden.

Und so buchen wir tatsächlich, nur noch vier Wochen bis zur Abreise, wobei wir einmal ganz kurz denken, dass das so viel Kohle ist, da muss jeder ein bisschen zittern beim Buchen.

Aber ohne Zittern wär's ja halb so schön.

# ZWEI
# Gottes Chor

Das ist natürlich nur so ein Gefühl, aber ich würde schwören, dass etwas dran ist. Es gibt Orte auf unserer Erde, an denen mich nach kurzer Zeit die aufregende Gewissheit beschleicht, gleich um die Ecke liege, pulsierend und weise, der Nabel der Welt. Wenn ich ihn zu suchen begänne, fände ich ihn nicht, das ist gewiss. Das Gefühl jedoch, ihm ganz nah gewesen zu sein, das bleibt, unverrückbar und groß, und dies ist der Grund, warum es mich in Gedanken oft dahin zurückzieht, als wüsste ich, wenn es überhaupt irgendwo Erleuchtung gibt, dann dort.

Das Gefühl kommt in einer uralten Stadt wie Athen, wenn ich mich abends auf einen Marmorblock in der Agora setze, der warm ist vom Tag, und beobachte, wie sich das weiche Tuch der griechischen Dämmerung über die Akropolis legt. Es kommt am Ayers Rock, der sich unerklärlich aus der roten Steinwüste Australiens erhebt, sodass man, wenn man gerade tausend Kilometer durch eine brettflache Einöde zurückgelegt hat, nicht anders kann, als an einen Schöpfergott zu glauben. Es kann durch einen Funken Licht entstehen, das den Ort erst erschafft, wie an manchen Morgen in Hamburg, wenn die durch den Frühnebel brechende Sonne die Elbe in Silber tunkt.

Man braucht Stille, um das Gefühl auftauchen zu spüren, oder wenigstens ich brauche Stille. Vielleicht liegt es daran.

Jedenfalls war ich mir bisher nicht sicher, ob New York zu diesen Orten gehört. Dass wir hier unsere Reise eröffnen würden, war keine Frage, New York ist Anfang und Ende der Welt und, wenn es nach den New Yorkern geht, sicher auch ihr Mittelpunkt. Aber kann man in dieser Stadt jenes aufwühlende Gefühl gewinnen? Wahrscheinlich ist er da schon irgendwo, der Nabel der Welt, zwischen Fifth Avenue und Madison Square Garden, ganz sicher sogar, gibt ja hier sonst alles. Es ist nur so verdammt laut.

Vier Tage New York, vier Tage Leben saufen. Diese Stadt saugt einen an, und man muss höllisch aufpassen, dass sie einen nicht verschluckt. Man kann da gar nicht der Alte bleiben. Das beginnt schon mal damit, dass wir zu Hause den Ruf haben, eher flott zu gehen, manche (aus meiner Sicht zumeist schlurfende) Kollegen behaupten gar: dass wir durch unsere schnelle Gangart eine gewisse Hektik verbreiten. Natürlich geht es darum, keine Lebenszeit zu verlieren, wobei Anna gern sagt: Das ist eine Illusion, dein Kampf mit der Lebenszeit. Du wirst ihn erst gewinnen, wenn du ihn nicht mehr führst.

New Yorker aber gehen schneller als wir. Viel schneller. Immer so, als hätten sie nicht nur noch was vor, sondern als müsse das sofort erledigt werden. Da wir gerade angekommen sind, nach reibungslosem Atlantiksprung, müde, aufgeregt, wie eben alle langen Reisen beginnen, haben wir gar nichts vor. Prompt werden wir auf den Straßen Manhattans mitgeschwemmt, den Broadway hinunter, bis wir uns nach Greenwich Village retten, wo es ein klein bisschen gedämpfter zugeht. Es ist einfach der Lauf dieser Stadt, die sechs Jahre nach den Anschlägen auf das World Trade Center längst wieder so ruppig ist, wie sie einst war. Kein Mensch hat Zeit für einen Schwatz. Kein überflüssiger Blick, der einen aus den Augenwinkeln trifft. Ein halbes Jahr hat es damals gedauert, da schrieb ein Journalist der *New York Times*: *We are ready to be nasty again*. Und das sind sie nun wieder: *nasty*. Da ist ein ganz schön fröhliches Gerempel auf den Straßen.

Aber zum Glück haben wir Freunde hier, und es ist gut, ein letztes Mal Freunde zu sehen, bevor man sich in die Fremde stürzt. Kolumbus hat einst Wochen auf den Kanarischen Inseln warten dürfen, ehe er auf den weiten Atlantik segelte, von wegen günstige Winde. Es sich wochenlang ein letztes Mal gut gehen lassen, das geht heutzutage leider nicht mehr. Ich vermute, es liegt daran, dass unsereins günstige Winde gar nicht mehr erkennen würde. Oder sie sind den Menschen verloren gegangen.

Aber ein paar Tage unterschlüpfen, das ist auch was. Da ihr eine Weltreise vorhabt, sagen unsere Freunde am ersten Abend, fangt doch mit einer Weltreise an. Fahrt nach Queens, Subway Nummer 7, steigt in der 61. Straße aus und dann immer die Roosevelt Avenue hoch, die überdacht ist von der Hochbahn. Wir am nächsten Morgen nichts wie los. Zuerst nach Mexiko und Venezuela, mittendrin ein bisschen Uruguay. Nicht, dass wir die Gesichter unterscheiden könnten, man sieht es an den Flaggen. Indianische Gesichter, Taco-Stände, handgeknüpfte Hängematten, schweinegünstig. Die 74. Straße reines Indien, raschelnde Saris und Curry-Buffets für 7 Dollar und Goldschmuckgedöns und Bollywood-Schinken. Kolumbianische Telefonläden, argentinische Cafés, sehr süßer *café con leche*, und wieder Mexikaner, die im Tiefparterre eingeschweißte Pornos an den Mann bringen. Im Hochparterre Ekuadorianer. Da vorne Russen. Drüben Araber. Und alle, das sieht man ihnen an, gehören zweifelsfrei an diesen Ort, bewegen sich mit der Selbstsicherheit der hier Geborenen. Es riecht auf der Roosevelt Avenue aber nicht nach Weltreise. Es riecht nach New York. Nach bremsenden Trucks und frischen Bagels und randvollen Müllsäcken.

An der Endstation der »7«, Main Street Flushing, liegt Chinatown, das wahre Chinatown. Als wir ankommen, müssen sich gerade die Schleusen der Hölle geöffnet haben, die Subway ist ausgefallen, brüllt jemand, jedenfalls sind da auf einmal so viele Menschen auf den Gehsteigen, dass die Luft knapp zu werden scheint. Es ist, als habe sich ganz Peking aufgemacht und die Kumpels aus Shanghai gleich mitgebracht. Chinesen sind ja unentwegt mit Geldverdienen beschäftigt, ein jeder wirkt mordsmäßig unter Strom, aber vielleicht liegt das auch an New York oder vielmehr, was die Stadt mit uns anstellt. Wir werden minutenlang von Chinesen umspült.

Das ist Rekordtempo, sagt Anna staunend. Da ist Manhattan nix gegen.

Das ist das wahre Chinatown, sage ich, was willst du erwarten?

Lass uns verschwinden, das hat New York nun auch nicht verdient, dass wir so genervt sind.

Unsere Freunde wohnen draußen am Long Island Sund, in einem Vorort, in dem die Bäume hoch sind und die Grundstücke groß, in einem alten Holzhaus, das nach Pippi Langstrumpf duftet, mit einem offenen Kamin, in dem man einen Ochsen rösten könnte. Die Abende sind jetzt, Ende September, noch warm genug, um bis in die Nacht auf der Terrasse zu sitzen, die wie ein Baumhaus in den Busch gebaut ist, es zirpt und quakt und raschelt nur so um einen herum, und nach einem Dutzend Spare Ribs und beinahe so vielen Flaschen *Samuel Adams* beginnt die Dunkelheit ringsum zu wuseln. Unsere Freunde erzählen davon, wie es ist, hier zu leben, sechs Jahre sind sie schon da, wie sie Amerika lieben mit seinen verrückten Ideen und seinem ansteckenden Optimismus, und wie sie an Amerika verzweifeln, weil die Amerikaner diesen Präsidenten wiedergewählt haben, den nicht nur unsere Freunde für einen Verbrecher halten.

Ihr Haus ist weit über hundert Jahre alt und isoliert wie ein Zelt. Immerhin haben sie im letzten Winter den Keller dicht bekommen, der ist direkt in den Fels gehauen und ähnelt wohl einer Gruft. Er muss so schrecklich klamm sein, mit Tropfsteinhöhlen und unterirdischen Wasserfällen, dass man ihn Gästen nicht zeigen darf, um sie nicht um den Schlaf zu bringen. Seitdem der Keller dicht ist, müssen sie im Winter wenigstens nicht mehr den Wasserhahn laufen lassen, damit die Leitungen nicht zufrieren. So sind sie nämlich, diese Traumhütten aus Holz. Amerikanischer Standard.

Der nächste Tag beginnt ganz klar, ein Herbstmorgen, der genauso gut in Norwegen aus der Nacht wachsen könnte. Draußen Riesenradau. Drei lederhäutige Männer blasen das Laub aus der Einfahrt und mähen den morgennassen Rasen. Mexikaner, die die Vereinigten Staaten von Amerika polieren. Menschen, die gar nicht hier sein dürfen, wenn es nach dem Gesetzgeber geht. Sollte sie die Polizei aufgreifen, schiebt sie Amerika ab, welches sie schön gemacht haben, aber sie werden nicht aufgegriffen. Denn die Polizisten wissen genau, wer hier das Laub vor der Haustür aus dem Weg bläst, würde wetten, dass bei ihnen zu Hause auch die Mexikaner das Laub aus dem Weg blasen. Also ignorieren sie sie, das System würde sonst nicht funktionieren, das reiche Amerika wäre nicht geleckt zu halten, wer mäht schon 4000 Quadratmeter Rasen und hält den ganzen riesigen Garten in Ordnung für 50 Dollar im Monat, und wer will schon, dass es in Amerika aussieht wie zum Beispiel in Mexiko? Es ist nur so, dass diese Männer in ihren karierten Wollhemden und den grauen Schildmützen uns nicht in die Augen sehen, als wir sie grüßen wollen. Dass sie gar nicht sehen, dass wir sie grüßen wollen. Es sind gedrungene Männer, ihre Schultern sind nach vorne gebeugt. Als seien sie gewohnt, sich sehr klein zu machen.

An diesem Tag lassen wir uns durch Brooklyn treiben, weil wir denken, schauen wir uns mal Brooklyn an, und essen ein Cuban Sandwich, das ganz aus Fleisch und Speck und Schinken besteht, und gehen über die Brooklyn Bridge hinüber nach Manhattan, das man von hier aus gar nicht mehr erkennt, ohne die beiden Türme. Da ist nur ein Loch in der Luft, wo sie einst standen. Das ist das Einzige, was man sieht: das Loch.

In einem Café an der Avenue A reden wir plötzlich über zu Hause, das uns noch sehr nah ist und doch zu verschwimmen beginnt, weil die nächsten Monate uns weit wegführen werden. Wir hatten im Schaufenster eines Secondhandgeschäfts einen dickknöpfigen englischen Ledersessel entdeckt und ertappten uns dabei, wie wir sagten: Der wäre doch was. Als hätten wir nicht gerade die Reise unseres Lebens begonnen.

Abstand gewinnen, sage ich, kann ja auch heißen, dass man das, was man aus der Entfernung zu sehen bekommt, schön findet.

Natürlich, sagt Anna. Ich frag mich nur, warum du dir jetzt schon Gedanken machst. Wir brauchen noch ein paar Meilen und ein bisschen Zeit.

Wenn das so einfach wäre, Abstand gewinnen, sage ich. Raum und Zeit reichen vielleicht nicht.

Darauf grübele ich ein bisschen herum, während mein Tall Café Latte vor Schaum fast erstickt.

Früher, als Studenten, sage ich, haben wir beide uns immer versprochen: Das machen wir morgen. Das leisten wir uns, wenn wir mal Geld haben. Morgen.

Stimmt, sagt Anna.

Wir sind da. Morgen ist jetzt. Das ist eine Verpflichtung. Der Rest von unserem Leben hat begonnen.

Anna mag es nicht, wenn ich so rede, ich neige ein bisschen dazu, wenn ich getrunken habe, und leider manchmal auch, wenn ich nicht getrunken habe.

Das Jetzt hat auch ein Morgen, sagt Anna.

Aber auch schon ein Gestern, sage ich. (Bei diesem Thema lasse ich nicht locker.)

Umso schöner, sagt sie.

Darauf fällt mir nichts mehr ein. Ich hoffe nur, sie hat recht.

Am Abend treffen wir im *Mica*, einer Bar an der Third Avenue, unsere Freunde und einen ihrer Freunde, einen Deutschen, der so viele Jahre schon in New York lebt, dass er die Stadt souverän hassliebt.

Dat is nur noch Yuppietown hier, sagt Bernd, der aus Oberhausen stammt, ganz Manhattan wird Yuppietown, East Village, Hell's Kitchen, Chelsea, alle starken Typen werden weggedrängt, da bleiben nur Glattärsche übrig. Dat is irre, wie sicher die Stadt geworden is, aber sie is auch langweilich geworden. Dat is verloren, dat alte Gefühl.

Bernd ist Fotograf, wenn deutsche Magazine in Not sind, drucken sie Bilder aus seinen Büchern, und seit zehn Jahren wohnt er für 80 Dollar die Woche im Washington Jefferson Hotel, das berühmt ist, weil dort Künstler wohnen, die große Kunst machen und von denen sich manche umbringen. Der Chef des Hotels mag Bernds Fotos, sie hängen überall im Washington Jefferson und auch in den drei anderen Hotels, die dem Chef gehören, und Bernd sagt, er sei so was wie der Udo Lindenberg von Hell's Kitchen.

Sonntags führt er Touristen zum Gospelgottesdienst, 140. Straße, Harlem. Dat treibt dir die Tränen in die Augen, so schön is dat, sagt er. Wollt ihr nich auch? Weil morgen is Sonntach.

Klar, sagen wir, wir haben uns ja vorgenommen, jede Chance zu nutzen. Was auch immer das für Chancen sind. Obwohl wir frömmelnden Menschen misstrauen und von Musik keine Ahnung haben. Dabei hätte ich gerne Ahnung. Weil ich glaube, dass Wörter und Töne nahe Verwandte sind, ein guter Satz hat seinen eigenen Rhythmus, ein guter Text seine eigene Tonlage, und gute Schreiber erkennt man schon am Sound, am Klang ihrer Sätze. Später fahren wir wieder mit dem Zug hinaus an den Sund und sitzen im Baumhaus und trinken Bier und lauschen den Plänen der Nacht, bis uns der frische Wind ins Bett treibt.

Am nächsten Morgen steht das Wasser knöchelhoch in den Straßen von Harlem, die Menschen eilen im Sonntagsstaat durch den kühlen Regen. Es ist eine kleine Kirche, die *Mount Zion Baptist Church*, wir treten vor der Tür auf der Stelle, weil die Kälte die Füße hochkriecht, und nicken den Kirchgängern zu, die im Schutze des Vordachs ihren Regenschirm abspannen und sich aus ihren Mänteln schälen. Es sind alles Schwarze, und sie betreten das Gotteshaus nicht mit jener Art heiligem Ernst, wie es bei uns der Fall ist, sondern mit einem Lächeln.

In unseren Goretex-Jacken fühlen wir uns fehl am Platze, unter lauter Anzügen und rauschenden Kostümen. Bernd erscheint sehr weise im Trenchcoat, eine Gruppe frierender Touristen im Schlepp. Er führt uns in die Kirche und gleich nach oben, auf die Empore. Bernd wird während der Messe auch wissen, wann wir aufzustehen haben. Einen Bernd dabeizuhaben ist immer gut.

Die Kirche besteht aus einer schlichten Halle, an der Decke braune Balken, nicht viel Schmuck. Die Menschen sind der Schmuck. Nach und nach füllen sich die Reihen, der Gottesdienst fängt an, ohne dass man es merkt, eine Orgel setzt ein, zwei Jungs klemmen sich hinter die Percussions und geben den Takt, und dann schreiten Frauen in weißen Hemden und Männer, ganz in Schwarz, nach vorne, sie formen einen Chor aus zwanzig mächtigen dunklen Stimmen, ihre Stimmen füllen die Kirche, und die Gemeinde fällt ein, *thank you, Jesus, we are grateful, yes we are.* Der Priester ist ein junger Mann mit dünnem Bart und großen Augen, die alles sehen, und er spricht: Danke, Herr, für den Regen an diesem Morgen und danke für die Kälte, die in der Nacht heraufgezogen ist.

So kann man's auch nehmen, denken wir und spüren, wie unsere Zehen im Auftauen kribbeln. *Oh yeah, thank you*, singt die Gemeinde. Von oben sieht man von ihr fast nur Hüte, die Hüte der Frauen. Schreiend bunte, wagenradgroße Hüte. Die wenigen Männer wirken sehr blass in ihrer Sonntagshaltung. Sie sind auf eine merkwürdige Weise Staffage, es ist das ewig Weibliche, das hier die Vermählung mit dem Göttlichen zu feiern gewohnt ist, viele dicke runde Mamas, deren Männer Gott weiß wo sind, an diesem schrecklichen Herbstmorgen, an dem man ahnt, wie frostig es bald wieder werden und wie trübe Harlem dann sein wird, immer sind es die Frauen, die die Welt zu retten versuchen, *oh yeah, thank you*.

Es dauert vielleicht eine halbe Stunde, da haben sie sich in Trance gesungen, die Stimmen schwellen nun an, es sind reine, kraftvolle Stimmen, von niemandem geschult und wahrscheinlich deswegen so rein, immer lauter, *oh lord, thank you*, immer leidenschaftlicher, *thank you, lord*!, da laufen den alten schwarzen Damen unten auf den Bänken die Tränen herunter, sie kramen in ihren Handtaschen, holen Tücher heraus, die längst zerknüllt sind, tupfen sich gegenseitig die Tränen weg, während der Chor vorne auf der Bühne singt, *thank you, lord, o-oh! Thank you!*, eine Sängerin bricht zusammen, drei andere fangen sie auf, in dieser Kirche wird keiner auf die Knie gezwungen, und nun das Vaterunser, Amen. Danach ruft der Priester: *Give Jesus a big hand*, alle klatschen, der Chor legt sich noch mal ins Zeug, und als es nicht mehr schöner werden kann, dreht sich die Dirigentin um, eine große schwarze Frau mit langen schwarzen Haaren in einem weiten schwarzen Anzug, wir hatten sie erst für einen Mann gehalten, sie greift nun selbst zum Mikrofon und singt, singt so … so ergreifend. Schließlich hält sie einen kraushaarigen Jungen in die Höhe und küsst ihn dreimal und setzt ihn sanft ab und dankt dem Herrn. Und dann weint sie.

Es ist für ein paar Sekunden sehr still in der Kirche.

Während der ganzen Zeit haben wir oben auf der Empore gesessen und scheu zugehört wie die Eindringlinge, die wir sind, und in unserer Unsicherheit das wärmste Lächeln aufgesetzt, aber keiner hat uns je angeschaut, als seien wir nicht erwünscht. Natürlich ist nicht daran zu denken, hier die Kamera hervorzukramen. (Es wird noch oft der Fall sein, dass wir verzichten abzudrücken.)

Und während der ganzen Zeit, auf dem Arm ihrer tanzenden und wiegenden und singenden Mutter, ein Meter vom Chor entfernt, schlief in der ersten Reihe ein kleines Mädchen, wie ihre Mutter hat sie das Haar zu Zöpfen geflochten. Eines Tages wird sie hier stehen, an einem kühlen, nassen Sonntagmorgen in der Mount Zion Baptist Church in der 140. Straße, Harlem, New York, Vereinigte Staaten von Amerika, und sie wird singen und tanzen und ihr kleines Mädchen auf dem Arm wiegen, und ihre Mutter wird hinten bei den alten Damen sitzen und ihr Taschentuch in der Hand knüllen. Und an ihrer Seite wird kein Mann sein.

# DREI
# BLÄTTER WIE FEUER

Manchmal habe ich den Verdacht, wir sind ein Paar, das womöglich in unserer Altersgruppe nicht alleine dasteht mit seinen Kauzigkeiten. Von mir will ich an dieser Stelle schweigen, Männer Mitte dreißig entdecken bekanntlich, dass sie alt genug sind, alles zu dürfen, nachdem sie vorher schon alles gekonnt haben. Bei Frauen ist das was anderes, zumal bei Frauen, die wie Anna in den siebziger Jahren geboren sind. Das heißt, sie neigen zu eigenen Meinungen, besonders, wenn man an Straßenkreuzungen kommt oder zu Fragen der gesamtgesellschaftlichen Ethik. Sie lieben es, sich in gewissen Momenten anlehnen zu können an der starken Schulter ihres Mannes, und machen sich im nächsten lustig, dass er dort schon ein paar Muskeln mehr haben könnte. Anna ist fast zwanzig Zentimeter kleiner als ich, aber wie bei vielen ihrer Altersgenossinnen habe ich den Verdacht, dass sie das durchaus nicht immer wahrnimmt. Frauen unserer Generation wollen alles, aber alles zu seiner Zeit. Oder ihrer. Das Geheimnis ist, herauszufinden, wann sie was wollen. Aber es ist nicht nur ein Geheimnis. Es ist ein niemals endendes Abenteuer.

Die Idee für den Auftakt unserer Reise war, bevor wir im Sommer landen würden, noch einmal den Herbst zu fangen. Das schien uns im Nordosten der Vereinigten Staaten um diese Jahreszeit ein erstklassiges Projekt zu sein, wenngleich es leider nicht mehr exklusiv zu haben war. Der Indian Summer wächst am schönsten im Norden, von New York aus gesehen, und wir erreichen sehr schnell die Wälder, weil es hier vor allem Wälder gibt. Unser Mietwagen ist so schwammig wie alle amerikanischen Karren. Vier Türen, vier Räder, fährt sich aber wie ein Luftkissenboot. Die Blätter in Connecticut sind noch grün, in diesem Jahr gab es bisher keine Nacht, in der sich ein anständiger Frost bequemt hätte, die Färbung zu zeugen. Komplizierter Vorgang, übrigens. Hat mit Chlorophyll zu tun, meine ich mich zu erinnern. Immerhin verkaufen sie schon überall Kürbisse. Dicke orangige Dinger, absolute Prachtburschen.

Am ersten Abend erreichen wir Mystic, in dem wir schon allein des schönen Namens wegen Quartier nehmen. Mystic liegt wie hingezuckert am Mystic River, und es hat da ein Museumsschiff, das uns anderntags mit auf Walfang nehmen wird. Das ist das Versprechen. Ein Bed & Breakfast wollen wir uns nicht leisten, zu nah an den großen Städten, die Preise versaut. Als wir die dickblusige Moteldame nach der *Business Rate* fragen, senkt sie den Preis sofort um 20 Dollar.

Ist dir das jetzt peinlich?, frage ich Anna.

Ein bisschen, sagt sie.

Doch wir beschließen: nicht peinlich. Business ist ja eine Frage der Betrachtung. Unsere Geschäfte sind durchaus und vollkommen ernsthafter Natur; Lebensgenuss ist kein Vorgang, den man allzu leicht nehmen darf, sonst verflüchtigt er sich, sobald man glaubt, ihn nahen zu sehen. (Da hilft natürlich als Kontermittel Alkohol. Ein Glas Wein, zwei Bier, als Basis. Das ist das Perfide am Alkohol: dass er die Macht hat, oszillierende Gefühle erst zu stellen und dann dingfest zu machen, wenigstens für ein paar Stunden.)

Mache mich erst mal lang auf dem *King Size Bed*. Draußen feuchter Nebel, der vom Fluss aufsteigt. Uralter Nebel, der an diesen flachen Ufern umgeht, lange bevor die Menschen kamen, um hier Schiffe zu bauen. Bevor ich einnicke, scheucht mich Anna hoch. Mystic wartet. Das Dörfchen bildet sich zweifellos viel ein auf seine Zugbrücke. Die Kapitänshäuser herausgeputzt, wie das nur Amis können, so rein, dass jedes Leben gewichen ist. Alles überstrahlt ein Shop für Hunde- und Katzenverwöhner. Manchmal reicht schon so ein perverses Geschäft auf der Main Street, dass man eine kleine Stadt wie diese zum Teufel wünschen würde, wäre sie nicht längst im Fegefeuer des Tourismus zu Hause, jeden Tag Busladungen hüftlahmer Alter, gereckte Schirme, Massentrippeln vor den Klos. Das vermuten wir nach einem Schlenker über die Main Street. Aber in dieser Nacht sehen wir vor allem Nebel, wie er uns um die Füße streicht. Klassischer Herbstnebel, beste Handelsware.

Es gibt Flüsse, die sind vor allem Grenze, wie die Oder oder der Rio Grande. Es gibt Flüsse, die platzen vor Leben, nehmen wir den Amazonas, den Mekong oder den Tübinger Neckar im Mai. Und dann gibt es Flüsse, die lassen einen frösteln. Der Mystic River tut uns das an. Er hat das vermutlich nicht verdient, anderntags wird eine phantastische Sonne scheinen und sich ein phantastischer Himmel spannen, den Dichter als blaue Zeltbahn beschrieben, wenn sie hier wären, doch noch überweht den Strom in der matten Schwärze etwas Spukhaftes, Leidenschaftsloses. Denke ich, wie ich so auf der Zugbrücke stehe und aufs Wasser starre und mich in die Fleecejacke kauere, dass mir der Reißverschluss am Bart kratzt. (Dabei ist der noch prima kurz.)

Geheimnisvoll hier, sagt Anna, als würde die Stadt ihrem weißen Anstrich selbst nicht trauen. Sie zieht sich die weiche Kapuze ihrer Jacke über den Kopf.

Der Nebel ist das Beste, was ich hier bisher gesehen habe, flüstere ich.

»Mystic hat einen ausgezeichneten Nebel«, notiere ich.

In einer Nebenstraße plötzliches pralles Leben. Im *Harp*

*& Hound*, Pearl Street, spielt Christopher John, oder heißt er John Christopher, meine Aufzeichnungen dieses Abends sind lückenhaft, dabei waren es nur zwei, drei Pint *Sam Adams Oktoberfestbier*, 4 Dollar 25 Cent. Johnchris singt gut, er pfeift gut, in diesem tröstlich guten irischen Pub, wie es sie überall auf der Welt gibt, so wie es überall Iren gibt, die den Trost brauchen, und falsche Iren, die den Trost genauso brauchen, selbst wenn sie gar nicht wissen, wie der Kummer beschaffen ist, mit dem sie sich plagen. Iren wissen immer, wie ihr Kummer beschaffen ist. Es ist das irische Wesen selbst, das durch die irische Historie traumatisiert ist, von Geburt an Trost braucht und daher überall in der Welt diese Konsulate eingerichtet hat. Chrisjohn, kariertes Wollhemd, Haare bis auf den Hintern, singt: *Send me a smile, babe*. Vor ihm tanzt ein Paar, er mit grauem Bart bis auf die Brust und statt Haare einem langen Zopf, der aus der Glatze entspringt. Sie ist immer noch sehr schmal in der Hüfte, und drunter schwingt ein Pettycoat. Sie tanzen zum etwas harten Takt der Gitarre mit großer Würde, mitten im Pub, langsame, nahe Schritte. Und wir Iren, die wir mit klopfenden Füßen drumherum sitzen, seufzen vor unstillbarer Sehnsucht.

Ach ja, sagt Anna.

Ich schaue sie fragend an.

Am nächsten Tag ist der Himmel eine Zeltbahn aus blauer Seide, aber eine ganze Zeit lang sehe ich den nicht, weil ich durch den Bauch des Dreimasters *Charles W. Morgan* klettere, das letzte originale Walfangschiff aus der großen Zeit, Mitte des 19. Jahrhunderts. Im *Mystic Seaport*, einem gewienerten Museumshafen, liegen die historischen Schiffe in friedlichem Schlaf, die Zweige der Bäume rauschen im frischen Wind, der vom Atlantik herangetragen wird. Es ist sehr putzig hier, aber auch tückisch, denn der Mystic River hat es in sich, wie wir wissen. Die Charles W. Morgan zum Beispiel, die hat er sich geschnappt. Man frage nur mal die

Walfänger von New Bedford, Massachusetts. In der Stadt, in der *Moby Dick* seinen Anfang nimmt. Und damit die gesamte Weltliteratur, wenn man es streng betrachtet.

Nach New Bedford also, die Küste empor, früher eine der reichsten Städte der Vereinigten Staaten. Vor allem leben die Familien heute von Kabeljau und *scallops*, Jakobsmuscheln. Die Jungs verdienen gut, sagt Paula, die uns in Fairhaven, am anderen Ufer des Acushnet River, einen Salat mit Jakobsmuscheln hinstellt, zwölf Stück für eine Handvoll Dollar, in Butter und Knoblauch und schwarzem Pfeffer gedünstet. Man könnte sich hineinsetzen. Paula, in Holzfällerhemd und Jeans, der Uniform der freien Amerikaner, ist in einem Alter, in dem Frauen, wenn sie Männer meinen, schon wieder von Jungs reden und dabei trotzdem noch ein Lächeln um den Mund kriegen. Also zwischen 28 und 52. Ist zwar ein furchtbar hartes Geschäft, sagt sie, aber die Jungs bringen mehr Dollar nach Hause als mit jeder anderen Art von Arbeit. Ich verstehe 8000 Dollar pro Monat, was Anna später bestreiten wird. Kann aber sein, dass es stimmt. Aber es werden die guten Monate sein, nicht die mit den Stürmen, in denen man untergehen kann.

Herman Melville war in der Stadt, als Mann von 21 Jahren, nach Abenteuer gierend. Er fand ein Schiff, segelte im Januar 1841 los und jagte Wale und schlich sich in der Südsee von Bord und endete jämmerlich als Zollinspektor in Manhattan.

Damals lieferte New Bedford das Walöl, das überall in Laternen brannte, und das kostbare Walrat, das die Stuben der reichen Leute erhellte. Bis zu 400 Walfangschiffe nannten New Bedford ihre Heimat, und unten an den Kais lagen Fässer voller Walöl, Tausende und Abertausende Fässer. Es muss dermaßen nach ranzigem Öl gestunken haben, dass man schon von fern wusste: Es kann nicht mehr weit sein. Die Stadt, die die Welt erleuchtet hat, so nennt sie sich heute: *The city that lit the world.* Ist das nicht ein schöner Name?

Man spürt das noch ein bisschen, Geschichte frisst sich ja in die Mauern. Aber es riecht nicht mehr nach Öl.

»In New Bedford stehen echte Menschenfresser schwatzend an Straßenecken, wahre Wilde, von denen manche noch ungetauftes Fleisch auf den Knochen haben. Da steht der Fremde, starrt und staunt.« So steht es geschrieben in Moby Dick. Noch heute, erzählt der Schriftsteller Sebastian Junger, habe dieser Ort einen speziellen Ruf: »Wenn Gloucester der straffällige Jugendliche ist, der sich schon ein paar Mal mit dem Gesetz angelegt hat, dann ist New Bedford der wirklich bösartige ältere Bruder, der eines Tages jemanden umbringen wird.« Gloucester, einige Meilen im Osten, liegt auch auf unserer Route – dort legte die zum Tod verdammte Crew ab, die auf der *Andrea Gail* in den *Perfect Storm* fuhr. Jetzt aber erst mal New Bedford. Old Bedford gibt's leider nicht.

Wenn man wie wir im Dämmerlicht über das Kopfsteinpflaster des historischen Viertels schlendert, kann es gut sein, dass man keiner Seele begegnet. Einem Menschenfresser leider auch nicht. Obwohl: Würde man die heute erkennen, wenn man sie träfe?

Es gibt immerhin ein wundervolles Walfangmuseum, das man nicht unerwähnt lassen sollte. Das Skelett eines Buckelwals darinnen, das ausgeleuchtet ist, als käme gleich ein Fotograf von *National Geographic* um die Ecke, und tonnenweise Information, auch eine Dokumentation von 1922. Man sieht die berühmte Nantucketer Schlittenfahrt: die sechs Männer in ihrem kleinen Fangboot, wie sie den Wal harpunieren und von ihm mitgeschleift werden. Der Wal könnte tauchen, tut's aber nicht. Warum tut er's nicht? Die Freiheit liegt unter ihm. Aber er flieht. Wird müde. Lässt sich töten. In diesem Film ist tatsächlich auch unsere brave

Charles W. Morgan zu sehen, unser Schiff aus Mystic, auf dem wir vorhin noch herumgestiefelt sind. An Bord der Eigner: ebenjener Charles W. Morgan, ein silberhaariger, hartkinniger Mann, in der Haut Kerben statt Falten.

Viele Leute in New Bedford sind unglücklich, dass das Schiff drüben in Mystic liegt, erzählt uns ein Volunteer. Früher lag es nämlich bei uns im Hafen, und hier gehört es auch hin, sagen sie. Aber das Geld der Stiftung hat nicht gereicht, und so hat es sich der Mystic Seaport geangelt, in *Bloody Mystic*, sagt der Vorführer. Verfluchtes Disneyland. Dabei ist hier die Stadt der Wale, ist es nicht so? Oh ja.

New Bedford ist noch immer rau. Das wissen wir, als wir am Abend einmal zu spät abbiegen, dorthin geraten, wo sonst keine Touristen hingeraten. Schmalhüftige Rumsteher mit tief sitzenden Kappen, die Hände in den Taschen vergraben. Wie sie uns angucken, das müssen Walfängerblicke sein. Über die Generationen weitergegeben. Nur, dass die Halunken und Streuner heute keine Walfänger mehr werden, sondern irgendwas anderes. Was halt die Gesellschaft für sie bereithält. Vielleicht bilde ich mir all das aber auch nur ein. Zu viel Enttäuschung, dass Melvilles Welt untergegangen ist. Starbuck hatte keine Söhne.

Im Film hat ein schwarzer Matrose über seine Kollegen gesagt: Zu viele Männer hier haben keine Träume. Männer ohne Träume. Es gibt nicht viel Schlimmeres, dem stimmen gewiss viele Ehefrauen zu. Aber manche werden hinzufügen: Männer mit Träumen sind auch nicht gut. Was müssen die auch immer die Welt verändern wollen.

An einem Platz aber lebt Moby Dick, und das ist die kleine Kirche gegenüber des Museums. Die *Seamen's Bethel.* 1831 erbaut, zur »moralischen Verbesserung der Seeleute«, die offenbar mordsmäßig abgelenkt waren vom Pfad der Tugend.

Leider ist die Türe abgeschlossen, wir sind vielleicht die letzten Touristen des Jahres, jetzt, Anfang Oktober, da kann man doch dieses Kirchlein nicht abschließen. Lizzy vom Visitor Center, eine beflissene ältere Dame, ruft jemanden an, der eventuell den Schlüssel haben könnte. Da hängt so 'ne Grabsteininschrift, sagt sie, ein gewisser Swain, 1844, und drauf steht, sein Fuß habe sich im Tau verheddert, und er sei über Bord gerissen worden, als der Wal davonzog, und das war das Vorbild für Melville, weil so ist dann ja auch Moby Dick gestorben. Sagt sie. Wir sagen ihr nicht, dass es Ahab war, der so starb, dass schon Moby Dick der Wal war und nicht der Jäger. (Als ich das später meinem Bruder erzähle, sagt er spontan: Komisch, wie bei *Frankenstein*. So heißt ja nicht das Monster, sondern der Doktor. Echt?, habe ich gefragt.)

Endlich bringt ein Mann die Schlüssel. Er setzt sich im Vorraum auf einen Schemel und hustet sich ab. Seine Haut ist über und über mit Tattoos verziert. Er wohne im Seemannsheim nebenan, sagt er. Was er sonst so murmelt, verstehen wir nicht. Walfängerblicke aus weißem Unterhemd. Menschenfresserworte. Wir sind allein in der Kirche. Es duftet nicht mehr nach Seemannswitwen, sondern nach feuchtem Holz und abgestandener Moral.

Ich nähere mich der Kanzel. Sie ragt keck in den Raum, »ihre getäfelte Vorderseite gleicht dem breiten Bug eines Schiffes«, hat Melville geschrieben, und im Film von 1956, in dem Gregory Peck den Ahab verkörpert hat, gab es sie auch. Die Kanzel in der Seamen's Bethel besteht aus dünnem Holz oder gar Plastik; in ihrem Bug ist ein Feuerlöscher verborgen. Man hat sie erst gebaut, nachdem der Film zum Erfolg geworden war und die Besucher fragten: Wo ist denn die Kanzel wie ein Schiffsbug? Also baute man eine Kanzel wie ein Schiffsbug.

Melville hat der Welt seine Phantasie aufgezwungen, mehr als 100 Jahre, nachdem der Gedanke Gestalt wurde. Darüber sollte mal nachdenken, wer Zeitmaschinen mag. Ob das nicht schon ein praktisches Beispiel für eine Zeitmaschine ist und das Wort die Lösung aller Dinge.

Am nächsten Tag frühstücken wir in der Stadt, auf der Titelseite des *Boston Globe* nur ein Thema: das Massaker von Pennsylvania. Ein Amokschütze hat in einer Amish-Schule um sich geschossen, fünf Mädchen sind gestorben. Guten Morgen, Amerika. Der Kaffee brühheiß.

Man kann nicht sagen, dass wir von nun an einem Plan folgen würden. Das Ziel ist ja der Indian Summer. Aber jetzt find den mal. Wenn wir reisen, hat das oft mehr zu tun mit unserer Nase, was sich schwer beschreiben lässt, unser Nasengefühl. Manchmal träumen wir uns friedlich über eine Landkarte und lesen Namen, bis einer sagt: Lass uns dahin fahren, das heißt so merkwürdig. Brattleboro, Vermont, zum Beispiel.

Battlebore, hat Anna gelesen.

Echt?, frage ich.

Battlebore, liest sie noch mal.

Eine langweilige Schlacht? Gab's so was?

War halt 'ne tödlich langweilige Schlacht, sagt sie.

Ich guck' auch auf die Karte. Nur für den Fall. Das heißt Brattleboro, sage ich.

Komisch, sagt sie. Stand eben noch anders da.

Zumal es im Reiseführer heißt, dies sei Amerikas fünftbeste Stadt. Da steht nicht, was die Kriterien waren, einfach nur diese Zahl: fünftbeste. Wenn man sich überlegt, wie viele Städte Amerika hat, muss es schon eine unglaublich gute Stadt sein. Und doch klingt fünftbeste nach fünftklassig, nach na ja, muss man nicht sehen. Wir aber fahren hin.

Viel los ist da natürlich nicht. Aber das als Urteil da stehen zu lassen, wäre ein bisschen unfair, Brattleboro liegt an der Zusammenkunft zweier Flüsse. Auf dem Zebrastreifen kann es sein, dass man gegrüßt wird, es gibt eine Tea Lounge, in der Studentinnen rumhängen, und zum Bier geht es runter ins *Mole's Eye Café*. Ringsum saftige Wälder. Um 1720 haben hier Siedler ein Fort gebaut, um sich gegen die Indianer zu verteidigen, leider erfolgreich.

Motelgegammel, nachts. Auf HBO läuft *Walk the Line*. Wir schalten ein, es kommt diese Szene. Diese eine große Szene. Da spielt Joaquin Phoenix alias Johnny Cash dem schmaläugigen Plattenfritzen vor, mit seinen Kumpeln, den *Tennessee Two*, sie wollen einen Plattenvertrag und spielen einen Gospel, wie sie tausendfach in jenen Tagen im Radio laufen, wir sind in den 50ern, der Rock'n 'Roll ist erst im Begriff, erfunden zu werden. Johnnys Gospel hört sich schaurig an, der Plattenfirmenmann sitzt mit übereinandergeschlagenen Beinen da und sagt: Ich glaub dir nicht, Cash.

Er hat vollkommen recht. Ich glaub' Cash auch nicht, sage ich zu Anna, die aus dem Bad geschlappt kommt und sich neben mich aufs Bett wirft.

Ich glaub ihm, sagt sie.

Weißt ja gar nicht, worum es geht.

Ich glaub ihm aber.

Sie wollen sagen, ich glaube nicht an Gott, sagt Johnny. Er guckt gefährlich, den Kopf so schief. Man denkt, jetzt stürmt er raus oder auf den arroganten Kerl zu oder fängt an zu weinen, aber Johnny bleibt stumm, und da sagt der Plattenfirmenmann: Stell dir vor, du wärst von einem Truck überfahren worden und hast, bevor du stirbst, nur noch einen einzigen Song, um Gott und der Welt zu sagen, wer du warst. Welchen Song würdest du spielen? Weil das sind die Songs, die die Leute hören wollen. Das sind die Songs, die sie retten können.

Johnny fängt vor Wut an ein Lied zu singen, das er bei der Army in Deutschland geschrieben hat, es nennt sich *Folsom Prison Blues*. Seine Tennesse Two aber kennen den Song nicht, sie setzen zögernd ein, mit Bass und Gitarre, und finden irgendwie von selbst Halt im Takt. Und aus dem Nichts ist der Sound da. Der vorwärtsdrängende, malmende Sound. Es ist die Geburt des Musikers Johnny Cash, und sie ist im Film so wahr wie damals, als es geschah. Und wie Cash immer schneller singt und immer sicherer wird, wie er selbst begreift, dass dies der Moment ist, auf den er immer gewartet hat, und wie Phoenix das spielt, diese sich Bahn brechende Größe fühlbar werden lässt, das …

Das muss jetzt reichen.

Am Morgen in *Mocha Joe's Café*, der Arabica aus Zimbabwe kostet einen Dollar, selbst geröstet, in einer Ecke spielen drei Männer ein Blitzschachturnier. Die Kerle sind unrasiert und haben sehr lange Haare, sehen professionell nach Lebenskünstlern aus. Es fühlt sich an diesem Mittwochmorgen an, als wären die Leute gern hier.

Wir fahren auf dem Highway 30 weiter – dichte, vor Farben pulsierende Wälder, Hügelland, in den Tälern flache, fischreiche Flüsse. Ein Mann steht im Green River, seine Gummistiefel reichen bis zur Hüfte, ein Fliegenfischer. Seltsam, wie die Phantasie von Geschichten gelenkt wird. Es würde sich hier nicht wie Indianerland anfühlen ohne Lederstrumpf, aber dies muss Indianerland sein. Gut möglich, dass sich in diesen Wäldern noch immer Indianerstämme versteckt halten, bleibt, wo ihr seid, möchte man ihnen zurufen, auf euch wartet nur das Gegenteil der Freiheit, und wenn ihr Glück habt, gestatten sie euch den Bau von Casinos, wie den Mohegans im Süden, aber vielleicht würdet ihr das gar nicht als Glück empfinden.

Und es ist das Land der Brücken. Brücken, die ein Dach aus Holz haben, damit die Fahrbahn aus Holz nach den strengen Wintern nicht verrottet. Brücken wie die *Dummerston Bridge*, 1872 gebaut, die längste von 107 überdachten Brücken allein in Vermont, gebaut unter der Aufsicht eines 22-jährigen Zimmermanns namens Lamson. Als man damals das Gerüst abnahm, stürzte ein Teil der Brücke ein,

Lamson rettete sich vom einstürzenden Giebel mit einem beherzten Sprung, ein junger Schreiner aber wurde erschlagen. Echter Blutzoll also. Die Luft ist ganz dick, sagt Anna, man spürt sie beim Atmen, wie einen Widerstand. Wir wandern hindurch, staunen, wie sehr das Holz noch nach Holz riecht. Nach all der Zeit nicht verduftet. Und das Licht fällt durch die Ritzen zwischen den Balken, Staubkörner tanzen zitternd im Banne heller Strahlen. So eine Brücke ist das.

Mit dem Mietwagen mäandern wir durchs Land. Jede Reise trägt ja ein Bündel von Erwartungen, und manchmal hat man sich in eine Idee hineinverliebt, aber wenn man eintrifft, wo sie wahr werden soll, ist nichts mehr von ihr vorhanden. Die *Bookmill* ist so ein Fall. *Books you don't need in a place you don't find* – das ist der wundervolle Slogan. Zu Hause im Netz ausgespäht, mit Café und Live-Jazz, man träumte sich so dahin und sah sich da sitzen, vor den Fenstern, die auf den Fluss gehen. Und dann begibt es sich, dass wir sehr hungrig an der Buchmühle ankommen und das Café geschlossen hat, wir stromern durch die Regale, feine Sachen darunter, ein Lexikon der DDR-Wirtschaft von 1974, auf Deutsch, im Hintergrund läuft Tom Waits, doch wir flüchten von diesem ungastlichen Ort.

Und unseren Hunger stillen wir schnöde bei Wendy's. Wir machen es wie die Amerikaner: Drive Through. Anna besteht auf der Ultra-Hardcore-Variante: nach dem Schalter mit voller Tüte rechts ranfahren und direkt auf dem Parkplatz futtern, im Auto. Angeschnallt. Im Radio läuft John Travoltas *You're the one that I want, uhuhuh.* Nach zwei Minuten geht es weiter. Beim Ausscheren sehen wir, die Autos neben uns sind auch besetzt, eine Parkreihe voll mampfender Amis, schweigend in ihren Karossen.

Nachts klirrt der Frost. Die Farben werden immer stärker. Und wir mittendrin. *Peak Foliage*, so nennen sie es, als könne man es messen. Spitzenlaub.

Vermont hieß ganz früher New Connecticut, und wenn man das einem Vermonter erzählt, greift er sich an seinen Schnurrbart und zwirbelt ihn vor Ärger, oder sie reibt sich die apfelroten Backen. Alles, was aus dem Süden kommt, hält der Vermonter für verweichlicht und verabscheuungswürdig, am liebsten hat er seine Ruhe, dann ist er ein glücklicher Mensch. Sie reden langsam, so wie der Besitzer von *Mountain Wine and Cheese* in Stowe, der eine Schürze von Kenwood trägt, aus Glen Ellen, drüben im Sonoma Valley, Kalifornien, und vorne drauf prangt ein Wolf, es ist das alte Zeichen von Jack London, auf seiner Ranch wachsen heute dicke Weine, aber Weinberge gibt es in Vermont keine, oder? Der Verkäufer, feiner schwarzer Schnurrbart, schüttelt langsam den Kopf, was für eine absurde Frage, denkt er wohl, Stowe ist ein Ski-Ort, er sagt nur: *too cold*, und für diese zwei Worte braucht er drei Sekunden. Die Leute hier haben einen starken Bürgersinn, das ist in der Bücherei zu spüren, die in einem säulenbewehrten Gebäude untergebracht ist, das anderswo mindestens ein Landgericht wäre, kostenlos das Internet. Es weht an diesem Tag ein warmer Wind, der die Blätter über die Straßen wirbeln lässt. Margie, ein zerknittertes Fräulein aus dem Touristenbüro, raunt, es komme ein Sturm, und bald regnet es aus dicken Wolken, doch der Sturm bleibt für heute aus.

Wir schlupfen unter im Bed & Breakfast *Covered Bridge.* Es werden die teuersten Nächte bis Hongkong, 120 Dollar, Spitzenlaub eben. Vier Zimmer. Fluffige Decken. Pat, die Gastgeberin, sagt, sie schließe das Haus nie ab, sie wisse gar nicht, wo die Schlüssel seien, dasselbe hatten unsere Freunde in New York gesagt, wobei sie hinzufügten: Wenn einer reinwill, muss er eh nur gegen das Fenster pusten.

In der Früh um acht Uhr sitzen alle Gäste am Tisch, herrlich steif, zu French Toast mit Maple Sirup. Was für eine Art, einen Morgen zu beginnen. Wir lernen kennen: Tom und Katrin aus Idaho, er Ingenieur, sie maulfaul, David und Debbie aus Florida und Andrew und Christine aus London. Feinstes Themenhopping. Ich ertappe mich dabei, wie ich zu viel rede, um die Situation zu retten, dabei gibt es gar keine Situation zu retten, wie Anna später bemerken wird. Liegt in den Genen, macht mein Vater genauso. Bin ganz schlecht im Pausenaushalten, stattdessen schwafeln, Witze erzählen, Fragen stellen, die keinen Menschen interessieren und am wenigsten mich. Schaffe es, binnen einer Minute das englische Wetter zu beschimpfen, die Humorarmut deutscher Polizisten zu geißeln und zu erfahren, dass es in Schottland auch eine schöne Herbstfärbung habe, nur keine ganz so farbige.

Dabei habe ich oft einen Horror vorm Small Talk. Aber wenn ich dann mal im Small-Talk-Modus bin, hält mich niemand mehr. Man gilt dann schnell als reizend, vor allem ältere Damen staunen über einen so vielseitig interessierten jungen Mann (denn das bin ich sicherlich in ihren Augen), dabei will ich gar nicht reizend sein, ich verachte mich selbst dafür. Würde gern muffelig durch so eine Situation durchstapfen, wenn ich nicht wüsste, dass sie dann endgültig unerträglich werden würde. Dasitzen und schweigen? Hölle.

Der Zaun nach Mexiko wird bald 700 Meilen lang sein, hören wir, nach Kanada braucht man bald einen Pass, echt?, ha, bei uns kann man von Deutschland nach Frankreich und Spanien, ohne kontrolliert zu werden, und bald sogar nach Osteuropa, aber da fängt es an, kriegen wir Europa hin, ökonomisch? Frage ich so in die Runde. Große Augen. Stille.

Ihr müsst!, sagt Debbie, Florida, ihre Mutter war Kubanerin und hat sich geweigert, ihr Spanisch beizubringen. Und Chinesisch hat Französisch abgelöst in Stowe, wirft Pat ein, sie reicht Debbie eine zweite Runde French Toast, ich sage: Erzählt das bloß nicht den Franzosen. Franzosen-Sprüche sind immer ein Bringer, wenn man es mit Briten zu tun hat, aber am lautesten lacht der Ingenieur aus Idaho, ehrliche

Stirnglatze, seine Frau schaut ernst, als gelte der frostige Tag da draußen ihr.

Von Pat lernen wir, in der Tasse frischen Kaffee: Vermont, das Land der reinen Luft und reinen Gewissen, es ist in schrecklicher Gefahr. Fünfeinhalb Stunden sind es bis runter nach New York, das ist gefährlich nahe, nach Boston sind es nur dreieinhalb Stunden. Die Städter kommen mit Macht, seit ein paar Jahren schon, und nicht mehr nur Maler und Schriftsteller und Glasbläser, die sich ein Haus am Fluss kauften und schauten, dass sie sich über Wasser halten konnten, was eine anerkannte Vermonter Spezialität ist, sich über Wasser zu halten. Jetzt kommen auch die Genießerspießer, die zu viel Geld haben und zu wenig Gefühl, um die Stadt zu hassen, die Golf spielen, wenn sie nicht Ski fahren, deren Geliebte ein Worldclass-Spa erwarten. Sie sind die Pest. Nicht wenige alte Vermonter fürchten, dass ihr Vermont untergehen wird, amerikanisiert, so wie sie Amerika sehen, als ein Amerika der Städter. Dass Vermont wird, wie es schon mal war: New Connecticut.

Ein Buch am Kamin: *Vermont People*. Schwarz-weiße Fotografien von alten Vermontern, die sagen, nur noch im Nordosten sei das ursprüngliche Vermont zu finden, an der Grenze zu Kanada, es sind viele knochennasige Yankee-Bauern darunter. Das Gebiet im Nordosten nennen sie wie ein Reich aus einem Fantasy-Roman: *Northeast Kingdom*. Schöne Geschichten in diesem Buch, Geschichten von einem verlorenen Land. Die schönste handelt von jenem Elch, der sich in eine Kuh verliebte und ihr nicht mehr von der Seite wich. Jessica und Bullwinkle. Der Elch, der zur Berühmtheit wurde. Der nach ein paar fruchtlosen Monaten eines Morgens in den Wäldern verschwunden war. Die Kuh wurde von einem Bullen schwanger und warf ein Kalb, doch nach einem Jahr war der Elch zurück. Er kam vorsichtig heran, betrachtete Kuh und Kalb, verharrte kurz und trottete davon,

»um nie mehr gesehen zu werden«, wie es heißt. Das sind mal Geschichten. Auf nach Vermont.

Am Abend Vesper auf der Veranda. Vesper – ist das jetzt süddeutsch? Als Badener weiß man so was nicht. Brotzeit klingt preußisch, nicht gemütlich genug. Ein kühler werdender Wind, massige Tropfen auf den Schindeln, vor uns nasse Dunkelheit. Die anderen Gäste haben das Haus verlassen. Es ist für einen kurzen Moment, als lebten wir jetzt hier. Wie wäre das? Im Haus an der beschatteten Brücke. Inmitten von Wäldern. Und ab und zu vielleicht ein liebeskranker Elch.

Nicht auszuhalten, sagt Anna. Ich wäre zu sehr gezwungen, mich mit mir zu beschäftigen.

Abends, im fluffigen Bett, tippe ich so vor mich hin. Vor lauter Schreiben komme ich nicht zum Lesen, habe den Rucksack voller Reclams und schaue nicht rein. So kann das nicht weitergehen, erst Lesen rundet den Tag. Bin so müde, dass ich überm Tippen einpenne.

Am nächsten Morgen fahren wir über die Baumgrenze, auf den Mount Mansfield. Ein *ocean of colors* erwartet uns da, so hab ich's am Vortag kühn zu Andrew aus London gesagt, und er sagte: Nee, da ist kein Farbenmeer. Oben herrscht wirklich schon der Winter. Das tonlose Grau frisst sich bereits an den Bergflanken zu Tal. Am Gipfel eisiger Wind. Die Rangerin in der Hütte trägt Lederhose und Wollmütze und strickt an einem Strumpf, sie ist ziemlich jung, kräftige Hände. Das Stricken hat was. Das geht eindeutig in Richtung Pferdestehlen. Gibt ja nicht viele Frauen, mit denen man das kann. Anna gehört zum Glück dazu.

Wir sind die Ersten auf dem Berg, die Sonne brennt uns die Frostschicht von den Backen. Wir wandern ein bisschen herum, als schon wieder Nebel heraufzieht, wie von einem bösen Geist getrieben. Demütig weichen wir zurück. Nicht höher als der Feldberg, murmeln wir im Runterfahren, 1600 Meter, und der Feldberg ist ja auch schön, ebenso der

Belchen, man müsste sich mal einquartieren, in Schönau, wo ringsum die Berge ähnlich sanft wie hier ... Solche Gedanken kommen uns. Wir sind beide an den Hängen des Schwarzwalds aufgewachsen, und wenn man da aufwächst, kommt er einem wirklich nicht besonders schön vor. Dafür muss man schon wegfahren, um seine Schönheit zu sehen.

Im *Sunset Grille and Tap Room* sitzen die Locals an der quadratischen Bar, es gibt *Amber Beer* aus Vermont, manche sitzen jeden Abend hier, manche bringen ihre Mädels mit, manche hatten noch nie ein Mädel, die meisten glotzen Baseball. Randy trägt kurze Hosen, seit 15 Jahren steht er hinter der Bar, und einer seiner Vorzüge ist es, dass du, wenn er zu dir kommt, dich fühlst, als kenne er dich seit 15 Jahren. Und bevor du dich fragen kannst, was das für eine Begabung ist und ob es dir überhaupt recht ist, hat er dir schon zwei Bier gebracht, 3 Dollar 90 das Pint, *thanks*. San Diego verliert in den Play-Offs gegen San Louis, in San Diego tragen die Zuschauer T-Shirts, und wir haben gesehen, dass in Stowe manche Hausbesitzer ihre Geranien mit Tüchern zudecken, in der Nacht soll es sehr kalt werden. Jedenfalls hat es Vollmond, und um den Sunset Grille weht derselbe Eiswind, der am Morgen auf dem Gipfel wehte.

Rechts um die Ecke, ins *Cactus Cafe*, mit Margaritas, die einen halben Abend halten und schmecken wie aus dem Ei gepellt, und Chicken Wings mit Honigsoße, die dich die glatten Wände hochgehen lassen, so scharf sind sie, und die Schärfe geht nicht so schnell weg, zumindest vernebelt sie dir den Verstand, und du vergleichst Margaritas mit gepellten Eiern. Monique bedient hier, die erzählt, dass ihr Großvater sieben Sprachen gesprochen habe, weil *dutch people* können Sprachen sprechen, einfach so, ganz im Gegensatz zu Amerikanern, die können nicht nur nicht, sie wollen auch nicht. Monique ist nicht die Erste, die sich auf dieser Weltreise entschuldigt für ihr Land, und sie wird nicht die Letzte sein.

Wir verlassen Stowe, kurvenreicher Highway, nirgendwo Menschen. Wo sind all die Leute, die Menschen müssen doch irgendwo sein? Sie sind im Country Market. Kann sein, dass ringsum kein Dorf, kein Haus zu sehen ist. Im Country Market am Highway, jede Wette, hängen zehn Mann rum, die das Gebräu der *Green Mountain Roasters* schlürfen und mit der Bedienung hinterm Tresen flirten, hier gibt es Cookies wie von Mum. Die Männer tragen weite Sachen, aber nicht so weit, dass sie bei der Arbeit stören, die viel mit Sägespänen zu tun hat, und die Frauen tragen weite Sachen, einfach, weil es praktisch ist. Ein paar Minuten später sitzen wir am Ufer eines namenlosen Flusses, Mittagspause, trinken Wein zum Cranberry-Sandwich. Urlaubsschlucke.

In Burlington ist die Zentrale von *Ben & Jerry's*, das ist etwas, was man unbedingt wissen sollte, weil das weltbeste Eis von hier kommt, oder zumindest das weltsympathischste. Die Sorten heißen *Dublin Mudslide* oder *New York Super Fudge Chunk*. Man kann es inzwischen auch in Deutschland kaufen, was ein Traum ist und zugleich bitter, denn Ben & Jerry, die beiden Gründerväter, haben ihren Laden vor einigen Jahren an Unilever verkauft. Es soll ein Wunder der Globalisierung sein, jedenfalls geht die Mär: Da wird eine Provinzklitsche zur Weltmarke, und alles bleibt beim Alten. Als sie sich anfreundeten, waren Ben und Jerry die zwei hässlichsten Jungs einer 7. Klasse, Merrick, Illinois. Später nahmen sie an einem Volkshochschulkurs teil, wie man Eiscreme macht, weil eine Bagelmaschine zu teuer gewesen wäre. Und dann machten sie halt Eis und fuhren los und verkauften das. Dreißig Jahre her. Im Museum hängt ein Bild vom Vorstandstreffen 1988. Sie hängen auf Luftmatratzen im Pool herum, Ben, Jerry und ein paar andere. Sie waren unerhört cool. Man macht noch immer Eiscremes, die vor Schokostücken und Keksbrocken und Teigböllchen platzen. Man bildet sich viel auf die sozialen Prinzipien ein, unterstützt Projekte gegen die Klimaerwärmung, verwendet keine Chemie. So heißt es. Ein Eis fürs Gewissen.

Man arbeitet, das ist das Raffinierte, mit den Methoden von Disney, verkauft Lebensgefühl. Für die Kinder die bunte Verpackung, für alle das üppige Innere. Originell, was?, sagt Sean, der PR-Chef, der an diesem Tag einen Zaubererhut trägt. Der natürlich bezahlt wird zu erzählen, dass Unilever den Pioniergeist toll fände. In 19 Länder versendet man das Eis nun schon, macht Hunderte von Millionen Umsatz, mit 500 Mitarbeitern.

Wir kommen gerade recht zum *Do us a Flavour*-Festival, 40 000 Teilnehmer weltweit, fünf Finalisten, fünf abenteuerliche Eissorten, eine davon: *Mojito*. Wir sitzen im Freien, es ist kalt geworden, wie bestellt. Völlig absurd, im Oktober ein Eisfest zu veranstalten. Kühle Sonne. Wir frieren uns den Arsch ab. Das tut auch Arnold Carbone, 53, der Entwicklungschef von Ben & Jerry's, seit 1988 in der Firma. Pro Jahr werfen die Kerle 40 neue Sorten auf den Markt. 150 fertige neue Geschmäcker liegen im Kühlregal. 400 Konzepte warten darauf, zusammengemixt zu werden. Konzept, das bedeutet: Idee plus Rezept plus Story drumrum.

Unser Geheimnis? Arnold lacht. Er trägt ein Batik-Shirt, er ist Italiener, er hat ein italienisches Lachen, italienische Locken. Wir probieren das, sagt er, und wenn es uns schmeckt, produzieren wir es. Wir sind schnell, wir sind mutig, und wir trauen unserem Geschmack.

So lässt sich die Welt erobern?

Arnold grinst. Früher ging das so: Ben, einer der beiden Hippies, sagte ihm, dem Cheferfinder: Hey, Arnie, weißt du schon?, wir machen ein Eis, das heißt *Wavy Gravy*! So, wie der Aktivist von Woodstock heißt, du weißt schon, der grüne Fuzzi, fang seine Seele ein. Und wie soll die schmecken?, hat Arnold ihn gefragt. Keine Ahnung, sagte Ben, das ist dein Job. Und Arnold und seine Jungs fummelten in ihrer Küche

735 verschiedene Rezepte zusammen, bis der Chef hinter seinem Rauschebart endlich gemurmelt hatte: Yope. So macht man Eis in Vermont. So macht man überhaupt gute Geschichten. Machen, tun, testen, verwerfen, neu mischen, kosten, kotzen, bis irgendeiner sagt: Yope. (Wavy Gravy, Cashewnüsse, Karamel, Brazil Nuts, Vanille, gibt es seit 2003 nicht mehr. Seine Fans trauern heute noch.)

Zum Abschied sagt Arnold, der Eiskreateur (auch ein Beruf, den man mal machen sollte, im nächsten Leben): Wir sind ehrlich gesagt ziemlich weit weg von allem hier. Vielleicht ist das der Grund, warum wir an uns glauben.

Weiter Richtung Osten, zurück an die Küste. Freie Fahrt durch blühende Wälder, hinein nach New Hampshire, Tauchgänge im Farbkasten. Wir müssen warten, bis das Haus am Wald öffnet, guter Name: *Frost Place*. Wo Robert Frost gewohnt hat, der große Dichter, von 1915 bis 1920, in den White Mountains. Ein Weg führt hinein in den Wald. Nehme mir vor, ein rotes Blatt zu fangen, aus der Luft, stelle mich unter einen Baum mit sehr roten Blättern und warte. Es tut sich lange nichts. Nehme mir vor zu warten, bis ein Blatt daherkommt. Muss es dann aber auch fangen.

Am Himmel zwei Flieger, der eine mit Motor, der andere lässt sich ziehen, ein Segler, der seine himmlische Ruhe erkauft haben wird. Eichhörnchen schnuffeln über die Blätterdecke am Boden. Ich warte. Der Nacken wird steif. Endlich ein Windstoß, zwei Blatt auf einmal kommen herangeflogen, eins mit Affenzahn, das saust an meiner Hand vorbei. Das andere erwische ich. Es liegt schwerelos in meiner Hand. Schön ist es nicht, ein bisschen angemodert. Aber es ist meins. Wuchs hier vor einem halben Jahr, grün und saftig, verfärbte sich, verlor seine Kraft, klammerte sich fest, wurde vom Wind entwurzelt und fiel und fiel – mir in die Arme. Es kommt mit nach Hamburg, das rostige Ding, hätte es sich wahrscheinlich nicht träumen lassen. (Das Blatt liegt jetzt vor mir, da ich diese Zeilen wieder lese. Sehr platt gedrückt, durch den Transport im Tagebuch. Aber immer noch rot. Ein Flugblatt im Exil. Es tut mir ein bisschen leid.)

Robert Frost muss ein tapferer Mann gewesen sein, vor allem kannte er sich mit dem Tod aus. Sein Vater verschied, da war er elf. In seinen 89 Jahren sah er auch seine Frau sterben und drei seiner vier Kinder. Und dennoch wurde Frost nicht hart. Du musst da raus und dem Leben die Stirn bieten. Das war seine Losung. So erzählt es Travis, der das Museum im Frost Place seit zwei Monaten betreut. Und nicht nur betreut, er wohnt hier seit August, in diesem einfachen Holzhaus. In den letzten Nächten hat sich Travis vor dem Ofen zusammengerollt, um schlafen zu können, es wird arktisch kalt, und der Keller steht unter Wasser. Im Sommer war es wie eine natürliche Klimaanlage, sagt Travis, aber schon jetzt, im Oktober, gefriert das ganze Haus von innen, es ist furchtbar.

Einmal, Februar 1916, hatte sich ein Reporter bei Frost angekündigt, der Schnee lag meterhoch in der Umgebung, und wen er auch traf, die Leute sagten ihm: Nein, der berühmte Robert Frost, der wohnt hier garantiert nicht, viel zu einsam, der könnte sich was Besseres leisten. Aber Frost wohnte hier, er liebte die Einsamkeit des Waldes und den weiten Blick. Er züchtete Hühner und hatte eine Kuh, die jeden Tag mittags um zwölf und nachts um zwölf gemolken wurde, und vor allem schrieb er bis spät in die Nacht. Einmal sah er Eisregen fallen, es war, als sei »die innere Kuppel des Himmels eingestürzt«.

Man kann übers Frosts Gedichte lange nachdenken, sie geben dem Leser einen seltenen Schauer, weil sie einen Keim enthalten, eine Ahnung in Richtung Weltnabel.

*But I have promises to keep*
*and miles to go before I sleep.*

Travis erzählt kundig von Frosts Leben, wie der zu seiner Zeit junge Künstler gefördert habe, aber nur so lange, bis sie seinen eigenen Ruf als größten lebenden Dichter amerikanischer Sprache gefährdeten. Travis gestikuliert im Reden, die Haare dick, die Stimme zu laut, er ist Anfang zwanzig, hat gerade das College hinter sich, Travis sagt nun den großen Satz, mit fester Stimme, im Hause Robert Frosts: Ich widme mein Leben der Dichtkunst. Ich weiß, es wird verdammt schwer, aber eine Wahl bleibt mir nicht.

Er forscht in unseren Augen, ob wir seine Haltung vielleicht lächerlich finden mögen. Er findet offenbar nichts. Und so, ohne darum gebeten worden zu sein, rezitiert er Frosts allererstes Gedicht *Into my own*, einmal verhaspelt er sich, sonst fließen die Worte klar und frei. Frost wollte uns mitnehmen, sagt Travis danach, er marschierte hinaus ins Leben, und er wollte, dass wir uns selbst aufmachen, denn der Mensch sei in der Lage, sich selbst zu erziehen, der Mensch brauche keine Schule, behauptete Frost, sobald du lesen kannst, nichts wie raus, bring dir selbst bei, was dich interessiert. Travis strahlt.

Deine eigenen Gedichte, Travis, erzähl uns von deinen Gedichten.

Na ja, sagt Travis. Sie sind inspiriert von *Phish*, einer Vermonter Band, die sich 2003 aufgelöst hat. Künstler der Improvisation. Beherrschten viele Stile, großer Mut, sie zu mixen. Gibt auch ein Ben & Jerry-Eis namens Phish, sagt Travis.

Kennen wir, sagen wir souverän. Du willst vom Gedichtschreiben leben?

Ja, sagt Travis.

Geht das denn?

Wird schon.

Und nebenher als Journalist, vielleicht?

Ich bin nicht gut mit Deadlines, sagt Travis, als Dichter

kann man Deadlines nicht gebrauchen. Die Inspiration, die Muse, sie kommt, wann sie will. Travis lacht. Manchmal sogar in einer gefrierenden Nacht, sagt er, wenn du, um einen warmen Ofen gewickelt, zu schlafen versuchst.

Als wir davonschlendern, winkt uns der Dichter hinterher.

Wieder rüber an die Küste, wegen unerträglicher Lust auf Hummer. Maine: kennt man vor allem von Stephen King. Weniger Liebe an den Häusern als zuvor. Mehr Wasser ringsum, mehr einfaches Leben. Boothbay Harbour ist ein von Holzplanken umrahmtes Städtchen, das genauso gut in Schweden liegen könnte. Die Ahnung einer besseren Welt liegt in der Luft. Schmerzhaft klare Sonnenuntergänge, über den Himmel lecken rosafarbene Wolkenzungen. *Captain Sawyer's Place* – da steigen wir schon wegen des Namens ab. Jeder Schritt ein lebender Moment, in diesem knarrenden Holzpalast, und am Morgen wird der Duft von frisch gebackenen Muffins durch die Gänge ziehen. Seit vierzehn Jahren gehört der rüstigen Kim das Haus, und noch immer ist sie am Renovieren. Am Tag, an dem ich fertig bin, sagt sie, fange ich wieder von vorne an.

Zum Hummerfest über die Straße zu *Kaler's*, Besteck aus Plastik und Geschirr aus Plastik und der Hauswein eine fruchtige süße Plörre. Wir knacken den Lobster und eröffnen ein aberwitziges Schlachtfest, binnen Minuten ist er verputzt. Wir essen bald wirklich wie die Amis, sagt Anna, nach 'ner halben Stunde auf und raus.

Man hat hier keine andere Chance, sage ich. Das geht so hopplahopp, dass du aufpassen musst, dass sie dich nicht mit abräumen.

In der Bar *Mc Seagull* trägt man wasserdichten Vollbart, die Männer schauen konzentriert in ihr Bier. Sie tun so, als ob sie wissend seien, indem sie ab und zu ihre Schildmütze zurechtrücken. Einer aber lehnt anders am Tresen, gefährlich gespannt. Klare, wässrige Augen unterm Cap. Ein gut aussehender Mann, der niemals lächelt. Wenn er den Kopf dreht, sieht man die andere Hälfte seines Gesichts, die Haut verbrannt – Batmans Gegenspieler Joker. Die Männer um ihn herum brüllen ohne Not. Unwillkürlich packt man den Ellenbogen auf die Theke und blickt ein bisschen missmutiger drein. Seeleutekneipe. Heute ist Freitag, und Freitag nachts kommen die Fischer und versaufen ihre Heuer. Hinter ihnen, in zweiter Reihe, im Schutze der Dunkelheit herangespült aus den Restaurants: die Segler. Feine Frisuren. Die glatte Haut becremt. Das Kinn rasiert. Die Frauen mit einem Windstoß zu viel Make-up um die Augen und freudlos verschränkten Armen.

Wir dagegen im verwanzten Fleece, mein Bart jetzt zehn Tage alt, langsam männlich werdend, mein Blick zu allem entschlossen, an meiner Seite Anna, die, mit einem Bier in der Hand, problemlos weltenfern gucken kann wie ein Mann – wir fallen nicht weiter auf.

Nächsten Mittag wieder Hummer. Geht nicht anders hier. Diesmal vom Feinsten, auf einer Terrasse überm Meer in New Harbor, 13,95 der Brummer mit heißer Butter. Die Sonne da, aber kristallklare Luft, jeder Atemzug ein Schluck Seewasser. Ich denke die ganze Zeit, wäre das jetzt schön, wenn ein paar Lobsterfischer einlaufen würden, der Hafen eng und felsig, die Genossenschaft der Fischer direkt neben unserer *Shack*. Und tatsächlich, am frühen Nachmittag tuckert ein Boot heran. Darauf zwei große Fässer voll zuckender dunkler Leiber. Vier Mann laden aus, breite Männer mit gewaltigen Bäuchen, drei nicht älter als ich. *Lobstermen*. Sie schweigen, während sie das Wasser aus den Fässern schütten und die Hummer in Kisten werfen, vielleicht 100, vielleicht 150. Sie schweigen, als sie die Kisten wegtragen. Der Bootsführer zieht sich schweigend das schwere Ölzeug aus, darunter trägt er Jeans und zwei Wollpullover mit Kapuze. Er muss an diesem Morgen sehr früh losgefahren sein, es muss kalt gewesen sein, und entweder hatte er keine Zeit sie auszuziehen, oder ihm ist seither nicht warm geworden. Sein Blick ist müde, sein Bart von der Salzgischt krustig gewaschen. Er sieht nicht aus, als würde er seinen Beruf genießen.

Dabei ist es ein begehrter Job. Eine Lizenz zum Hummerfang bekommt nur, wer das Glück hat, dass ein Alteingesessener ausscheidet – oder er erbt sie. In Boothbay Harbour mit seinen zweieinhalbtausend Leutchen leben 85 Familien vom Hummerfang. Nicht Männer, Familien: So rechnet man hier. Doris Smith erzählt uns das, mit der wir auf ihrem Schoner *Eastwind* am Nachmittag auf den Fjord hinaussegeln, sie stammt aus einer Lobster-Familie, ihr Vater war *lobsterman*. Die Bucht ist voller kleiner bunter Bojen, ein Geflecht der Macht. Jeder Lobsterman weiß, wo seine Fallen verankert sind, und wenn er Fallen findet, die nicht in seinen Claim gehören, schneidet er sie kurzerhand los. So erging es Herb, ihrem Ehemann, Kapitän der Eastwind, in dem einen Jahr vor vielen Jahren, in dem er höchstselbst beschloss, auf Hummerjagd zu gehen. Noch immer ist gutes Geld zu verdienen, bei einem Marktpreis von vier Dollar das Pfund kann ein guter Tag schon mal tausend Dollar bringen, an besonders guten Tagen macht man ein kleines Vermögen.

Es herrschen klare Regeln in diesem Metier, und eine der Regeln heißt: Leg dich nicht mit den Platzhirschen an. Und wenn du es tust, so gnade dir Gott. Der *Bandit* war so ein Platzhirsch, ein riesenhafter Mann, sagt Herb, der selbst klein ist, ganz klein, ein dünner kleiner Mann, der Bandit aber hatte einen riesigen schwarzen Rauschebart.

Ich wusste, er schneidet mir die Fallen los, sagt Herb, er kichert leise, aber leg dich mal mit dem Banditen an. Ich hab mich nicht mit dem Banditen angelegt.

Eine zweite Regel heißt – und die lernt jedes Kind an den Küsten Maines, sobald es hören kann: Leg keinen Lobsterman aufs Kreuz. Und wenn du doch seine Fallen plünderst, tu es nachts oder bei Nebel, nichts leichter als das, ist doch so verlockend, aber lass dich bloß nicht erwischen. Denn Lobstermen sind schärfer als die Polizei. Das sind schon friedliche Leute, diese Männer, aber manche kennen keinen Spaß.

Und weil der Bandit nicht aussah, als verstehe er Spaß, ließ Herb es nach einem Jahr sein. Er entschloss sich, Yachten zu bauen, seitdem ist er dreimal um die Welt gesegelt, dieser dünne kleine Mann mit seiner Frau, der Tochter eines Lobsterman, auch einmal auf der Eastwind, auf der wir jetzt unterwegs sind, ein weiterer strahlender Herbsttag.

Am Steuer Herb, der nach allem aussieht, nur nicht nach Abenteurer, 60 mag er sein. Früher war er Director of Photography bei Walt Disney Films in Hollywood, dreimal haben sie ihn eingestellt, für Tierfilme, dreimal haben sie ihm gekündigt. Er hat sein ganzes Leben nur gearbeitet, um Geld zu machen, sagt er. Es ist kein schöner Ausdruck: *to make money*. Travis hat ihn nicht gebraucht. Herb sagt diesen Satz ein paar Mal auf diesem Törn, er hätte sich vorstellen können, wer weiß wo zu leben, am liebsten in Neuseeland.

Aber immer musste er zurückkommen, fährt er fort, to make money, und deswegen heuerte er zweimal wieder bei Disney an, *to make money*, wo er die Befehle nichtsnutziger Regisseure ausführen musste, Fronarbeit, Tretmühle. Seit ein paar Jahren sind die beiden nun in Boothbay Harbour, Maine, Ferienküste, wo ihre drei Kinder aufwachsen, hier gibt es genug dekadente Amerikaner, die 24 Dollar für zweieinhalb Stunden Segeln zahlen. In der Saison legen die Smiths dreimal am Tag ab, Mitte Oktober nur noch einmal, bis irgendwann die Kunden ausbleiben. Wenn zwei Tage lang keiner mehr kommt, wissen sie: Jetzt wird abgetakelt. Und dann kommt der lange Winter. Es kommen die Stunden, die Dollarscheine zu zählen. Die Smiths werden ein Buch schreiben, malen, vor allem warten. Und im März sich wieder ans Boot machen, zwei Monate dauert es, die zwischen

1997 und 1999 selbst gebaute Eastwind wieder in Schuss zu bringen.

Herb ist, wie alle denkenden Amerikaner, die wir treffen, unerhört gegen Bush, in Herbs Fall, weil der Präsident die religiösen Menschen eingefangen habe, indem er ihnen Angst mache. Unsere Politik ist schrecklich, sagt Herb, die rechte Hand am Ruder, die linke in der Hosentasche. Meine Vorfahren waren schon 1635 in diesem Land, verdammt.

Nur eine kleine Brise heute. Kaum Krängung. Und hier in Boothbay Harbour ist es auch nicht besser, sagt Herb. Alle *locals* ziehen weg von der Küste. Selbst wenn sie ein Haus geerbt haben, können sie es nicht halten, die Steuern sind zu hoch. Und so ziehen sie alle zehn Meilen hinein ins Land, jenseits des Highways. Und an der Küste kaufen sich New Yorker und Bostoner ein, deren Häuser im Winter leer stehen.

Das ist furchtbar, sagen wir.

Das ist Amerika, sagt Herb.

Doris unterhält die Leute an Bord mit ihren Geschichten aus der Südsee, tosende Stürme, Monsterwellen, sie lacht viel, anders als Herb, der wenig lacht, bei dem man nicht so genau weiß, ob ihm das hier Spaß macht, Touristen durch die immer selbe Bucht zu kutschieren. Aber er hat ein Buch über den Bau der Eastwind verfasst, dafür sei er gepriesen. Im Vorwort schreibt er: »Tatsächlich glaube ich, dass Tagträumer von einer unbewussten kreativen Kraft geführt und angespornt werden.« Herb glaubt an Tagträumer. Es gibt wenige Menschen, die an Tagträumer glauben. Wer einen solchen Satz schreibt, muss ein guter Mann sein.

Gloucester: Stadt der toten Fischer. Früher die Stadt der Gesetzlosen, als Neuengland noch das gelobte Land war, wo die Frömmelnden herrschten. Der karge Felsensporn Cape Ann war weit genug weg von den Puritanern in den Städten, sie machten sich hier ihre eigene Welt, und die bestand aus Fischen und allen Sünden, die der Herr erfunden hat. Gloucester ist heute eine geschäftige, graue Stadt am Meer, bevölkert von Menschen mit sturmgewetterten Gesichtern. Im Winter kommt das Gesocks der ganzen Gegend zusammen, so sagen die einen, alle Verzweifelten, die anderen, nirgendwo lässt sich billiger leben als in Gloucester.

Seit Mitte des 17. Jahrhunderts sind rund 10 000 ihrer Männer auf See verloren gegangen, auf der Jagd nach Schwertfischen, weit hinaus auf den Atlantik, bis zu den *Grand Banks* vor Neufundland. Es lockte die Fischer das Geld, das ist keine Frage. Aber das war nicht alles. »Sie leiden einfach daran, dass sie keine Träume haben«, lässt der Autor Sebastian Junger einen Einheimischen sagen. Wer nur die See kennt, dem bleibt nur die See.

Uns empfängt unverschämter Sonnenschein, dabei ist die Region berüchtigt für Wetterumschwünge und Herbststürme. Heute nichts dergleichen. Das Wasser spiegelt den Ball da oben ohne Trübung. Heuchlerisches Meer.

Im *Crow's Nest*, Gloucesters berühmtester Bierschwemme. Ethel Shatford lebt seit ein paar Jahren nicht mehr, die Mama Courage der Kneipe, Mutter von Bobby Shatford, des tragischen Helden in Jungers Buch *Der Sturm*. Sechs Mann und ihr Kutter, 1991 spurlos verschwunden. An Ethels statt herrscht eine Blondine hinter der Bar, die genau weiß, wann sie den Männern vor der Bar übers Maul zu fahren hat. Zwei Dollar kostet das Bier. Es hat sich nicht viel verändert, an den Wänden hängen ein paar Fotos von damals, auch ein paar Bilder der Filmcrew, darunter George Clooney, wie immer fehlbesetzt.

Charlie sitzt mit dem Rücken zur Tür. Das ist kein Platz für einen Stammgast, es sei denn, er hat es nicht nötig, jeden zu sehen, der hereinlugt. Charlie, der grobe Stiefel trägt und fleckige Shorts und ein atmungsaktives Hemd. Der einen randvollen Whiskey Soda schlürft und hinter den getönten Gläsern Augen hat, die sagen, es ist heute nicht sein erster.

Ein paar Meter weiter läutet das Telefon, einer steht von der Theke auf: Das Krähennest ist für viele Gestrandete ein Zuhause.

Charlie war selbst Fischer, fast ein Jahrzehnt lang. Er kam 1991 nach Gloucester, in dem Jahr, in dem die Andrea Gail im Sturm verschwand. Er kannte die sechs Männer nicht. Aber er kennt die Fotos, die hier an der Wand hängen, hungrige Gesichter, kraftvolle Blicke, er kennt die Geschichten, die sich längst um sie ranken, und er hat seine eigene Meinung: Die Kerle waren zur falschen Zeit am falschen Platz und haben ihren verdammten Arsch falsch herum in den Wind gestreckt. Selbst schuld, das ist ein Spiel für Männer, und wen es erwischt, den erwischt es. Es ist wie im verdammten Irak: Wenn eine Kugel auf dich wartet, wartet eine Kugel auf dich. Ich war in Kuwait bei 150 Grad Fahrenheit, sagt er, einen Steinwurf von der Hölle entfernt, ich habe den Highway des Todes gesehen. Ich habe 200 Phrasen im Irak gelassen, als Offizier bist du irgendwann am Ende mit deinem Latein. Wenn es deine Zeit ist, ist es deine Zeit. Denk nicht drüber nach. Wenn der große Kerl da oben dich ruft, bist du fällig. Du kannst dem Tod vielleicht einmal ein Schnippchen schlagen, wenn du verdammtes Glück hast oder clever bist, aber dann bist du fällig. Die meisten haben kein Glück, und clever sind sie auch nicht.

Man muss Charlie erzählen lassen, denn er redet exakt so, wie eine Figur aus einem Groschenroman. Unmöglich zu schätzen, ob er 35 ist oder 50. Vielleicht liegt es an Gloucester, wo die Menschen nicht wichtig tun müssen, weil niemand Wichtigkeit bewundern würde, vielleicht liegt es am Crow's Nest, wo nur die hingehen, die sich vom Leben nichts mehr erhoffen oder alles bereits gesehen haben, wer weiß das schon, ob so eine Bar für die meisten der Anfang ist für den nächsten Höllenritt oder das Ende vom letzten.

Charlie war im Irak, nachdem er Fischer war, er hat längst

vergessen, wie es ist, Angst um sein Leben zu haben, sagt er. Nimmt einen Schluck. Blaue Stunde vor der Tür. Die Fischerei ist tot, sagt er, ich rege mich schon nicht mehr auf. Die Fangquoten sind lächerlich, die Politiker wollen uns nicht mehr, sie wollen aus der ganzen Küste einen verdammten Segelhafen machen. Wir Fischer stören nur noch.

Irgendwann in dieser Stunde kippt das Ganze, man weiß nicht mehr, wo die Anekdote endet und die Lüge beginnt, und womöglich spielt das auch gar keine Rolle, wenn man ein Leben lebt, das jeden Abend einläutet mit einem Drink im Krähennest oder auch zwei. Charlie könnte ein Schwätzer sein oder ein harter Typ. Beides zusammen, das wäre selten. Wir werden es niemals herausfinden. Uns schwant, dass zum Wesen einer Weltreise gehört: Dass viel mehr neue Fragen auftauchen als alte beantwortet werden.

Willst du richtiges Entertainment?, fragt Charlie. Komm in einem Jahr wieder. Sobald ich das Wrack gesichert habe, bricht der Sturm los. Es ist drei Meter unterm Wasser, aber ich werde es heben. Ein Segler aus dem 17. Jahrhundert, untergegangen hier um die Ecke, Manchester. An Bord der älteste Gin der Welt. Pro Flasche 70 000 Dollar, zusammen sind das 300 bis 400 Millionen Dollar.

Charlie lacht ein herrlich dreckiges Lachen.

Und wenn ich es habe, werden die Nachfahren der einstigen Besitzer kommen und ihre Anwälte und der Staat und seine Anwälte und die Meeresforscher und deren Anwälte. Geld produziert Gier, sagt er, das ist so. Ich marschiere mit ein paar Millionen hier raus, auf mein Stück Land in Wisconsin, und alle können mich gern haben.

Er will eine ausrangierte Ölplattform über dem Wrack positionieren und selbst hinabtauchen, denn ein Taucher ist er auch, und dann wird er den Kampf gegen die Bagage aufnehmen, und sei es nur, um den Kampf zu führen, denn die Arschgeigen haben ja nichts anderes verdient.

Wir kamen wegen der Andrea Gail, und nun ernten wir Charlie's Wrack, dessen Namen er uns nicht nennen mag. Das ist das ganze Spiel. Man muss nur zuhören. Sich in den USA an die Bar setzen und einen Drink bezahlen und warten, es kommen Geschichten, hier wachsen viele gute Geschichtenerzähler.

Charlie fragt tatsächlich nach, wer wir sind, wohin des Wegs? Wir erzählen. Er entlässt uns so: Ich glaube nicht, dass irgendwer in der Welt die große Kristallkugel hat, die wir alle suchen. Keiner weiß, was jemals wird. Aber wenn ihr ein paar Antworten habt, lasst es mich wissen. Denn ich habe keine. Und ich glaube nicht, dass ihr auch nur eine kriegen werdet. Ich glaube, das Leben ist nichts als ein großes Geheimnis. Oder ein Rätsel für Narren.

Wir verlassen den Laden, Anna möchte raus, und ich kann's verstehen, kein Ort für Frauen. Auf der Rogers Street stehen wir unschlüssig herum, eine Ausfallstraße, ein trauriger Platz zum Abschiednehmen, ein trauriger Platz für einen Willkommenstrunk. Wir warten im Auto, vor dem Eingang zur *Rose Wharf*, reden noch ein bisschen. Nach ein paar Minuten kommt er heraus, unser Charlie, steigt in den Pick-up vor uns. Im Krähennest hatte er gesessen, als habe er auf uns gewartet. Das ist eins der merkwürdigsten Gefühle: Dass ein Treffen genau so hat stattfinden sollen. Warum auch immer. Und wer auch immer es arrangiert haben könnte.

Es ist ebenso seltsam, aus dem Crow's Nest zu torkeln und abends im Bett zu lesen, wie sich die Fischer im Crow's Nest sammelten, ehe sie hinaus in den Sturm fuhren. Für Wolfgang Petersens Film wurde das Krähennest neu gebaut, vorne am Hafen. Es kann sich keiner erinnern, wieso. Aber sie finden es gut so, auf die Weise kommen hier fast keine Touristen her. Zu schäbig, zu sehr aussehend wie ein Puff oder so was. Aber es dauert drinnen vielleicht zehn Sekunden, und man ist Teil der Familie, zumindest als Mann, als Frau wird man vor allem angestarrt von den Männern. Von diesen Männern, die wissen, wie man einen Schwertfisch filetiert bei wogender See und wie man Monsterwellen ausreitet und wie es sich anfühlt, wenn eine dieser Wellen das Boot unter sich begräbt, aber sie wissen nicht, wie man sich einer Lady gegenüber benimmt, dass man sie nicht anstarrt, zum Beispiel.

Weiter die Küste runter, am nächsten Morgen durch Boston hindurch. Mittendurch. Geht da gut, die Autobahn teilt die Stadt. Weiter, weiter, nach Provincetown, Cape Cod. Wo in diesen Tagen die Welt-Lesbentage stattfinden oder so ähnlich. Dazu lässt sich nichts sagen, was nicht schon millionenfach beschrieben worden wäre. Die Frauen sehen von hinten aus wie Männer, sehr quadratisch, sie gehen langsam, gemäß der anatomischen Gegebenheiten, und die Männer sind mager und wackeln mit den Hüften. Die Männer haben kleine Hunde, und die Frauen haben große Hunde. Wenn du dir nicht sicher bist, um was es sich handelt, und das ist man sich selten, wenn man wie wir Provincetown in den Tagen der Weltlesben erlebt, dann guckst du auf den Hund. Je kleiner, desto eher Mann. Das muss jetzt reichen.

Einmal fahren wir aufs Meer, das ist Pflicht auf Cape Cod. Tausende Wracks an der Küste, verborgen vom Sand. Und Wale. Wir sehen tatsächlich welche: Buckelwale, ihre Schwanzspitzen gegen das Sonnenlicht – schön. Aber Walbeobachtungsfahrten laufen immer gleich ab, erst sind alle an Bord total aufgedreht, dann wird ein Dutzend Leichtmatrosen seekrank, dann kommt ein Wal und taucht wieder unter, alle hechten von einer Seite zur anderen, das Boot gibt Gas, stoppt ab, dümpelt in der Dünung, mehr Leuten wird schlecht, wieder taucht ein glänzender schwarzer Rücken auf, gefolgt von einem mächtigen Schwanz, patsch, Gas, dümpeln, würg und weg. Auf dem Rückweg unterhält uns ein Mädel aus Lüdenscheid, das mit ihren Eltern seit fünf Jahren durch die Welt reist. Papa hat das väterliche Unternehmen verditscht, und jetzt »machen wir die Welt«, wie der Papa sagt, ein Haken nach dem anderen, es fehlt noch Westalaska und Ostaustralien oder umgekehrt. Und ihr?

Vier Monate, einmal um die Welt, sagen wir.

Vier Monate, das ist ja nichts, sagt der Papa. Da braucht man ja gar nicht erst losfahren.

Sein Mädel ist sechs, es war ein einziges Mal zu Hause in Deutschland, als ihre Schwester geboren wurde, und wenn man sie fragt, was der schönste Ort der Erde ist, sagt sie: Das Trampolin bei Omma in Lüdenscheid.

Lüdenscheid, sage ich zu Anna, kommen wir da vorbei?

Am Tag danach legen wir uns in den Windschatten der Dünen. Ob uns das auch blüht? Dass wir uns am anderen Ende der Welt an die Heimat erinnern als einen aufregenden Ort, vielleicht den aufregendsten überhaupt?

Vierzehn Tage Neuengland – das war's. Noch fühlt es sich nicht wie eine Weltreise an. Noch ist es Urlaub, haben wir alles zu entdecken versucht, aber gewiss nicht uns selbst. Bei der Rückfahrt ziehen Wolken auf, nach Tagen blendender Sonne, die scharfen Konturen der Küste werden weich gezeichnet, die *Lobster-Shacks* haben nun geschlossen. Ein Schild an einer Tür: Wir sehen uns wieder im April.

Auf dem Merritt Parkway fällt der Regen so dicht, dass man die Nacht kaum sieht. Eine Autobahn ohne Trucks, die sich durch Wald windet, keine Lampen, am Rand ein Streifen Gras, dunkel glänzende Stämme, dahinter Schwärze. Hast du schon mal so 'ne dunkle Dunkelheit gesehen?, fragt Anna. Sie deutet zum Seitenfenster. Dies wird von nun an unser Eichmaß für Dunkelheit sein: der Wald von Connecticut in einer regnerischen Oktobernacht.

Zu guter Letzt wieder bei unseren Freunden, New York. Gehört sich so, von wegen Weltnabel. Im Kamin brennt ein hohes Feuer, es warten Sekt und Gelächter. Schon um vier Uhr hat uns der Tankwart eine *good night* gewünscht.

Am nächsten Morgen wacht die Stadt auf unter Schock. Ein Flugzeug ist in der Upper East Side in ein Hochhaus gerast. Sofort kommt alles wieder hoch, fünf Jahre nach den Anschlägen vom 11. September 2001. Unser Freund war damals erst drei Wochen in der Stadt, er arbeitet für eine deutsche Zeitschrift, er schlief nicht mehr, in den Tagen danach. Die Stadt war still, ganz still, nach dem 11. September, sagt er, die Menschen waren irgendwie … liebenswürdiger. Seitdem funktioniert die Gesellschaft nur nach *fear and force*, so nennen sie es, die haben eine Heidenangst vor der Welt da draußen, und die Politik befördert das noch.

Und nun wieder ein Flugzeug in ein Hochhaus, ein kleines Flugzeug in ein kleines Hochhaus, aber was ändert das? Doch dann diese Geschichte: kein Anschlag, eine amerikanische Tragödie. Am Steuer saß ein Spieler der New York Yankees, die gerade schmählich aus den Play-Offs ausgeschieden waren. Cory Lidle war ein Pitcher gewesen, ein Werfer, und er hatte in diesem Match keine gute Figur abgegeben. Er war 34 Jahre alt, als er starb, und damit im besten Alter. In meinem. Ein Held des Sports? Kein Held. In seiner Karriere sei er *slightly above the average* gewesen, schreiben die Zeitungen, was sich anhört, als ob Lidle alles in allem eine rechte Pflaume war. 82 Spiele gewonnen, 78 verloren, er war der Spielmacher von Arminia Bielefeld, der dir niemals einfällt. In seinem letzten Spiel war er spät aufs Feld gekommen und ließ drei *home runs* zu, eine Katastrophe. Anderntags benachrichtigte ihn ein Freund, er werde gerade im Fernsehen fertiggemacht, Lidle rief in der Sendung an. Er war sofort live drauf.

Hey, ich versuche einfach den Tag in New York zu genießen, sagt Lidle, und der Moderator sagt: An deiner Stelle würde ich mich verkriechen, Mann! Die Yankees liegen in Trümmern, die Fans sind am Boden zerstört, und du willst das Leben genießen?

Zwei Tage später setzt sich Lidle in seine Cirrus und fliegt gegen das Hochhaus, 72. Straße, östlich vom Central Park. Tot auch sein Kopilot. Lidles Körper wird unten auf dem Asphalt gefunden.

Am Abend des Unglücks wird das Play-Off-Spiel der New York Mets abgesagt, des Rivalen aus Queens, die Yankees sind in der Bronx zu Hause. Aber nicht etwa aus Pietät. Wäre ja denkbar. Sportsgeist oder so. Es kübelt einfach wie aus Eimern, es ist derselbe Regen, der uns um diese Stunde durch den schwarzen Merritt Parkway treibt. Baseballer gehen bei so einem Sauwetter nicht vor die Tür. Weibersport.

Aber das ist mal ein Abgang von der Bühne, mein lieber Mann.

VIER
# So was nenn ich Hausmusik

Kleine Ode an die vergessene Stadt (kurz vor der Ankunft):

*Geld meidet dich, oh New Orleans.*
*Denn Geld will zu Geld.*
*Geld nur zu Geld.*
*Das Geld mag nicht, wie du stinkst, tote Stadt.*
*Blinder Darm, ruft es Dir zu, gib endlich auf.*

Hm. Das ist natürlich nichts für die Ewigkeit, aber für einen Tomatensaft-Shuffle in dieser Gammelkiste von American Airlines ziemlich stark (bei der die Triebwerke beinahe älter sind als die Stewardessen).

In das Instant-Gedicht flossen ein paar kleine Wahrheiten, die wir begriffen, ohne nach ihnen gefragt zu haben. Von New York bekamen wir keinen Direktflieger nach New Orleans, die Maschine von Miami ist zwar gut gefüllt, doch die Business Class blank. Geschäftsleute reisen nicht gerne in diese Stadt, hatte unser schwuler Gastgeber in Provincetown behauptet, Cape Cod, einer dieser Orte, wo Geld vor Anker geht. Und im wüsten Crow's Nest raunte ein Mann aus Gloucester, der neben Charlie saß: New Orleans ist tot, Leute. Spinnt ihr, da hinzufahren? Und dann auch noch als Teil einer Weltreise?

Ich dachte: Für die Bars von Gloucester, Massachusetts, hat das Glück ja nun auch nicht gerade eine Dauerkarte.

Wir müssen dahin, haben wir allen geantwortet. Aber fragt uns nicht, wieso.

Es würde keiner verstehen. Wir hatten schon vor dem Hurrikan Katrina nach New Orleans kommen wollen, und das lag an einem Film, den außer uns kein Mensch zu kennen scheint, und die, die ihn kennen, halten ihn ausnahmslos für langatmig. *A Love Song for Bobby Long* heißt er, Scarlett Johansson, Gabriel Macht und John Travolta spielen mit, sie tun es hinreißend, es geht um ein Mädchen und zwei Trinker. Die drei wohnen in einer verblichenen, verandaberankten Hütte am Fuße des Deiches. Die meiste Zeit hängen unsere Helden auf ebenjener Veranda herum und trinken und singen und schwitzen, und damit ist die Geschichte beinahe erzählt. Im Hintergrund laufen die Songs eines der besten Soundtracks, die ich kenne (was nicht viel heißt). Grayson Capps hat darauf die stärksten Lieder geschrieben, von seinem Vater Everett stammen die Figuren, stammt auch das zugrunde liegende Säuferepos *Off Magazine Street*.

»Er konnte übers Wasser gehen, aber er ersäufte sich im Wein«, singt Grayson Capps über den großen Bobby Long, einen am Leben scheiternden Lebenskünstler, einen Alexis Sorbas der Südstaaten, tausend Zitate im Kopf und noch mehr Songs, das Herz auf der Zunge und den Schwanz im Sinn, Bobby Long, der Feste feiert, weil heute ein schöner Tag ist, und dem Schicksal die Stirn bietet, auch wenn es ihm eine Breitseite nach der anderen gibt.

Ein stolzer Bürger dieser Stadt.

Und deswegen wollten wir auf unserer Weltreise nach New Orleans: um vielleicht solche Menschen zu treffen. Im properen Neuengland freuten wir uns mit jedem Tag mehr, dass es bald in den Süden gehe, wo die Vereinigten Staaten anders sein sollen, schwitziger, schwerblütiger.

In der vorletzten Szene tanzen Johansson und Travolta langsam auf dem Deich des Mississippi. Der Film ist lange vor Katrina gedreht worden, drüben in Gretna, Ocean Avenue, jenseits des Flusses, aber man kann sich heute des Gefühls nicht erwehren, dass diese Szene ein Kommentar ist. Ein Trotzdem. Oder zumindest erhofften wir uns das, zu Hause vor dem Fernseher, dass die Menschen hier so seien.

Und nun sind wir da, ein Jahr nach *Katrina*, dem Hurrikan, der am 29. August 2005 über die Stadt kam. Auch in den Südstaaten hat jetzt mit Macht die kühle Jahreszeit begonnen – was man hier eben kühl nennt. Es ist eine weiche, nasse Luft, wie in einem ehrlichen deutschen Hallenbad, nur ohne Chlorgestank, aber es ist ein angenehmer Tag, wie der Busfahrer beteuert, einer der angenehmsten Tage seit Langem, *yeah, man*. Im Flughafen-Shuttle hängt dieses Plakat am Fenster: »Hilf dir selbst. Mach einen Evakuierungs-Plan. Warte nicht, bis es zu spät ist.« Für viele war es damals zu spät, die auf die Warnungen nichts gaben, die nicht flüchten wollten – oder nicht konnten, weil sie zu arm, krank, stolz oder stur waren. Oder alles zusammen.

Wir hatten zu Hause versucht, ein Treffen mit dem Songschreiber Grayson Capps zu vereinbaren, aber der Mann mit der Raubein-Stimme wohnt nicht mehr in der Stadt. Er hatte ein Haus in der Music Street, in Gentilly, gar nicht weit weg vom von der Flut hinweggewischten Lower Ninth Ward. Eine *Grandma Neighbourhood*, hat Capps Gentilly mal genannt. Die Music Street ist eine stumme Straße, sagte sein Agent am Telefon. Als wir sie sehen, wissen wir, was er meint. Dabei ist New Orleans nicht einfach stumm zu kriegen. Es gehört zu den Dingen, die uns noch lange begleiten werden. Eine Straße mit freundlichen Häusern, einst gebaut, dass Kinder spielen, dass Menschen auf der Veranda sitzen, grillen und klimpern. Heute nur gespenstische Ruhe.

Unser Hotel liegt an der Canal Street, Höhe Rampart Street, und damit genau an der Demarkationslinie. Wir steigen aus dem Bus, der fast vor der Haustür hält. Wir sind die einzigen Weißen in der Gegend. *Chocolate City*, hat der gerade wiedergewählte Bürgermeister Ray Nagin seine Stadt genannt. Wir schauen uns nur kurz um, erst mal die Wertsachen ins Hotel bringen. Wertsachen, das heißt mit jedem Tag mehr: die Festplatte für Fotos und meine in die Falttastatur gehackten Notizen. Sollen sie die Kreditkarten klauen, aber bitte nicht den Spiegel unserer Erinnerungen.

Richtung Mississippi und Downtown glitzert die Stadt wieder so wie früher, das Flutwasser reichte nicht hierher. Der Superdome ist restauriert, das Ritz macht bald wieder auf, und ringsherum folgen edle Geschäfte. Aber die Straßenbahnen fahren noch immer nicht auf der Canal, und Richtung Norden, da, wo erst der Betonhimmel des Interstate Highway 10 kommt und nach ein paar Meilen der Lake Pontchartrain, der die Stadt von der anderen Seite umfasst – da ist noch immer Dritte Welt. Vernagelte Shops, an den Brückenpfeilern die schwarze Linie der Überschwemmung. Und abends werden da verwaiste Gehsteige sein, die Glutstängel der Eckendrücker, die toten Lichter aufgegebener Restaurants. Dahinter Viertel, in denen Drogenbosse herrschen.

Wir schauen uns angespannt um, als wir die Hoteltür verlassen. Oder vielmehr ich mich. Ich spüre da was. Es ist etwas in der Luft, das mich misstrauisch sein lässt, eine Atmosphäre, die vielleicht nur vom eigenen Unterbewusstsein erzeugt wird. Zu viele Schreckensgeschichten, die vor einem Jahr wahr wurden. Hier kann man nicht schlendern, noch nicht wieder, vielleicht nie mehr. Erst recht nicht, wenn man sein Mädel an der Seite hat. Ich ziehe Anna an der Hand, wir gehen zügig. Die Canal Street war mal ein Prachtboulevard. An einem Straßenschild ist das »C« abgeklebt.

An der Ecke zur Bourbon Street die erste Brass Band, eine elfköpfige Combo, die mit Vollgas um Touristendollars trötet. Es stehen auch ein paar Touristen im Halbkreis um sie herum. Wie bleichwadige Statuen, verglichen mit den hampelnden Musikern. Es ist zu laut, sehr grob, mehr wie eine Imitation von Stil. Schnell marschieren wir über die berühmte Bourbon, wo sich rechtschaffene Dumpfbacken nackte Brüste in den Auslagen angucken und sie schon jetzt, am Nachmittag, von den Balkons im ersten Stock mit bunten Glasperlen werfen, als sei Karneval. Das wird das letzte Mal sein, schwören wir uns, dass wir durch diese Gasse latschen, aber wir werden in den nächsten Tagen diesen Schwur brechen, mehr als einmal. Denn dies ist nachts eine helle, belebte, sichere Straße. Das ist sehr viel, in New Orleans 2006.

Es sind nur ein paar Schritte vom Rummel zum Ruhm, aber die entscheidenden Schritte. Die *Preservation Hall*, 726 Peter Street, ist eine Kultstätte für Jazzfans, ein kleiner Raum von der Größe eines Klassenzimmers, der aussieht wie eine verräucherte Kapelle, in einem mehr als 200 Jahre alten Gemäuer. Noch sind es zwei Stunden bis zum ersten Konzert an diesem Abend, Jordan Hirsch schließt uns die heilige Halle auf. Dämmerlicht liegt über der Bühne, davor drei abgescheuerte Holzbänke, an der Wand ein paar verblichene Ölbilder früherer Jazzgrößen. Eine weiße Katze springt auf, als wir eintreten. Ich schnalze leise in die Stille hinein. Es duftet nach absolut großartigen Trompetensoli.

Hier haben die Größten gespielt, und damit meine ich: die Allergrößten, sagt Jordan ernsthaft.

Louis Armstrong auch?

Der auch. Glaube ich.

Jordan Hirsch, Mitte dreißig, leitet die Hilfsorganisation *New Orleans Hurricane Relief Fund*, die in Not geratenen Musikern unter die Arme greift. Er war am Telefon sehr freundlich gewesen. Besuch aus Deutschland, das freut uns, sagte er, wir brauchen jede Hilfe, die wir kriegen können, warum kommen so wenige? Es müssten viel mehr sein.

Weil die meisten irgendwie denken, New Orleans gebe es

nicht mehr, haben wir geantwortet. Das ist selbst in Neuengland so, und das ist Amerika.

Uns gibt es noch, sagte er, ihr werdet es ja sehen.

Wir verlassen die dösende Bühne und treten hinaus auf die Straße, am Horizont eine müde Sonne. Jordan führt uns runter zum Mississippi, es sind nur ein paar Hundert Meter. Fünf Uhr abends, bald ist blaue Stunde. Hoch auf den Deich. Vor uns der Fluss, den man *Old Man River* nennen muss, breit, braun, mächtig. Der Huck-Finn-Fluss. Der Fluss der Abenteuer, damals, immer vor der Sportschau, Tom Sawyer wurde ins Bein geschossen, und wir Jungs haben davon geträumt, wie es wäre, wenn einem durchs Bein geschossen wird. Wir waren zehn oder zwölf und hatten so ein heldenhaftes Gefühl. Peinlich, aber so war's. (Mir war die Figur des Huck Finn seinerzeit übrigens tausendmal sympathischer als Tom Sawyer. Glücklicherweise habe ich Mark Twains Roman mit auf diese Reise genommen, ich lese jeden Abend zwei Dutzend Seiten und freue mich wie Bolle, dass ich mich damals zum Streuner Finn hingezogen fühlte, nicht zu diesem Abenteuerdarsteller Sawyer. Man kann ja nicht auf viel stolz sein, wenn man auf seine Vorpubertät zurückblickt, aber ich hatte den richtigen Riecher.)

Der Fluss also ist sehr groß, die Häuser wirken dagegen sehr klein. So eine Ahnung beschleicht uns, wie die Kräfteverhältnisse sind in dieser Region. Was für eine Hybris schon die Idee war, hier zu siedeln, im Delta des wasserreichsten Stroms Nordamerikas. Aber 1718 ist es geschehen. Seitdem ein Kampf. Das Land Richtung Meer wurde dem Golf von Mexiko abgetrotzt, Sümpfe trockengelegt, kostbares Schwemmland zerstört. New Orleans ist das amerikanische Neapel.

Fast 80 Prozent standen Ende August 2005 meterhoch unter Wasser. Nicht der Sturm hat ja die Stadt kleingekriegt, es waren die von der See hereindrängenden Fluten, die in die Industriekanäle drückten. Als die Deiche nachgaben, schwappte eine Suppe aus Öl und Industrieabfällen und Kot und Salzwasser heran. Eine Giftbrühe. Nur das French Quarter und das Geschäftsviertel blieben verschont, sie liegen über dem Meeresspiegel, der Rest der Stadt darunter.

Seht ihr?, fragt Jordan, er zeigt auf den Fluss und dreht sich dann nach links, deutet in Richtung des French Market. Der Wasserspiegel des Mississippi liegt viel höher als der des Lake Pontchartrain, sagt er, und leider auch als das Niveau der Altstadt. Wenn damals dieser Deich hier unter uns auch noch gebrochen wäre, hätte der Mississippi das French Quarter einfach mit sich gerissen. Dann wäre es aus gewesen mit dem, was uns jetzt am Leben hält: die Musik und der Tourismus.

Jordan lächelt schwach. Ich schaue ihn mir genauer an. Schien mir bislang nicht nötig, er kam mir zu bekannt vor. Kurze schwarze Haare, Jeans, schwarzes T-Shirt. Er sieht überhaupt nicht nach New Orleans aus, wo die meisten Menschen Extravaganz verströmen wollen. Jordan sieht so mitteleuropäisch aus, dass er in den Straßen dieser Stadt unerhört extravagant wirkt. Er sieht, das ist vielleicht das Spektakulärste, so ziemlich aus wie wir. Er hat auch unseren Humor (oder wir seinen), wir brauchen keine Sekunde, um uns zu verstehen. Das ist schon eine Überraschung, wenn du über den Atlantik fliegst und in einer Katastrophenregion den Chef einer Wohlfahrtsorganisation triffst und denkst: Das könntest auch du sein. Wenn das Leben anders gelaufen wäre, stündest du jetzt hier.

Jordan erzählt, dass von früher rund 450 000 Menschen nur noch 200 000 in New Orleans wohnen würden; dass viele Flüchtlinge in Atlanta oder Houston untergekommen seien, und je länger es dauere, desto schwerer werde es für sie zurückzukehren. Wenn wir warten würden, bis die Regierung handelt, sagt er, dann wäre es für viele zu spät. Privatleute haben dem Hilfsfond mehr als eine Million Dollar gespendet, und jetzt kümmern wir uns vor allem erst mal darum, dass die Menschen eine anständige Wohnung bekommen. Eine Chance, ihr Leben wiederaufzubauen!

Jordan schaut uns erwartungsvoll an, und wir nicken nur. Es fehlen einem die Vergleiche. Viermal die Schalke-Arena bis zum Rand mit Menschen füllen und die Leute dann einfach wegbeamen. Eine Stadt von der Größe Karlsruhes, deren Bevölkerung einfach verschwindet. Was soll man da sagen? Da hält man am besten die Schnauze.

Musik scheint uns der direkteste Weg in die verdüsterte Seele dieses Orts. Viertausend Berufsmusiker hat es vor Katrina in New Orleans gegeben. Vielleicht tausend sind zurück. Die meisten kommen aus den ärmsten Vierteln wie Treme oder dem Lower Ninth Ward, viele haben auf der Flucht alles verloren. Auch ihre Instrumente.

Es geht uns vor allem um die alten Musiker, sagt Jordan. Sie hüten das Wissen. Sie kennen die Songs. Sie haben die Tricks, wie man den Instrumenten die Töne entlockt, die den Jazz zum Leben erwecken. Generationen haben von den Alten gelernt zu spielen, und diese Tradition ist ausgelöscht.

Ausgelöscht?, fragen wir, weg, für immer?

Wenn wir nichts tun, sagt er. Die Leute sollen für eine Wohnung, die früher 500 Dollar gekostet hat, plötzlich 900 Dollar zahlen, und unter 700 Dollar im Monat ist nichts zu bekommen. Solange die Viertel nicht wiederaufgebaut sind, ist dies eine Stadt der Spekulanten und Halunken. Es ist fast unmöglich, bezahlbaren Wohnraum zu finden, und für jeden, dem wir geholfen haben, rufen drei neue Musiker an, die völlig verzweifelt sind.

Während dieses Gesprächs gehen wir langsam durch die Gassen des French Quarter. In den Winkeln am Fluss sieht New Orleans unbeschädigt aus, und immerhin hat am Kai ein Kreuzfahrt-Schiff festgemacht, das erste seit Katrina. Aber wir wundern uns, wie wenig Touristen da sind.

Ist es die Angst?, fragen wir Jordan.

Welche Angst?, entgegnet er.

Wir sagen, was wir gelesen haben in den vergangenen Wochen, in der *New York Times*, im *Boston Globe*. Dass die täglichen News alles andere sind als Werbeprospekte. Dass viele Sorge haben vor einem neuen Sturm, dass da viel Misstrauen ist, ob die neuen Deiche halten werden, an denen sie noch immer bauen, mit diesen riesigen Fluttoren, die sie in die durchweichte Erde rammen. Und zu viel Verbrechen, zu viele Tote, zu schlecht der Ruf eurer Polizei!

Wir legen nach: War dies nicht schon vor dem Sturm die Mordhauptstadt der Vereinigten Staaten? Und als nach Katrina bewaffnete Banden Läden plünderten und auf Helfer schossen, sind Hunderte Polizisten desertiert. Und im Juni 2006 musste die Nationalgarde anrücken, weil die Polizei überfordert war! Die Männer und Frauen, die hoch zu Ross über die Bourbon Street patroullieren, haben schwammige Gesichter, einen ausweichenden Blick. *New Orleans Police Department* wird abgekürzt *NOPD* – ein T-Shirt übersetzt das so: *Not our Problem, Dude*. Stimmt das denn nicht, Jordan?

Stimmt ja alles, sagt er lächelnd.

Wie soll man sich hier nur wohlfühlen?, fragen wir.

Jordan zuckt mit den Schultern. Darüber hab' ich noch nie nachgedacht, sagt er. Dass man es nicht könnte.

Drüben im *Molly's at the Market* stehen die Fenster an diesem Freitag abend weit offen, wie sie fast immer offen stehen, es ist ein Klima, bei dem sich die Menschen nach Luftzug sehnen oder wenigstens nach einer Illusion von Luftzug. Wir freuen uns auf einen Drink. Zu gewissen Themen braucht man schon einen Drink, das ist mal klar. Man kann nicht überall die Welt retten wollen und dabei nicht mit einem Drink anfangen dürfen. Wobei wir so eine Ahnung haben, dass wir an diesem Ort scheitern dürften (wie überall sonst auch).

Das Molly's war einer dieser Läden, die während des Sturms geöffnet blieben und erst dichtmachten, als die Behörden New Orleans für gesperrt erklärten. Hier fand am 27. September 2005 eines der ersten Livekonzerte nach Katrina statt, es ist eine Kneipe, die mit ihren neongrünen irischen Kleeblättern nach nicht viel aussieht und deswegen kaum Touristen anlockt, und es ist eine Kneipe, wo die hingehen, die nur da hingehen, wo sie unter sich sind. Im Fenster, an der Fensterbank, die ein Tresen ist, steht Ben Jaffe und trinkt ein Miller High Life, *the Champagne of Beers*. Er trägt riesige rote Rastalocken, einen steifen Nacken und ein breites Grinsen. An seiner Seite ein Kumpel, dessen Namen wir sofort wieder vergessen, weil er einen fabulösen Fummel anhat, der an einen Priester erinnert, und man fragt sich, was er damit will, bis Mardi Gras ist es noch lang.

Aus Deutschland seid ihr?, fragt Ben. Jesus, das ist ein gutes Zeichen. Es ist vielleicht doch noch Hoffnung.

Sie lachen herzlich, und wir lachen mit, ohne zu wissen, ob der Scherz vielleicht auf unsere Kosten ging. Wir sind halt neugierig auf diese Typen. Jaffes Eltern gründeten 1961 die Preservation Hall, aus Sorge, dass der neumodische Rock'n'Roll den Jazz verdränge, und jetzt ist Ben, 37 Jahre, der Chef.

Heute Abend, sagt er, ist ein besonderer Abend. Er hebt die Hand und sieht tatsächlich ein bisschen feierlich aus. Heute Abend wird die Preservation Hall zum ersten Mal seit Katrina wieder Geld verdienen, der Vorverkauf war so gut wie ewig nicht mehr. Es ist der erste Tag mit schwarzen Zahlen, seit wir die Hall im März wiedereröffnet haben.

Ich weiß noch, dass ihr erst mal nur bis zum Sommer durchhalten wolltet, sagt Jordan.

Und im Sommer, sagt Ben, haben wir uns gesagt, es läuft nicht, aber bevor wir aufgeben, machen wir weiter.

Jaffe deutet mit der rechten Hand in Richtung Deich.

Hast du ihnen unsere Theorie erzählt?, fragt er Jordan. Der nickt nur.

Das Schlimme ist, sagt Ben, dass Geld da war, um die Dämme des Mississippi stark zu machen, weil da die Schiffsindustrie sitzt, dass aber nie Geld da war, die anderen Dämme auszubauen. In diesem verdammten Land passiert immer nur etwas, wenn es ums Business geht. Jetzt bauen sie Brücken in Bagdad, aber neue Straßen in New Orleans sind nicht drin. Und ich habe immer gedacht, das sei Amerika.

Das ist Amerika, sagt Jordan.

Aber ich weiß nicht mehr, ob das unser Amerika ist.

Das Gespräch verstummt an dieser Stelle. Statt weiter zu sprechen, schmeißt Ben 'ne Runde Champagne Beer (na ja), und dann stehen wir lässig herum und begutachten das Publikum, das über die Decatur Street zu den Bars in der Frenchman Street zieht, wo bald die Konzerte beginnen. Es sind nur ein paar Dutzend Leute, die in einer halben Stunde vorbeikommen. Und das an einem Freitagabend, in der schärfsten Ecke der Stadt, wo man nur zweimal der Länge nach hinzufallen braucht und einem begnadeten (oder nicht ganz so begnadeten) Musiker vor den Füßen landen wird.

Hey, unglaublich viel los heute Abend, sagt Jordan.

Ja, es wird, sagt Ben.

Rushhour, sagt sein Kumpel mit dem Priesterfummel.

Fast so wie früher, sagt Ben.

Echt?, fragen wir.

Die drei lachen laut los, und man prostet einander zu, was wir klaglos mitmachen. Quatsch, das ist nichts weniger als eine Katastrophe, sagt Ben, keine Frage. Früher haben sich die Leute in Massen durchgeschoben an so einem Freitagabend. Aber noch vor ein paar Wochen standen wir hier mit unserem Bier und schauten auf die Straße, und da war einfach kein Mensch.

Kein Mensch, sagt Jordan düster.

Na ja, sagt der Kumpel ohne Namen, es ist leider schon noch so, dass wir auch jetzt noch fast alle kennen, die hier rumlatschen. Und über die meisten freuen wir uns sogar. Es kommen immer mehr zurück, die einfach nirgendwo anders leben können. Es kommen die zurück, die fanatische New Orleansianer sind. Und die sind die Vergangenheit und die Zukunft der Stadt. (Es war insgesamt ziemlich schlau, was der Mann sagte, und ich wäre froh, ich wüsste noch seinen Namen. Ich könnte jetzt einen erfinden, aber das würde keinem nutzen.) Bald sagt Ben Jaffe: Nachher wird es voll in der Hall, kommt nicht zu spät! Und dann macht er sich davon, ohne Auf Wiedersehen zu sagen oder was auch immer hier der Abschiedsgruß sein mag, *cheers* etwa.

Bis zum Konzert gehen Anna und ich noch einen Happen essen, eine Gumbo-Suppe, die erst nach Ochsenschwanz und dann nach Shrimps schmeckt. Soll typisch sein für die Gegend, und wie bei manchen Spezialitäten fragt man sich nach dem zweiten Bissen, warum man auf den Käse reingefallen ist. Wir scheinen die Einzigen in dem Lokal zu sein, die sich Gumbo-Suppe reinpfeifen. Ich hätte an diesem Abend gerne ein Steak, das hat man ja manchmal, dass man ein Steak braucht, aber nix da, feuernde Shrimpsschwanzsuppe.

Acht Dollar kostet der Eintritt in die Preservation Hall. Der Raum ist schon knallvoll, als wir ankommen, wir kauern uns ganz vorne auf den Boden. Mit dem ersten Takt geht das Wippen los. Um uns Jazzpilger und Kreuzfahrtler und Football-Fans und Greyhound-Bustouristen, eine wilde Mischung, die ganz genau weiß, was sie erwartet: guter, alter, schnörkelloser New Orleans Style Jazz, ohne Experimente, mit Stil und Klasse, Herz und Bumms und dem handfesten

Versprechen einer *wonderful world*. Am Klavier sitzt champagnerhaft charmant Ben Jaffe, der in diesem Gewölbe groß geworden ist, der im Improvisieren der Vorsichtigste der Band ist, aber immer noch gut genug.

Doch an der Trompete ein Virtuose. Man muss jetzt noch mal erwähnen, von Musik habe ich nicht viel Ahnung, ich weiß nur, wann sie mich berührt und wann kaltlässt. Dieser Trompeter sieht eigentümlich aus. Er hat eine ganz plattgedrückte Oberlippe. Eine Trompeterlippe. Einmal steht er auf und singt reibeisig wie Louis Armstrong, und dann setzt er sich wieder und begegnet dem Applaus mit kurzem Nicken und geschlossenen Augen. Sie spielen zum Abschluss *When the Saints go marching in*, weil das eben dazugehört, zwei Football-Fans deuten ein Buhen an, sie kommen aus Philadelphia, morgen werden ihre Eagles gegen die New Orleans Saints verlieren, aber sie sind noch bester Laune.

Leroy Jones heißt der Mann an der Trompete, der an diesem Abend mit der Hausband schrammelt. Er gibt uns nach dem Auftritt seine Visitenkarte, auf der eine grüne Trompete gedruckt ist, er stammt aus New Orleans, und er hat Zeit, uns am nächsten Abend zu treffen, vor seinem nächsten Konzert, zu einem Bier an der Bar, um uns seine Geschichte zu erzählen, seinen Sturm, seine Flut, seinen Weg.

Für jeden hier, das haben wir verstanden, gibt es ein Leben vor Katrina und ein Leben nach Katrina. Der Hurrikan und die Flut sind für die Menschen die große Weggabelung, ein Urknall, Ende der alten und Anfang der neuen Zeitrechnung. Unsere Hummergelage sind ganz weit weg.

Anderntags im *dba*, eine schwarze Höhle, mit einem langen Tresen, der den Raum in zwei schmale Hälften teilt. Kein Gast da, abends um sechs. Um sieben soll das Konzert beginnen. Mit zehn Jahren habe er in einer Schulband angefangen, erzählt Leroy Jones. Heute ist er Ende vierzig, reist für seine Musik um die Welt, zuletzt war er in Thailand. Aber New

Orleans ist sein Basislager. Als sich der Hurrikan näherte, flüchtete er mit seiner Familie nach Dallas, und sie sahen am Fernsehen, wie ihre Stadt unterging. Es war ein Gefühl, sagt er, als ob du …, als ob du …

Jones bricht den Satz ab. Er fährt sich durch die kurzen Haare, über die Augen, über die Trompeterlippe. Bestellt uns ein Bier.

Sobald es möglich war, kehrte er zurück. Sein kleines Apartment im French Quarter war intakt, doch das Haus seiner Schwester in Gentilly vom Schlammsaft aus den Kanälen überflutet, der sich mit brackigem Salzwasser vermengt hatte. In die Silberlöffel waren Löcher gefressen. Geblieben war eine braune, zum Himmel stinkende Schlacke, die der Welt alle anderen Farben nahm. Sechs Tage lang zogen sie morgens die Gasmasken auf und versuchten bis zum Abend jene Habseligkeiten zu retten, die rettbar schienen. Vom Himmel brannte eine erbarmungslose Sonne, und über der Stadt hing dieser schreckliche Geruch nach Fäulnis und Tod. Kein Vogelgezwitscher war mehr zu hören.

Es muss wie nach der Apokalypse gewesen sein, sage ich.

Ja, sagt Leroy, und wir hatten es noch gut erwischt. Unser Haus stand ja noch.

Als Katrina kam …, fängt Anna an.

Nein, sagt Leroy, als die Deiche brachen! Es war nicht der Sturm, es waren die Deiche! Es hätte verhindert werden können. Sie wollten es nicht verhindern. Seit Jahren wurde vom Ausbau der Deiche geredet, aber es wurde nichts getan. Und nach dem Sturm kam der Rassismus ganz offen zurück. Der Sturm hat gezeigt, wie arm und schwarz New Orleans ist. Er hat unser wahres Gesicht gezeigt, zwei Drittel schwarz, und Amerika hat das nicht gefallen. Das weiße Amerika will diese Stadt nicht. Sie ist ihm zu schwarz.

Leroy Jones, der selbst schwarz ist, hört sich in diesen Momenten genauso an wie Ben Jaffe, der weiß ist. Das Urteil entspringt der Enttäuschung, in einem Land aufgewacht zu sein, das sie nicht wiedererkennen.

Anna und ich fühlen uns nicht sehr wohl in unserer Haut. Das alles ist am besten zu ertragen, indem wir in die Rolle von Journalisten schlüpfen, die wir nun mal sind. Eine Kraft kostende Rolle, die wir für diese Reise zu Hause lassen wollten. Aber aus Selbstschutz geht es nun nicht anders. Und aus Interesse. Manchmal braucht man Distanz, um die Dinge klar zu sehen.

Erzähl weiter, sage ich.

Und er erzählt, bis wir uns fragen, ob er vergisst, dass er nachher noch ein Konzert hat. Aber er vergisst es natürlich nicht. Ich muss mich noch warmspielen, sagt er plötzlich. Wisst ihr, diese Stadt hat einen *spirit*, den es sonst nirgendwo gibt in den Staaten. Einen Stolz. Man hat hier das Gefühl, in etwas zu wurzeln, etwas Altem, Lebendem.

Leroy Jones lächelt. Katrina hatte eine gute Seite, sagt er. Meine Frau – ihr habt sie gestern gesehen, an der Posaune, sie ist aus Finnland – hat erst durch den Sturm begriffen, wie sehr sie New Orleans liebt. Sie mag Amerika nicht, aber New Orleans ist seitdem ihre Stadt, ist das nicht schön?

Zum Abschied klopft mir Leroy freundlich auf die Schulter, gibt Anna förmlich die Hand, wünscht uns viel Spaß. Hört euch John Boutte gut an, sagt er, der Mann ist eine Kanone. Und wir beschließen, dabei hängt uns der Magen bereits in den Knien, dazubleiben, die Kanone live zu erleben. Der Eintritt ist frei. Es ist fast beschämend. Es sind dies Weltklassemusiker, und man stolpert einfach so in ihr Konzert. Zwei Dutzend Zuhörer werden es am Ende sein, darunter Katja, die Posaune spielende Finnin.

John Boutte hat ein dünnes Bärtchen unter den Lippen, an der Wange ein Pflaster, einen weißen Hut auf dem Kopf und ein Tamborin in der rechten Hand. *Die Stimme von Post-Katrina New Orleans* hat ihn das Magazin *Offbeat* genannt.

An seiner Rechten sitzt Leroy Jones, zu seiner Linken ein Gitarrist. Wir haben keine Ahnung, was uns erwartet. Jedenfalls kein Preservation Hall Jazz.

Habt ihr alle eure Gewehre dabei?, fragt Boutte in die Runde, verblüfftes Lachen. Yeah, sagt er, in New Orleans passiert eine Menge Shit, aber glaubt nicht dem Hype, glaubt ihm nicht. Boutte guckt Richtung Bar, guckt uns an. Aber eure Gewehre habt ihr schon dabei, oder?

Und nun beginnt er zu singen, untermalt von Leroys sanftem Trompetenspiel. Boutte wohnt an der Rampart Street, lesen wir später, gar nicht weit von unserem Hotel und auch vom Congo Square, wo sich einst die Sklaven trafen, um gemeinsam Musik zu machen. Wo der Jazz entstand, die Musik, die den Blues besiegt. John Boutte singt gewissermaßen von innen heraus, er interpretiert bekannte Songs auf eine Art und Weise, dass sie zu seinen eigenen werden – und in den besten Momenten hört er sich an wie die gottverdammte Stimme des geschändeten New Orleans.

*Good Morning, America, how are you?*
*Don't you know me? I'm your native son!*

In Hunderten anderen Versionen ist dies ein fröhliches Lied, hey, Amerika, bist du schon wach? Bei Boutte ist es die Anklage des grundlos verstoßenen Sohnes, der zornige Hilfeschrei eines im Sturm über Bord Gegangenen. Es läuft mir kalt den Rücken runter, auf Annas Unterarm stellen sich die Härchen auf. Es ist ein Song, der sich einbrennt. Diese Frage: *Don't you know me? I'm your native son!*

*I'm the train they call the city of New Orleans*
*I'll be gone five hundred miles when the day is done.*

Doch nach einer Stunde, in der Pause, verlassen wir das Konzert, um einen Burger essen zu gehen. Fragt sich nur, warum.

Ich habe Hunger, sagt Anna.

Wollen wir nicht das Konzert …?

Nein, ich habe echt Hunger.

Wir haben doch erst …

Mir hängt der Magen seit Stunden zwischen den Knien.

Das hast du vorhin schon mal gesagt.

Siehst du.

Nur zwei Songs …

Von Musik werde ich nicht satt. –

Ich will die Verantwortung für diese Entscheidung nicht von mir weisen, aber wenn Anna Hunger hat, habe ich keine Chance. Sie hat sonst unendlich viel Geduld, nur nicht, wenn sie Hunger hat. Später werde ich uns schwere Vorwürfe machen, das ahne ich bald, denn als wir zurückkommen, ist das Konzert beendet. Ich habe keine Ahnung, welche Songs wir verpasst haben, nur ist da dieses Gefühl, dass es etwas Grundlegendes war. Vielleicht wird es mich noch lange begleiten, dieses Gefühl, und die einzige Möglichkeit, es loszuwerden, wird sein, eines Tages nach New Orleans zurückzukehren und, ja: die zweite Hälfte des Konzerts zu sehen. Sowieso ist New Orleans eine Stadt, in die man zurückkehren wird, sie hat etwas, das in der Ferne die Gedanken ansaugt, in einsamen Momenten oder auch nur, wenn man ein Lied hört, das einen besonders traurig macht. Oder glücklich, auch dann.

Als wir gestärkt, aber etwas verstimmt in der Nacht zurück zum Hotel wandern, ist es wieder sehr still auf den Straßen. Es ist zu still. Es ist eine Stille, die dir den Puls beschleunigt und die Schritte und dich manchmal den Hals wenden lässt. Eine Nacht in dieser nervösen Stadt hört sich so an: nach der leeren Dose Budweiser und einer zerknitterten Zeitungsseite, die der warme Wind über den Asphalt treibt; nach dem allenfalls denkbaren Flügelschlag der Fledermäuse; nach dem Blechschild eines Geschäftes, das hell gegen den Türrahmen prallt; nach dem fernen Heulen einer Polizeisirene;

nach dem Echo deiner eigenen, unangenehm lauten Schritte in der quietschend warmen Luft. Und, wenn du die richtige Ecke genommen hast und ein bisschen Fortune, erst leise, dann lauter, nach den gebogenen Klängen eines Jazzsongs, der aus der nächsten Kneipe kommt. Hinein, und du bist gerettet. Nur manchmal geht es einem dann so wie uns. Dass das Gedudel dieser Cool-Jazz-Punker kaum auszuhalten ist.

Intellektuellen-Jazz, sagt Anna. Müssen wir das?

Müssen nicht.

Ich kann keine Melodie heraushören.

Ich meinte eben eine erkannt zu haben, aber dann war sie wieder weg.

Wir sind Banausen, sagt Anna.

Also treten wir wieder hinaus auf die leere Straße, gehen in unser kleines Hotel in der Canal Street, biegen um alle Ecken mit diesem Gefühl der Unsicherheit im Nacken, das man durch nichts loswird.

Im Bett starre ich an die Wand, statt noch ein paar Zeilen zu tippen. Ich grübele, worin die Anziehungskraft von New Orleans begründet liegen könnte, denn sie ist zweifelsfrei da, beinahe greifbar. Bekanntermaßen gelten die Menschen aus Louisiana als nervtötend halsstarrig, eigenbrötlerisch und bäuerisch. In New Orleans paaren sich diese wenig anziehenden Eigenschaften mit französischer Lebenskunst (aus historischen Gründen) und karibischer Wurstigkeit (aus klimatischen Gründen) – ein in der Schwüle der Tropen brodelnder Kessel aus Widersprüchen. Es muss jedenfalls etwas zu tun haben mit der nicht nachlassenden Wärme und der Allgegenwärtigkeit von Musik. Ein Sog wie er in den wenigen lauen Sommernächten zu Hause in Hamburg entsteht, wenn man im Sand an der Elbe liegt und zu den Sternen schaut und die Geräusche und Düfte der Welt einen nicht müde werden lassen. Man schert sich um nichts mehr. So ist das womöglich immer in New Orleans, nach ein paar Drinks an jedem Abend: Jeder Gedanke an Pflicht wirkt fremd. Die verdammte zur Hölle fahrende Pflicht, weg ist sie. Das ist mal eine Stadt.

Am nächsten Morgen mieten wir uns einen Wagen und machen uns auf, das andere New Orleans zu sehen, die geplätteten Viertel. Wir beginnen in Lakeview, das eine Gegend der Mehrverdiener war, die Häuser halten brav Abstand voneinander ... Wir biegen in die erste Straße. Die Häuser stehen leer. Die Fenster sind vernagelt, die Giebel schief, an den Wänden die hingesprayten Kreuze der Suchtrupps. Mit Datum und Zahl der Toten, die sie im Haus fanden. Es gibt diese Geschichten, wie es in Häusern aussieht, die ein Jahr lang nicht betreten wurden. Kühlschränke ohne Strom, ein Jahr nicht geöffnet.

Da und dort hat man einen Wohnwagen in die Einfahrt gestellt, eine Gabe der *Fema*, jener phantastisch unkompetenten Katastrophen-Hilfsagentur. Trotzig renovieren Menschen ihr Heim, umgeben von nichts als Geisterstadt. An den Ausfallstraßen sind die Supermärkte verrammelt. Man fragt sich, wie ein solches Viertel wieder auf die Beine kommen soll. Ob es reicht, dass erst einer und dann wieder einer einzieht. Oder ob die Stadt das organisieren muss. Aber dafür bräuchte es einen Plan.

Im Oktober 2006 gibt es keinen Plan für New Orleans, das sagen viele.

Oh doch, hatte Jordan Hirsch behauptet, es gibt sogar zu viele Pläne. Und alle widersprechen sich. Erst wollte der Bürgermeister die armen Viertel für immer räumen lassen, das Wort vom »kleineren Fußabdruck« machte die Runde, New Orleans sollte sich sicher schrumpfen. Was für ein Zynismus. Jordan lachte boshaft, als er die Idee beschrieb.

Bürgermeister Nagin, ein Demokrat und legendär wankelmütig, gab die Idee auf, sobald er die öffentliche Entrüstung vernahm. Seitdem streiten sich Spekulanten und Menschenrechtler, Anwälte und Politiker, wie es weitergehen könne. Louisiana hat seit jeher beeindruckend bestechliche Funktionäre, daher wundert es keinen, dass es nicht vorangeht. Vielerorts gibt es noch immer kein Trinkwasser, keinen Strom, keine Müllabfuhr. Es ist nun noch viel mehr eine Stadt des offensichtlichen Reichtums und gleich nebenan extremer Armut. Alles mischt sich: in der Musik, in der exzellenten Küche, in der allem zugrunde liegenden Spiritualität, die aus Katholizismus und afrikanischen Vodoo-Kulten zugleich schöpft. »New Orleans ist der religiöseste Ort, an dem ich jemals war«, schreibt der Schriftsteller Tom Piazza, »obwohl die Mehrheit der Bevölkerung grundlegend gottlos, heidnisch und versunken ist in den sieben Todsünden und einigen mehr, die nirgendwo aufgeführt sind.« Sein jüngstes Buch hat er *Why New Orleans Matters* genannt, warum die Stadt für Amerika, für uns von Bedeutung sein sollte. Piazza schildert seine große Furcht, dass die Verantwortlichen aus dem French Quarter einen Themenpark machen könnten und den Rest zum Planieren freigeben – welcome to *Jazzworld*. Ein neues, blinkendes New Orleans. Nur ohne Seele. (Erst Anfang 2007 wird ein neues Konzept vorgestellt werden, das 17 Bezirke vorsieht, 17 Siedlungskerne aus Schulen, Bibliotheken und Sportstätten, um die herum das gemeinschaftliche Leben wachsen soll. Jedermann kann die Pläne im Internet einsehen, jedermann kann Vorschläge machen, mitquatschen. Kritiker sagen, dieses Vorgehen sei populistisch, scheue jede Härte, bevorzuge plakative Ideen statt gründlich durchdachte. Unklar bleibt zunächst auch, wer die neuen Bauten bezahlen soll. Aber: Es ist ein Plan. Und es ist ein Plan, der den Menschen das Gefühl gibt, dass es ihrer ist.)

Über den Industriekanal fahren wir hinein in den Lower Ninth Ward. Den Bezirk, den es als ersten und am härtesten traf, in den durch den geborstenen Damm dieser Drachensaft brach, wo 14 000 Menschen wohnten, ein verrufenes Viertel, das mit der höchsten Kriminalität. Kein Haus hat die Flut überstanden. Bis zu den Dachfirsten stand hier das Wasser, viele Menschen wurden mit dem Hubschrauber gerettet. Ein paar Wochen später wurde das Gebiet noch einmal überschwemmt, diesmal von Hurrikan *Rita*. Es ist der Ground Zero von New Orleans.

Es geht das Gerücht, man habe an dieser Stelle den Deich gesprengt, um die reicheren Viertel zu retten. Es ist nur ein Gerücht. Aber 1927 hat man genau das schon mal gemacht. Das gibt dem Gerücht ein Gewicht.

Ein Jahr danach sind die Schuttberge abtransportiert, Buschland hat sich breitgemacht im Lower Ninth. Zwischen hohen Gräsern sieht man gefegte Betonplatten – der Schatten der Häuser. Da und dort ein zerdrückter Schuppen, dem das Dach fehlt. Ein verrostetes Eisengitter vor einem überwucherten Grundstück. Das Gerippe einer Hauswand, auf die jemand den Satz gemalt hat: Das war mal ein Zuhause.

Es ist deprimierend, hier zu sein. Es sind kaum Menschen zu sehen. Wenn man jemandem begegnet, nickt man sich kurz zu. Es fühlt sich an wie ein verfluchter Ort. Die Deichwand steht wieder. Sie sieht dünn aus, aber vielleicht haben ja auch wir keine Ahnung von so was.

Wir fragen uns, ob das jemals wieder etwas wird.

Wir fragen uns, warum Amerika das zulässt.

Wir fragen uns, ob wir uns das antun müssen.

Wir fragen uns, was wir hier zu suchen haben.

Nichts wie weg, zurück über den Kanal. Wir halten in der Franklin Avenue vor dem Haus der *Common Ground Collective*. Idealisten, Grüne und Anarchisten hatten sich hier schon ein paar Tage nach der Katastrophe zusammengefunden, sie wollten nicht warten, bis die Behörden aus ihrer Schockstarre erwachen. 80 Vollzeit-Helfer hat Common Ground mittlerweile, 8000 Freiwillige unterstützten diese im ersten Jahr. Mehr als 80 000 Menschen habe die Initiative seitdem geholfen, heißt es. Wer es hierher schafft, erfährt, wie er einen Antrag auf Entschädigung stellen kann, wie er an dem Programm teilnehmen darf, das sich *Road to Recovery* nennt, und das nichts weniger als ein gewaltiger Witz ist, wenn man Margaret Glauben schenken darf. Man sollte das tun, denn Margaret führt im Büro von Common Ground ein klares Regiment, sie kann erzählen, schniefen und kichern zugleich, dazu telefonieren und Faxe ausfüllen. Wer Mieter war, sagt sie, hat all seine Habe verloren, wer Hausbesitzer war und nicht versichert, hat all seine Habe verloren, wer Hausbesitzer war und versichert, kämpft mit den Versicherungen einen verzweifelten Kampf.

Ein Witz, sagt sie noch zweimal, Margaret, 50, Dreadlocks um ihr breites Gesicht, deren Haus in Uptown das Wasser verschont hatte. Deren Dach erst Katrina abdeckte, sodass Rita ein paar Wochen später mit dem Donnerregen in ihre Zimmer drang. Ihren Job in der Verwaltung einer Schule hat Margaret verloren, für so was hat New Orleans kein Geld. Sie sitzt hier, weil sie Menschen helfen, aber auch, weil sie ihre Geschichte loswerden will, darum geht es ja auch, vieles ist gewonnen, wenn man das Leid teilen kann.

Die Tage von Katrina waren die schlimmsten Tage meines Lebens, sagt sie, nicht mal ein Telefon ging. Das Wasser stoppte ein paar Blocks vor meiner Haustür, darin schwammen alle möglichen Viecher. Ich habe Alligatoren gesehen und Haie aus dem See, ich dachte: Lieber Gott, sei uns gnädig, aber sie haben nicht um Futter gekämpft, weil sie so satt waren. Da trieben Leichen im Wasser, ich habe sie selbst gesehen. Es waren vier Tage in der Hölle, bis die Nationalgarde kam. Warum kommt denn keiner?, haben wir uns gefragt. Hat man uns vergessen? Sind wir den Leuten da draußen egal? Ich hätte nie gedacht, dass so etwas möglich wäre. Und jetzt bin ich hier, weil der verdammte Staat nichts macht.

Weil die alles tun, damit kein Geld fließt, damit möglichst viele von uns abgehalten werden zurückzukommen. Ich hatte alles verloren, aber dann kam *Time Magazine* und versprach, mir zu helfen, und jetzt sitzt auf meinem Haus ein brandneues Dach, und das verdanke ich der Katastrophe. Es wird nicht mehr lange dauern, und ich kann wieder einziehen. Ich kam 1979 und habe hier zwei Kinder großgezogen, ich werde niemals hier wegziehen. Niemals, niemals, niemals, niemals.

Sie erzählt es im Singsang des Südens, ein magischer Dialekt, bei dem beispielsweise das Wort *big* unheimlich gedehnt wird, bis es ganz groß ist. Es ist eine musikalische Sprache. Und am Ende jedes Songs lacht sie auf. Ja, sagt sie, wir lachen und lachen, sonst bliebe uns nur übrig zu weinen.

Aus einer Hintertür kommt eine blonde Frau herein, die sich mit einem Handtuch durch die feuchten Haare fährt. Eine andere Frau wühlt in einem Gesetzestext, eine dritte kocht Kaffee, sodass es in dem Büro unangemessen optimistisch riecht. 107 Milliarden Dollar Krisenhilfe hat Bush der Region versprochen, erfahren wir. Es ist nicht so, dass die Leute das Gefühl haben, dass eine Menge davon angekommen wäre.

Wird New Orleans sich erholen, Margaret? Kommt ihr wieder auf die Beine?

Ich weiß es nicht, sagt sie. Ich werde es wohl nicht mehr erleben. Vielleicht dauert es hundert Jahre. Aber dafür bin ich hier: Damit es nicht noch länger dauert.

Sie ordnet mit ihren kräftigen Händen einen Stapel Papiere und spendiert ihr meckerndes Lachen. Wir werden verabschiedet mit einer Umarmung und wundern uns erst viel später, wie normal wir das gefunden haben. Wir bleiben vier Tage in New Orleans, nur vier Tage unserer vier Monate. Wir werden noch lange an diese Zeit zurückdenken, und sei es auch nur, weil wir von allen möglichen Leuten mit merkwürdiger Selbstverständlichkeit zum Bier eingeladen wurden (und sogar im Supermarkt zu einem Banana Bread). Man muss auf seiner Traumreise nicht eine solch gebeutelte Stadt besuchen, bestimmt nicht, wer sich im Urlaub entspannen will, der komme nicht hierher.

Alle anderen kommen bitte sofort.

Man komme in diese Stadt, die so unamerikanisch ist, ihr Charakter voller Brüche. Eine Stadt wie aus einem Roman. In der die Musik noch immer aus den Hinterzimmern quillt wie aus einem übersprudelnden Herz. Die die Welt aus einem vergessenen Grund mal *Big Easy* genannt hat. Diese verwundete und für alle Zeiten verwundbare Stadt.

Dem Wesen nach ist New Orleans eine Insel, und die Menschen aus New Orleans sind waschechte Insulaner. Womöglich ist ihnen das erst jetzt bewusst geworden: wie allein sie sind in diesen Vereinigten Staaten. Die bittere Einsicht stimmt starke Menschen bissig. Schwachen Menschen nimmt sie den Mut. Viele schwache Menschen leben nicht mehr in New Orleans, sie warten, dass das Wunder geschieht, von dem sie wissen, dass es nie geschehen wird.

In der fünften Nacht verlassen wir New Orleans. Zwei Gewitterfronten hätten Maß genommen und würden Downtown in die Zange nehmen, hatten sie im Wetterkanal vorhergesagt, den man hier schaut wie anderswo die Nachrichten. Wir klettern im strömenden Regen in den Mietwagen, vier Uhr morgens, biegen auf die Canal Street, die finstere Canal Street. Die Tropfen werden immer dicker, der Wind nimmt zu, bald steht auf der Windschutzscheibe ein Film aus Wasser, der Regen kommt nun waagrecht, wie aus Düsen in einer Waschanlage, er schlägt aufs Blech, dass wir brüllen müssten, um uns zu verständigen. Wir schweigen. Schwimmen in Schleichfahrt zum Flughafen.

Als das Flugzeug abhebt, zucken am Horizont Blitze, lange Blitze aus aberwitzig schwarzen Wolken. New Orleans wird auch diesen Sturm überstehen, schätzen wir.

## FÜNF
# Schwüle Tage in der Karibik

Ankunft in der Karibik. Wir wollen abhängen, rumhängen, durchhängen. Vier Wochen lang. New Orleans ist schwarz? St. Lucia ist viel schwärzer. Bumms. Wieder der warme Waschlappen ins Gesicht, als wir aus dem Flughafengebäude treten. Sofort fällt etwas in der Luft auf. Sie ist weicher als die amerikanische. Als fehle auch ein Summen. Das Summen der Geschäftigkeit. Das Summen der Ersten Welt.

Im Internet hatten wir unser Zimmer gebucht. Kleine Pension, günstig, im Dörfchen Gros Islet am anderen Ende der Insel. Mit dem Taxi wären es 60 US-Dollar, also: Öffentlicher Personennahverkehr. Wir schlüpfen in den nächsten Toyota Hiace Longwheel. Einen fünfreihigen Minibus, dessen Fahrer aussieht wie Samuel Jackson in *Pulp Fiction*, der Killer, der den Wagen fährt, in dem John Travolta wegen eines Hubbels auf der Straße dem Entführten die Rübe wegballert. Jackson kaut Kaugummi und hat das Radio so laut gestellt, dass die ganze Welt aus einem Song besteht. Wir klemmen uns hinter unsere Rucksäcke. Können uns keinen Millimeter bewegen. Die Beine sind nach fünf Minuten eingeschlafen. Der Hintern nach sieben. Wir wissen, die Fahrt nach Castries, der Hauptstadt, wird anderthalb Stunden dauern – leider sind wir noch nicht mal losgefahren. Jackson wartet, bis der Bus knallvoll ist, dann aber. Da weiß ich schon gar nicht mehr, wie sich mein Hintern mal angefühlt hat. Einfach weg.

Es ist sehr heiß in diesem Bus. Keine Situation, in der man ausgesprochen viel Sauerstoff bekäme. Die Straße windet sich, wir sehen draußen vor allem Grün. Es müssen Bananenplantagen sein, das haben wir gelesen, man erkennt aber fast nichts, so wild geht es voran. Ich beobachte an einer Baustelle, dass der Straßenbau wie bei uns funktioniert, schweres Gerät ruht am Rande eines Schlaglochs, nur dass nicht wie bei uns fünf Mann ratlos um die Maschine stehen, sondern dreißig.

Alles in allem dufte Fahrt. Kein Abschnitt länger als gefühlte 300 Meter geradeaus. Wilde Manöver um Schlaglöcher. Und dazu diese Musik: *Girl, I want to make you sweat, sweat like you will sweat no more. And if you cry out, I will push it, push it once more. Alalalalalong-alalalalalonglong-lilonglonglong.* Hinter uns singt ein langlidriges Mädchen lauthals mit. Sie schwitzt nicht die Bohne. Schweiß aber läuft mir aus Poren, deren Vornamen ich nicht kenne.

Man nehme einen Wasserbüffel, nicht ungepflegter als andere Wasserbüffel auch. Diesen Herrn lasse man zehn Meilen an einem gewöhnlich warmen Tag traben, bis er schwitzt, so schwitzt, wie dies Wasserbüffel zu tun pflegen. Wenn er sich dann in einem Schlammloch wälzte, wie sie das doch wohl tun; wenn dieser so vorgeglühte Wasserbüffel sich danach eine Stunde in die pralle Sonne stellte, ehe ihn ein kurzer Regenguss puderte. Und wenn dieser Wasserbüffel nun an mir, da ich in Gros Islet aus dem Bus steige, röche – ich wette, er würde neidisch werden. Solche Breiten machen einen ganz neuen Typen aus einem. Ich wusste gar nicht, dass ich so riechen kann. Und damit ist noch gar nicht gesagt, wie ich für andere rieche. Rieche mich ja nur selbst.

Hut ab, sagt da Anna, der selbst das Wasser herunterläuft, aber sie duftet bewundernswert frisch. Du stinkst wie ’ne Herde brünftiger Wasserbüffel.

Ach, sage ich, übertreib nicht so.

Ankunft in Gros Islet, es dämmert. Streunende Hunde beschnuppern uns. Die Bars noch nicht bevölkert. Am Straßenrand braten alte Frauen Hühnerschenkel. Männer am Kai rauchen Gras. *You want?*, fragen sie, als wir unser Gepäck vorbeischleppen, hinüber zum *Bay Guesthouse*. Ein zweistöckiger Kasten, vorwitzig ans Meer gebaut, orangefarben gestrichen, an der Hauswand das Yin-und-Yang-Symbol. Erleichtert packen wir unsere Rucksäcke ins luftige Zimmer, brausen uns kalt ab, tätscheln die Hängematten auf der Veranda. Werden im Liegen Blick auf den Sonnenuntergang haben. Vor uns Palmen im Wind. Kitschkaribik für 30 Dollar am Tag. Traum. Kurz später schlendern wir durchs Dorf, kaufen das Nötigste ein. Brot, Bier, Bananen, Bounty-Rum. Wundern uns über die Farbarmut der Natur, wenn die Sonne hinter Wolken taucht.

*Uuh, look, white people*, ruft einer der Burschen am Kai, weites, offenes Hemd.

*Uuuh, lovely white baby*, versteht Anna.

Daneben ballern Jungs aus meterlangen, handtellerdicken Bambusrohren. Mit Benzin, Feuer, Unterdruck, peng. Sie üben für Weihnachten. Ihre älteren Brüder im Unterstand grinsen sich eins.

Im Dorf Karibik Central. Die Leute sind Spezialisten in etwas, das sie wohl *limen* nennen. Sie hängen wortlos herum in möglichst schattigen Schatten und ruhen sich aus. Von was, ist nicht ganz klar. Manche schlafen auf dem festgestampften Boden. Es ist noch immer sehr heiß, natürlich, damit wird es zusammenhängen. Seltsam energieloser Haufen. Man könnte es auch *chillen* nennen, aber das umfasste nicht die völlige Antriebslosigkeit, die das professionelle *Limen* auszuzeichnen scheint. Chiller wollen wirken. Limer wollen ihre Ruhe.

Man spürt sofort: Man kann sehr faul sein hier. Es treibt einen nichts an. Kein Klima zum Bäume ausreißen. Aber es naht die Nacht, und das Dorf beginnt zu leben. Die Dämmerung fällt herab wie ein schweres Tuch, es beginnt eine Parade. Die Mädels wandeln sehr aufrecht, sie bewegen sich langsam, mit kokett gewölbten Hintern. Ein verschämtes Stolzieren. Die Jungs sehr dünn, sehnig, manche torkeln ein wenig, wohl bekifft. Aber ultralässig. So, wie unsereins es nie gelernt hat. So, wie wir es nie mehr lernen werden. Weil es uns peinlich ist. Weil uns so viel peinlich ist. (Warum eigentlich? Weil wir für Zivilisiertheit halten, was in Wahrheit nur Steifheit ist.)

So vieles improvisiert. Zäune, Sitzbänke, Läden aus Brettern. Bunt übermalt, mit dem Logo der Biermarken. Zwischendrin üppige Natur, die vieles gnädig umrahmt. Kein Müll, der nicht bald verschlungen ist, kein Schrott, den das Land nicht grün überfräße. Offene Kanalisation, durch grobe Steinplatten abgedeckt. Nebenstraßen, die bei Regen zu Schlamm werden dürften. Umgestürzte verrostete Einkaufswagen im Graben. Dicke Frauen, die, breitbeinig dasitzend, Kochbananen verkaufen. Für den Fremden keinen Blick. Die Autos gepflegter als die Häuser. Sie blitzen. Auf Pump gekauft? Das Fehlen flanierender Paare. Die langsame Gangart der Hunde. Die handgeschriebenen Werbeplakate der Regierungspartei SLP an den Telefonmasten. Vor den dunklen Hütten die versammelten Familien, weiß leuchten Plastikstühle und Zahnreihen in der jungen Nacht. Gelächter. Ihre Sprüche nicht zu verstehen. Wir ahnen die englische Satzmelodie, französische Worte. Kreolisch.

St. Lucia: eine Bananenrepublik wie aus dem Märchenbuch – nur dass der Bananenmarkt kollabiert ist. Ein wunderbares tropisches Eiland mit fruchtbaren Hügeln, gutem Rum und mordsmäßig schlechten Politikern. Einst gehörte man dem britischen Empire an, seit 1979 ist man selbstständig. Bis heute fahren die Autos links, tragen die Schulkinder Uniformen. Ihre Vorfahren wurden aus Afrika als Sklaven auf diese Insel verschleppt, billige Arbeitskräfte für die Zuckerrohrplantagen. Im Lauf der Jahre stellte man die Landwirtschaft um auf Bananen, die Insel florierte. Doch als 1993 Großbritannien von der EU gezwungen wurde, die traditionell überhöhten Preise zu kürzen, kam es zum Streik, die Bauern sperrten den wichtigsten Highway an der Ostküste. Am dritten Tag gesellten sich Arbeitslose, Streuner, Glücksritter dazu. Die Polizei ging gegen die Barrikaden vor, die Lage eskalierte. Als sich der Staub gelegt hatte, lagen zwei Männer tot auf der Straße. Es war das Ende des alten St. Lucia, das Ende der Unschuld, Oktober 1993.

Seitdem wachsen Armut, Verzweiflung, Verbrechensrate. 30 Morde gab es auf St. Lucia, 160 000 Einwohner, schon dieses Jahr – das wären, auf die Bevölkerung hochgerechnet, phantastische 16 000 Morde in Deutschland. In ein paar Wochen ist Wahl, wann jedoch, weiß keiner genau. Es ist Sache des Premiers Kenny Anthony, ein *Labour*-Mann. Sie treten an gegen die *Workers*. Rot gegen Gelb. Arbeiter gegen Arbeiter. Korrupt gegen inkompetent oder umgekehrt.

Die Infrastruktur der Städte geht seit Jahren den Bach runter, die Regierung gibt nur Geld aus, wenn Wahlen anstehen. Aber zugleich sprießen überall an der Küste Luxusresorts, steuerbegünstigt, versteht sich. St. Lucia ist in den Reisekatalogen die Insel der Honeymooner. Ein vollendetes karibisches Paradies. Man zehrt von der Natur: Als Wahrzeichen bedient man sich der zwei *Pitons* an der Westküste, jener erstarrten Vulkanpfropfen, kegelförmige Berge, die von See wie ein Paar riesiger Titten aussehen. Ein Glück für das Land, Urlaubsträume brauchen Bilder.

Eine Gestalt aus dem Halbdunkel gleitet auf uns zu. Ich bin Charlie, sagt er, woher kommt ihr?

Wir sind so dumm, es ihm zu sagen.

Schön, Deutschland, sagt er, meine Frau heißt Dagmar, meine Tochter heißt Dagmar, sie sind Deutsche. Er streicht uns das kühlende Gel einer Pflanze auf die Haut, auf Mückenstiche, die wir gar nicht bemerkt hatten. Aloe Vera, sagt er, sehr gut.

Ja, tut gut, sagen wir.

Macht vier EC, sagt er.

Vier *Eastern Caribbean Dollar*. Das sind knapp einsfünfzig Euro. Wir haben nur fünf EC. Er kann nicht wechseln. Wir lassen ihm die fünf. Wir werden das erste Mal behummst, nach einer halben Stunde in freier Wildbahn. (Dabei hatte ich gerade Huck Finn zu Ende gelesen. Großartig, wie der King und der Duke die Leute betrügen, indem sie ihnen Geschichten auftischen. Was hab ich gelacht.)

Du bist zu nett, sagt Anna.

Das kühlt so schön, sage ich.

Unser Zimmer schaut aufs Meer. Die Geräusche des Ozeans, der sanft auf die Felsen schlägt. Bis spät in die Nacht flötet ein unbekannter Vogel. Hat nur zwei Töne. Biiih-hööööh. Biiih-hööööh. Wirst wahnsinnig, wenn du drüber nachdenkst: Wenn die Sprache so beschränkt wäre. Gut oder schlecht. Eins oder null. Eine digitale Sprache. Modern, quasi. Aber irgendwann schlafen wir ein, unsere erste Nacht in der Karibik endet im ereignislosen Schlummer.

Am Morgen schaue ich als Erstes in den Spiegel. Keine Ahnung, wieso. Erschrecke, als ich meinen Bart sehe. Schon sehr lang, nach unten wachsend, luftig, muselmanisch, wie ich finde. Haare werden oben auch länger, also da, wo sie noch Lust haben zu wachsen. Kriege langsam einen Löwenschädel. Anna krault mich unterm Kinn. Der ist ganz weich, schnurrt sie. Das entschädigt für alle Mühen. Frühstück auf der Veranda. Bananen, Nescafé, Meeresrauschen.

Notiz zur Genese des Barts: Nach zehn Tagen fängt er an zu kratzen, weil die Haare so lang werden, dass sie nach innen steuern. Nach circa drei Wochen hört er auf zu kratzen. Dann ist er vor allem einfach nur noch da. Nach vier Wochen hat man vergessen, dass es ihn gibt, und nach fünf

Wochen erschrickt man, wenn man morgens in den Spiegel schaut.

Wir latschen nach Rodney Bay. 45 Minuten an der Straße entlang, um den Yachthafen herum. Brütende Hitze. Atmen Abgase. Werden mehrfach fast über den Haufen gefahren. Ist ein Scheißweg um die Marina, wir fluchen und pöbeln, wir haben 2,50 EC gespart, knapp einen Euro. Wollten was von der Insel sehen. Schwachsinn. Das nächste Mal steigen wir wieder in den Minibus.

Drüben in Rodney Bay, am angeblich schönsten Strand der Insel. Schmaler Sandstreifen, Mördertourismus. Springen kurz ins türkis blinkende Wasser. Danach wie neugeboren. Fühlen uns wie die Könige. Kaufen ein, unter anderem: 2 Liter Pina-Colada-Fruchtsaft, 2 Liter Mangosaft, 1 Liter Rum, 5 Liter Wasser, Eis, Kekse, Käse. Können es gerade noch so tragen. Mit dem Minibus nach Hause. Unser Fahrer hupt, als er ein hübsches Mädchen passiert. Die Hupe hört nicht auf zu hupen, sie hat sich verklemmt. Alle im Bus grinsen. Der Fahrer fummelt hektisch am Knopf rum, verzieht aber keine Miene. Trötend halten wir Einfahrt in Gros Islet, man könnte sagen: triumphal.

Haben nunmehr Nachbarn, Schwaben. Unglaublich, nach zwei Sätzen wissen wir, woher sie kommen, Nähe Stuttgart. Man trifft irgendwo in der Welt Menschen und kann sie bis auf 30 Kilometer genau lokalisieren. Nettes Paar. Schön ruhig. Wir löffeln Avocados, dazu gibt es Rum und Rum. Hört sich jetzt vielleicht etwas eindimensional an, aber wenn man so faul ist, dann kreisen die Gedanken in nicht sehr lichten Höhen. Füße müssen hoch, zur Dämmerzeit. Auf unserer Terrasse heißt das: auf die Balustrade. Wegen der Sandfliegen. Unsichtbare Dinger. Die beißen, beißen, beißen.

Bounty-Rum mit Ananassaft und Eiswürfeln. Darf aber nicht zu wenig Rum sein. Wir sitzen einfach nur so da, reden und lesen und trinken und lesen und trinken und werden bald müde. Acht Uhr abends. Hm. Die Nacht ist längst schwarz, es zirpt um uns herum. Kann mich nicht überwinden, die Tastatur auszupacken, das Handy zum Rechner umzubauen. Passt nicht hierher. Zu technisch. Unmöglich, schon der Gedanke. Ist das der erste Schritt der Degeneration? Bin gespannt auf den nächsten. Beginne mit Stift zu schreiben. Das geht, ist aber lästig.

Am nächsten Tag der faulste Tag, seit Gott die Welt erschaffen. Ins Bett gewankt, bountyselig, um 23 Uhr. Gepennt bis 9. Zwei Stunden Frühstück. Eine Stunde davon Kaffee schlürfen und rausgucken aufs Meer. Das Bay Guesthouse liegt auf einer kleinen vorgelagerten Halbinsel, sehr vorteilhaft, wie der Bug eines flachen grünen Schiffes. Unser Platz unterm Wellblech ist vollkommen geschützt.

Wir wandern Richtung Pigeon Island, einem Nationalpark mit zwei Hügeln, die einst schwer umkämpft waren. Männer starben an diesem Ort für Frankreich, Männer starben für England, vierzehnmal hat St. Lucia den Besitzer gewechselt, längst vergessen. Der Weg zum Park führt durch das Luxusresort *Sandals*. Alle Strände sind öffentlich zugänglich, deswegen latschen wir mittendurch. Bleiche Paare, die uns mustern, auf ihren beschatteten Plastikliegen. Am Rand der Anlage Wachmänner, die bewaffnet aussehen.

13 EC kostet der Park Eintritt, fünf Euro pro Nase. Happig. Finden ein Plätzchen in der ersten Bucht, unter einem herrlichen Flamboyant. Das Wasser noch trübe nach heftigen Regenfällen. Wir hängen auf unser dünnen Decke im Sand herum. »Strandatmosphäre« haben wir sie irgendwann einmal getauft. Wir fragen einander: Hast du die Strandatmosphäre dabei? Ganz ernsthaft. Nachmittags Seafood Salad und frischer Passionsfruchtsaft in der Seeräuberpinte *Jambe de Bois*, sitzen auf Stühlen aus groben Holzbalken. Wir genießen den weiten Blick über die Bucht, löffeln danach Ba-

nana Crumble mit Vanilleeis und schlürfen so ziemlich den besten Kaffee, den wir je getrunken. Sehr bissfest.

Anna erzählt begeistert von Jeffrey Eugenides' *Middlesex*, die Liebe, die Ironie, die Traurigkeit, die Kleinigkeiten, die sich zu einem großen Bild fügen. Liest vor. Mist. Wieder ein Buch mehr zu lesen. Wie viele Bücher schafft man im Jahr? 30? Das hieße, bei optimistischer Schätzung und 50 verbleibenden Lesejahren, noch 1500 Bücher. Da ist gut wählen angesagt.

Die Serviererin Tera schwitzt sehr, sie hat gewinkt zur Begrüßung, dabei kennt sie uns gar nicht. Mit allem lässt sie sich wunderbar viel Zeit. Als wir am letzten Schluck Kaffee knabbern, im Schatten, fragen wir sie, wie sie Sandals findet und diese anderen Honeymoon-Hotels. Sie bringen uns Arbeit, das ist gut, sagt sie. Aber es ist nicht fair, sie machen die Strände zu. Sie bauen da alles hin. Unsere Leute können nicht mehr an den Strand ...

Dürfen schon, oder?

Ja, aber wir wollen nicht mehr. Sie nehmen uns den Strand weg, Stück für Stück. Nicht jeder kann sich den Eintritt in den Nationalpark leisten, wissen Sie?

Die Serviererin lächelt, wischt sich den Schweiß von der Stirn. Sie wohnt drüben in Castries, wo 60 000 Menschen leben, mehr als ein Drittel der Bevölkerung. Ein wimmelnder Marktflecken. Nachts, sagt Tera, sieht man überm Meer die Lichter von Martinique im Norden, das ist schön.

Was halten deine Leute vom Tourismus?

Sie überlegt. Nicht leicht zu sagen. Es muss etwas los sein, aber es darf auch nicht zu viel los sein. Sonst wird es sehr anstrengend. *Busy* also muss es sein, das Business, aber nicht zu *busy*.

Philosophischer lässt sich das nicht sagen. In der Dämmerung zurück über den Strand. Für das Sandals wurde vor ein paar Jahren ein Damm aufgeschüttet, der aus Pigeon Island eine Halbinsel machte. Wir schlendern an einer Hochzeitszeremonie vorüber, sie mit Blumen im Haar. Vom Strand aus sehen wir die Rücken der Brautleute. Die beiden gucken aufs Hotel samt Baustelle. Im Hintergrund das Meer. Das ist wichtig für das Hochzeitsfoto, von wegen der Romantik. Neben dem Sandals wächst die nächste Burg in den Tropenhimmel. *The Landings*, mit eigenem Yachthafen. Bagger im Sand, Kräne im Wald. Die All-Inclusive-Industrie frisst sich ans Dorf heran.

Ein knapper Kilometer bis Gros Islet ist der Strand noch unbebaut. Ein Kilometer noch: altes St. Lucia. Da sind Liebespärchen, die sich aus dem Dorf gestohlen haben und im schwindenden Licht eng umschlungen baden. Männer, die ihre Wäsche einsammeln, die sie am Morgen im Meer gewaschen hatten und dann zum Trocknen ausgelegt.

Drei Pferde samt Reiter kommen uns entgegen. *Sunset rides*. Ein schwarzer Guide und zwei junge Amerikanerinnen mit wehenden Haaren und blendend hellem Gebiss. Grußlos traben sie vorbei.

Der Wind erschlafft. Es gibt Regen, sagt Anna, spürst du, wie die Luft feuchter wird?

Wie ist das, denke ich, keine Jahreszeiten zu haben? Außer feucht und weniger feucht. Hurrikangefahr oder keine Hurrikangefahr. Angst oder keine Angst. Heiß oder schweineheiß. Gewöhnt man sich daran? Ich glaube nicht. Im ewigen Sommer würde ich bald vom Schnee träumen.

Bald fallen ein paar Tropfen. Ich bilde mir ein, dass sie auf meiner Haut zischend verbrutzeln. Kein Wolkenbruch, leider. Wir balancieren über den Bach, der das Dorf begrenzt, und seine steinerne Furt zurück zu unserer Pension.

Dort begrüßt uns Paraika, der friedlichste Dobermann der Welt, genauer: eine Doberfrau. Gastwirt Will, kurze schwarze Haare, weißhäutiger Typ, hantiert an einer Wasserleitung herum. Will ist Fan von Nottingham Forest, »peinlich schon, es zu sagen«. Einer dieser Engländer, die mit ihrer fabelhaften Selbstironie überall auf der Welt zurechtkommen. Ihre Mentalität ein Grund, warum das Empire mal funktionieren konnte. Sag mal, Will, die bauen die ganze Bucht mit Riesenkästen zu, oder?

Klar, sagt er. Das Land ist schon verkauft. Soweit ich weiß, kommt da ein Bunker nach dem anderen hin. Wir werden auf unserem Stück Land sitzen und die Fahne hochhalten.

Bis ein gutes Angebot kommt.

Oh, vier, fünf Leute waren schon da. Aber es hat noch keiner die Millionen ausgepackt, für die wir es hergeben würden. Haben es ja auch erst ein Jahr. Wollen noch bleiben.

Ist auch ein schöner Platz.

Will klopft gegen die Wand. Der Typ, der das gebaut hat, war Deutscher, sagt er. Ein Ingenieur. Jetzt ist er fünfundsechzig und zieht um die Welt. Alles hier ist total durchdacht, Strom, Wasser. Ich traue mich gar nicht, einen Nagel aus der Wand zu ziehen, aus Angst, das ganze Haus könnte zusammenstürzen. Ich trau dem das zu, dass er das so gebaut hat. Ihr Deutschen versteht so was einfach.

Anna lacht.

Nicht alle Deutschen, sage ich.

Will grinst. War auch ein komischer Kauz, der Ingenieur. Hat uns den Hund mitverkauft, ohne eine Träne zu verdrücken. Wollt ihr auch den Hund?, hat er uns gefragt. – Well, yeah, haben wir gesagt. – Ok, behaltet ihn.

Paraika drückt sich an mich, sie ist nass und stinkt, ihr Stummelschwanz wackelt.

Sie ist nass, sagt Will.

Sind wir auch, sagt Anna.

Sie stinkt sicher, sagt Will.

Paraika schüttelt sich. Funkenflug kühler Tropfen.

Wenn wir ehrlich sind: Das Haus gab's zum Hund dazu.

Ich kraule ihren Hals, Paraika schaut mich an, ich bilde mir ein, dass sie dankbar ist.

Ein teurer Hund, was?

So teuer war sie gar nicht.

Am Abend gehen wir ins Dorf, die Gassen sind uns nun schon ein wenig vertraut, vor *Scottys German Bar* ist der Grill angeschmissen, gegenüber sind die ersten Hühnerflügel schwarz gebraten. Wir sind die einzigen Fremden an diesem Abend, und wir laufen an *Titus Diner* fast vorbei. Titus sitzt draußen, in seinem weißen Kochgewand, die Hände spielen mit der Kochmütze, aus dem Fenster dringt laut die schlimmste Country-Musik, die Amerika je eingefallen ist. Weil er so nett grüßt, oder wegen seiner Kochmütze, kehren wir ein. Er stellt uns einen Tisch auf den Gehsteig, packt uns zwei eiskalte Piton hin, wir entscheiden uns für Chicken Roti, gefüllte Teigtaschen, und Fried Fish, was sich als Thunfisch herausstellt. Es wird euch schmecken, hat Titus nur gesagt. Er geht in die Küche, hantiert mit Töpfen, Pfannen. Kehrt mit zwei randvollen Tellern zurück. Stellt sich dann neben uns, die Hände verschränkt über dem Bauch, über den das Hemd spannt, ein kleiner Kochbauch. Ab und zu hält einer dieser großen sauberen Geländewagen, die jeder mehr kosten als drei Häuser zusammen, ein junges Paar steigt aus, und Titus springt ins neonhelle Innere, stellt etwas zusammen, und die Insulaner steigen wieder ins Auto und ticken davon.

Land ist Geld, sagt er. Die da haben kein Land mehr.

Titus, knapp über fünfzig, ist aufgewachsen in Gros Islet, woanders halte er es nicht aus. Seit drei Jahren hat er sein Diner, es gilt als eines der besten Restaurants im Ort, man sieht die Qualität aber nur an der Kochmütze.

Der Tourismus ist unsere Hoffnung und unser Verderben, sagt er, es gibt nur zu wenig Leute, die die Gefahr sehen. Von 6000 Leuten im Dorf und drumherum vielleicht ... Jedenfalls zu wenige.

Die Gefahr? Die reichen weißen Leute, die hier die schönsten Tage ihres Lebens verbringen?

Es fühlt sich ein bisschen an, sagt er, als würden wir eingequetscht sein, eines Tages. Unseren Strand wird es nicht mehr geben, an dem am Wochenende ... Wart ihr am Wochenende mal da?

Wir wohnen drüben, im Bay Guesthouse.

Gut, sagt er. Das ganze Dorf ist am Wochenende am Strand, und wenn da Hotelanlagen sind, wird es nicht mehr dasselbe sein. Nur werden es unsere Leute erst merken, wenn es nicht mehr ist wie früher. Wenn es zu spät ist.

Warum wehrt sich keiner?, fragen wir zwischen zwei Bissen.

Es wehrt sich nicht mal einer, wenn sie wie drüben in Rodney Bay ein Hotel auf dem alten Friedhof bauen. Die Leute sehen nur das Geld, das in die Kassen kommt, wo auch immer das bleibt. Die Leute, die sich empören, haben keine Macht. Und die Leute, die die Macht haben, empört es nicht. Es ist alles nur Money, Money, Money.

Aber die Bananenindustrie ist tot, von irgendwas müssen die Leute ja leben.

Wissen Sie was? Er schaut uns freundlich an. Als die Touristen kamen, wurde uns gesagt, lächelt, gebt ihnen das Gefühl, willkommen zu sein, es wird sich auszahlen. Hier in Gros Islet haben früher Fremde im Schlafzimmer jeden Hauses schlafen können – das war, bevor wir lächeln sollten. Wir sind ein gastfreundliches Volk. Aber da ist ein kleiner Wurm in unserer Gesellschaft, er frisst uns auf, wenn wir nicht aufpassen. Ich würde anfangen, in der Schule etwas zu lehren, was in Vergessenheit geraten ist: Liebe. Wer lieben kann, kümmert sich auch. Der sorgt sich. Es gibt zu wenig Liebe in diesem Land, unter den jungen Leuten, das macht mir Angst.

Titus hört sich nun beinahe an wie ein Priester, vielleicht

war er das in einem früheren Leben, er steht da sehr ruhig, er sieht nun gar nicht mehr aus wie ein Koch.

Mit der Lehre der Liebe würde ich anfangen, sagt er. Daraus kommt dann alles.

Gegenüber sitzen ein paar Jugendliche auf Holzhockern hinter einem Straßengrill, sie schwatzen und schlagen sich auf die Schenkel, sie haben Baseballkappen auf, deren Schild wie gebügelt aussieht, sie tragen Basketballhemden aus Amerika. Sie versuchen auszusehen wie coole Jungs aus Harlem. Sie arbeiten den ganzen Abend daran, high zu werden.

Bis sich ein Nieseldampf herab auf das Dorf und die Nacht senkt, ganz feiner Regen, der die Luft nicht abkühlt, nur in feuchte Watte wandelt, er vertreibt die Menschen von der Straße. Gros Islet ist bald wie ausgefegt. Da ist nur noch einer außer uns unterwegs, und er folgt uns zum *Village One* mit ein paar Metern Abstand, es ist ein Mann mit einer Mission. Wir werden auf ihn hereinfallen, versteht sich.

Von der Veranda des Village One sieht man geradewegs auf die leere Hauptkreuzung des Ortes. Schwere tropische Nacht. Auf dem Asphalt ein gelbes Spinnennetz – Werbung für den Worker-Kandidaten namens Leonard Montoute, genannt *Spider*. Dahinter an einem Mast der rote Stern des Labour-Mannes. Neongrün umrandet, liegt das Konterfei des Politikers im Dunkeln. Raffiniert. Es stellt Julian Hunte dar, Kandidat der SLP, der aus Gros Islet die *Special-Events-Hauptstadt von St. Lucia* machen möchte. Aus dem Inneren der Bar flötet leise *No woman, no cry.* Die heiligen zwei Könige der Karibik heißen Bob Marley und Che Guevara. Ihre Porträts zieren T-Shirts, Männerrücken, Frauenfesseln. Dies ist kein Landstrich für konservative Mitteleuropäer.

Wir schweben schön im Rumdunst. Bis unser Verfolger auftaucht, der so schwarz ist wie die Nacht im Wald von Connecticut, na, fast so schwarz, er hält in seinen Händen Drahtfiguren und lange dünne Drahtseile, er blickt uns nicht an, als er uns fragt, ob wir mal schauen möchten. Danke, sagen wir, aber wir haben keinen Platz im Gepäck und kein Geld, wir reisen um die Welt, wir machen keinen Spaß, wir können nicht einfach die Dollars verfeuern, sonst kommen wir nicht weit, und Jason, so heißt er, sagt leise: Mir geht es nicht um Geld! Ich schenke euch etwas, das von Herzen kommt.

Oh, sage ich, von Herzen?

Von Herzen, sagt er.

Und er fragt mich, was mein Lieblingssport ist. Fußball, lüge ich, um es ihm nicht zu schwer zu machen, und er setzt sich auf den Stuhl neben Anna, wir wollten einfach nur dasitzen und den Abend in uns aufnehmen, aber jetzt sitzt da Jason, den seine Freunde *Wireman* nennen, wie er sagt, Drahtmann, und er biegt und zwirbelt sich was zusammen. Im Zwirbeln redet er, weil es ja dauert, eine Drahtfigur zurechtzuwursteln, aber er kann das nicht recht, sein Erzählfluss stockt, und seine Witzchen verenden auf halbem Weg, er kräuselt seinen schiefen Mund, und irgendwann halte ich es nicht mehr aus, wie er sich windet. Ich kann keinen Menschen sich winden sehen, und ich übernehme das Gespräch, als Journalist geht das wie nichts, paar Fragen stellen, aus den Antworten neue Fragen gerinnen lassen, bei mir muss sich keiner winden. Wie die Mannschaft der West Indies bei der Cricket-WM abschneiden werde, will ich wissen. Keine Chance, sagt er, froh, ein Thema zu haben, wir sind zwar Gastgeber, im März, aber wir waren mal gut, so gut sind wir nicht mehr. Nicht so gut wie ihr im Fußball. (Ich muss an die Fußball-WM denken, an die ich schon länger nicht mehr gedacht habe, dabei war sie gerade eben, diesen Sommer, in dem die Deutschen spielten wie schon lange nicht mehr. Und das ganze Land sich so leicht anfühlte wie nie.) Ich stimme ihm geschmeichelt zu.

Anna grinst, schüttelt den Kopf und tritt mich sachte unter dem Tisch, der soll was tun für sein Geld!, flüstert sie auf

Deutsch. Längst ist ihr klar, dass ich mich wieder geschlagen gegeben habe, und zwar nur, weil er sich so dappig angestellt hat, und gerade will ich ihr auf Deutsch zuraunen, warte ab, diesmal halte ich's durch, da stellt Jason seinen Fußballer auf den Tisch, ohne mir in die Augen zu blicken.

Da steht jetzt ein richtiger Fußballspieler.

Es ist ein ganz astreiner Fußballspieler. Der Kopf besteht aus ein paar Drahtschlingen, der ganze Körper ist unerhört drahtig, er kickt sogar einen Ball in die Luft. Ich habe keine Ahnung von bildender Kunst, aber wenn mich einer fragen würde, würde ich sagen: Das ist gebildete Kunst.

Gefällt's dir?, fragt Jason. Er guckt mich endlich mal an. Gelbe Augäpfel. Ein Blick, der gequält zu sein scheint. Aber von was?

Das ist Kunst, sage ich.

Anna triumphiert still, das spüre ich.

Es ist wirklich Kunst!, zische ich ihr zu. Woher kannst du das?, frage ich ihn.

Ich war früher Bananenmann, sagt er, in den Plantagen, aber als die Preise runtergingen, habe ich meinen Job verloren, und jetzt verkaufe ich eben Touristen solche Sachen, meine Freunde nennen mich schon lange Wireman, weil es das ist, was ich am besten kann, sonst kann ich nicht so viel.

Ich kann nicht abwarten, wie er den nächsten Schritt macht. Ich will Jason nicht weiter belästigen.

Danke für dieses Geschenk, das von Herzen kommt, sage ich. Wir wollen dir auch etwas schenken, das von Herzen kommt. Wie viel also?

Zwanzig, sagt er schnell.

Ich empöre mich im Innersten, finde Kraft zum Widerspruch. Die Figur aber will ich mitnehmen, die lasse ich hier nicht verkommen.

Zehn, sage ich, mehr ist wirklich nicht drin.

Er sagt okay, wir drücken ihm das Geld in die Hand und

nehmen den Kicker, trinken aus, gehen nach einem kurzen Gruß. Im Weggehen schaue ich zurück. Er fährt sich mit der Hand übers Gesicht, die Augen zusammengekniffen. Da ist kein Zeichen der Befriedigung, geglücktes Ende eines langen Tages, der Wireman sieht einfach nur müde aus. Froh, dass es für heute vorbei ist. Als wir um die Ecke biegen, sitzt er noch immer da, unter dem Wellblech der hölzernen Bar, im Nebeldampf von Gros Islet.

Ein wandelndes Dollarzeichen sein: Das nervt. Die Einheimischen schauen entweder durch uns hindurch – oder wollen unser Geld. Ein Gespräch, einfach so? Passiert nicht. Haben sie keine Neugierde? Sind es zu viele von uns? Trauen sie sich nicht? Ich mache ihnen keinen Vorwurf. Aber man fühlt sich beschissen. Es gibt da keinen Ausweg.

*Jump-Off* am nächsten Abend. Die Boxen wummern auf der Kreuzung. Straßenhändler bauen ihre Stände auf. Freitags ist der einzige Tag, an dem Touristen aus den großen Hotels ins Dorf kommen. Sie wollen originale Einheimische sehen. Und die hoffen auf das große Geschäft. Als das Fest voranschreitet, füllt sich die Tanzfläche. Eine rundliche Frau bewegt sich, als sei sie die Mutter des Takts, begnadetes Rhythmusgefühl. Sie hat eine enge Jeans an und sieht von hinten ein wenig aus wie der Junior-Elefant aus dem Dschungelbuch. Der Hintern hat Muskeln, die ich nicht kannte. Er wabbelt und wubbelt mit den Bässen, dass es eine Freude ist. Man wird als Mann ganz nervös, wenn man sich vorstellt, was da für Muskeln im Spiel sein mögen.

Es läuft Reggae-Techno, die Beats werden immer schneller. Wir lehnen an der Bar und trinken Lime Rum mit Ananas, limen und staunen. Die Paare tanzen, na ja, *doggie-style*, sie beugt sich mit gespreizten Beinen nach vorne, er steht hinter ihr, umfasst ihre Taille, und sie schubbern gemeinsam zur Musik. Es sind ungefähr 180 Beats pro Minute, allerhand Gerammel also freitags auf den Straßen von Gros Islet.

Hut ab, sagt Anna, und es sieht nicht mal gerammelt aus.

Auf den Veranden der Pubs besoffene Weiße mit roten Gesichtern, Typen, die sich ranwerfen, wo es was ranzuwerfen gibt. Wir halten Abstand. Bässe in der Nacht. Viel zu viel Rum in jedem Glas. Wir halten uns an der Theke fest. Und plötzlich denke ich: Das ist Afrika. Wir sind in Afrika. Der weiße Mann säuft sich zu Tode, aber vorher blamiert er sich.

Muss daran liegen, dass ich am Strand Ryszard Kapusczinski gelesen habe. Hatte es mir ja versprochen: Afrika ist dabei. Seine *Afrikanischen Notizen*.

Kapu werde ich ihn nennen, denn er hat mir wie ein Vertrauter die Welt erklärt. Viel St. Lucia in diesem Band. Die Menschen, die es nachts nicht in ihren Hütten aushalten, wegen der Hitze, der Schwüle. Das Aufblühen des Dorflebens am Abend, das reglose Warten am Straßenrand. Und das Prinzip: Jeder Weiße ist eine Chance, an Geld zu kommen.

In all den Begegnungen auf St. Lucia, das hatte ich schon begriffen, ist für mich ein Mechanismus eingebaut, ein Moment, in dem ich falle, in dem ich aus schlechtem Gewissen vor der Ungerechtigkeit des Lebens kapituliere. An dem ich es nicht mehr schaffe, dem Bittsteller seine Bitte abzuweisen, selbst wenn sie noch gar nicht formuliert ist.

Warum, fragt Anna dann, hast du Angst, er tut uns was?

Nein, es gehört sich einfach nicht, sage ich.

Lese glücklicherweise bei Kapu von jenem schottischen Paar, das in Afrika beschließt, mit gar niemandem mehr zu reden. »Sie waren ratlos«, schreibt er. Eine Lösung hat auch er nicht, die afrikanische Gesellschaft basiere auf der Idee des Tauschs, des respektvollen Tauschs von Geschenken. Mir scheint, auch in diesem Punkt ist St. Lucia sehr afrikanisch. Die Regeln lauten: Ich schenke dir meine Zeit, *brother*, du schenkst mir Geld, *brother*. Und ich bringe es einfach nicht übers Herz, zu sagen: Schleich dich, nix Bruder.

Afrika muss man von innen kennenlernen, nicht aus dem

Safarijeep heraus, nachts im Bauschzelt liegend. Entweder Afrika, so wie es ist, oder es sein lassen. Wäre uns schlicht zu viel gewesen bei dieser Reise. Zu groß. Bin mir sicher, dort fühlt man sich wie der Reisende in Castries, St. Lucia, der jeden Tag zehn Kinder anlügt, *no, no coins, sorry*. Und der jedes Mal doch sagen möchte: Klar, Kleiner, ich helfe dir, was brauchst du denn, was möchtest du denn? Aber man lässt es, es muss von selbst eine Lösung geben, Almosen sind nicht die Lösung. Oder ist das Selbstbetrug?

Es fragen auch nur Jungs, sie kriegen offenbar von zu Hause einen Auftrag. Geld beschaffen ist Männersache, das Anquatschen der Fremden, man kann es nicht früh genug lernen. Die Jungen aber, die uns anbetteln, lächeln nicht. Sie lächeln nie, kein einziges Mal. Es ist, als würden sie nur fragen, weil sie müssten. Als ginge es ihnen gar nicht um den Erfolg, es ginge nur darum, abends zu Hause dem Vater sagen zu können: Ja. Hast du sie gefragt? Ja. Und? Sie sagten, es gibt nichts. Aber du hast sie gefragt? Ja. Ehrlich? Ja. Lüg mich nicht an!

Von Tag zu Tag wird es heißer. Nachts kühlt es nicht mehr ab. Wir sind gereizt, schlafen kaum. Unterm Netz liegen wir kraftlos da, die Luft ist wie tot. Der Ventilator ventiliert, aber es dringt kein Hauch durchs Moskitonetz. Haben den ganzen Tag geschwitzt. Man fühlt sich so außer sich. Hat keinen Geruchssinn mehr. Spürt nur noch warm und kalt. Hat keinen Hunger, nur Durst. Habe aber am Abend keinen einzigen Rum getrunken und frage mich nun, wach liegend, ob es daran liegen könnte. Probiere am nächsten Abend das Gegenteil. Funktioniert auch nicht.

Aber eindeutig ein Klima, in dem man sich besaufen muss. Ich würde hier untergehen. Die einzige Rettung, sooft es geht, der Sprung ins Meer. Das aber auch nicht kühl ist. Ein Klima, das alles verlangsamt, allem die Grenze zeigt, allem dem Sinn nimmt, die Energie absaugt. Unser europäisches effizientes Denken verliert sich, drei Dinge auf einmal erledigen, mal eben noch schnell … Geht hier nicht. Man wird genügsam, wenig tun ist auch etwas. Nichts tun noch besser. Dennoch verfliegen die Tage. Andere Zeitwahrnehmung. Man kriegt nichts gebacken, also lässt man es gleich.

Möglicher Fluch der Weltreise: Verlust der Demut. Haben schon viel hinter uns. Haben noch viel vor uns. Haben das Zeitgefühl verloren. Werden wir gründlich desinteressiert – oder unerhört gelassen? Kann man neugierig und entspannt zugleich sein? Was zu Hause passiert, bewegt uns kaum. Ab und zu ein Blick ins Internet. Den Bundesliga-Ergebnissen kann ich nicht widerstehen. Dazu Mails mit der Familie, mit Freunden. Keine Politik, keine Kultur. Speichern zwischendurch unsere Bilder auf Festplatte. Somit bleiben die Sinne frei für das, was vor uns liegt. Das Nachdenken kommt oder kommt nicht. Kommt oft nicht. Luxustage.

Anna und ich machen uns trotzdem (oder deswegen?) ein paar Mal an, aber du hast gesagt, dass ich … Giftige Blicke. Brauchen Ruhe. Brauchen Kühle. Es wird immer enger im Guesthouse. Jetzt auch die hinteren beiden Zimmer belegt. Quebec-Kanadier. Die Neuen platzieren sich abends vorne auf dem Rasen, sitzen uns vor der Latüchte, quatschen den Sternenhimmel voll. Wird Zeit weiterzufahren.

Im Reisebüro von Rodney Bay. Die Fähre nach Guadeloupe, wann fährt sie? Der Agent hat schläfrige Augen, schläfrige Hände, haust in schläfrig machender Luft. Er ruft irgendwo an. Die nächste wäre Mittwoch, sagt er, um zehn, es gibt aber keine Tickets mehr, die nächsten Wochen auch nicht, den ganzen Oktober sowieso nicht.

Wirklich?

Keine Chance.

Wir können es nicht glauben, nehmen den Minibus. Auch das gehört zu einer Weltreise: Man ist ständig beschäftigt, die nächste Passage zu organisieren. Immer wieder die Fragen: Wo übernachten? Wie viel ausgeben? Wie hinkommen?

In Castries schieben wir uns durch den Markt. Im Geschiebe stupst eine ausgemergelte Alte Anna an. Auf dem Arm hat sie ein Baby, vielleicht drei Monate alt.

Die Alte fragt: *Do you want a baby?*

*No, thank you*, sagt Anna spontan, wie zu Dutzenden anderer Offerten. Bis sie sich berappelt, ist die Frau verschwunden. Was, wenn sie Ja gesagt hätte? Was dann? Hätte sie es in die Arme gedrückt bekommen, einfach so? Und was dann? Ein Menschlein, das verschenkt wird wie ein ... Ja, was? Und so eine große Frage, aus der Hüfte geschossen vom Schicksal. Welches Leben auf dieses Kind warten wird? Sie hätte Ja sagen sollen, sagt Anna, und abwarten, was passiert, oder gleich zur Polizei gehen, alles besser als sagen: *no, thank you.*

Neben dem Markt die Hauptstraße. Auf dem Gehsteig Plunder und Obst und alle paar Schritte eine Bar, wie eine offene Garage, davor ein paar Stühle. Wo die Alten sitzen, läuft Country. Sechzigerjahre-Country, als er vielleicht noch echt war. Vor allem die älteren Frauen haben genug vom Reggae und seinen sexuellen Anspielungen. Absurder Ausweg: die Melodien der Südstaaten. Die Lieder der weißen Farmer. Redneck-Gedudel.

Das Büro der Reederei liegt am Hafen. Kein Problem, sagt die Dame, 52 Tickets sind noch frei am Mittwoch. Am 25. Oktober also werden wir uns einschiffen.

Ich flüstere Anna zu: D'Oktober isch au scho fascht widda rum.

Wir kommen aus benachbarten Schwarzwalddörfern, reden aber nur Badisch miteinander, wenn wir uns aufziehen wollen oder schreckliche, aber unwichtige Wahrheiten verkünden, das funktioniert merkwürdigerweise am besten in unserem Dialekt, ein Augenzwinkern ist damit verbunden, eine Verortung in der gemeinsamen Herkunft. Nie drüber nachgedacht, muss aber so sein. Wie hart sich das andere Paare erkämpfen müssen, eine gemeinsame Sprache, einen Code, wann was ernst gemeint ist und wann lustig.

Fürchterliche letzte Nacht. Wir müssen aus dem Bay Guesthouse raus, das ausgebucht ist. Hinüber in *Alexander's Guesthouse*. Zuglose Fenster, kein Moskitonetz. Gefühlte 80 Grad im Zimmer. Wir liegen nackt im Bett. Höre Stereo-Summen. Erschlage zehn Viecher, bis Anna sagt: Du bist manisch. Hör sofort auf, du weckst nur die anderen Moskitos auf. Wir stellen den Ventilator direkt vor unsere Füße, doch die Luft verebbt auf Hüfthöhe. Streife ein T-Shirt über, decke mich bis zum Nabel zu. Wette mit mir selbst, niemals nimmer einzuschlafen.

Neben mir stöhnt Anna, dass sie glühe. Ich muss Dengue-Fieber haben, flüstert sie.

Sie ist eh ein Kraftwerk, produziert Hitze wie gute Laune in einem fort, aber so heiß war sie noch nie. Wenn sie mich berührt, verbrenne ich mich fast. Und sie drückt sich an mich, sich zu kühlen. Dabei ächze ich schon selbst vor Hitze, Vulkan, der ich bin, nur kein schlafender, das wäre schön. Irgendwann am frühen Morgen dämmere ich ein. Der Wecker wirft uns aus höllischer Erstarrung. Fühle mich, als habe mir jemand glühende Nägel unter die Achseln gesteckt und stündlich mit einem Hammer gegen die Stirn gedroschen.

Aber Stiche hab' ich fast keine. Hab' sie wohl doch fast alle erledigt, die Schweine. Bis ich mir Anna ansehe. Kein Dengue-Fieber. Aber ihre Beine: ganz starke Leistung. Mehr Stiche kannst du nicht machen in einer Nacht.

SECHS
# Regenzeit, Rumzeit

Nach mehr als sieben Stunden laufen wir auf dem Katamaran *Silver Express* in Point-à-Pitre ein. Unruhige See. Unruhiger Himmel. Schwere Regengüsse, knallende Sonnenmeilen. Die Toiletten habe ich sicherheitshalber nicht betreten. Anna sagte, wer niemals in seinem Leben seekrank geworden sei, dort rieche es so, dass er eine gute Chance habe, seine Premiere zu feiern. Das Stück spiele ich persönlich immer wieder mal sehr erfolgreich, heute halte ich durch.

Dämmerung, als wir die Inselgruppe Les Saintes passieren, Kurs auf Guadeloupe nehmen. Die Sonne zankt mit Wolkenbergen, sie taucht Basse-Terre, die dramatisch gezackte Halbinsel im Westen, in ein Zwielicht aus goldenem Milchschaum. Wie ein Vorhang hängt dieser Nebel vor der Insel, darüber eine erstickende Wolkendecke. Geheimnisvolles Glühen hinter dem Vorhang.

Die Zöllner winken uns Europäer lässig durch. Europa, eine Idee, die lebt – das ist doch mal ein Beispiel, dass in der Welt nicht alles schlechter wird. Unter *Visiteurs* stellen sich nur ein paar Versprengte an, die Handvoll lärmender Party-People aus St. Lucia sind auf halbem Wege in Dominica ausgestiegen, wo sie es krachen lassen können, dort sind sie die reichen Touristen. Nach Martinique oder Guadeloupe dürfen sie nur, wenn sie Versicherungsschutz nachweisen und ausreichend Bargeld, die Idee von Europa ist nichts für die da draußen. Ich muss an die Werbung an den Straßen von St. Lucia denken, an den Versuch der Regierung, eine Hausnummernzählung durchzusetzen. *Secure your identity*. Als gäbe es da was zu sichern, bei der Identität. Ich bin doch ich, oder nicht? Überhaupt rätselhaft, diese Erfindung: Personalausweis. Als brauche man die Behörden, die Existenz zu bestätigen. Aber leider ist es so ja auch. Ohne Pass ginge es uns wohl wie dem staatenlosen Seemann aus B. Travens *Totenschiff*, der von Land zu Land abgeschoben wird und auf keinem Schiff, nirgendwo anheuern kann, ein Fremder überall, der doch ein Mensch ist, nur ein Mensch ohne Pass. Und der leidet wie im wirklichen Leben der verehrte Kurt Tucholsky, dem die deutschen Machthaber die Staatsbürgerschaft entzogen und die Schweden, in seiner neuen Heimat, keinen Pass geben wollten.

Europa aber winkt uns durch. Wir gehören zum Klub, kraft Geburt, es ist nicht so, dass wir uns beklagen wollen. Und aus Solidarität oder Neugierde den Ausweis wegwerfen und abwarten, was sich entwickelt, auf die Idee kommen wir erst, als wir im Auto des Mietwagenagenten Phillipe sitzen, der uns an die Westküste bringt, wo auch unser Zimmer wartet. Wieder per Internet gebucht. Phantastische Erfindung, das muss man schon mal sagen. E-Mails losschicken, am nächsten Tag die Angebote studieren, bumms, buchen.

Frankreichs Kreisel, Straßenschilder, Radarfallen. Passt auf, sagt Phillipe, die sind scharf hier. Am Rand der Autobahn – der Autobahn! – ein *Hypermarché Champions*. Wir sind in der Zweieinhalbten Welt gestartet und in der Ersten Welt gelandet. Man spürt sofort die humorlose Kraft eines funktionierenden Staates. Welch Hilfe fürs eigene Leben, aber auch: wie viel Kontrolle, welche Grenzen!

Ankunft im Dunkeln, rechts ein Strand, *très jolie*, sagt Phillipe, links geht es hoch zu Juliette und Robert, unsere Gastgeber, in ihr verwinkeltes Holzhaus am Berg, von ihnen selbst mit Liebe und Witz konstruiert, daneben eine kleinere Hütte. Unsere Hütte. Wir schlafen in dem Baumhaus kurz danach wie auf Wolken.

Am nächsten Morgen Kaffee, Früchte und Kräcker mit Ananas-Marmelade, alles lag bereit, das sind Gesten, die das Leben schön machen. Robert, knapp über sechzig, dünner Bart, französisch feines Lächeln, begrüßt uns mit freiem Oberkörper, Juliette zeigt uns erst mal ihre Orchideen. (Juliette ist ein Pseudonym, ihr wirklicher Name führte den Leser allzu schnell auf ihre Spur, und das Häuschen wäre nimmermehr für uns zu mieten.) Sie ist schwarz, geboren auf Guadeloupe, er ist weiß, geboren in Paris, am Montmartre. Dies Land ist das Land ihrer Familie, und beide Häuser hat er gebaut, sieben Jahre hat er gehämmert und gezimmert und jeden einzelnen Balken von der Straße den steilen Weg nach oben getragen. Im Wohnzimmer hängt ein Porträt von Louis Armstrong. Ihr Heim ist ein hölzernes Labyrinth, immer geht es noch eine Stiege hinauf, Bücher über Bücher. Beim Emporsteigen tut Robert, als halte er einen Hammer in der Hand, es ist immer was zu tun, sagt er, pfeift durch die Zähne, chichi, alles selbst gemacht. Und ganz oben, unterm Dach, hat er seine Klause, sein Denkzimmer, wie er sagt, sein Träumezimmer. An der Wand hängt ein Akt von Toulouse-Lautrec, daneben ein Foto des Künstlers. Und Seite an Seite ein junger Mann, Roberts Großvater. Sie waren Freunde, sagt er, sie lebten in Montmartre, er war auch Maler, ein Künstler, aber er hatte nicht sehr viel Erfolg.

Es kann nicht jeder ein Genie sein, oder? Robert grinst großformatig.

Unten auf der Terrasse trinken wir einen frischen Grapefruitsaft und reden. Es ist nicht so, dass unser Französisch besonders kommunikativ wäre. Es ist ein mühsames Suchen nach jedem einzelnen Wort, manchmal von Erfolg gekrönt. Passiv aber verstehen wir so einiges, zumal Robert englische

Wörter einflicht und mitunter auch ein deutsches. Die beiden schwärmen von ihrem Landstrich hier im Westen, ihrem Dorf Deshaies, dass die Touristenschwärme noch nicht eingefallen seien wie drüben in den großen Orten des Ostens. Und sie erzählen von ihren Landsleuten, die auf der Insel geboren wurden, dass sie sehr französisch seien, aber auch sehr eigensinnig. Keine Europäer, sagt Robert.

Ich war bisher nur in Paris, sagt Juliette scheu, Europa kenne ich nicht.

Aah, ich liebe Europa, sagt Robert, das ganze große Europa, als Konzept, als Philosophie, und trotzdem die verschiedenen Kulturen, ist es nicht herrlich?

Ja, sagen wir, Sie haben recht.

Als junger Mann bin ich viel gereist, sagt er, ich war auch beim Fasching in München, ich bin Musiker, Trompeter!

Als bedürfe es eines Beweises, trötet er mit den Lippen *Meine Kameraden*, reine deutsche Blasmusik. Beim Oktoberfest, sagt er, bis morgens um fünf mit meiner Kapelle aus Paris, immer nur deutsche, wie nennt ihr sie? Schunkellieder?

Wir nicken und rollen mit den Augen.

Oh, wir haben sie geliebt, sagt er, ruft: *wutt, wutt, uff, buff*, dass man keine Hundertstel zweifelt, dass er ein guter Trompeter ist.

Hast du auch mal in New Orleans gespielt? (Das Gefühl ist jetzt per du. Auf Französisch kriegen wir das auch viel besser hin.)

*Bien sûr!*, ruft er.

Dann kennst du sicher Leroy Jones?

Nicht persönlich, sagt er, aber er ist ein bekannter Mann, ein großartiger Trompeter, wunderbarer Trompeter!

Er ist ein kleiner Louis Armstrong, sagen wir.

Oh, und ich bin ein ganz kleiner Louis Armstrong, ein *petit petit*, er zeigt es mit Daumen und Zeigefinger seiner rechten Hand. In der nächsten Sekunde stürzt er um die Ecke und holt eine Pappschachtel hervor, vierzig Jahre alt, sagt er, drin liegt seine Trompete, er spielt ein paar Takte Jazz und bricht ab, stimmt einen zweiten Jazzsong an, und dann geht es wieder mit ihm durch: *Dadadabuffda-dadada-dadadada-buffdadada*, beim Blasen muss er lachen, er schafft das, zu prusten und gleichzeitig zu spielen, sein rechter Fuß samt Flip-Flop wippt mit und unsere Füße auch, Bierzeltmusik, schreckliche, aber heimatliche. Ich liebe diese Musik, sagt er fröhlich.

Mit diesen Klängen entlassen die beiden uns in unseren ersten Tag auf Guadeloupe. Es regnet, was absolut fair ist, man hätte es wissen können, denn: Regenzeit. Es ist auch nicht so, dass einen der Regen niedergeschlagen machen würde, man sollte nur ein Dach überm Kopf haben, für die zwei bis sieben Minuten, in denen es runtermacht. Unsere Statistik wird am Ende so ausfallen: Auf Basse-Terre, dem vulkanischen Westen, schüttet es zwanzigmal am Tag, auf Grande-Terre, dem platten Osten, fünfmal, und immer, als drehe jemand die Dusche auf, ehrliche Brausen mit dicken warmen Tropfen.

Nach dem Mittagsguss latschen wir die paar Meter hinunter zum *Plage de la Perle*, dem Perlenstrand. Weite Bucht, fast leer, goldener Sand, dahinter Palmenwald. Das Glück des Augenblicks. Wir werfen uns in die Brandung. Drehe mich Richtung Strand, versuche im richtigen Augenblick abzuspringen, den Rachen der brechenden Welle zu erwischen. Und eine erwische ich wirklich. Mache mich ganz lang, strecke die Arme, strecke die Hände aus, versteife mich, werde zum Surfbrett. Auf einer Welle zu reiten: dieses Gefühl der Schwerelosigkeit. Es begleitet einen noch lange danach. Es verlässt einen eigentlich nie mehr. Zu spüren ihre stützende, drängende, zuletzt verschlingende Gewalt.

Der Flug endet im Vollwaschgang. Eine Sekunde weiß ich

nicht, wo oben und unten, dann lande ich mit der linken Brust voran hart auf dem Sand. Ehering noch dran. Badehose bis untern Sack voll Sand.

Anna juchzt, sie muss auch eine Welle erwischt haben, ihr Haar, ihr Bauch paniert mit beigen Körnern, es hat sie herumgewirbelt, aber so etwas erschreckt sie nicht. Als kleiner Junge hätte mich mal fast 'ne Welle an der Costa Brava ertränkt. Um genau zu sein: die zweite war der Übeltäter. Die erste warf mich in den wassergetränkten tiefen Sand, die nächste wollte mich einsaugen. Tiefer Schock damals, acht Jahre alt. Im Meer sind Wellen viel mächtiger, als sie von draußen wirken. Ein Meter hohe Wellen? Hört sich lächerlich an. Aber steh mal bis zur Brust im Wasser und sieh dieses Wellchen auf dich zurollen. Nix wie drunter durch.

Zur Belohnung suchen wir uns einen Platz im Palmenschatten, breiten unsere Strandatmosphäre aus und machen ein Nickerchen. Als wir erwachen, hat sich die Sonne schon ordentlich Richtung Horizont gearbeitet. Es ist nun Ebbe, das Meer fast glatt. Wir trauen uns ans Riff. Das ist nicht gerade ein richtiges Riff, mehr eine Felsenbank, die sich direkt vor dem Strandkiosk *La Kaz Jeune* ausbreitet, dahinter baden kleine Kinder. Jetzt, bei Niedrigwasser, sieht es ein bisschen aus, als sonne sich ein Buckelwal im Flachen. Wir jedenfalls ziehen unsere Schwimmbrillen an und paddeln los, das durchdringend türkisfarbene Wasser ist klar genug, um bis an den geriffelten Grund des Meeres zu sehen.

Man schwimmt über eine kleine Vertiefung, eine Art Canyon, und daraus bricht scharf der Felsenrücken empor, fünf Meter breit und vielleicht 50 lang. Es wimmelt geradezu von Fischen. Hundertschaften Barsche schnüffeln da herum, das sind die gestreiften, das weiß ich von früher, als mein Vater Aquarien hatte, aber unsere Fische waren viel kleiner als die hier. Und Schwärme von Torpedo-Silberlingen, so würde ich sie taufen. Die Felsenbank ist sehr gezackt und weist viele kleine Spalten auf, aus jeder könnte sofort eine Moräne herausschnellen. Es schnellt aber keine.

Erschöpft sitzen wir danach im Sand, die Sonne fällt nicht ins Meer, sondern hinter eine blaue Wolke, wie so oft an den schönsten Tagen, die blaue Wolke am Horizont, die alles verdirbt, aber heute verdirbt sie nichts, ich hole uns zwei *Corsair* von der Strandbude, es wird rasch dunkel, wir sitzen da und lassen das Bier in uns reingleiten und schauen in die glühende blaue Wolke (und achten fast gar nicht auf die fiesen, zähen, kecken Mücken).

Als wir zurückgehen am Strand, über und über im blauen Licht, die Latschen in der Hand, dreht sich Anna zu mir um und schaut mich von unten an, denn das muss sie, sie ist, wie gesagt, kleiner, als sie denkt, aber ich nicht so groß, wie sie es gut fände.

Anna sagt: Ich bin glücklich. Gerade jetzt bin ich dermaßen glücklich, weißt du das.

Und das Glück zu wissen, was sie meint, und es auch zu empfinden.

Schmökere am Abend im Reisebericht von Erika und Klaus Mann, den Kindern von Thomas Mann, die anno 1927/28 als Twens um die Welt gondelten. Will mal schauen, wie die das lösen. Finde die Lektüre sehr zwiespältig. Zum einen ärgerlich: Zwei talentierte Naseweise reisen auf dem Ticket des Ruhms ihres Vaters und finden nichts dabei. Speisen mit den Konsuln, mit den feinen Herren von den feinen Künsten, treffen überall und immer Deutsche, Erster-Klasse-Deutsche. Eine Welt voller Konsuln ist keine Welt, die ich gelten lasse. Unerträglich die ersten 80 Seiten, die in den USA spielen. Wer keine geistvolle Arbeit verrichtet oder wenigstens so tun kann als ob, der spielt keine Rolle. Zofen, Tänzer, Rikschafahrer scheinen nicht standesgemäß. Zum anderen wird das Bändlein unvermittelt stark, und zwar da, wo sie sich ins Leben trauen. Wo sie die junge Kraft Amerikas beschreiben, die

Bauwut, dagegen die Sattheit Europas beklagen. Wie sie die Ödnis des Mittleren Westens schildern, die lebendig Eingemauerten in ihren Mittelklasseheimen des Nirgendwo, den amerikanischen Fluch. Doch in Japan nichts, was mich berührt, in Moskau nichts, was das Sowjetreich fühlbar machte. Gelegentlich irritierende Sätze wie: »Die Menschen von anderer Rasse als die Japaner, gesünder, stärker« … An dieser Stelle sehr gestrig.

In der Nacht hören wir unten das Meer an den Perlenstrand schlagen, ganz selten nur ein Auto, das Konzert der Grillen, Kröten und Libellen (die sind sicher auch dabei). Am eifrigsten zwei Hunde, die sich immer wieder durch ihr Bellen gegenseitig aufschrecken, wobei sie sich minutenlang versichern, dass es gewiss keinen, ABER AUCH GAR KEINEN GRUND GIBT, LAUTER ALS UNBEDINGT NÖTIG ZU SEIN.

Aber dunkel ist es in unserer Hütte. Nur das Meer und die Laute des Dschungels und die Hunde und der gelegentliche Regen, der auf das Blechdach trommelt, und dann die Tropfen, die von den Blättern des Bananenbaums fallen, der Wind in den Blättern und das Schlagen der Zweige gegen die Holzwände, und wir mittendrin, ganz dunkel. Diese Gewissheit kann nur mitten in der Nacht kommen, wenn man schon geschlafen hat und aus irgendeinem Grund aufgeschreckt ist und sich der Geist noch immer halb in einem fernen Traumlande befindet, nur dann ist man bereit, alles zu glauben, erst so kann sie kommen. Die uralte Angst. Die Angst des Menschen vor der Dunkelheit. Also: wenigstens unsere Angst. Es ist aber auch pechschwarz in der Hütte. Und die Geräusche um uns herum sind merkwürdig übersteigert, als lägen wir gar nicht in einem Holzhaus, sondern mitten im Freien, ungeschützt in grotesk nachtfarbener Nacht.

Hier ist es so stockduster, mach mal bitte das Licht an, sagt Anna, mir ist unheimlich.

Und sofort ist es mir das auch. Fluch der Phantasie. Mir ist plötzlich so was von unheimlich. Jeder knackende Ast ein Anschleichversuch. Jeder Tropfen der Speichelfluss eines Tropenmonsters.

Die kalte Faust der Angst, die die Eingeweide zusammenzwingt. Ich kenne sie nur noch in tiefer Nacht, als Kind kannte ich sie auch am Tag. Nachts ist man wehrlos, ein kleiner Mensch. Wir suchen im Bett behutsam die Nähe des anderen, seine Wärme.

Schnuffel dich nicht so an mich ran, sagt Anna. Mach mal Licht.

Ich gehöre zu den beispielhaft modernen Männern, das sollte klar geworden sein, also sehe ich in solcher Situation nicht zwingend ein, derjenige sein zu müssen, der die schützende Wärme des Bettes verlassen muss, um sich durch die Finsternis zu tasten.

Mach doch selbst Licht.

Jetzt sei ein Mann, flüstert Anna.

Es ist mir zu dunkel, flüstere ich zurück.

Aber natürlich bin ich es schließlich, der sich aus dem Moskitonetz hervorkramt, der sich der Welt stellt, der uns rettet. Dass ein Licht alle Gefahren vertreibt!

Was sind wir für Angsthasen, sage ich.

Schlimm, sagt Anna.

Soll ich das Licht anlassen?

Wir bereden das kurz und einigen uns dann ohne Gegenstimme: Wir lassen es an.

Der erste Hahn kräht um 3 Uhr 45. Draußen kein Zeichen von Morgengrauen, nichts, nicht mal ein Schimmer. Ein Wichtigtuer-Hahn. Er klingt wie ein Methusalem, den letzten Oktavsprung schafft er nicht, es ist mehr ein Röcheln als ein Kikeriki. Aber die Nacht schweigt noch mehr, da er sich erhebt. Man erschauert ob solch natürlicher Autorität. Die Kollegen in den anderen Dörfern antworten, es könnte ein

Echo sein, würden sie nicht so herzzerreißend unterschiedlich krächzen. Man kann sie ja andererseits auch verstehen, dass sie sich melden, es ist schon fast zehn Stunden zappenduster. Ich aber liege wach und liege wach und dichte vor Wut.

Ode an den bettmüden Hahn von Deshaies

*Nicht schon jetzt, mon dieu!*
*Ist erst vier, du Viech*
*Ich komm gleich raus*
*Und erwürge Dich*
*Ich*
*Mein's ernst,*
*Sht. Still! –*
*Oui, mais oui,*
*so ist's gut. Ruhe*
*Auch Du noch ein*
*Weilchen,*
*Wenn es Dir gefällt.*
*Merci, Poulet!*
*Nur wach*
*Nur wach*
*bleib ich doch.*

Unser Mietwagen quietscht und ächzt, französisches Fabrikat wie aus dem Lehrbuch, aber er kostet uns 160 Euro für zehn Tage, das ist in Ordnung. Wir lassen uns über die Insel treiben, staunen, über was wir staunen.

Zum Beispiel: Hier scheint jeder etwas vorzuhaben. Das kennen wir gar nicht mehr. Die Leute sitzen weniger herum als auf St. Lucia, und wenn sie es tun, fehlt ihren Körpern und Mienen die Schlaffheit und offenkundige hemmungslose Bereitschaft, alles einerlei zu finden, die die Menschen dort so überzeugend vermitteln. Nur Schwarze stehen an den Bushaltestellen. Viele Tramper am Straßenrand, auch junge

Mädchen machen das. Wenn man vorüberfährt, ohne anzuhalten, etwa weil beide Sitzklappgriffe kaputt sind und man vom Strand kommt und vor sich hin müffelt und kein gutes Gefühl hat, kann es passieren, dass man im Rückspiegel eine drohende Faust erntet, man ahnt den Fluch.

Viele Häuser aus Beton, zweckmäßig, schlicht, hässlich, wenig karibischer Flair. Auch hier fällt auf: Die Würde der Frauen auf dem Dorf. Immer sind es die Frauen. Die sich herausputzen, obwohl alles um sie herum im Dreck versinkt. Die den Kampf aufnehmen, obwohl sie wissen werden, dass er aussichtslos ist. Immer sind es die Frauen. Sieh, da steht eine am Rand, in ihrem besten Kleid, sie wartet darauf, abgeholt zu werden, sie schaut durch uns durch, stolze Haltung, vor einem Betonverhau mit Wellblechdach.

Richtige Werbung hier, auf Plakaten, nicht einfach nur auf Bretterwände gemalt. Und doch, habe gelesen, dass die heimische Wirtschaft schwach ist, Rum, Bananen, Kaffee und Tourismus reichen nicht, Europas Ansprüchen zu genügen. Also hängt das Departement am Tropf des Mutterlandes. Es gibt eine gute Sozialfürsorge. Die Menschen schauen ernster drein als auf St. Lucia, abgeklärter. Neun von zehn sind schwarz. Es sind europäische Gesichter, geprägt vom Hochmut Frankreichs und von seiner Gelassenheit. Aber vielleicht scheinen sie auch deswegen vertraut, weil man sie oft im Fernsehen sehen kann, bei Fußballspielen. Frankreich war 1998 Weltmeister und 2006 fast wieder, Liliam Thuram stammt von Guadeloupe und ebenso der Vater von Thierry Henry. Man sieht, dass hier ihre Wurzeln sind.

Gelegentlich aber ganz andere Ausdrücke, scheue Gestalten – illegale Einwanderer aus Haiti oder Dominica. Jeder Strand hat seinen streunenden Flüchtling. Man fährt zehn Minuten über Stock und Stein, wirft sich in den Sand, vor sich eine türkisfarbene Badewanne, plötzlich löst sich aus dem Schatten eines Baumes ein Mann und schlendert davon.

Manchmal hockt er am Saum eines Parkplatzes und schaut in einen Mangrovensumpf. Es ist merkwürdig. Und mitunter beschämend.

Am *Anse Labord* überrascht uns einer dieser Regengüsse, wir flüchten unter eine Picknick-Hütte, die nach allen Seiten offen ist. Da steht schon einer, unter dem Dach. Er steht auf der Bank und schaut auf den Boden, ein junger schwarzer Mann mit Bart. Meinen stummen Gruß erwidert er nicht. Er setzt sich, dreht uns den Rücken zu. Wir warten in dampfenden Badeklamotten, nass vom Meer und Regen und dem Schauspiel über uns lauschend, und wissen nicht was zu sagen. Unentwegt fummelt er sich an der rechten Hand herum. Sie ist verbunden, ein sauberer, ganz frischer Verband. Nach langen Minuten hört der Platzregen auf, die Sonne stemmt sich durch die Wolken. Nun geht der Mann davon, ohne sich umzublicken. Er hockt sich in den nächsten Unterstand. Wir schauen uns an und wissen nicht, was wir davon halten sollen. Ihn anzusprechen, mit unserem *petit français*, dazu fehlte uns die Traute. Man muss ja auch nicht mit jedem quatschen, sage ich mir. Und hätte doch zu gern gewusst, was er hier macht, was seine Geschichte ist, warum dies sein Strand ist und wir die Eindringlinge. Denn so ist es zweifellos. Wie muss er uns sehen? Zwei rot gebrannte Weiße, die sich in einer harten fremden Sprache unterhalten. Zwei Menschen mit Geld, zwei Menschen ohne Sorgen. Hierhergekommen, um zu – baden. Die sich vor dem Regen verstecken und sonst vor niemandem.

Tags darauf sind wir wieder die Gedankenlosen. Die Gewissenlosen? Die Genießer, die sich nichts dabei denken, das Beste aus jedem Augenblick zu machen. Wir essen am Meer zu Mittag, nahe einem gammeligen Hafen, am seidenen Wasser. In der Rue de la Republique sitzen die Säufer in der Sonne und trinken J&B-Whiskey. Weil wir beschlossen haben, dass heute ein besonderer Tag ist, gönnen wir uns was. Drinnen orangefarbene und rote Leinenstühle, wehende Vorhänge, dahinter eine Terrasse, die auf die Karibik guckt, und nicht zu laute Musik, wir kriegen den besten Platz, wo wir auch bei einem Guss sitzen bleiben werden können. Aaaah.

Wir bestellen einen Muscadet zu Languste und Thunfisch, der Wein ist so kalt, wie wir ihn jetzt brauchen. Haben zuvor eine Stunde lang herumgeschnorchelt, aber rätselhafterweise davon die meiste Zeit gebraucht, meine Schwimmbrille wiederzufinden, im glasklaren hüfthohen Wasser. Danach lagen wir im Schatten, träumten uns hinauf in die Wolken, bis uns heiß wurde. Bei der Rückfahrt vom Strand, Feldweg mit Steinen, die Katastrophe: ein Platten. Ich hasse Platten. Ich empfinde sie als heimtückisch. Aber an diesem Tag mache ich ein ziemlich starkes Spiel, ein ungewohnt starkes Spiel, wenn es nach Anna geht.

Was ist denn los, du bleibst ja so ruhig?, fragt sie mich.

Ich weiß es nicht, sage ich, es macht mir nichts aus. Es ist der erste Platten, der mir nichts ausmacht. Wir werden ihn jetzt reparieren und dann weiterfahren, es ist ja nur ein Platten.

Eben, sagt Anna.

Manchmal ist es aber mehr, sage ich, und spüre, dass mir die Argumente ausgehen, ein Knüppel von ganz oben.

Vor einer Wand aus Zuckerrohr kurbeln wir und hieven und schrauben, unsere einzigen Zeugen die Rinder, die hier überall grasen, das wandelnde Sparbuch vieler Familien. Immer daneben ein weißer, langhalsiger Vogel – ein Heron, glaube ich. Wurst. Jedes Rind jedenfalls mit Privatvogel.

Als der Reifen ausgetauscht ist und wir uns fragen, was, wenn wir noch einen Platten kriegen, und was heißt Platten eigentlich auf Französisch, *pneu flat*?, wächst in mir ein großartiges Gefühl.

Das begießen wir, verkünde ich.

Den Platten?, fragt Anna.

Den Platten!, sage ich triumphierend. Denk an das Gesetz von Sorbas! Es ist eine meiner Lieblingsstellen in der Literatur, wie die kühne Seilbahn des Alexis Sorbas bei der Jungfernfahrt Mast für Mast zusammenbricht und er sich statt eines Nervenzusammenbruchs einen Brocken Hammelfleisch gönnt, jeden Bissen genießt und schließlich zum *Chef* sagt: Hast du gesehen, wie die Funken flogen?

Einen Schicksalsschlag – auch wenn er lächerlich klein ist – kontere man mit einem Festmahl. Meine Hände und die Shorts sind reifenschmierig, unsere Augen und Zungen verklebt vom Salz und der Sonne, an den Füßen reibt der helle Sand des nahen Strandes, unsere Flip- Flops quietschen feucht. Dies ist ein feines Restaurant, die Vorhänge wehen, aber es ist uns egal, wir kommen um eins und gehen um vier und preisen den Platten und Sorbas und pirschen uns in Schleichfahrt zurück zu unserer Hütte am anderen Ende der Insel.

Es fühlt sich an wie ein Siegeszug. Denn gerade haben wir einen Entschluss gefasst: Wir hauen hier ab.

Zu einer solchen Reise gehört das Planen, die Route entwickelt sich beim Reisen, es ist ein fortlaufender Prozess. Der Grund ist ein einfacher, wir buchen kein Zimmer länger als eine Woche, um uns nicht zu sehr festzulegen, nichts schlimmer als sich nicht wohlfühlen, da, wo man ist, nicht gerne heimkommen, abends. Also beginnt nach zwei, drei Tagen das immer selbe Spiel, Internetcafé suchen und vorher Reiseführer wälzen und dann Homepages durchstöbern. Macht es natürlich nicht einfacher, dass wir jedes Mal die eierlegende Wollmilchsau suchen, das Guesthouse/Hotel soll günstig liegen, sauber sein natürlich, einladend frisch, ruhig, das ist wichtig, Moskitonetz, in der Karibik unverzichtbar, und möglichst billig auch, bittescheen. Man findet solche Unterkünfte fast immer, es kostet nur Zeit. Das Internet ist eine mächtige Hilfe, und unser Instinkt sagt uns oft – das passt. Trotzdem: Es ist Arbeit.

Vor allem, wenn man dann noch seine Flugpläne ändert. Wir saßen also in diesem Restaurant am Meer, dessen Namen ich beim besten Willen nicht mehr weiß, da legten sie etwas auf, eine Musik, bei der unsere Füße wie von selbst mitwippten und wir mit den Fingern einen Takt mitklopften, ohne dass wir es wollten, und mitten im Gespräch über Sorbas und seine Platten sagten wir: Samba.

Samba, sagte ich.

Klar, Samba, sagte Anna.

Samba …

Wir schauten uns an, zehn Sekunden. Den Blick kennen wir schon.

Lass uns früher nach Brasilien fahren!, rief ich.

Lass uns eine Woche länger Samba machen!, rief Anna, und vielleicht die Iguaçu-Fälle anschauen, vielleicht kriegen wir das ja hin, die Wasserfälle, ich will Wasserfälle sehen!

Das überwältigende Gefühl, etwas Richtigem auf der Spur zu sein, währte drei, vier Lieder lang, dann lief wieder französischer Hip-Hop oder was immer das war, und der Moment war erloschen. Wir sprachen nicht mehr darüber, wir mussten es auch nicht. Es stand fest: eine Woche weniger Karibik, eine Woche länger Brasilien. Aus plötzlicher Lust.

Das Umbuchen läuft folgendermaßen: Man schickt eine Mail nach Deutschland, auf die man keine Antwort bekommt. Man ruft in Deutschland an, beim Spezialisten-Reisebüro, dem man jene Tausende Euros in den Rachen geworfen hat. Man landet in der Warteschleife. Was kostet eine Viertelstunde Warteschleife von Guadeloupe nach Deutschland, mit dem Handy? Wie viele Langusten, wenn man's mal so rechnet? Wir kamen dann aber tatsächlich durch. Unsere Betreuerin war erst sehr ruppig, da müssten wir schon selbst anrufen, sonst liefe das ja über drei Ecken, wir sagten, hier auf unserer Insel gibt es kein American-Airlines-Büro, und von dem Büro auf St. Lucia haben wir keine Nummer, es tut uns leid, die drei Ecken klingen gut. Sie schaute offenbar kurz in den Rechner, das dann doch, ohne dass ich sie beschimpfen musste, 8000 Euro und dann so was. Zwei Plätze sind noch frei, sagte sie endlich, ich ruf da kurz an ... Warteschleife, fünf Minuten. Bis zur Nachricht: Hallöchen, Ihr Ticket ist schon umgeschrieben!

Wir wollen einfach weiter. Guadeloupe ist betörend schön, aber es ist, von der Mentalität her, zu sehr Europa. Europa duftet nicht nach Abenteuer. Wir sind zwar keine Abenteurer, aber ein bisschen Abenteuer soll es sein. Nun müssen wir die Fähre zurück buchen und die letzten Nächte auf St. Lucia. Die Recherche geht von Neuem los, aber man kriegt ja immer alles hin. Das ist eine dieser Erfahrungen: Das meiste kriegt man hin, wenn man mal aufhört zu jammern und es einfach macht.

An diesem Abend erfinde ich persönlich ein Spezialitätenrezept, das ich an dieser Stelle nicht vorenthalten will:

*Avocado Spectaculo Barthezienne á l'Oeuf Poivrissimo*

*Man nehme eine riesenhafte Avocado, die gerne noch steinhart sein darf, lasse sie liegen und drücke jeden Tag ungeduldig an ihr herum, bis sie weich und damit reif scheint. Dann teile man sie aufgeregt, entferne den Kern, bewundere die Anmut, Färbung und Fleischhaftigkeit der Frucht. Man koche zwei Eier, eben so, dass sie sich gefahrlos pellen lassen, jedoch noch eben so, dass der Dotter mit etwas Entdeckergeist ans Verlaufen denken könnte. Je ein Ei lege man in je eine halbe Avocado. Man zerschneide das Ei vorsichtig in vier etwa gleich große Teile. Man pudere Pfeffer darüber, dass es kracht. Salz á discretion. Dazu passt ein junger Sauvignon Blanc aus dem Languedoc, der drei Tage zuvor geöffnet worden sein muss und seitdem nicht wieder angerührt.*

Als wir ins Bett klettern, halten wir uns für besonders schlau. Um nicht wieder in die Nachtfalle zu tappen, lassen wir draußen auf dem Balkon, vor der Tür, das Licht an, es wird durch die Ritzen dringen.

Mitten in der Nacht fasst mich eine kalte Hand. Anna. Ganz leise flüstert sie:

Hast du das Licht ausgemacht?

Es ist sterbensdunkel. Ich bin wie gelähmt.

Nein, bringe ich heraus.

Wir kauen auf der Stille herum. Gerade aus dem Vollschlaf erwacht, bin ich außerstande, irgendwas zu tun. Ein Neandertaler in seiner Höhle, dessen Feuer ausgegangen ist. Urangst. Uuuuuurangst. Urannnngst.

Wir werden das Rätsel nicht lösen, wer das Licht ausgemacht hat. Vermutlich Robert, unser Vermieter. Am nächsten Tag haben wir die rettende Idee: Wir lassen einfach das Licht in der Küche an. Schon schlafen wir fest und sicher. Wie leicht sich der Mensch selbst überlisten kann.

Jeden Morgen, wenn wir aufbrechen, frage ich Anna: Wo ist der Foto? Wo ist das Geld? Wo meine Sonnenbrille?

Du bist so schusselig, das ist unglaublich, sagt Anna. Fehlt nur noch, dass du fragst, wo bin ich?

Prima Idee.

Bildungsurlaub, Teil eins: Wir besichtigen die Kaffeeplantage *La Grivelière* im Tal des Grande Rivière, fast kühl der Luftzug in den Bergen, unten ein schäumender Fluss. Im 18. Jahrhundert haben sie hier angefangen, Arabica-Bohnen anzubauen. Der Kaffee wächst unter dem Dach der anderen Pflanzen. Und alle Reifegrade sind an einer Pflanze zu finden. Ich pflücke mir eine rote Frucht. Ganz von Saft umhüllt, die Bohne glitschig. Riecht nach Pflanze, nach Chlorophyll, wenn das nach was riecht. Die trockene Bohne dagegen: völlige Geruchslosigkeit. Wer hat entdeckt, dass man sie rösten muss, damit sie zu duften beginnt? Die Kakaofrucht übrigens so groß wie eine Männerhand, Mords-Ömmes, wächst direkt aus dem Stamm. Und die Frucht riecht, also die einzelne kleine Bohne, nach bitterer Schokolade. Verboten gut. Vanille hingegen ist ein Schmarotzer, wussten Sie das? Ich nicht. Manchmal wächst Vanille sogar am Kakaobaum, was natürlich praktisch ist.

Zum Abschluss der Führung Degustation, man kriegt einen strammen Espresso serviert, starker, voller Geschmack. Wie viel Arbeit nötig ist, einen Sack Bohnen zu ernten, jetzt wissen wir es, immerzu emporspähen, die dünnen Äste des Kaffeestrauches runterbiegen mit einer Stange, die roten Früchte abzwacken. Wir schütten zu viel Kaffee weg, zu Hause. Das ist gar keine Frage. Das sagt Annas Vater schon lange, bei ihm kommt es aber vom Krieg. Dabei war er acht, als der Krieg aus war. Überhaupt sind viele Deutsche noch immer gezeichnet vom Krieg, auch die, die zu jung waren, ihn erlebt zu haben, aber wenigstens im Krieg geboren sind. So viele festgefügte Regeln. So viele Grundsätze. Ihr werdet auch noch mal froh sein … Dieser Spruch: Im Krieg haben sie dazu noch geschossen! (Mein Vater, Jahrgang 1941, bei minus 15 Grad am Skilift, wenn ich meine Hände an den seinen wärmte. Erst viel später habe ich die Ironie begriffen, die er in diesen Satz auch hineinlegte). So viel Halt aber auch, für diese Generation. Das Bewusstsein, eine ereignisreiche Zeit erlebt zu haben. Von ihr reden zu können, als sei man selbst ein wichtiger Teil gewesen. Und wir Jungen machen uns darüber lustig. Sagen: Nachkriegsgeschwätz! Aber einen Ersatz haben wir nicht. Unsere Kindheit in den Siebzigern – das Aufregendste die Zeltferien am Waginger See.

Bildungsurlaub, Teil zwei: ins Rum-Museum! Notizen, gemacht unter Attacken Abertausender Moskitos:

Zuckerrohr = Energiebündel, ein Zaubermittel, alle Abfallprodukte verwertbar. Draußen ein Feld, drei Meter hohe Pflanzen, was für eine Arbeit, da mit der Machete ran! Die Hitze, die Mücken, die scharfkantigen Schilfblätter. Albtraum. Wichtige Verkostungsresultate: Die Rum-Mischungen mit Kokos allesamt künstlich, der 50-Prozentige zieht einem die Schnürsenkel aus den Schuhen, wenn pur getrunken, und gemischt hat er keine rechte Kraft, merkwürdig. Der Rum Vieux geht in die Whiskey-Richtung und mundet köstlich, wenn er neun Jahre alt ist – nur ist er dann genauso teuer wie ein Single Malt. Aber coole Segelschiff-Sammlung, Miniatur, versteht sich, darunter ein Hanseschiff, schwer bewaffnet, mit dem Hamburger Wappen.

Das ist unseres, sagt Anna.

Jau, sage ich.

Freue mich: ein Gruß von zu Hause. Aber auch peinlich. Lebe in Hamburg, war aber noch nie im Museum der Hamburgischen Geschichte. In der Welt rumgurken, aber daheim nicht hinsehen. Dabei sind sie da, die Geschichten. Nur umgibt sie nicht der Zauber des Fremden. Wie geht das denn: der Heimat einen Zauber abgewinnen? Sie mit einem frischen Blick betrachten? Wird es gehen, wenn wir zurückkehren? Als Höhepunkt der Reise, wartet da auf uns der unbekannte Blick aufs Altbekannte?

Zum Abkühlen fahren wir rein in den Regenwald, quer durch die Berge. Kommen an die *Cascade aux Ecrevisses*, der Parkplatz voll, ein Drive-in-Wasserfall, fast jedenfalls. Merkwürdiges Glück: Auf dem 200 Schritte langen Weg kommen uns circa 50 Leute entgegen, alle in tropfenden Badesachen. Als wir aber am Wasserfall ankommen, ist da kein Mensch außer uns. Ich nähere mich dem Teich behutsam, mit gespannten Muskeln, auf alles gefasst. Bin dann aber doch, nur den Bruchteil eines Augenblickchens, unachtsam und rutsche auf einem abschüssigen, feuchten Stein aus, lande auf linkem Daumen, Rücken und einem kleinen bisschen Rucksack.

O Gott, der Fotoapparat, ruft Anna.

Ich überlebe den Sturz wie durch ein Wunder unverletzt. Annas Furcht aber war berechtigt: Der Polfilter ist zersprungen, ein etwas pathetischer Riss, doch das Objektiv hat er geschützt, eine letzte Heldentat.

Der Wasserfall ist nicht sehr hoch, vielleicht vier Meter, er mündet in einen überraschend tiefen Pool, in dem Fische schwimmen, die in etwa Piranha-Größe haben. Und sonst kein Mensch hier. Ich vertraue unserem Reiseführer, den wir sonst in allen Punkten für widerlegt, überholt, beschissen erklärt haben, und springe ins Wasser. Ich gehe unter wie ein Stein. Kaltes Süßwasser, da trägt mich nichts, ich denke, ich saufe gleich ab, und dazu kommt diese unverhältnismäßig starke Strömung, die man diesem Urwaldfällchen gar nicht zutrauen würde, man muss richtig kämpfen, um an den Ort des Prasselns zu gelangen, wo man sich von herabfallenden Fluten massieren lassen könnte, fünf, sechs kräftige Züge, und ich bin doch da, das Wasser ballert mir auf den Kopf, bammbammbamm, die Gischt umhüllt mich, ich strampele blind, spüre keinen Boden unter mir, treibe hinaus aus dem Schaum, sehe nichts, doch, aber verschwommen, die Kontaktlinsen, herausgespült! Die Felsen unscharf, bin froh, einen Stand zu finden, und reibe die Augen und rolle sie und erinnere mich, wie ich mal in einer Meeresbrandung meine Brille verloren habe, was gehst du auch ins Meer mit Brille, nix zu machen, sie tauchte nicht wieder auf, eine halbe Stunde Heimfahrt, Anna fuhr, ich mit meinen sechs Dioptrien daneben. Blindflug. Das beste Kopfweh meines Lebens. Aber jetzt kommen die Linsen langsam zurück, waren halb hinter den Augapfel gewaschen, so erkläre ich mir das. Anna badet schließlich auch noch, aber ohne Zwischenfälle. Ich ziehe so was irgendwie an. Wieder seltsam: Als wir zum Auto trippeln, kommt uns eine Busladung Menschen entgegen. Wie beim Schichtwechsel. Der freundliche Flussgeist hat uns irgendwie dazwischengeschoben.

Weiter, weiter. Der Vulkan Soufrière ist in Wolken gehüllt, wie an jedem unserer Tage. Keine Chance, ihn zu besteigen, was uns sehr recht ist in unserer Bequemlichkeit. Er heißt so wie sein Vetter auf St. Lucia, aber es handelt sich hier um einen ausgewachsenen Berg. Wenn er eines Tages ausbrechen sollte und die Stadt Basse-Terre, die zu seinen Füßen liegt, unter einer Schicht Asche begraben wird, man wünsche der Stadt, es geschehe an einem Sonntag. Da ist nämlich kein Mensch zu Hause. Sie sind alle am Strand oder wo auch immer. Jedenfalls nicht in der Stadt. Es sind alle Rollläden heruntergelassen, das ist eine Insel der Rollläden. Sonntags kein Café, kein Restaurant, die ganze Gemeinde eine verdammte Geisterstadt. Wenn man Hunger hat wie wir und Durst wie wir und gerade einem leibhaftigen Wasserfall entsprungen ist und über Kilometer Küstenserpentinen sich ausgemalt hat, es werde sich was finden – der wünscht sich, der Vulkan werde es dieser Stadt zeigen. (Und wenn man sie dereinst ausgraben wird, wundert sich dann wer über die Rollläden?)

An einer Tankstelle erstehen wir Kekse. Und dazu bestes Wasser aus dem Massive Centrale. Durch Gozier und La Marina, alle Geschäfte dicht, das Cybercafé dicht, sonntags hat man hier nicht zu leben. Die guten Wohnviertel, so schließen wir, erkennt man daran, dass gar kein Mensch zu sehen ist. Diese Menschen können sich Air Conditioning leisten, lümmeln jetzt im Wohnzimmer und warten auf kühlere Stunden. Auf St. Lucia sitzen fast alle Menschen draußen, immerzu.

Das kannte man ja früher auch nicht: die Pirsch nach einem Internetcafé. Jedermann wusste die Lage des Telegrafenamts oder der Station der Postkutsche. In der Hauptstadt, es dämmert schon wieder, finden wir dann doch eins, an der Place de la Victoire, der nach einer deftigen Niederlage aussieht. Das Hotel *Atlantis Copacabana* in Rio hat geantwortet, Zimmer frei. Die nächste Station in trockenen Tüchern. Mit solchen Dingen kann man die Tage durchaus füllen. Buchungsdrang: schlimm.

Mittwochabend, Allerheiligen. Wir kehren im *Pecheur* in Deshaies ein, haben einen Tisch am Wasser reserviert und trinken als Aperitif einen Ti Punch, sind besoffen von null auf nichts. Ich esse sehr guten Fisch *en blaffe*, Anna nagt an überwürztem Raubfisch. Ziemlich viele mittlere Katastrophen beim Bestellen, wenn uns die Serviererin etwas entgegnet, ist es, als führen unsere Systeme komplett herunter.

Dabei hat sich unser Französisch durchaus etwas gemacht, ein paar Schuljahre sind leider ein dünnes Sprungbrett, nur kommt es halt zwischendurch vollkommen zum Erliegen. Wenn man da drauflosbrabbeln würde, käme nichts als Unsinn heraus. Es ist also nicht so, dass wir nur Mut bräuchten. Und Englisch versteht hier kein Mensch. Wie viel Sprachkenntnisse ausmachen! Wie sie darüber entscheiden, wie tief man ins Leben eintaucht. Ob man überhaupt eintaucht. Oder ob man ein fremder Fremder bleibt.

Hinauf zum Friedhof. Als wir die Rampe emporfahren, sehen wir schon die flackernden roten Lichter. In diesem Moment geht ein kräftiger Schauer nieder, Menschen stürzen uns entgegen, ihre dünnen Jacken zum Schutz über sich gespannt wie einen Drachen. Auf dem Parkplatz steht ein Ford Transit, ein fahrender Kiosk, unter dessen Dach ein Dutzend junger Leute trinken, lachen. *Bienvenue* steht vorne auf dem Dach. Als der Regen nachlässt, betreten wir den Friedhof. Es ist die Totenstadt des Dorfes Deshaies, sie leuchtet an diesem Abend, da der Verstorbenen gedacht wird. Rote Kerzen unter steinernen Giebeln. Um uns nur die Geräusche des Regenwaldes, ein tröstlicher Wind, der ein paar vergessene Tropfen herbeiweht, durch die Wolken bricht ein voller Mond, hinter den Totentempeln zeichnen sich die Silhouetten von Farnen und Palmen ab. Dazu die warme Luft, die nach Leben riecht. Der Tod in den Tropen, denke ich, er ist nicht grau. Doch nahe am Eingang zwei kleine Gräber, von handtellergroßen Muscheln umsäumt. Darauf stumme Kerzen, die der Regen ausgewaschen hat.

Am Morgen bezahlen wir bei Robert und Juliette 300 Euro für neun Nächte, 854 Euro wären es nur für vier Wochen ... Man könnte fast für immer einziehen. Korrespondent sein auf Guadeloupe. Und über was berichten? Von ihrer Veranda aus sieht man weit nach Westen, am Horizont stehen wieder Rauchwolken über Montserrat. Der Vulkan ist 1995 und 1997 ausgebrochen, zwei Drittel der Insel sind aufgegeben, jetzt wohnen da weniger als 5000 Leute.

Damals, sagt Robert, er hat uns auf ein letztes Glas Portwein eingeladen, stand da drüben eine Säule, die reichte hoch bis zum Himmel, zwölf Meilen. Ein paar Stunden später fielen Flocken herab, ein grauer Regen, alles war begraben unter einer zwei Zentimeter dicken Schicht Vulkanasche. Das Land von Montserrat, es kam hier herunter! Er lacht. Wir waren ein kleines Pompeji!

Es ist zehn Uhr morgens, unser Gastgeber trägt Shorts und sonst nichts, Juliette sitzt freundlich dabei, der Port schmeckt exzellent.

Und wie ist es mit euch, fragen wir, was für eine Zukunft hat Guadeloupe?

Oh, uns geht es gut, sagt Robert, alles sehr entspannt hier, cooler als auf Martinique, auch uns säugt die große Mutter in der Ferne. Wir haben 30 Prozent Arbeitslose, offiziell, aber die Schwarzarbeit blüht, der Staat zahlt Arbeitslosenunterstützung, es ist ein bequemes System. Für viele ist der Druck nicht so schrecklich groß, einen Job zu finden. Das ist Europa, sagt er, mit allen Vorzügen und mit allen Problemen, aber es ist Europa.

Und die nächste Insel, Dominica, sage ich, das ist Afrika?

Sie sind arm, sagt er. Wer da keine Arbeit hat, hat ein Problem. Deswegen kommen so viele hierher, aus Haiti, der Dominikanischen Republik, St. Lucia, Dominica – *boat people*, illegale Einwanderer, die versuchen hier unterzutauchen. Sie werden wieder zurückgeschickt, wenn man sie erwischt.

Die beiden erzählen dies mit dem Unterton des Bedauerns, den unsereins zu Hause in der Kneipe anschlägt, wenn er über afrikanische Flüchtlinge redet. Es ist ungerecht, natürlich ist es das, aber so ist halt das Leben, wir haben es nicht gemacht. Und dabei bleibt es dann.

Auf unserer Insel, sagt Robert, leben mehr als 400 000 Menschen, aber in Frankreich wohnen weitere 500 000, die hier geboren sind. Frankreich, das bedeutet Arbeit für die, die arbeiten wollen. Und für viele junge Leute ist es Abenteuer. Durch Europa zu reisen, Italien, Deutschland: Das ist pure Exotik! Er lächelt und schunkelt. Ihr könnt euch gar nicht vorstellen, wie exotisch Deutschland ist!

Und St. Lucia ist auch Afrika?

Auf St. Lucia waren die Briten reich und die Schwarzen arm, und als die Briten abgezogen sind, haben sie mitgenommen, was ging. Bei uns hat sich die Bevölkerung viel mehr vermischt.

Wart ihr schon mal da?, fragt Anna.

Nein, antwortet Juliette, wieso sollten wir?

Unser Sohn ist in Paris, erzählt sie dann, sie taut nun auf, vielleicht ist es ihr Thema, aber welche Mutter taut bei diesem Thema nicht auf. Er ist 25, sagt sie, er ist in der Werbung, nächstes Jahr heiratet er, seine Braut ist auch von hier, der Vater schwarz und die Mutter weiß, genau umgekehrt wie bei uns! Sie heiraten hier, *bien sûr*. Eines Tages kommen sie zurück, sie wissen nur noch nicht, wann. Wer hier aufgewachsen ist, der muss zurückkommen. *Pas de choice*, sagt sie, man hat keine andere Wahl.

Robert lacht laut. Das muss sie ja sagen, ruft er, von ihrer Sippe leben 200 in der Umgebung. Ihr Urururwasweißichgroßvater kam 1861 auf die Insel, aus dem heutigen Kongo, als freier Mann, die Plantagenbesitzer brauchten Männer, denn die befreiten Sklaven hatten keine Lust mehr auf harte Arbeit und machten sich einen schönen Lenz, also heuerte man erst Indianer an, die sind aber klein von Wuchs und schwach und nicht geeignet für die Plantage. Schließlich fand man starke Arbeiter im Kongo. Starke Männer. Fleißige Männer.

Robert beugt seine Arme, deutet Muskelberge an, wo keine sind.

Juliettes Vorfahren nannten ihn Fünfzig-Mann, weil er so stark war wie fünfzig Mann, ein Koloss, ein Riese.

Und sein Bruder hieß Sechzig-Mann, sagt Juliette ein wenig stolz.

Ich habe das recherchiert, sagt Robert, es ist alles dokumentiert, schwer ist das für die Sklavenzeit, aber danach, kein Problem. Da steht auch, dass die befreiten Sklaven mächtig Ärger gemacht haben, als sie sahen, wie die Jungs aus dem Kongo reingehauen haben. Aber sie haben es irgendwie gelöst.

Sonst wären wir jetzt nicht hier, sagt Juliette.

Die beiden sind nicht die Ersten, die fragen, wohin uns die Reise noch treibt. Aber die ersten, die zuhören. In Stowe, Vermont, fragte uns das Paar aus Quebec, nachdem wir die Karibik genannt hatten: Und, fahrt ihr auch nach Quebec? Der Stolz aller Menschen auf die eigene Heimat. Sind wir Deutschen auch so? Ins Eigene verliebt, ohne chauvinistisch zu sein? Überzeugt, nirgendwo könne es schöner sein?

Wir sind anders. Zumindest sehr viele Deutsche unserer Generation. Wir sind gegenüber Fremden oft sarkastisch, was uns Deutsche angeht, wir machen uns gerne über unser Völkchen lustig, weil es kein Völkchen ist, sondern ein Volk. Wie ernsthaft wir sind, wir Deutschen! Immer geht es um alles, mindestens um die Zukunft. Kein In-den-Tag-Hineinleben, dieses Immer-an-morgen-Denken, Was-Zurücklegen, Sich-was-Aufbauen. Diese Haltung prägt uns bis ins Mark. Ich kenne Menschen, die leben gesund, weil sie alt werden wollen, aber was sie mit ihren Tagen anstellen, dazu fällt ihnen schon heute nichts ein. Alt werden, ohne gelebt zu haben, das ist eine bittere Vorstellung, aber für sie scheint es keine Alternative zu geben. Ich finde das sehr deutsch. Man merkt erst, wie deutsch, wenn man hört, wie sich Bekannte aus anderen Ländern lustig machen über unsere Versicherungen, unser Pensionsneurosendenken.

Zum letzten Schluck Port schwärmen wir von Guadeloupe, von dieser herrlichen Insel. Es folgt der Höhepunkt der Konversation. Jedenfalls habe ich irgendwo eine Verbform aufgeschnappt, die eine dunkle Erinnerung wiederbelebt hat: wie das Futur funktionieren könnte, in dieser Sprache, die ich als Schüler so furchtbar fand.

*Nous retournerons*, sage ich, und schaue Robert fragend an. Wir werden zurückkehren.

Ah, ruft er, springt auf, schlägt mir begeistert auf die Schulter, schaut Juliette an, dann Anna, ruft: *C'est génial! C'est génial!* Und schenkt noch einen Port ein.

Am Abend das letzte Mal an den Perlenstrand. Schwarze Mädchen machen Flickflack. Braun gebrannte Jungs mit Boogie-Boards. Erster Sonnenuntergang ohne Wolken. Eine unerwartet gelbe Sonne. Sie wird ins Meer gezogen wie von einer großen Kraft, da zerfließt nichts, einfach runter, Stück für Stück verschluckt, und: weg.

# SIEBEN
# Wir kämpfen leise Wahl

Glatte Dünung heute, diesmal wird niemandem schlecht. An Backbord passieren wir herzlos Dominica und Martinique. Zu gut sind die Fähren gebucht, und wir trauen dem Wetter nicht, noch ist Hurrikan-Saison – also direkt zurück nach St. Lucia! Wir trösten uns: Man kann nicht alles sehen, man muss auch nicht alles sehen. Besichtige in Deutschland eine Burg, und du kennst sie alle ... Das ist natürlich Unfug (gerade in Sachen Burgen), aber um ein Gefühl für Burgen zu bekommen, reicht das gewiss. Und so scheint uns das nun mit Wasserfällen, prallem Regenwald, Palmenstränden, Kolibris, Seesternen, tellergroßen wasserfarbenen Schmetterlingen.

Zweiter Fluch der Weltreise: unerwartete, unbekannte, ungerechtfertigte, undankbare Wurstigkeit. Wir gönnen uns, Dinge auszulassen. Wir erlauben uns, blind zu sein. Nichts abhaken müssen. Nur nach Lust losfahren. Wir erleben ohnehin genug. Wir sind mehr und mehr sehr großzügig mit uns selbst.

Glühendes Schlangestehen nach siebenstündiger Fährfahrt. Eine Stunde lungern am Zoll. Zwei Reihen. Die Insulaner warten viel enger zusammengerückt als die Franzosen, die mehr auf Abstand achten, sich zu kleineren Gruppen fügen. Ein jeder nimmt sich mehr Platz, braucht mehr Platz. Man ist mehr Individuum. Und auch noch stolz darauf.

St. Lucia empfängt uns mit einer Explosion, einer Explosion des Lebens. Aber nein, keine Explosion, ein Zustand, laut, wuselnd, fordernd. Zehn Tage Guadeloupe haben uns eingelullt. Hätte es nicht für möglich gehalten, aber es ist so: Freue mich, wieder da zu sein. Wir nehmen für die paar Tage Quartier in Soufriere, südlich von Castries an der Westküste, und suchen nun verzweifelt den richtigen Minibus, schwer beladen mit unseren Rucksäcken. Ich verfluche meine Bücher, zu viel, zu schwer, eine kleine Bibliothek, aber auch meine ganze Freude, nichts Schöneres als Massen an Lesestoff dabeizuhaben, und unterwegs habe ich immer mehr gekauft. (Werde morgen zehn Kilo Bücher auf dem Seeweg nach Hause schicken und dabei drei Postbeamte eine Stunde lang beschäftigen.)

Schreibe dies bei Sonnenuntergang in Soufriere, auf der Terrasse des *Hummingbird Resort*, 70 Dollar für eine massive hölzerne Hütte mit Traumblick aufs Meer und die Küste. Frischer Fruchtsaft am Pool. Das ist der Vorteil, wenn man Mitte dreißig ist und einen Puffer angespart hat: Im Zweifel knallt man die Kreditkarte auf den Tisch und lässt es sich gut gehen.

Anna löscht auf ihrem Handy eine alte SMS unserer Freundin Katharina: Bring Wein mit, treffen uns unten an der Elbe!

Bisschen Sehnsucht. Bisschen viel.

Fregattenvögel am Himmel, sie sehen aus wie Batman und stoßen immer wieder ins Meer. Dünne, gebogene Flügel. Die Bar des Hotels wie aus einem Film mit Gene Hackman. An der Theke sitzt den ganzen Abend ein Skipper, Schotte, blaues Hawaii-Hemd, darauf Palmen. Er pichelt einen Cocktail nach dem anderen. (Am Morgen wird seine Yacht fort sein, weggespült von der Nacht.)

Erinnere mich an unseren Ausflug von Gros Islet, bei dem wir dieses kleine Hotel entdeckten. Ein Tag Mietwagen kostet 70 Dollar, wir teilten ihn uns mit unseren schwäbischen

Gefährten aus dem Bay Guesthouse. Suchten nach einer langen, kurvenreichen Fahrt in Soufriere den Strand Chastanet – und blieben im Gewühl des Wahlkampfs stecken. Die Gelben zogen durch die Stadt, die Opposition. Viel Vorfreude auf den Gesichtern. Wir verhedderten uns in den Gassen, fragten einen: wie weiter? Der Mann putzte seinen alten Ford, nackter Oberkörper, barfuß. Statt etwas zu sagen, joggte er los, winkte uns mit der Linken, dass wir ihm folgen sollten. Er bog um eine Ecke, rannte 200 Meter weiter, wir hinterher, wie auf einer Safari. An der nächsten Kreuzung deutete er nach rechts: da runter.

Danke, sagten wir.

Simon, sagte er. Macht 5 EC.

Der Schweiß sprang ihm unter seiner schweren Atmung vom Körper wie lebende Tropfen. Die Augen gelb und gerötet. Er lächelte nicht. Er blickte uns an, aber wir fühlten uns nicht gesehen. Seine Sinne schienen ganz weit weg. Es war ein Blick, den wir bei vielen Männern gesehen haben. Als hätten sie sich das Hirn weggekifft.

Ich kramte drei EC hervor, *no*, fünf, sagte er, ich murrte, brachte es aber nicht fertig, Nein zu sagen.

Als er die Münze in der Hand hielt, drückte er die Rechte an die Stirn wie ein Soldat und sagte: stets zu Diensten!, dann federte er davon. Dass sein Weg nur wieder ins Getümmel führen würde, keine Überraschung.

An diesem Tag fuhren wir auch zum Vulkan, der so heißt wie der Ort. Ein Schwefelmonster, vor 40 000 Jahren implodiert. Heute leben 80 Menschen im Krater, weil er so fruchtbar ist (und es keine Moskitos gibt). An diesem schwülen Nachmittag waren wir die einzigen Gäste des Nationalparks. Angel, die Rangerin, stieg ins Auto, fuhr mit uns den Hang hinauf. Wir erfuhren, dass unten in Soufriere an manchen Tagen 3000 Gäste aus einem Kreuzfahrtschiff aussteigen (habe erst Kreuzfahrer notiert, ist ja wohl nicht ganz das

Gleiche – oder doch?) und alle gleichzeitig hier durchgeschleust werden. Angel ließ nicht erkennen, was sie über diese Menschen denkt. Dann sagte sie binnen dreier Minuten zweimal denselben Satz, dass der Vulkan vor 40 000 Jahren und dass es keine Moskitos ...

Hm.

Aber als wir fragten, wann die Wahlen seien, wachte sie auf. Eine Zornesfalte breitete sich auf der planen Stirn aus. Sie plapperte los. Keiner weiß es, sagte sie, bis Ende des Jahres sollen sie sein, aber keiner weiß es. Unser Premier Kenny kümmert sich nicht um die Verfassung. Wir hatten lange Zeit die Gelben, jetzt neun Jahre die Roten, und da begann das mit der Kriminalität. Die Leute haben an manchen Tagen kein anderes Thema mehr als die Kriminalität. Unsere Politik ist sehr korrupt geworden. Und der Kandidat der Gelben ist schon über 80 Jahre alt, und er ist der einzige von den Gelben, von dem die Leute glauben, dass er es kann.

Sie seufzte. Wir haben leider nur zwei Parteien. Ich wünschte mir, es wären mehr.

Ihr braucht bessere Politiker, sagte ich, nicht mehr Parteien.

Jetzt lachte Angel, oh ja. Wir haben leider wenig Hoffnung, dass es besser wird. Und trotzdem freuen sich alle auf die Wahlen!

Warum?

Weil es Party bedeutet! Ohne Ende Party!

Und nun ist es Sonntagmorgen, 6 Uhr. Wir werden geweckt von Musik, die vom Meer herangeweht kommt. Schrecklich laute Musik. Schreckliche Country-Musik.

*Everybody vote for Labour, everybody vote for Labour*, zur Melodie *Glory, Glory Hallelujah*. In der Endlosschleife. Das ist Psychoterror. Zur Abwechslung dann, auf die Melodie von »O Tannenbaum«: *Oh Labour Party, oh Labour Party*. Allen Ernstes. Und arrangiert als Country. Das Boot kreuzt vor dem Ort hin und her, und weil sich Soufriere in ein Tal schmiegt, ist die Akustik blendend.

Als Gegenmaßnahme fällt uns nur das ein, was wir um jeden Preis vermeiden wollten: Wir schalten den Fernseher ein. Es läuft tatsächlich *Deutsche Welle TV*. Entsetzliche Sprecher. Halten sich vermutlich für enorm professionell, sind aber nur hölzern. (Da fällt mir eine Rezension des *Sydney Morning Herald* zu einer *Derrick*-Folge ein, August 1995: »Aus demselben Stück Holz gemacht wie alle deutschen Filme«.) Hier tatsächlich Beiträge, wie man sie zuletzt im ZDF vor der Wende gesendet hat. »Immer mehr Deutsche essen Fertiggerichte, sogenanntes Fast Food.« Aha.

Erfahren: Saddam Hussein ist zum Tod verurteilt worden. (War der das nicht schon?) Dann die deutsche Innenpolitik vom 6. November. Der Bund hat 40 Milliarden mehr Steuereinnahmen wegen der wahnwitzigen Unternehmensgewinne. Der Dax steigt. Bei Bayern steht Kahn im Tor, der ewige Kahn. So deutsch, dieses Kinn.

Bis auf Kahn nur Krawattenmenschen. Das fällt auf. Die gibt es hier nicht, auf unserer Vulkaninsel. Wie atmen die? Atmen die überhaupt? Bügelfalten bis hoch ins Gesicht. Blasser Teint, blasse Augen. Nirgends ein Anflug von Schmunzeln. Kanzlerin Merkel mit ihrem Grabesmund. Und doch: beruhigend wie immer. Verlässlich langweilig, unsere Politiker. Verströmen mit jedem Knopfloch: Wir haben alles im Griff. Oder wenigstens: Ihr solltet uns gefälligst glauben, dass wir glauben, alles im Griff zu haben. Deutsche Menschen 2006, betrachtet als Bananenrepublikaner: Menschen voller Prinzipien, voller Komplexe, voller Dünkel, voller Wissen, voller Pläne, voller Selbstbewusstsein, voller Lebensschwere. Diese Gewissenhaftigkeit, aber auch dieser Eindruck von Wucht, Macht. Die Größe des Maßstabs.

Alles ganz weit weg. Wir schalten den Fernseher aus. Immer noch dödelt der Laboursong durch den Palmenhain. Es geht den ganzen Morgen so. Wer wählt eine Partei, die einem dermaßen den Sonntag verhagelt? Ihr Gegenspieler, der greise Oppositionsführer Sir John Compton, wird im *Star* so zitiert: »Wir beglückwünschen das Volk des Irak, durch diesen Richterspruch sind sie Saddam Hussein losgeworden. Nun müssen wir, das Volk von St. Lucia, unseren Saddam Hussein loswerden.«

Das ist natürlich auch eine etwas grobe Rhetorik. Premier Kenny, der 1997 von 17 Wahlkreisen 16 für sich entschied, wird kritisiert, dass er keine Antwort habe auf die Krise der Bananenindustrie, um 36 Prozent ist in seiner Amtszeit die Produktion gesunken, aber immer noch sind 40 000 Insulaner von ihr abhängig. Die Konkurrenz aus Lateinamerika ist deutlich billiger, die kleinen Farmer können kaum das erwirtschaften, was sie ins Land stecken. Das Gesundheitssystem ist bankrott. Die Polizei nennt einen Bericht, dass drei Frauen auf dem Gelände der *University of the West Indies* vergewaltigt worden seien, »übertrieben«. Und überhaupt, nicht die Polizei sei schuld an den Verbrechen, sondern die Gesellschaft. Premier Kenny flirte mit Venezuelas Diktator Hugo Chavez, steht in der Zeitung, er lasse sich von Ölgeldern schmieren, statt noch mehr Touristendollar anzulocken.

Notiz: Vielleicht gibt es gar keine Lösung für St. Lucia. Nur so ein Gedanke. Entweder man verkauft hier sein Land, seine Seele oder beides zugleich.

Am Abend halten sie Hof in Soufriere, die Roten von der SLP. Wir essen bei *Camillas* auf dem Balkon und sehen, wie rot gewandete Helfer Plakate an die Telefonmasten nageln. Die Wahl findet nun doch schon im Dezember statt, in ein paar Wochen, denn die Regierung hat sich bequemt, den Wahlkampf für eröffnet zu erklären. Auf der Bridge Street, vor dem Hauptplatz, bauen sie ein Pagodenzelt auf, stellen davor die üblichen Riesenboxen, und dann erklingt eine Musik, so laut, dass einen die Schallwellen fast die Straße hinunterwehen. Erst Country: *Stay with Labour*, dann Hip Hop: *Stay with Labour*, dann Calypso: *Stay with Labour*, dann Reggae: *Stay with Labour*. Professionell abgemischt, charttauglich. Bewohner der Stadt strömen wie hypnotisiert herbei, mehrere Hundert sind es am Ende, viele tanzen, viele haben ein rotes Shirt an, man kann sich vorstellen, dass sie vor zwei Wochen ein gelbes Shirt getragen haben. Die beiden Parteien jagen sich gegenseitig über die Insel, Wahlkampf ist schon eine prima Zeit.

Wir stellen uns in die Nähe der Bühne, an eine Hauswand gelehnt, die einzigen Weißen, unbeachtet. Eine Stunde Trara, bis endlich ein Redner auftritt: *Brothers and sisters*, lasset uns beten, dass St. Lucia erfolgreich ist! Dann singen sie die Nationalhymne, drei Strophen, das heißt, sie lassen singen, ein Kinderchor von der Platte. Die Leute stehen wenig beeindruckt herum, keiner singt mit, einer neben uns popelt sich in der Nase. Es folgt die Rede eines rundgesichtigen Mannes, der auf Kreolisch in sein Mikrofon kläfft, minutenlang. Es muss ein Schimpfen sein. Er schreit nur. Wir verstehen kein Wort, aber redet so einer, der argumentiert? Die Leute hören teilnahmslos zu, und wenn der Boss auf der Bühne mal Pause macht, klatschen ein paar. Sonst nur das Warten, dass die Party weitergeht.

Irgendwann lassen wir uns von den Schallwellen davonspülen, wir gehen mit tauben Ohren, vorbei an halb leeren Bars, vorbei am Friedhof, viele Blumen, dahinter die Wellblechverschläge der Fischer, ein bisschen Kieselstrand, unser Hotel. Im Zimmer noch hören wir den Redner bellen. Ein Politiker, der so zu mir spricht, mir, dem Wähler, dem würde ich in einer Pause zurufen: Sie haben ja vielleicht recht, guter Mann. Es könnte wirklich sein, ich will es gerne erwägen. Aber ich weiß nicht, geht das nicht leiser?

So also macht man Wahlkampf auf St. Lucia. Wenigstens haben die was Eigenes – eigene Themen, und Wähler, die den

Unterschied ausmachen können. Auf Guadeloupe, diesem kleinen Außenposten der großen französischen Nation, wie fühlt man sich da vor allem: machtlos? Vergessen? Zumindest bedeutungslos. Das Leben ist zwar in wohl allen Belangen angenehmer, europäisch durchdacht, aber dieses Gefühl ist den St. Lucianern und auch ihren Vettern auf Dominica nicht zu nehmen. Da sind sie den Nachbarn über. Zwar arm, aber ihre eigenen Herren.

Am nächsten Tag vor unserer Haustür das Fest des örtlichen Sportclubs. Es beginnt um zwei am Strand, ein paar Grillstände, ein paar Theken und Musik. Laute Musik. Musik, die zur Dämmerung so laut wird, dass im ganzen Tal kein Blatt nicht zittert. Musik, die nur aus Bässen besteht. Techno-Dancefloor. Das einzige Lied, das ich erkenne: Shakira, *Hips don't lie*, aber dreimal so schnell, in einer Art Schlumpf-Variante. Ein infernalischer Lärm, der nur aus zuckenden Beats besteht, dazu das Gebrüll des DJ, manchmal verzerrt, ein durchgeknallter Rummelplatzansager, und auch keine Musik mehr, nur noch ein Gestampfe und Gedröhne und Gebrülle. Wir gehen in die Stadt, weil wir es nicht mehr aushalten. Kommen nachts zurück, schauen beim Fest vorbei – na, dann feiern wir doch einfach mit!

Zwei orangene Funzeln, ansonsten nur Schatten in der Vollmondnacht, Hunderte Teenager, die Richtung Boxen starren, manche tanzen geistesabwesend, die meisten stehen einfach nur im Dunkeln, scheinen zu warten, dass etwas Bedeutsames geschehe. Es geschieht nicht, soweit wir es beurteilen können, die Leute werden nach Hause wanken wie betäubt, in sich das lebensfeindliche Gehämmer, das man nur high, volltrunken oder blöd überstehen kann.

Mir ist bewusst, dass ich mich gerade anhöre wie mein eigener Vater, aber es sei gesagt, ich mag großformatige Rock-Musik und die Fans von Celtic Glasgow, wenn sie Meister geworden sind, ich singe gerne mit unserem Team

*Ein schöner Tag* unter der Dusche, nach knappen Siegen, alle Mann, dass die Wände wackeln. Aber das hier ist nervenzerfetzender, stumpf machender Dreck. Erinnert mich zu sehr an den Wahlkampf.

In der Nacht, gegen vier, unwirkliche Stille. Soufriere dämmert komatös, taub beschallt, lahm getanzt. Ein paar Hunde bellen zaghaft, lassen schnell locker. Die Köter von St. Lucia trauen sich nichts zu, sie haben nichts zu melden. Vielleicht sind sie zu beeindruckt vom Lärm.

Am späten Nachmittag unseres Abschiedstages schlendern wir ein letztes Mal ins Dorf, schauen ein paar Minuten einem Cricketspiel zu, nahe dem Friedhof. Sehr friedliche Stimmung. Bekomme die freundlichsten Blicke unseres ganzen Aufenthalts, als ich einen Ball auffange und schnell zurückwerfe. Aber wir werden nicht gefragt, ob wir mitspielen wollen. Schade.

Zum Marktplatz, auf dem einst die Guillotinen der Franzosen standen. Drumherum uralte, zweigeschossige Holzhäuser mit verzierten Balkons, eine Kirche, davor ein schmaler, baumbewachsener Platz. In den offenen Abwasserkanälen am Rand liegen Bierbüchsen und Plastikbecher, die der nächste Guss mit sich reißen wird. An einem Haus betrachte ich mir ein Plakat mit Guiness-Werbung. Ein Typ, der ein dunkles Bier ansetzt, drunter der Spruch: *After Work. The time to be yourself*. Denke mir: Da haben wir das Problem unserer Generation. Genial auf den Punkt gebracht, wenn auch nicht beabsichtigt. Denn unsere Generation akzeptiert diese Prämisse nicht: Dass man erst am Feierabend wieder zum Mensch werden soll. Wir wollen nicht erst nach der Arbeit wir selbst sein. Wir wollen immer wir selbst sein. Eine große Idee. Und das macht so vieles in unserem Leben teuflisch kompliziert, weil wir so oft gezwungen werden zum Nicht-Mensch-Sein.

Alle wichtigen Orte St. Lucias sind zwar nahe dem Meer

gebaut, halten aber Abstand, als sei es nicht attraktiv, am Wasser zu sein. Die Ärmsten hier wohnen am Fuße des *Petit Piton*, direkt am Felsstrand. Eine Texaco-Tankstelle macht sich an der Promenade breit, wer Benzin zapft, hat einen Logenplatz.

Wir setzen uns an die Ufermauer. Kinder springen von der steinernen Mole ins tiefe Hafenbecken, kraushaarige Jungs in Unterhosen kraulen zur Leiter, klettern flink hinaus, legen sich auf den Beton, lassen sich trocknen. Rennen dann barfuß Richtung Hauptstraße, sehen uns, stoppen. Fragen uns nach *american coins*. Halb professionell, halb desinteressiert. Nach ein paar Augenblicken kehren sie zurück – Kundschaft! Minibusse halten an der Mole und spucken weißhäutige Touristen aus. Die Jungs bilden ein Spalier, es ist ein Spießrutenlaufen für die Fremden, die zu ihrem Boot müssen. Manche schauen in die Luft, viele stur geradeaus. Sie kommen vom Vulkan und wollen nicht belästigt werden, mein Gott, ist das so schwer zu verstehen?

Doch ein massiger blonder Mann wirft etwas in Wasser, und sofort hechten vier Jungs hinterher. Es ist wie bei einer Taubenfütterung. Es war hell, fast weiß, was der Mann warf, es flog nicht sehr zielstrebig, sah aus wie ein schmaler Umschlag. Oder ein Geldschein.

Lass es kein Geldschein sein, denke ich.

Lass es bitte kein Geldschein sein, sagt Anna. Das wäre wie bei den Tieren.

Als der Mann auf dem Boot ist, wiederholt sich das Ganze. In seinem Rücken scharen sich die anderen Touristen, um einen Blick auf die balgenden Kinder zu erhaschen. Wie sollen die Jungs etwas anderes in uns sehen als Geldscheißer?

Eine letzte Runde durch Soufriere. Wir wundern uns, dass die Häuser Richtung Urwald massiver werden, fast alle zweistöckig, aus Stein, richtige Häuser, reiche Leute. Da wohnen Typen, die zurückgekommen sind aus England, Typen, die wirklich Geld haben. Das erzählt uns ein Mann, der uns auf der Straße angehalten hat, wohin wir denn wollten?

Oh, danke, wir kennen den Weg.

*Brother*, sagt er, er nimmt einen Stock und beginnt im Dreck der Straße herumzukritzeln, geht am besten so, da ist eine Bäckerei, die hat frisches Brot, dann hier links, *my friend*, da gibt's gute Icecream. Und dann hier weiter.

So wollten wir eh laufen, sagen wir.

*Brother*, ich habe noch andere Tipps, wenn ihr zum Beispiel …

Danke, sagen wir. (Auf Guadeloupe haben wir das Wort nicht gehört: Bruder, *frére*. Auch nicht: *mon ami*, *my friend*. Sehr schöne Worte, wenn man sie mit Bedacht verwendet.)

Wo wohnt ihr?, fragt er freundlichst.

Hummingbird, sagen wir.

Da arbeite ich als Gärtner, sagt er.

Der lügt, denke ich.

Der lügt, sagt Anna auf Deutsch.

Okay, bis später, sage ich.

*Brother, no worries*, sagt er.

Wir haben keine worries, sagt Anna, wir wollen nur weiter.

Da holt er einen Cricketball heraus, schaut mal, heute haben wir ein Benefizspiel, wollt ihr einen Ball kaufen?

Nein, sagen wir beide zugleich.

Nur sieben EC fünfzig, sagt er.

Jetzt geht das schon wieder los, sagt Anna.

Es ist für die Jugend, damit sie eine Zukunft hat, sagt er.

Und ich Depp beginne im selben Augenblick in meiner Tasche zu kramen.

Nein, sagt Anna, nicht schon wieder.

Ja, sage ich und krame weiter. Ich will meine Ruhe, und wenn das kostet, kostet das eben. Außerdem ist es ja schon möglich, dass heute …

Dir ist nicht zu helfen.

Der andere hat mitbekommen, dass Anna sauer ist.

Brother, sagt er.

Nicht zu fassen, sagt Anna.

Regt sie sich auf, my friend?, fragt er mich.

Yeah, sage ich.

Ich gebe ihm fünf EC, und Anna schüttelt ärgerlich den Kopf. Ich ärgere mich ja selbst über mich. Lasse mich mit den billigsten Tricks aufs Kreuz legen.

Versprich mir, dass es für die Kinder ist, sage ich erregt.

Brother …

Ich hör' nicht mehr zu. Stoppeln sprießen unregelmäßig auf seinen Wangen. Ich weiß nicht, warum es mir jetzt auffällt, aber es fällt mir auf. Gleicher beschissener Bartwuchs wie ich. Auch wenn seine schwarz sind und meine hellrostrot oder so.

Anna will mich fortziehen.

Sie ist wütend, sagt er.

Ja, brülle ich, seit drei Wochen sind wir in der Karibik, und wir wollen euer wunderbares üppiges traumhaftes kleines Land kennenlernen und uns nicht in den Hotels verstecken wie die meisten anderen, und wir werden nur von allen Seiten angequatscht und ausgenommen, und das ist ein verdammt beschissenes Gefühl, ich will's dir nur mal sagen, und deswegen lass uns ruhig mal wütend sein, wir sind ja auch nur Menschen.

Da ist er aber schon weggerannt, noch im bestechenden Mittelteil meiner Brandrede. Den Cricket-Ball hat er mitgenommen. Ich hätte ihn gerne gehabt.

ACHT
# Aus dem Dunkel zwei Männer

Wir waren schon halb in Südamerika, auf einer Insel, wo die Leute von Venezuelas Einfluss schwafelten und dem lockenden Öl von Chavez. Nach Brasilien aber kommt man, von St. Lucia aus, indem man in die USA fliegt. Das muss mir mal einer erklären. Das ist natürlich nackte Macht. Wir also erst nach Norden, obwohl wir nach Süden wollen. Am Ende dieses Trips werden wir gewiss nicht mehr wissen, wer wir sind, wo wir sind und wohin wir eigentlich reisen. Aber das ist ja mal ein ganz angenehmer Effekt. Vermutung: Irgendwo kommst du immer an.

Anflug auf Miami, sechs Uhr nachmittags, draußen Nacht. Unser inselvölkisches Staunen über die Lichterdecke, ganz flach, ein gleißendes Netz aus weißen und roten Adern, mit dem sie die Welt eingefangen haben, und am Horizont sieht man, wie sich die Erde unter den Lichtern zu krümmen beginnt.

Am Flughafen kostet das Pint *Sam Adams* 7 Dollar, ich lege meine Kreditkarte hin und denke nicht drüber nach, weil ich Durst habe und dies ein Ort ist, an dem einem alles egal ist. Überall Neonlicht, wir verlieren uns in der Zeit. Fünf Stunden Aufenthalt. Wir wissen jetzt schon, dass wir übermüdet und verstrahlt aus dem Flieger steigen werden. Darauf kann man sich nicht vorbereiten. Auch nicht, dass wir in ein Land kommen, in dem nicht 150 000 Menschen wohnen, sondern 185 Millionen. Alleine sechs Millionen in Rio de Janeiro, was Januarfluss heißt, obwohl da gar kein Fluss in den Atlantik mündet.

Warten. Fünf Stunden sind lang. Warten. Vier Stunden sind immer noch lang. Warten. Drei Stunden: kaum auszuhalten. Zwei. Gate D40 füllt sich. Rüstige amerikanische Alte erobern die Sitze um uns herum. Die Männer mit luftigen Baseballkappen, die Frauen mit ondulierten Silberhelmen. Reden von Safaris in Kenia, löwenbändigenden Heldentaten im Busch, Namibia. Ein reifer Brasilianer gesellt sich dazu, er erzählt, wie ihm mal ein Halbwüchsiger ein Messer an den Hals gehalten hat, passen Sie auf in Rio, sagt er, nehmen Sie nichts mit auf die Straße! Am besten bleiben Sie im Hotel! Endlich ein bisschen Ruhe bei den Rentnern.

Eine Stunde.

Auch bei uns: Anspannung. Wir wurden zu oft gewarnt, haben zu viel gelesen. Jetzt beginnt die Weltreise richtig, sagen wir, wenn Weltreise auch heißt: in einer anderen Welt landen. Eine Weltreise soll ja auch befremdlich sein und verstörend und nicht immer: Ich streck mich und fühl mich prächtig. Nach Brasilien wollten wir unbedingt. Hatte Anna vorgeschwärmt, war zweimal kurz da gewesen, von den Menschen, der Üppigkeit des Landes, hatte gesagt: Brasilien brodelt vor Energie, da schießt es in jede Richtung.

Prompt bestand sie bei der Planung darauf, dass wir herfahren würden. Aber ich hatte ein mulmiges Gefühl. Bin als Journalist anders drauf denn als Privatmann, mutiger. Wenn ich meine Frau an meiner Seite habe, steht zu viel auf dem Spiel. Doch Anna ließ nicht locker.

Wir können da nicht vorbei, hatte sie in Hamburg gesagt.

Gehen täte es schon, antwortete ich.

Nein, sagte sie, ich will da hin.

Und das war es dann. Aber es blieb das mulmige Gefühl. Hatte mal einen kennengelernt, in Porto Alegre, im Süden

Brasiliens. Einen Fußball-Agenten. Gewiefter Hund. Rio? Da würde ich nur in Begleitung eines Freundes herumfahren, der sich auskennt, sagte er. Allein dahin? *No way*, sagte er auf Englisch, dabei kann er fast kein Englisch. Und murmelte etwas von *pericoloso*, zu gefährlich, im elastischen Tonfall Brasiliens, es ist ein Portugiesisch, das sich unportugiesisch lebensfroh mit der Welt versöhnt hat.

In Sao Paulo, drei Jahre zuvor, hatte ich mit einem einheimischen Übersetzer zusammen gearbeitet, einem schläfrigen Typen ohne erkennbares Interesse an irgendwas. Am besten, ihr verlasst niemals das Hotel, sagte der zur Begrüßung, dann kann am wenigsten passieren. In die Stadt? Zu gefährlich. In die Kneipe vorne an der Ecke, 300 Meter entfernt? Könnt ihr versuchen, sagt er, würd' ich aber nicht machen. Zu gefährlich. (Wir gingen in die Stadt, in die Kneipe, sonst wohin, man wird sonst wahnsinnig.)

Das Problem sind ja die Geschichten. Zu viele Leute, die überfallen wurden. Unser Reiseführer wirbt sehr für das Land (»die Strandstädte so sicher wie deutsche Kurorte!«), aber in Rio wird der Ton ganz anders. Man stecke besser 20, 30 Reals ein, »und wehre dich nicht, wenn du überfallen wirst, das haben schon einige mit dem Leben bezahlt«. Hm. Aber die Herrschaften müssen ja nach Rio.

Im Flugzeug schlafe ich unruhig. Träume von Athen, den Olympischen Spielen 2004, meiner kurzen kriminalistischen Karriere. Sie ist allerdings eindrucksvoll. Wir waren gerade gelandet, standen am Mietwagenschalter, drei geschätzte Kollegen und ich, man unterhielt sich bestens gelaunt, für mich würden es die ersten Spiele sein als Reporter. Bis einer von den dreien fragte: Hatte jemand von uns eine schwarze Laptoptasche? Die läuft gerade da hinten weg.

Ich drehe mich rum, schaue auf meinen Trolley, meine Tasche: weg, ich denke nicht nach, renne einfach los, die Kollegen werden später sagen, Donnerwetter, bist du gewetzt!

Meine Füße drehen fast durch wie in einem Comic, so beschleunige ich auf dem gewienerten Steinboden, nach 20 Metern nichts zu sehen von dem Dieb, überall Leute, viele Trainingsanzüge, nach 30 Metern eine Kreuzung, rechts ins Terminal, links zum Busbahnhof, geradeaus irgendwohin, ich denke nicht, bremse schlitternd, gucke links rechts links rechts links, spurte zehn Meter nach links, Glastür, die geht auf, vor mir die Straße, ich nach rechts, spurte, sehe 50 Meter weiter eine Bank, darauf ein Typ, auf seinem Schoß eine schwarze Tasche. Der Typ kramt in meiner Tasche. (Es ist dieselbe, auf die später unter ungewöhnlichen Umständen ein Blutfleck geraten wird.) Junger Typ, vielleicht achtzehn, mehr kann ich gar nicht sagen, ging alles zu schnell, er muss sich fürchterlich erschrocken haben, ich sehe noch seine großen Augen und seine abwehrenden Hände, als ich über ihn kam wie der Leibhaftige, den er trotz seiner Verderbtheit wohl doch fürchtete. Ich brülle ihn an und reiße ihm die Tasche aus den Händen, er springt auf und will flüchten, und ich schlage ihn mit einem rechten Haken nieder und zerre ihn am Kragen um die Ecke, zur Polizeiwache. Er schmort bis heute im Knast.

Na, ganz so wild kam's nicht, hab's mir hinterher nur so ausgemalt. Habe ihn laufen lassen, war nur froh, den Computer wiederzuhaben, Berufsehre, lässt man sich nicht klauen – was für ein Amateurdieb aber auch, nur ein paar Meter weit zu flüchten, und was für ein Instinkt, meinerseits. Columbo auf Speed. Erst als ich wieder vor der Autovermietung stehe, lässig die Tasche schlenkernd, den Kollegen zunickend wie Django, fällt mir ein, was alles hätte passieren können, wie der Schlingel sein Messer zückt und ich wegen eines lächerlichen Laptops abkratze, noch bevor der olympische Weltfrieden in Kraft tritt …

Eine ganz weiche Landung in Rio. Wir nehmen ausnahmsweise das Taxi, um nicht sofort abgestochen zu werden,

35 Dollar zum Atlantis Copacabana, das gar nicht an der Copacabana liegt, sondern näher an Ipanema. Durch die Taxi-Scheiben betrachten wir die Passanten. Fahren an der *Lagoa Rodrigo de Freitas* entlang, es sind Menschen unterwegs, die in der Dämmerung eine Handtasche tragen, die ganz offen mit dem Handy telefonieren.

Denen müsste man mal unseren Reiseführer geben, sagt Anna, dann wüssten sie, dass man so was hier nicht machen darf.

Wir sind aufgeregt, ängstlich, neugierig, gespannt, überdreht, es ist ein sehr lebendiges Gefühl. Rio überfällt uns. Es füllt einen sofort aus. Rio, das von Drogenbanden beherrscht wird, wo man am besten nichts am Leibe trägt außer knappen Klamotten und dem Wegezoll. Auf den ersten Blick aber: eine Großstadt südeuropäischen Flairs. Ein bisschen Madrid, eine Prise Lissabon, ein Hauch Miami, viel Pariser Eleganz. Frankreich: einst das große Vorbild. Doch hinter den Häusern steile dunkle Hänge, und an den Hängen kleben die Favelas, die Armenviertel, blinkende Tupfer.

Als wir im Hotel ankommen, atmen wir auf. Das Hauptquartier ist erreicht.

Boah, habe ich Hunger, sagt Anna.

Ich hab' auch dermaßen Hunger, sage ich. Und auch ein bisschen Durst.

Ich hab mehr Hunger, sagt sie, ich hab Mordshunger.

Hab ich auch, einen Mordshunger, sage ich.

Da wir also Mordshunger haben, kommt an diesem Premierenabend nur eine Churrasceria infrage, und zwar die beste, die wir auftreiben können: *Porção*. Wir verlassen das Hotel, ohne auf das Angebot des Portiers zu achten, dass uns besser ein Taxi … Nebenan eine Snackbar, zwei Ecken weiter ein Zeitungskiosk. Ruhige Straßen, keine komischeren Leute unterwegs, als wir selbst es sind. Haben ohne Grund ein gutes Gefühl, es ist offenbar ein Vorort, in den wenige Touristen kommen, ein hellhäutiges, reiches Viertel aber, das ja. Die Appartementhäuser umzäunt, jedes Haus mit einem Wachmann, als stünde eine Invasion bevor. Unsere Churrasceria soll die beste Rios sein, behauptet unser Reiseführer. Hepp, hinein.

So ein Besuch in einem Grillrestaurant ist unbedingt zu empfehlen, für 25 Real, rund zehn Euro, wähnt man sich schon im Steakhimmel, für 25 Euro spielen die Engel auf der Harfe dazu. Und wenn es nur wegen der Myriaden von Obern ist, die durch den Saal wuseln, in die Küche strömen, rauskommen mit Spießen voll dampfender Fleischstücke und zurückeilen in die Küche, wo die abgemagerten Grillspieße wieder übers Feuer gehängt werden. Wir lassen uns an einen Tisch führen, nicken allen vier Obern zu, die angewetzt kommen, und bestellen einen Rotwein aus Argentinien, einen Mendoza. In diesem Augenblick taucht ein Ober-Ober auf und hält uns ein Tablett mit Drinks unter die Nase. Es sind sehr bunte Cocktails mit viel Obst darin, offenbar äußerst gesund. Einen Aperitif?, fragt er scheinheilig.

Na ja, wir schauen uns an, wenn man im Lande des Caipirinha keinen Caipirinha trinken darf, wo denn dann? Vor dem Essen, das erscheint uns zwar etwas ungewöhnlich, aber wir sind ja durchaus willens, die lokalen Gepflogenheiten zu akzeptieren. Schlimmer als Gumbo-Suppe kann es nicht sein. Und als wir den Caipirinha ausgeschlüft haben, kommt der Wein auf den Tisch, aber wir bestellen noch eine Runde. Und wir waren da noch nicht einmal am Buffet, und es kam auch noch kein Spießchen um die Ecke gebogen, was der Sinn ist in einer Churrasceria, man muss sich umschwirren lassen. Wir stehen auf und gehen zum Buffet. Ein bisschen schwankt der Boden unter uns. Nach unserem Tausendstundenflug ist die Müdigkeit wie weggewischt, stattdessen sind wir so betrunken, dass wir fast vergessen, dass wir Hunger haben. Unseren Mordshunger.

Anna badet ausgiebig in Sushi, das im All-you-can-eat-Preis drin ist, ich stopfe mich sinnlos mit gebackenen Bananen voll. Und immer kommt noch ein Filetchen vorbei oder ein Lendenstückerl, und ein Ober fragt ... Wir überfressen uns fürchterlich, eine Völlerei, zu ertragen nur mit dem guten Wein und einem *Macieiria* hinterher, dem Weinbrand der Portugiesen, der Platz schafft für das finale Prachtstück Schokotorte.

Unruhige Nacht.

Erster Tag. Wir schlendern am Strand von Ipanema von *Posto* zu *Posto*. Prima Einrichtung, alle paar Hundert Schritte ein netter kleiner Kiosk, so unterschiedlich wie ihre Besitzer. Die Preise nicht der Rede wert, wenn man aus Europa kommt. Keiner schaut uns länger an, als uns lieb ist. Wir schlappen in Flip-Flops herum, wie das alle hier machen, sind angemessen braun gebrannt nach einem netten europäischen Sommer und drei Wochen Karibik, jedenfalls braun genug. Mein Bart lässt mich aussehen wie einen Surfer, so bilde ich es mir ein, auch wenn ich nicht das breite Kreuz eines Surfers habe, aber welcher Tourist kreuzt hier schon mit so einem bescheuerten Bart auf? Und wir tragen unsere Sonnenbrillen und ich meine Mütze falsch herum und mein blaues *Voleibal*-Shirt, aus der Kollektion der brasilianischen Olympiasieger. Als mir ein junger Kerl in Surfklamotten zunickt, merke ich: Die Verkleidung sitzt. Man muss natürlich dazu noch ultralässig gehen, aber zugleich sportlich, also den Rücken durchdrücken und dennoch die Füße achtlos heben, selbstbewusst und entspannt zugleich, was gar nicht so leicht ist als steifer deutscher Mann.

Ein bedeckter und nicht sehr warmer Tag, rund 20 Grad, fast schon winterlich. Als St. Lucianer würde man schnattern. Außer uns nicht viel los in der weiten Bucht. Verwöhntes Publikum. Angespült eine kopflose Riesenschildkröte, das Gekröse quillt heraus, es glänzt feucht im Zwielicht.

Der Kopf und die Schultern wie abgebissen. Haie vor Rio? (Mein Bruder, der in solchen Dingen abgeklärter ist, sagte nur, als ich ihm das erzählte: war wohl eher ein Motorboot.)

Ganz am östlichen Ende setzen wir uns an einen *Posto*, am Teil, der Arpoador genannt wird, wo der Strand in einen Felsenhain übergeht. Wir holen uns eine Kokosnuss, die Nicolas mit drei Machetenhieben aufschlägt, es ist eine junge Nuss, randvoll mit eiskaltem Wasser, das Fleisch noch sehr dünn. Nachher bringen wir die Nüsse noch einmal zurück, und Nicolas macht sie klein und schlägt auch Kerben in die Haut, sodass wir das Fleich wegschaben können, festes, frisches Kokosnussfleisch, und wir strecken die Füße Richtung Meer, das sich brüllend auf den weißen Sand wirft, weiß schäumende Brecher, zwei, drei Meter hoch, als wollten sie den Strand fressen. Manche hören sich an wie ein startendes Flugzeug. Ab und zu, wenn sich das Meer einmal ein bisschen beruhigt hat und plötzlich ein Kaventsmann kommt, und wenn dieser Kaventsmann sich in einem einzigen Augenblick bricht, auf der ganzen Länge zugleich, dann ist das ein betäubendes Geräusch, dem eine kurze, unglaublich dichte Stille folgt, eine zerstäubte Stille, bevor das Brausen und Rollen einsetzt. Kurz wirkt es, als staune die ganze Natur über die Energie und Anmut dieser Welle. Ich kenne diesen Effekt nur von Bomben, wenn die Filmemacher recht haben, die einer Detonation ein tonloses Vakuum nachschicken.

Stumm sitzen wir da und saugen alles auf: das weiche Licht am Abend, die Gischt der Bucht vor den Urwaldbuckeln. Menschen mit Strandhaut, vom Sand glatt geschmirgelt. Die verschlungenen Liebespaare auf den Felsen, die Surfer im Kampf mit den Wellen, am Platz vor dem Strand Trommeln, Klatschen, Singen. Wie schön es hier ist.

Vor Freude werde ich beinahe ohnmächtig, als wir im Hotel an der Rezeption das Angebot in die Hand gedrückt bekommen: morgen Abend ins *Maracana*, Fluminense gegen Ponte Preta. Erste brasilianische Liga.

Ma-ra-ca-na. Vier Silben, ein Mythos. Einmal das Maracana sehen … Seit ich kicke, will ich ins Maracana. Seit ich fünf bin. Ich habe vielleicht keinen älteren Wunsch. Ein Name, den man nur raunen kann, dabei heben sich die Augenbrauen von alleine. Im Fußball tatsächlich: der Nabel der Welt. Und die schicksalhafte Weihestätte der brasilianischen Nation. 1950 verlor hier Brasilien die Weltmeisterschaft, durch das Eins-zu-Zwei gegen Uruguay, vor 200 000 Zuschauern. Bis heute verkörpert diese Niederlage ein nationales Trauma – *das* nationale Trauma. Brasilien hat niemals Kriege mit seinen Nachbarn geführt, den Nationalstolz haben vor allem die Fußballspieler zu schultern. Pelé hat seinen Vater das einzige Mal im Leben weinen sehen vor dem Radio, nach dem zweiten Tor der Gäste, und das trommelnde und pochende Maracana, so heißt es, schwieg in jenem Augenblick wie ein einziger Toter.

Wir buchen die Reise im Hotel zu einem sicherlich überhöhten Preis, aber das Maracana liegt in einem Viertel, das nicht zu den freundlichen zählt. In Porto Alegre hatte man mir die Geschichte erzählt, dass dort vier Santos-Fans erschossen wurden, weil sie nach einem Match die falsche Abzweigung nahmen. Statt auf die Autobahn bogen sie in ein Viertel ein, in dem ein Drogenbaron herrschte. Die Fans kamen zehn Meter weit, dann waren sie zersiebt von den Maschinengewehr-Geschossen der Wachposten. Der Fall wurde öffentlich voller Empörung diskutiert, bis aus den Kreisen der Drogenmafia die plausible Erklärung drang: Wir dachten, da komme die Polizei, wer fährt sonst nachts mit Licht in unser Viertel, um uns zu blenden, wer macht denn so einen Blödsinn? Nein, wir buchten im Hotel, hin mit dem klimatisierten Bus, zurück mit dem Bus.

Fahren los, immer herrlich: das Wissen, es geht ins Stadion. Ich komme ins Grübeln, draußen dicker Verkehr. Sport ist für mich seit jeher das Drama des Lebens, Jubel, Trauer, Kampf, Scheitern, verdichtet auf ein Spiel, nur ohne den Tod. Aber welcher Sportler kann darüber klug sprechen? Und die paar, die es könnten, tun es nicht, um sich nicht lächerlich zu machen. Oder angreifbar. Das ist das Dilemma des Sportjournalismus. Aber – ich wollte nicht daran denken, auf dieser Reise. Am Stadion angekommen, setzen wir uns von der Gruppe ab. Wir futtern einen Fleischspieß am Straßenrand, trinken ein eiskaltes Antarctica. Ich kann keinen Unterschied ausmachen in den Mienen der Fans, sie sehen aus wie in Liverpool, Bochum oder Prag. Musst nur entsprechend angespannt gucken, gewisssermaßen einschussbereit, schon gehörst du dazu. Wie in England geht man in letzter Sekunde ins Stadion. Als wäre es peinlich, früher als nötig zu erscheinen. Nicht wie in Deutschland: warmsingen, warmärgern über die Hände-zum-Himmel-Musik. Rein und ran, ganz einfach.

Von außen ist die Arena niedriger als erwartet, sie muss eingebettet sein in die Erde. Man geht eine Rampe empor, ein paar Treppenstufen ... Dann stehen wir drin. Anna fasst mich bei der Hand, weil sie weiß, dass es für mich ein kleiner großer Moment ist. Dieser gewaltige Kreis aus zwei Tribünenringen, ein riesiges Auge. Das Auge Brasiliens. Der Eindruck großer Weite. Die Spieler, die sich warmlaufen, wirken verloren da unten. Die ganze Bevölkerung von St. Lucia passte hier hinein.

Drei Spieltage vor Schluss, Abstiegskampf. Das snobistische Fluminense ringt ums Überleben, die Gäste sind ein ruhmloser Vorortklub aus Sao Paolo. Flu hatte alle Fans aufgerufen zu kommen, erfahren wir, aber obwohl die Ränge des Maracana nach der letzten Renovierung nur noch rund 100 000 Menschen fassen, wird es nicht mal annähernd voll. Vielleicht 15 000. Es ist den Leuten zu teuer, sechs Euro kostet die Karte im Schnitt, das können sich viele nicht leisten. Die Trommeln machen Lärm für 50 000, das immerhin.

Von der ersten Sekunde an Endzeitfußball. Die Nerven aller Beteiligten liegen blank, nach zwei Minuten schon fluchen die Flu-Fans in ihren gestreiften Trikots, sie schleudern wüste Beschimpfungen aufs Feld. Es ist phantastisch nervös, das Publikum, als leide es schon lange, und genauso kickt seine Mannschaft: phantastisch nervös. Vor allem ist es eine Spielweise, die es bei uns gar nicht mehr gibt. Eine Art Günter-Netzer-Fußball, einer hat den Ball und stürmt los, die anderen bleiben stehen. Das sieht toll aus, was der mit dem Ball anstellt. Manchmal dribbelt er drei Mann aus und bleibt erst am vierten Gegenspieler hängen. Es ist Kabarett-Fußball. Stammtisch-Fußball. Sie geben zu spät ab, sie laufen sich nicht frei, aber keiner ist erkennbar schuld an dem Desaster. Fluminense: eine dappige, tölpelhafte, natürlich hochtalentierte Mannschaft. Sicher wird bald einer dieser Gruseldribbler in Europa als Rakete angepriesen werden. Verdientes 0:0 zur Pause. Fürth gegen Offenbach ist anspruchsvoller.

Was für ein Grottenkick, sagt Anna, die genug vom Spiel versteht, um recht zu haben.

Danach wird es noch schlimmer. Grotesk unbeholfene Zweikämpfe, desinteressiert geschossene Ecken, pompös eingeleitete Freistöße, die 20 Meter übers Tor rauschen. Rudelbildung nach jedem Foul. Theatralisches Wälzen der Gefoulten, Alibipässe, große Gesten, ein stetiges Gefummel für die Galerie. Das Ergebnis: 0:0.

Armes Ma-ra-ca-na.

Anderntags wandern wir die Copacabana entlang, die im Wesentlichen aus einem bemerkenswert breiten Streifen Sand, einer hundertspurigen Schnellstraße und einer Wand grauer Wolkenkratzer besteht. Unsympathische Leute unterwegs, verschlagene Gesichter, vor allem bei den Touristen. Hier sind sie, die Deutschen mit ihren Plastiktüten, in denen ihre Wertsachen versteckt sind. Steht als Tipp in jedem Reiseführer – und nur die Deutschen rennen so rum.

Am anderen Ende der Copa ist ein blaues Stadion in den Sand gerammt, es fasst sicher 10 000 Menschen, und dort finden die Weltmeisterschaften im Beach-Fußball statt. Wir gehen nicht hin, noch eine FIFA-Veranstaltung in diesem Jahr ertrage ich nicht. (Das ist ja das größte Wunder der deutschen WM 2006, dass sie so gut wurde, obwohl der Weltverband ein Verein ist, der einem die Stimmung vermiesen will.) Das Beach-Finale sehen wir uns im Fernsehen an. Brasilien im Endspiel, das war zu erwarten, und zwar gegen, gegen … Uruguay. Wie 1950.

Der Eintritt ist kostenlos, das heißt in Rio: volle Hütte. Fußball im Sand ist grauenhaft langweilig. Brasilien führt nach einem derben Torwartfehler Uruguays eins zu null, und dann spielen sie auf Zeit. Richtig: auf Zeit. Sie schubbern sich den Ball hintenrum so zu. Man lupft ihn sich von Mann zu Mann. Und der Uru attackiert nicht, weil er weiß, er kann nur foul, das weiß jeder Fußballfan seit der WM 1986, und nirgends sieht ein Foul mehr fehl am Platz aus als am Strand. Also attackiert er nicht, der arme Uru. Wir machen die Kiste aus und sehen lieber den Surfern von Ipanema zu, die kriegen manchmal eins übergebraten, dass man denkt, sie tauchten nie wieder auf. Tauchen aber wieder auf. Und paddeln wieder raus. Leidensfähiger Menschenschlag.

Brasilien hat dieses Endspiel der Arbeitsverweigerer 4:1 gewonnen, das steht am nächsten Tag in *O Globo*, aber der Bericht ist nicht sehr groß. Neben dem Pokal und dem Kapitän sind viel größer vier Samba-Tänzerinnen abgebildet, die sich beachtliche Mühe gegeben haben, ihren Hintern formatfüllend in der Zeitung zu platzieren. Die vier Damen tragen auch sehr wenig Stoff am Leib, das sollte man hinzufü…

Das muss reichen, sagt Anna, sie tätschelt mir den Arm.

Also genug davon. Vorerst. Um das Thema kommt man halt ganz schlecht nur drumrum in Brasilien.

Ein Planungstag: Säckeweise Wäsche zur Wäscherei bringen, ein Internetcafé ausfindig machen, die mit unseren kostbaren Fotos gefüllte Festplatte auf DVDs ziehen lassen. Wir mailen Tahiti an, die Osterinsel meldet sich nicht! Das Backpackers in Santiago geht klar. Fehlt nur noch Valparaiso. Vier Ziele auf einmal zu planen, das geht ans Eingemachte. Und immer den Anspruch: Es soll ja ein bisschen schön sein. Nur fürs Organisieren geht ein halber Tag drauf. Aber es ist nicht schlimm, es muss halt so sein, gehört zur Reise, gewissermaßen Alltag. Wie wir so durch die Straßen gehen, haben wir dennoch eine Enge um die Brust, ich gehe mit geschärften Sinnen, kann mich nicht dagegen wehren. Wir entschließen uns zu einer raffinierten Methode: Wenn wir Geld abheben, kommen die kleinen Scheine links in die Tasche und größere rechts und die Kreditkarte in die Knietasche, und die größten Scheine schiebt sich Anna ins Dekolleté. (Oder suchen die Gauner da zuerst, aus fadenscheinigen Gründen?)

Beinahe die Hälfte der Reise ist um. Fast zwei Monate. Wir fühlen uns nicht mehr als Touristen. Sondern als ... als Reisende. Wir denken selten an zu Hause, und wenn, dann beschleicht uns nicht sofort der Gedanke: Jetzt denk mal nicht an zu Hause, du hast Urlaub! Es ist für alle Gedanken genügend Zeit. Was auch immer kommt, es darf kommen. Das kenne ich so gar nicht mehr, es fühlt sich an wie mit zwanzig, zwischen dem ersten und zweiten Semester. Die Welt sehr groß, die Sorgen sehr klein.

Am Sonntag sind die Avenida Viera Souto und die Avenida Delfim Moreira für den Autoverkehr gesperrt, die beiden Alleen der benachbarten Strände Ipanema und Leblon werden zu Fußgängerzonen, man flaniert auf und ab. Oder joggt, so wie wir, gibt kaum eine bessere Methode, sich mit den Einheimischen gemein zu machen. Am Straßenrand werden

Maiskolben gegrillt und frischer Kokoskuchen verkauft. Ein Samba-Trupp schubbert sich über den Asphalt, und wir kurven mittendurch, erreichen nach ein paar Hundert Meter eine Delegation Hare Krishnas, die uns entrückten Blickes kaum wahrzunehmen scheint. Bis zum Posto 12 schaffen wir es, haben nun die ganze Bucht durchmessen, dann traben wir zurück, im gemächlichen Tempo. Unsere Kondition hat in der Karibik mächtig gelitten, Hängemattenmuskeln. Eine Stunde, dann werfen wir uns ins Wasser, ausgepumpt, an den Füßen kleine Blasen.

Im Sand erkennbar nachbarschaftliches Getue. Alles wild durcheinander. Viele blonde Menschen mit südländischen Zügen, viele schwarze Menschen, die aber gar nicht afrikanisch wirken. Cliquen quer durch die Hautfarben. (US-Präsident George W. Bush fragte mal den Vorgänger des brasilianischen Staatspräsidenten Lula: Und, habt ihr auch Schwarze bei euch? Die Antwort ist nicht überliefert, die richtige wäre gewesen: Hier leben doppelt so viele schwarzhäutige Menschen wie in den USA, Brasilien ist das größte schwarze Land außerhalb Afrikas.)

Die meisten Menschen tapsen nur mit den Füßen in der Brandung herum, viele können nicht schwimmen. Immer wieder prächtig mit anzuschauen: der Stolz der Brasilianerinnen auf ihren Hintern. Nicht wenige Damen stehen breitbeinig am Strand, die Hände in der Taille, und bemühen sich gewissenhaft, sich selbst von hinten anzuschauen. Ob der Tanga auch sitzt. Meistens sitzt er. Drumherum jagen sich ihre Kinder, Sand spritzt, von irgendwoher kommt ein Ball angeflogen. Wenn man sich hinlegt, dauert es keine Minute, und ein Krabbenverkäufer, Bierverkäufer oder Sonnenbrillenverkäufer schlurft bis auf Zentimeter vor die Nase heran, quatscht uns auf Portugiesisch an, und wir antworten mit einem undefinierbaren Grunzlaut. Der genügt offenbar. Weniger Beach-Volleyballer hier als an einem gewöhnlichen

Sommerabend in Hamburgs Stadtpark, und keinen Einzigen, der dort mithalten könnte, es sind fast alles kleingewachsene *locals* in den Fünfzigern, mit viel Ambition und wenig Technik. Das muss ja auch mal gesagt sein. Die Weltklasse-Spieler trainieren morgens, wenn die Hitze noch nicht da ist und auch nicht die Massen. Am Nachmittag trifft man sie in den Cafés von Leblon.

Es ist ein fröhliches, turbulentes, lautes Treiben, das nichts von der langsamen Dünung eines europäischen Strandbads hat. Stattdessen: Spielfeld und Sportplatz, Treffpunkt, Kneipe, Sonnenstudio, Marktplatz in einem. Wir fallen nicht weiter auf. Wir kommen aber auch mit niemandem, wirklich niemandem ins Gespräch. Die, die Englisch können, interessieren uns nicht. Die, die uns interessieren, können kein Englisch. Sie können nur die Daumensprache, aber die beherrschen sie perfekt.

Oh ja, Brasilien ist das Land des gereckten Daumens. In der Obstbar, wo wir *Açai* probieren dürfen, den nahrhaften Saft einer Palmenfrucht, der Busfahrer, der uns vor dem Zuckerhut ans Aussteigen erinnert, der Liftboy, der sich über unseren Dank freut, im Internetcafé: Wir ernten jeden Tag ein Dutzend gehobene Daumen. *Tudo bem*! Das sagt man sich zur Begrüßung: Alles gut. Dabei ist sehr oft nichts gut.

*Tudo bem?*

*Tudo bem!*

Und schon fühlen wir uns willkommen. Wir schicken all diesen Menschen den Daumen zurück, wir gewöhnen uns das regelrecht an. (Noch lange danach werde ich den Daumen in die Höhe strecken, in Sydney noch bei jeder Gelegenheit, und selbst zu Hause in Hamburg, eine pathetische und lächerliche Geste, die in Deutschland kein Mensch ernst nimmt, geschweige denn passend beantwortete.)

Natürlich liegt dies an den Leuten. An den Brasilianern. Wenn Gott ein freundlicheres Volk erschaffen hat, man möge es uns bitte zeigen. Wir merken, dass wir nach drei, vier Tagen sorgloser werden. Den Foto nehmen wir mit an den Strand und auch mit zum Corcovado, die Sache mit den Tüten finden wir albern, das machen erkennbar nur Gringos mit Sonnenbrand und Brustbeutel um den Hals. Wir entwickeln die Theorie, dass die Cariocas, so heißen die Menschen hier, Sorge haben, dass man als Besucher ein falsches Bild haben könnte von ihrem Land, auf das sie so stolz sind, dass sie fürchten, man werde sich nicht zurechtfinden. Ich verfeinere diese Theorie beträchtlich, als ich mir klarmache, dass uns ja auf Anhieb keiner als Besucher erkennt, und trotzdem schickt man den Daumen hinüber. Es muss die Kehrseite der Kriminalität sein. Der Daumen als Zeichen der Friedlichkeit. Man schaut sich auch, wenn man sich auf dem Gehsteig begegnet, sehr direkt in die Augen. Die Guten suchen einander. Und sie helfen einander mit dieser Geste, *tudo bem*.

Dass man sich an manchen Tagen unerklärlicherweise fühlt, als habe man eine solche Stadt wie Rio de Janeiro im Griff, mithin das Leben in ihr, das Leben selbst! Aber immer das Knisten der Real in der Tasche. Der zitternde Zoll. Und wie einen eine solche Stadt ganz plötzlich wieder ausspucken kann, es genügt die Warnung des ängstlichen Portiers, ein prüfender Blick eines abgerissenen Jugendlichen oder aber auch nur im Cafe übersehen zu werden. Dazu die Wortfetzen, die nicht zu verstehen sind. Wie abrupt man sich wieder fremd fühlen kann, wie klein und nicht gewollt. Und wie schnell dieser Wechsel vonstatten gehen kann.

Alles hängt von der eigenen Form ab, aber auch vom Glück, von Ebbe und Flut eines Stadtlebens. Ob die Sonne wärmt oder sticht, ob uns wohlgesinnte Mienen streifen oder misstrauische. Oft kann ich es hinterher nicht mal erklären, warum das Gefühl kippte, warum aus den Eroberern so rasch die Ausgestoßenen wurden. Umgekehrt geht es langsamer, viel langsamer.

Ein paar Tage später wird es ernst: höchste Zeit für Samba. Her mit dem Samba, verdammt juchhe! Das *Rio Scenarium* sei der beste Schuppen derzeit, steht im Reiseführer, der ein ganz anderer Reiseführer ist als die Gurke von St. Lucia, aktuell und wie ein guter Freund.

Wir probieren die Stadtbusse aus, die sich gegenseitig jagen, billig und kühl. Hin zur Talstation der Zahnradbahn am Corcovado, hinauf zum Christus, der über der Stadt steht wie ein Turmspringer. Der Zuckerhut sieht von da oben durchaus zwuckelig aus. Aber dieser Blick ... Die Felsbuckel stehen da wie Termitenhügel, ein monumentales Panorama, dazwischen wuchert Urwald, wuchert die Stadt. Davor diese wilde, wunderschöne, glatthöckrige Küste.

Von der Christus-Statue geht es hinunter nach Lapa, wir fragen den Schaffner, wo sollen wir raus, Rua do Lavradio? Er kennt die Adresse nicht, ich wälze den Führer, verfolge die Straßen, verliere unsere Spur, finde sie wieder, es geht vorbei an Parks, die überdimensioniert sind, und Hochhäusern, die auch in Dallas stehen könnten, und verfallenden Kolonialbauten, mit verrostetem Eisengeländer und Veranda im ersten Stock und abblätternder Farbe an der Fassade und blinden Fenstern und einer Handvoll vergessener Träume auf jeder Schwelle. Ich vergucke mich in diese Häuser, die man in Havanna erwarten würde und in Lissabon so nicht mehr sieht, und habe im Vergucken unsere Fährte verloren.

Da hält der Bus an einer Ecke, die Rollläden der Geschäfte sind unten, Samstag halb sieben Uhr abends, es dämmert, wir haben keine Ahnung, wo wir sind, es muss das Zentrum sein. Der Schaffner winkt uns, raus hier, Daumen hoch!, und er fuchtelt mit den Armen nach rechts, da lang. Quietschend hält der Bus vor ein paar Menschen, die erkennbar hier wegwollen. Im Aussteigen wittere ich Unheil, was ich oft tue, Anna macht sich darüber gern lustig, aber vielleicht ist es kein Fehler. Blitzschnell wähle ich den Modus: superkompetenter ortsansässiger Eingeweihter.

Mir nach, zische ich Anna zu.

Was hast du denn?, fragt sie, aber ich marschiere schon voraus, ziehe sie an der Hand völlig gelassen hinter mir her.

Wir sind superkompetente Einheimische, sage ich leise und tue so, als pfeife ich vor mich hin.

Warum denn?, fragt Anna, die die Brenzligkeit der Situation überhaupt nicht zu begreifen scheint.

Meine Idee ist, so zu tun, als wüssten wir, wo es langgeht, und so biegen wir strammen Schrittes in die nächste Seitenstraße. Mir lehnen hier zu viele Tunichtgute an Hauswänden, der Hotelportier ist schuld, zu gefährlich, gehen Sie da nicht hin! Aber jetzt sind wir hier, verloren in Rios Bankenviertel.

Was hast du denn?, fragt Anna, zieh doch nicht so.

Ich kämpfe um unser Leben, sage ich und schaue sie dabei nicht an, um unsere Legende nicht zu gefährden.

Aber müssen wir dafür so rennen?

Endlich entdecken wir drei freundlich aussehende junge Menschen, und erst als wir sie erreicht haben, hole ich den Reiseführer aus der Tasche, gebe unsere Tarnung als superkompetente Einheimische auf.

Tschuldigung, wisst ihr, wo wir sind?

Zwei Frauen und ein brilletragender Mann. Frauen sind immer gut. Frauen tun einem nichts. Wenn du in Not bist, such dir Frauen. Das heißt, wenn nicht um die Ecke ein Schlussverkauf ist oder sie gerade die Pipps haben. Und Brillenträger sind auch gut.

Und was ist das Erste, was die Frauen sagen? Englisch können sie nicht, aber *pericoloso* sagen sie und zeigen auf die Tasche, derweil wir auf den Plan deuten, wir sollen die Tasche bloß gut festhalten, bedeuten sie uns, sehr gefährlich hier. Und als wir wissen wollen, wie wir gehen sollen zum

*Scenarium*, es können nach meinem Gefühl nur ein paar Hundert Meter sein – du und dein Gefühl, sagt Anna immer –, zeigen sie auf die Taxis, die an der nächsten Ecke stehen, dahinter ist Wasser zu erkennen, wir müssen am Hafen sein. Den Weg zu den Taxis überbrücken wir im Sauseschritt, ein Fahrer schaut uns mitleidig an, als sähen wir verzweifelt aus, er winkt einem Kollegen, und der fährt uns. Es sind nur drei Ecken, aber er überfährt alle roten Ampeln. Mir pumpt das Herz ganz ordentlich.

Beim Aussteigen verheddere ich mich im Gurt, mir fällt Geld aus der Hose, wir haben genau vor einer Eckkneipe gehalten, und ich bin gerade außer Form. Kann gar nichts dafür, aber wenn alle auf einen einquatschen, bin ich der Letzte, der nicht irgendwann bereit ist zu glauben, dass sie recht haben. *Pericoloso*? An mir soll's nicht scheitern.

Die schmale Straße besteht aus einem wundervollen Ensemble herrschaftlicher Kolonialhäuser, die sich an ihre guten Tage kaum mehr erinnern können. Filme müsste man hier drehen. Die Tür zum Scenarium ist noch geschlossen, nebenan hält ein Friseur Ausschau nach Kunden, er klappert gedankenverloren mit der Schere in der Luft, seine Waschschüsseln sehen aus, als stammten sie aus dem vorletzten Jahrhundert. Und er selbst, gewrungenen Schnurrbarts, auch.

Die Gasse ist sehr leer, es liegt etwas in der Luft, das man schwer beschreiben kann, weil es sich der gewöhnlichen Wahrnehmung entzieht. Vielleicht gehen die Menschen ein bisschen schneller oder sie lachen eine Nuance lauter oder schauen einen kürzer an oder länger, es ist nur eine Schwingung, aber es lässt einen nicht los, wenigstens mich nicht, dass hier etwas nicht stimmt. Ich bin froh, als wir in der Eckbar untergetaucht sind und unser Antarctica in den Händen halten und dasitzen wie die anderen auch, und langsam weicht diese Ahnung, der man ja trauen sollte, auch wenn es einem lieber wäre, es trüge einen manchmal der Seismograf da drinnen.

Als die Türen des Scenariums aufgehen, flutet Licht heraus und Wärme. Im Nu bildet sich eine kleine Schlange vor dem Eingang, erkennbar: Mittelschicht und drüber, viele Hautschattierungen, wenig Schwarze. Wir stellen uns an, hatten per Telefon reserviert, ohne zu wissen, ob wir verstanden wurden. Aber wir wurden. Schummriges Licht drinnen, dunkles Holz, viele Antiquitäten. Rotes Licht, gedämpfte Farben, plüschiger roter Vorhang hinter der Bühne, ein bisschen Varieté, ein bisschen Alte Welt. Wir werden zu einem kleinen Tisch am Rande der Bühne geführt, und von nun an kümmert sich Fernando um uns, der eindeutig indianischer Abstammung ist. Erst verstehen wir ihn nicht und er uns nicht, aber er begreift, dass wir uns Zeit lassen wollen mit dem Essen, als mir das große Wort Brasiliens einfällt: *tranquilo*, sage ich, traaanquuuuilo. Nur mit der Ruhe. Und er nickt begeistert über unsere kleine Kommunikation. Wenn man den Eintritt von 25 Real geschluckt hat, sind die Speisen eher günstig, das Essen formidabel, ein brasilianischer Roter dazu, Miolo, gemischt aus Merlot, Cabernet und Syrah, aber keine Schnitzbrühe. Und wie nennt das ein Brasilianer, wenn er das Beste zusammenwirft oder zumindest so tut? *Selecao*, wie die Fußball-Nationalmannschaft. Auch wenn nicht immer das Beste herauskommt.

Das Gebäude ist dreistöckig, mit einer Art Innenhof in der Mitte, in der die Bands aufspielen, sodass man auch von den oberen Stockwerken die Musiker sehen kann. Die erste Samba-Truppe leidet unter der etwas fleischigen Sängerin und dem albernen Getue – man singt ein Regenlied und spannt sich Regenschirme dazu auf, solch Kinderkram. Die anderen Gäste kümmert es wenig, sie tanzen begeistert, die Mädels den ultraschnellen Samba-Stil, dessen Geheimnis darin besteht, jeden Schritt zweimal zu machen, und zwar in einem, wie man so sagt, Zeitfenster, das beispielsweise mir nicht ganz zu einem Schritt genügte. Knappe Kleider am Start, im Übrigen.

Ich ertappe mich auch schon dabei, dass ich den Frauen nur auf den Hintern starre, sagt Anna. Dabei sind die gar nicht alle so gut, die Frauen bei uns haben genau dieselben Hintern.

Da widerspreche ich energisch, nehme aber etwaige Anwesende aus.

Die Männer wackeln allerdings geschmeidig aus den Hüften, was ich so auch nicht hinkriegen würde. Unsere Tischnachbarn, ein argentinisch anmutendes älteres Paar, beide sehr ernsthaft, schieben einander ein paar Mal durch die Samba-Meute.

Lass uns tanzen, sagt Anna.

Lass uns tanzen, sage ich.

Aber wir bleiben sitzen. Wir wippen nur unter dem Tisch mit den Füßen, wir wollen hier keinen entmutigen, indem wir uns selbst auf die Tanzfläche werfen. Dabei wäre es kein Problem, unserem Samba-Trieb Auslauf zu verschaffen. Jedenfalls kommt hier keiner zum Coolsein, es wird getanzt, dass es kracht, die bei uns in gewissen Kreisen alle Lust erstickende Peinlichkeitsschwelle kennt kein Mensch. Aber wir kennen sie, und es gibt im Scenarium erkennbar europäische Touristen, die sich auch am Samba versuchen und gar nicht mal scheitern. Es sieht nur schrecklich anbiedernd aus.

Und die machen es noch gut, sage ich zu Anna, sie nickt, wippt und schweigt.

Kurz bevor die zweite Band aufläuft, setzt sich zu dem älteren Paar ein unwesentlich jüngerer Mann, mit blau gestreiftem Hemd und weißem Kragen, grau melierten Haaren und scharf gebogener Nase, ein Herr, der exakt aussieht wie der unselige argentinische WM-Trainer José Pekerman. Er trinkt ein Bier, sieht zu, wie die Combo aufbaut, zwei, drei

Stücke abzieht, schwungvoller als die erste Band, aber nicht wirklich mitreißend, dann trinkt er sein Glas aus, tranquilo, und plötzlich steht Pekerman auf, sechzig Jahre oder drüber, federt sehnig auf die Bühne und beginnt Samba zu singen. Eine sehnsuchtsvolle, uns unbekannte Art des Samba. So einer ist der Pekerman. Seine Musik sei Pagode, erklärt uns ein Nachbar, wobei er das Wort so ausspricht: Pagotschi.

Wir swingen heimlich mit, erkunden dann das Haus, die Fahrräder unter der Decke und die Sägen an den Wänden und die Schreibmaschinen aus einer Zeit, als man noch schreiben konnte, überall Menschen, der Laden brummt. Wir treten auf die Veranda im ersten Stock, das gelbe Licht der Straße, die Häuserfassaden wirklich wie aus einer Filmkulisse. Es ist zwei Uhr morgens, die halbe Straße ist voll, eine lange Schlange vor dem Scenarium, alle wollen hier rein, alt und jung gemischt, ein Laden, wie es bei uns keinen gibt, auch die Jungen tanzen Samba. Aber was die jungen Brasilianer noch lieber tun, sehen wir, als wir einen Durchgang im zweiten Stock entdecken, dahinter öffnet sich ein Saal, der mit noch viel mehr Menschen gefüllt ist, hier sind sie alle unter vierzig, und vorne möhrt eine Gitarrenrockband Gitarrenrock, es geht ordentlich ab, man trinkt sein Bier und trinkt und tanzt. Diesen Tanzstil kriegen wir auch hin. Kopf nach vorne, Kopf nach hinten. Linker Fuß: tapp, rechter Fuß: tapp. Starker Laden.

Ermattet machen wir uns um drei Uhr davon, noch immer warten Leute auf Einlass. Das Taxi rast durch Rios leere Straßen, Rot gilt nicht mehr, wir ahnen den Grund, fragen aber nicht. Wir haben Rio gesehen, in dieser Nacht, vor allem haben wir es gespürt.

Zu Hause, vom Fenster des Zimmers 808, betrachten wir noch lange die Lichter der Favela am Ponta do Marisco. Nachts sehen sie putzig aus, sie flimmern in der unscharfen Luft, als seien sie ein Truggebilde. Die Favela krallt sich in den Fels oberhalb des obszön selbstbewussten Sheraton-Hotels, ihr Gutenachtlied ist das Anbranden der Wogen.

Hunderttausende leben in diesen Armenvierteln, die sich die Hänge Rios hochziehen. Das ist das Merkwürdige: In fast allen anderen Städte der Erde sind die Hanglagen die begehrtesten. Nicht in Rio. Die Hügel sind zu steil, regelmäßig kommt ein Regen, der alles hinwegspült, immer wieder fallen Steinbrocken in die Tiefe, die alles mit sich reißen. Und so klammern sich die kleinen Baracken nun neben geschützt stehenden Villen in die reiche Erde. Sie wachsen aus den bemoosten, steilen Felsen, sprießen aus Felsspalten, bilden einen Irrgarten verschlungener Steinpfade.

In viele Favelas bewegt sich die Polizei erst gar nicht hinein – weil sie es für aussichtslos hält oder die Polizisten bestochen sind. Es ist das Reich der Drogenbosse. Man kann diese Favelas besuchen, indem man sich einer Tour anschließt. Wir fahren nach Rocinha, das mal der größte Slum Südamerikas war, heute leben dort geschätzte 250 000 Menschen. Es sind gerade mal ein paar Minuten von Ipanema hierher, unten an der Küste sieht man die herrliche Praia de São Conrado, im Tal die Mall von Armani, Designermode zu Europas Preisen.

Unsere Führerin entpuppt sich als Stuttgarterin. Sie ist in Rio gestrandet, aus Gründen, die sie nicht erzählen will, und nun hat sie in der Favela-Agentur angeheuert, sie macht das gut, sie weiß viel, sie hat blonde Haare, ist ein Sonnenschein, das hilft wahrscheinlich, in der Favela. Wir sind eine Gruppe von Touristen, alles Europäer, wir sind nicht nervös, aber wortkarg. Es werden keine Witzchen gemacht. Das schlechte Gewissen trägt jeder mit sich herum. Durch Rocinha, dies der erste Eindruck, läuft eine steile Serpentinenstraße, durch die engen Kurven knattern Mopedtaxis, man organisiert sein Leben selbst.

Hier leben die Menschen, sagt Isabel, die euch unten in

den Hotels und Cafés bedienen, die hinter euch sauber machen, die die Taxis fahren, die Liftboys und Saftpresser. Wer Geld hat, schaut einfach nicht hin. Das System funktioniert doch, sagen sich die Reichen, selbst Mittelklassehaushalte können sich ein Hausmädchen leisten – was wollt ihr denn?, fragen sie. Einer, der aus der Favela kommt, hat ein Stigma. Es ist nichts, womit sich kokettieren ließe. In Rocinha leben 95 Prozent normale Leute, aber natürlich haben die restlichen fünf Prozent das Sagen, die Drogendealer. Die Regierung steckte in den 60er-, 70er-Jahren die Kommunisten ins Gefängnis, erzählt Isabel, und dort saßen schon die erfahrensten Männer des organisierten Verbrechens. So hat man sich selbst eine Kaste der Supergauner gezüchtet: entschiedene Gegner des Systems, vernetzt, strategisch begabt, belesen, gerissen, skrupellos.

Warum können wir hiersein, frage ich, zahlt eure Agentur Schutzgelder?

Nein, sagt Isabel schnell, die Mächtigen haben einfach kein Interesse, dass euch etwas passiert, und es kann für sie nicht schaden, wenn der Ruf ihrer Favela besser wird. Aber man darf nicht zur falschen Zeit hier sein. Nachts sowieso nicht. Wir sind hier sicher, sagt sie, weil sie hier Polizisten nicht haben wollen, Touristen werden in Ruhe gelassen.

Unten an der Straße haben wir Polizeiautos gesehen …

Die suggerieren Anwesenheit, sagt Isabel, mehr nicht. Sie tun nur so. Damit beruhigen sie die Reichen.

In Rocinha, erfahren wir, lieferten sich 2004 zwei verfeindete Banden und die Polizei wilde Feuergefechte, zehn Tage lang, aus Angst vor Querschlägern erklärte man das komplette Viertel für geschlossen. Die Politik schlingert seit Jahrzehnten ohnmächtig zwischen aktionistischen Hilfsprojekten, Ignoranz und brutalem Umsiedlungskampf, eine Lösung ist nicht in Sicht.

In Brasilien ist es das Recht jeden Bürgers, an einem beliebigen Ort sein Domizil aufzuschlagen – wenn sich der rechtmäßige Besitzer nicht binnen fünf Jahren meldet, geht das Stück Land in das Eigentum des Besetzers über. Siedelt man auf städtischem Boden, ist das eine beinahe sichere Sache: Die Behörden haben keine Ahnung, wo sie die Menschen sonst unterbringen sollten. Die meisten Wohnungsbauprojekte gelten als gescheitert, und es sind auch zu viele Menschen, die zu versorgen wären. Also rühren sie sich nicht, die Behörden. Also wachsen die Favelas. Erst ist da ein Haus, am Felsenhang, dann zehn. Im nächsten Jahr hundert. Und die Stadt rührt sich nicht. Bis heute sind die Favelas auf keinem Stadtplan verzeichnet, zahlen die Menschen keine Steuer. Es gibt sie nicht, offiziell. Und doch haben sie neuerdings eine Adresse, seitdem die Elektrizitätswerke angefangen haben, die Häuser zu registrieren. Keine Adresse, das bedeutete all die Jahre auch: keine Chance auf einen Kredit. Keine Chance, eine Zukunft zu planen.

Mittlerweile jedoch, ein brasilianisches Paradoxon, hat es in Rocinha betonierte Treppen, eine Kanalisation, fließend Wasser. Es ist eine Stadt in der Stadt, ein Labyrinth aus gemauerten Containerhäuschen, wuchernd wie ein Geschwür. Der Hausbau erfolgt nach keinen Regeln, man baut den ersten Stock für sich selbst, den zweiten für die Kinder, dann hat man von irgendwo ein bisschen Geld gesammelt, baut den dritten für Verwandte, den vierten zum Untervermieten, und aus dem Dach ragt das Stahlgestrüpp.

Dieser Behauptungswillen, Erfindungsreichtum der Menschen, diese erzwungene Biegsamkeit. An den Strommasten dickes Kabelgewirr, ein jeder zapft sich ab, was er braucht. Schmarotzer im Urwald. Das denke ich tatsächlich kurz. Und schimpfe über mich selbst. Wie kann man nur so zynisch sein? Oder ist es die Wahrheit? Warum leben diese Menschen hier? Warum nicht außerhalb der riesigen Städte, wo es doch Platz geben muss, viel Land, billiges Land …

Aber es gibt dort keine Arbeit und auch nicht die Chance auf Arbeit, nicht die Chance, an den Träumen der Gesellschaft mitzustricken. Viele Treppenstufen sind gelb und grün gestrichen, die Farben verblasst, der WM-Triumph 2002 ist schon ein paar Jahre her. Hier wohnen die, die am stolzesten darauf sind, Brasilianer zu sein.

Isabel führt uns durch Gassen, die keinen Himmel mehr haben, weil die oberen Stockwerke zusammengewachsen sind, zu verwinkelten Gängen, unter denen ein Bach rauscht, vorbei an kleinen Bars, in denen Billardtische stehen. Auf dem belebten Markt dürfen wir nicht fotografieren. Man trifft keine misstrauischen Blicke, aber womöglich täuschen wir uns, werden wir genau beäugt. Isabel erzählt, dass sie mal um eine Ecke gebogen sei und vor einem Mann stand, der eine Uzi in der Hand hielt oder etwas in der Art.

Sie sagt: Aber er hat nur gelächelt und gewinkt, dass ich verduften soll.

Wir erreichen eine kleine Schule, die es nur gibt, weil ein Fiat-Manager eines Tages feststellte, dass jenseits seines Gartens eine Favela entstanden war. Also stiftete er diese Lehranstalt. Es gibt lediglich eine Handvoll Schulen für all diese Menschen in der Favela. Aber die Regierung sagt, es seien genug, erzählt Isabel. Fast alle Kinder, die hier aufwachsen, sind Schlüsselkinder, deren Eltern den ganzen Tag unten in den Touristenzentren arbeiten. Wer in Brasilien seinen Führerschein nicht alle zwei Jahre verlängert, sagt sie, muss Strafe zahlen, wer sein Kind nicht in die Schule einschreibt, der nicht.

Stimmt all das? Isabel wirkt kundig. Aber das ist auch ihr Job: kundig tun. Vielleicht stimmt es, vielleicht nicht. Es klingt glaubwürdig. Kommt es darauf nicht an?

Es ist Nachmittag, keine Schüler hier. Vor ein paar Monaten wurde ein Fenster des einzigen Klassenzimmers zugemauert. Da steht jetzt die Rückwand eines Nachbarn. Sie war einfach da, eines Morgens, und man kann nichts dagegen tun.

Wir halten mit dem Minibus oben auf dem Berg, wo man freie Sicht hat hinunter auf die edle Küste, die schlanken Appartementhäuser, die sich ans Meer drängen, als gäbe es da was zu sehen. Am Parkplatz warten Künstler und Kinder. Die Künstler verditschen die immergleichen warmfarbigen Stilisierungen der Favelas. Die Kinder verkaufen bunte, gewickelte Drähte, die man sich ums Handgelenk hängen kann, als Schmuck. Ein Bursche sticht heraus. Er hat einen anderen Blick. Es ist ein selbstbewusster Blick, nicht nur freundlich, auch zielstrebig. Beinahe ein europäischer Blick. Als wisse er, was er wolle, als könne ihm das alles nichts anhaben. Es ist ein sehr ungewöhnlicher Blick hier. Americano Anderson, zwölf Jahre alt, spricht ein bisschen Englisch, das er in der Schule des Fiat-Mannes gelernt hat. Ich will Touristenguide sein, sagt er, da brauche ich ein gutes Englisch. Er zeigt hinüber zu den Touristenstränden, hebt den Daumen, schaut uns fröhlich an. Er strahlt etwas aus, einen Glauben an diese Welt, dass …, dass etwas in mir aufsteigt, ein Gefühl, das Gefühl der Verantwortlichkeit.

Sein Onkel, zwanzig Jahre älter, steht in Flip-Flops daneben, es ist ein regnerischer Tag, seine Zähne schlagen vor Frösteln aufeinander. Sie frieren bei 20 Grad in ihren Shorts, aber sie haben keine anderen Klamotten. Der Onkel hält uns ein paar Gemälde hin, ich kneife die Lippen zusammen, kann sie beim besten Willen nicht schön finden, sie sind mir zu kitschig, ich schüttele den Kopf. Ich sehe die Enttäuschung in seine Augen kriechen. Wir waren gerade im *my friend, my brother*-Land, St. Lucia, wo wir nun bequatscht würden, betatscht würden. Vielleicht ist es nur die Sprache, die es verhindert, eher aber die Haltung. Im Zittern sagt der Onkel: *Tudo bem!*, Daumen hoch, er guckt mich an, als sei es wirklich nicht schlimm. Wir kaufen zwei Drahtarmbänder.

Danke, sagt Americano auf Englisch.

Ja, sagen wir, gerne.

Ich verabschiede mich per Handschlag, sein Gesicht wird mich noch lange auf dieser Reise verfolgen. Ganz sicher ein hellwacher Junge. Aber auch solche Jungs kann es hier kosten. Oder gerade sie. Viele Teenager in Rios Favelas enden nicht als Touristenguides, sie enden mit einer Kugel im Leib. Schweigend fahren wir zurück ins Hotel. Es ist bedrückend, und es hilft nichts, darüber zu reden.

In dieser Nacht stehe ich um drei Uhr auf, schaue mir neben zwei dösenden Portiers die Volleyball-WM an, aus Fukuoka in Japan, Brasilien gegen Deutschland. Brasilien verprügelt Deutschland. Bei den Gelben spielt André Heller mit und der lässige Dante, die Kunst und der Höllenmaler. Die Deutschen würden so gerne, aber es reicht halt nicht. Ich kenne die Mannschaft, feine Kerle, seit jener Reise nach Sao Paulo, zwei Spiele in einem Wettbewerb mit großem Namen: Weltliga.

Habe damals miterlebt, wie die Jungs kurz vor dem Anpfiff in der Kabine saßen, und draußen herrschte schon diese elektrische Spannung, die entsteht, wenn sich Tausende Menschen auf einen Fleck konzentrieren. Hier waren es 8000 Brasilianer in einer hohen runden Halle, alle in Gelb gewandet, die sangen und hüpften. Ich lehnte an der Kabinenwand, versuchte die Blicke der Deutschen zu erwischen, aber die meisten schauten auf den Boden. Spürte, wie es ist, jetzt da rauszumüssen. Saß dann an einem schmalen Schreibtisch hinter der Bande, inmitten dieses Kessels, und sah, wie allein sie sich fühlten.

Um vier Uhr früh ist das Spiel vorbei, die Portiers schalten mit kleinen Augen um, Comics. Ich fahre mit dem Lift nach oben in den achten Stock und kann lange nicht mehr einschlafen. Annas regelmäßige Atemzüge, ab und zu ein genüssliches Schnaufen. Sie hat die Gabe, jeden Schlaf zu genießen. Sie freut sich regelrecht aufs Bett, abends. Aber morgens braucht sie keine zehn Sekunden, und raus ist sie aus den Federn. Zu sehr freut sie sich auf den Tag.

Zum ersten Mal, wie ich in diesen namenlosen Stunden wach liege, habe ich Angst um unsere Reise. Angst, dass sie bald vorbei sein wird, dass wir zu sehr von uns erwarten, wir müssten uns, wenn alles überstanden ist, verändert haben. Müssten härter sein, weltmännischer, klüger.

So sehr fürchten wir unsere Gewohnheit, die Gewohnheit vieler Menschen, oft erst hinterher zu merken, wie schön etwas war. Das sagen wir uns daher immer wieder: Wie es gerade jetzt ist, wie es riecht, was wir sehen, wo wir sind. Hier zu sein und nicht dort. Nicht gestern, nicht morgen, nur jetzt.

Wie ich so denkend träume, stelle ich verblüfft fest: Dass ich wieder neugierig bin. Lange her, dass ich so neugierig war. So neugierig ohne irgendeine abgeklärte Einschränkung. Vor ein paar Jahren war mir das verloren gegangen, nach dem Studium, nach ein paar Jahren des Ackerns. Und vielleicht ist das so, wenn man aus professionellen Gründen darauf aus sein muss, neugierig zu wirken, vielleicht schaltet man privat ab. Ich erinnere mich an einen Diaabend bei Freunden, die Bilder von Neuseeland zeigten, Geysire und Kajakfahrten und Delfine, und ich auf dem Heimweg zu Anna sagte: Was soll ich da?

Nun ist das Wunder des Reisens zurück. Ganz sicher auch, weil wir uns befehlen, immer wieder: weniger ist mehr. Stunden vertrödeln. Sich Zeit lassen, Dinge einsickern lassen. Über diesen Gedanken schlummere ich ein.

Der nächste Morgen. Wieder ein Frühstück aus Früchtebergen. Mit der Papaya ist es so, sagt Anna: Man ahnt immer, wie gut sie schmecken könnte, wenn sie mal ernst machte. Sie macht aber nie ernst.

Und schon wieder naht der Abschiedsabend. Ständig diese

Abschiede. Es gibt nur eins für uns: auf den Zuckerhut. Wir nehmen die Linie 511, Busfahren, ein Erlebnis für sich. Die Fahrer geben Vollgas, bis es nicht mehr geht, treten dann in die Eisen, dass es kracht, und den ganzen Bus schüttelt es, als breche er auseinander. (Erst einige Zeit später begreifen wir: Wir haben Glück gehabt, in unserer Zeit in Rio. Es sind friedliche Tage. Wochen später werden Linienbusse in die Luft gesprengt, stürmen Eliteeinheiten Schlupfwinkel der Drogendealer, und die schießen zurück. Rio wird Ende des Jahres wieder wie im Bürgerkrieg sein.)

Um neun Uhr, die Sonne ist hinter schwelenden Wolken untergegangen, haben wir den Zuckerhut für uns. Magischer Moment. Unter uns die blinkenden Lichter von Botafogo und Flamengo, die hell gepunkteten Hänge der Favelas, geschmiegt an die dunklen Buckel. Fern das Rauschen der Stadt, das Grollen startender Flugzeuge. Drüben, Richtung Meer, zirpen Grillen. Und dieses leise, fast nicht wahrzunehmende Geräusch, schlagen da nicht die Wellen auf den Sand der Copacabana? Ab und zu die Gondel, wie das Zischen einer Schlange. Beim Hochfahren entdeckten wir den Christus über einer Wolkendecke, es sah aus, als schwebe er über Rio de Janeiro.

So muss es in einem Fesselballon sein. Wolken treiben vorüber auf einem Strom aus Licht, von der Stadt wie angemalt. Der Wind. Wir ziehen unsere Jacken an, kühl heute hier oben. Der Wachmann hört Radio auf seinem Stuhl, er nickt uns zu. Die Kioskmitarbeiter schließen ihre Buden, halten dabei einen Schwatz. Ihre geschmeidigen Bewegungen, ihr melodiöses Wesen. Dann kehrt Ruhe ein. Wie fortgespült die Gedanken der gestrigen Nacht. Auf Haut, Haaren, Kleidern ein feuchter Film.

Ich fühle mich, als käme ich aus dem Meer, sagt Anna.

Wir nehmen die letzte Gondel ins Tal, kurz vor zehn. Müssen die einzigen Gäste sein, waren die Letzten auf dem Berg.

Doch da, zwei Gestalten hasten heran, zwei Männer aus dem Dunkel! Sie werfen Rucksäcke und Seile in die Kabine, springen hinterher. Keuchende Männer, sehnig, dünn. Sie riechen nach schwerer, guter Arbeit – und erzählen gern davon.

Es sind Luis und Enrique aus Bahia, im Norden Brasiliens, die um sieben Uhr am Fuß des Zuckerhuts gestartet und ihn im Dunkeln emporgeklettert sind, 396 Meter in die Höhe, in etwas mehr als zwei Stunden. Es war erst ihre zweite Begehung, aber sie hatten Stirnlampen, und sie sagen: kein Problem. Die Hände schwielig und muskulös, ein Händedruck zum Dranfesthalten.

Wo wir herkommen, gibt es Brasiliens höchsten Wasserfall, 400 Meter, sagt Luis, der im Gegensatz zu seinem Gefährten Englisch spricht, dieser Wasserfall wurde noch nie bezwungen. Ihr solltet kommen, ihn euch anschauen. Es ist eine sehr schöne Gegend, Dramantina, viel schöner als hier.

Viel schöner als hier? Ich zeige aus dem Fenster, Anna schüttelt den Kopf.

Luis nickt.

Und wirst du versuchen, ihn zu erklettern, den Fall?

Dafür braucht es eine Genehmigung, sagt er, es ist ein Nationalpark. Aber es ist sehr schwer. Man muss sicher sehr gut sein. Ich weiß nicht, ob ich gut genug bin, ich klettere nicht mal seit sieben Jahren. Ich bin noch ein Anfänger. Der Zuckerhut ist ein Anfängerberg.

Ein wundersames Ende. Diese Männer aus der Tiefe, Männer mit Schmiedehänden, die untereinander so leise sprechen, sie wirken auf uns wie Boten. Nur für was, fragen wir uns, für was? Rio verabschiedet uns mit einem Rätsel.

# NEUN
# Das Wasser hinter dem Regenbogen

Sitze auf Platz 7 des Kaiowa-Busses von Rio de Janeiro nach Foz do Iguaçu und schreibe wie wild. Die Tastatur entfaltet, das Handy quer draufgepackt, ein wundersames wippendes Büro. Anna döst, ihr Kopf drückt sich an meine Schulter. Draußen lauer Regen, wir sind schon hinter Sao Paulo. Grünes, termitenzerfressenes Land, abgeweidet die vielen Hügel. An den wenigen Stellen, wo man die Natur in Frieden lässt, lässt sie die Muskeln spielen. In den steilen Tälern wuchert es ungestüm, Urwäldchen, und wo die Wiesen aufbrechen, leuchtet die Erde rot. An der Fensterscheibe rinnen die Tropfen herab wie eine zerfließende Schrift.

Der Busfahrer legt stolz CD auf CD ein, Easy-Listening-Schrott der achtziger Jahre, zwangsläufiger Höhepunkt: *Je t'aime*. Nach stürmischem Beginn hat er wenigstens leiser gedreht. Fünf Passagiere, da sind wir schon mitgerechnet. Zahlen 388 RS zu zweit, knapp 150 Euro für die einfache Fahrt. Der Bus ist auf die Sekunde abgefahren und bietet mehr Beinfreiheit als jede Business Class, alles ultraprofessionell. Hamburg-Berlin dürfte chaotischer ablaufen.

25 Stunden Busfahrt, das schreckt uns nicht. Es riecht ein bisschen nach Abenteuer, oder nicht? Hinein ins pochende Herz Brasiliens. Noch wissen wir nicht, dass man sich auf der Fahrt Athen nach Delphi verlorener fühlt, wie wir damals beim Überlandstopp an einer staubigen Raststätte im

staubigen Bergland der Griechen, vor den Thermopylen, wo einst die Handvoll Spartaner die Millionenschar Perser aufgehalten hat, gleich da, rechts. Bei dieser Busfahrt waren wir Anfang zwanzig, 1993, Athen noch eine verpestete Stadt. Dagegen ist das hier Überschallkomfort.

Nun Stunden über Stunden auf der Autobahn, Richtung Südwesten. Hier unten ist Brasilien ein wenig wie Europa, in den Bergen hübsche Gemeinden, gebaut von Einwanderern aus der Alten Welt. Bis in den Nordosten Brasiliens ist es weit. Dort ist Afrika, dort schlägt ein ganz anderes Brasilien.

Ab und zu quälen wir uns durch Städte, deren Namen uns entgehen, die aber allem Anschein nach groß sind, mit hohen Wohntürmen, daneben die geschachtelten Containerhäuschen mit Wellblechdach, das oberste Stockwerk nur zur Hälfte gemauert, oft sind diese Dachterrassen das Wohnzimmer der Familie, mitunter eine Bar, in der man sich mit Freunden zum Churrasco trifft. In diesen Städten steigen Menschen ein, steigen Menschen aus. Sie werden uns für immer unbekannt bleiben, ihre Geschichten verborgen.

Oft Regen und Sonne zugleich, als sei ein Wettkampf im Gange. Am Abend schiebt sich eine dicke Wolke von der Form eines Stierschädels vor die Sonne, an ihrem Rand scheint ein Streifen Regenbogen scharf auf. Da finde mal ein Wort für. Regenrampe verstünde kein Mensch.

Notiere: Schreiben ist in den besten Momenten Seelensurfen. Gedanken sind Wellen, manche brechen hart, die meisten laufen harmlos aus, wenige schäumen, dass man nicht weiß, wohin des Wegs, mitunter ist die See ganz kabbelig, dann wieder sterbensplatt. Aber manchmal, ganz manchmal trifft man die ausdauernde Woge, die dennoch Format hat und Lust einen zu tragen, die einen nicht abwirft, und sie trägt einen im besten Fall bis ans die Gestaden eines unbekannten Landes.

Ich schrecke auf. Muss eingenickt sein über dem letzten

Absatz. Sterbensplatt … Was ist denn das nu wieder für ein Wort?

Am Straßenrand ein Ledersessel, das Polster aufgerissen, aufgeweicht, wie ausgeweidet. Ein Pferdefuhrwerk auf dem Seitenstreifen, ein Bauer spricht ruhig auf das Pferd ein, dahinter grau und abweisend eine Stadt. Überall weidende Rinder. Ab und zu Teiche, umrahmt von Wiesen, einer Farm. Sehr pionierhaft. Sieht aus nach der Zeit, als die Menschen froh waren, eine Parzelle zu haben, eigenes Land. Heute wollen sie alle in die Stadt, die Wünsche sind andere, es geht nicht mehr ums Essen. In den Favelas kaufen sie sich als Erstes Satellitenschüsseln, hat Isabel gesagt. Nein, vorher noch Handys. Ist ja auch ihr gutes Recht.

Halb neun Uhr abends, zwanzig Leute inzwischen im Bus. Anna liest, ich versuche zu lesen. Wir sind die Einzigen, die ihre Lampe eingeschaltet haben. Alle anderen schlafen schon. Oder sind einfach still. Erfahrene Reisende, keine überschäumenden Temperamente. So mag sich ein Italiener das deutsche Buswesen vorstellen. Draußen Dunkelheit, ab und zu zerrissen von einem hellen Kegel, der Bäume geisterhaft anleuchtet. Nachtflug durchs All. Wir sind Fremde in einem fremden Land, unterwegs ins Nirgendwo. Fühlen uns aber nicht verloren. Das liegt an uns selbst, zu zweien ist es immer besser, auch wenn es vieles verhindert, man will gar nicht Leute kennenlernen, an manchen Tagen, man hat ja sich.

Ein paar Stunden dann doch: komatöser Schlaf. Als wir am nächsten Morgen aussteigen, in einem grellen Licht, lasse ich mein Buch liegen. Wahrscheinlich ist mein Hirn weich gekocht nach einem Tag und einer Nacht im Bus. Es handelt sich um *The Novel* von James Michener, in meiner Not in Miami am Flughafen gekauft. Erst war's furchtbar altmodisch, dann begann ich die betuliche Erzählweise als beinahe wohltuend zu empfinden (hatte kein anderes Buch zur

Hand), und gerade als es verwickelt wurde, vergesse ich es in der Tasche des Vordersitzes. Der Gedanke martert mich, dass ich das Buch im Stich gelassen habe.

Foz do Iguaçu wurde von einem deutschstämmigen Bürgermeister geplant mit dem schönen Namen Schimmelpfeng. Die Straßen sind in einem quadratischen Netz über eine Senke geworfen worden. Seitdem in der Nähe ein monumentaler Staudamm gebaut wurde, ist die Einwohnerzahl von 28 000 auf mehr als 250 000 gestiegen. Foz ist eine gesichtslose Stadt, die nichts zu bieten hat. Aber auch rein gar nichts. Oh, natürlich außer den Wasserfällen. Die sollte man nicht übersehen, die *Cataratas*.

Einchecken im Hotel, das Zimmer für 30 Euro picobello. Trockene, griechische Hitze. Feiner Pool auf dem Dach. Ich springe lässig ins Wasser, zu spät erkenne ich, dass es nur hüfthoch ist, schlage um ein Haar mit dem Kopf zuerst auf – wie in diesem spanischen Film *Das Meer in mir*, in dem der Hauptdarsteller fortan vom Hals abwärts gelähmt ist. Das muss ja nun nicht gerade hier passieren.

Reizloser Blick über die Bürokratenviertel. Die Bürokraten verwalten vor allem das gigantische Kraftwerk Itaipu, dessen Besichtigung wir uns genüsslich schenken, und nebenher viel Langeweile. Keineswegs ist dies dampfendes Dschungelland. Zwar Regenwald, aber sehr vertraut wirkende Vegetation. Foz liegt in einem Dreiländereck, dennoch mit Sicherheit verdammt weit weg vom Nabel der Welt. Drüben in Paraguay warten riesige Einkaufszentren, die schenken wir uns auch. Argentinien aber soll die aufregendere Hälfte der Wasserfälle sein Eigen nennen, wert, dort einen ganzen Tag zu verbringen. Wir fahren erst mal brav mit dem Bus zur brasilianischen Seite, wandern am Abbruch der Schlucht entlang. In Wahrheit bestehen die Cataratas aus Hunderten Wasserfällen, manche sind nur ein Rinnsal, in dieser regenarmen Zeit, andere wären anderswo nur für sich genommen ein Schauspiel, das gewiss viele Besucher anlockte.

Die Tupi-Guarani-Indianer gaben den Fällen ihren Namen. Er ist nicht sehr originell, aber er trifft. Man kann ihnen nicht vorhalten, sie hätten keine Ahnung gehabt von den Dingen des Lebens und ihren gewöhnlichen Maßen. Iguaçu jedenfalls heißt »Großes Wasser« – besser kann man es nicht sagen. Technisch ausgedrückt mündet an dieser Stelle der kleinere Rio Iguaçu in den Rio Paraná, und diesen Vorgang zelebriert er in einer Art und Weise, dass man sich als Tourist nicht beschweren möchte. Auf einer Länge von 2,7 Kilometer donnert da das Wasser herab, im Durchschnitt 60 Meter in die Tiefe – so steht es wenigstens in unserem Reiseführer. Ich stelle mir 60 Meter immer vor wie knapp mehr als ein halbes Fußballfeld, und von daher könnte es schon stimmen, wenn man den Kopf auf die Seite legt.

Das Erlebnis, ganz nah heranzutreten, kann man jedem ans Herz legen, nicht nur denen, die sich etwa auch für die Gertelsbacher Wasserfälle im Schwarzwald begeistern können. Erst ist es nur ein leises Rauschen, nichts deutet auf das Weltenende hin, dann verändert sich plötzlich die Luft; es beginnt ihr alle Farbe zu fehlen, noch ein paar Schritte weiter, auf dem hölzenern Steg, der schon übers Wasser führt, da faucht uns ein nasser Wind ins Gesicht, und bald sehen wir nur noch Gischtdunst aus der Tiefe emporsteigen und verwehen. Vom Geräusch habe ich noch kaum geschrieben, es ist eine Art Brüllen, ohne dass es lebendig wäre; das helle Mahlen einer Höllenmaschine, niemals erlahmend. In der Ferne, jenseits der Schlucht, feudelt die argentinische Flagge den blanken blauen Himmel, Truthahngeier umkreisen sie, 30, 40, ohne Flügelschlag, wie Wächter eines unsagbaren Schatzes. Es sieht aus, als dampfe unter ihnen der *Garganta del Diablo*. Der Teufelsschlund.

Als wir wieder in die Tiefe starren, brüllt Anna: Was, wenn man da jetzt reinspränge?

Du würdest ganz schön nass, rufe ich zurück, kurz stelle ich mir vor, wie es wäre, auf die Brüstung zu klettern und sich dann in einer theatralischen Pose hinabzustürzen. Es will mir nicht recht gelingen. Ist vielleicht ganz gut so.

Abends beschließen wir dem Geist des Ortes zu huldigen und kehren im *Buffalo Branco* ein, Rua Tarobá, das heißt: raus aus dem Hotel, vorbei an einer Bäckerei, an einer Apotheke, über die Straße. 40 Real kostet das Spießgelage hier, Dessert inklusive. In unserer Freude bestellen wir brasilianischen Shiraz, der dunkelrot leuchtet, löffeln reichlich rote Bete auf den Teller, der pockennarbige Kellner bietet mir ein Filet *very rare* an, dem ich nicht wiederstehen kann, hauchdünne Scheiben, das Blut läuft an seinem Messer hinab und mir auf den Teller, wo es eine dünne Suppe bildet.

Guck mal hinter dich, sagt Anna nach dem dritten Bissen, draußen, da muss was passiert sein.

Man kann durch das Fenster Blaulicht erkennen, Polizeiwagen kreuzen auf. Die Bullen sehen aus, als kämen sie gut allein zurecht, wir betrinken uns weiter und baden in triefend zarten Steaks. Es ist längst tiefe Nacht, als wir zurück zum Hotel wanken, es mögen 80 Meter sein, mehr nicht. Wir überqueren die Straße Arm in Arm, gehen weiter …

Pass auf, rufe ich, und ziehe Anna schnell zurück. Um ein Haar wäre sie in eine große Pfütze getreten, im Licht der Laternen ist sie gut zu sehen, aber Anna schaut sehr oft in den Himmel, auf der Jagd nach neuen Sternen. Merkwürdig, es war ein trockener Tag, die Pfütze ist so groß wie eine halbe Tischtennisplatte.

War das lecker, sagt Anna, jetzt hab ich so was von Ränzlespanne.

Sie umrundet die Pfütze. Ich bleibe stehen, schaue mir die Lache an. Das ist Blut. Eine Lache Blut vor uns, direkt vor der Apotheke. Wahnsinnig viel Blut. Ein Liter? Zwei Liter?

Upps, sagt Anna, bin ich da reingetreten? Sie sieht sich ihre Sohlen an. Nee.

Ich schüttele den Kopf. Vorhin stand da noch ein Renault Kangoo mit offener Tür, und ich konnte drei Polizisten sehen, die über irgendwas kräftig zu lachen schienen, und man sah nach einer Weile einen Krankenwagen kommen, aber der hatte sich nicht beeilt. Ich ziehe Anna weiter. Es ist frisches, dickes Blut. Ich erinnere mich an die Frau in Hamburg, die umfiel, einfach so, es ist erstaunlich, wie sich das Gefühl gleicht, eine alles zusammenziehende Ohnmacht.

Unser Portier sagt, da seien *problem people* am Werk gewesen, *and their problem solving*. Zwei Männer, die von einem Motorrad auf einen Mann geschossen hätten. Keine Ahnung, wer das war, sagt er. *Problem men*, vermutlich.

Lebt er noch?

Keine Ahnung, sagt der Portier, diese Leute machen das unter sich aus. Sie müssen sich keine Sorgen machen.

Ich mache mir keine Sorgen, antworte ich empört. (Natürlich mache ich mir keine Sorgen, nur weil jemand ein paar Meter weiter auf offener Straße abgeknallt wurde.)

Das erleben wir auch nicht häufig, sagt er, nun leicht beleidigt. Aber diese Leute fragen uns ja vorher nicht.

Drogen?, fragen wir.

Vielleicht, sagt er.

Hundert Meter waren wir gelaufen, drei Stunden weg gewesen. In dieser Zeit, auf diesem Weg eine solche Tat, ein Mord. Ein Mord. Mordmordmord. Sage mir das noch ein paar Mal. Haben wir einfach nur Glück gehabt? Oder hätte es uns niemals treffen können?

Am nächsten Morgen ist die Pfütze noch da, sie ist eingetrocknet, dunkelrot oder eher ein vergessenes Hellbraun. Am Nachmittag kommen wir wieder an der Stelle vorbei. Jemand hat Wasser drübergeschüttet, trockene Blätter daraufgestreut. Lebenssaft war das mal. Und ist nun nichts mehr als Schmiere auf dem Pflaster.

Anna aber ist unbeeindruckt. Du mit deiner Phantasie, sagt sie nur. Diese Typen wissen genau, was sie machen.

Du mit deinem Gottvertrauen, sage ich.

Du weißt, ich glaube nicht an Gott, entgegnet sie.

Vielleicht weißt du's nur nicht, sage ich, ich weiß es zwar auch nicht, aber ich gebe mir die Chance. Woraufhin Anna geheimnisvoll schweigt.

Die Grenze formlos. Wieder fahren wir mit Bussen, sparen die paar Extra-Real für die Tourguides. Die Zöllner Argentiniens saugen an Mate-Pfeifen und schauen, als seien da Drogen drin. Sie wirken desinteressiert, als könne aus Brasilien nichts wirklich Aufregendes kommen.

Puerto Iguazú: Das klingt schon viel härter. Die Nordostecke Argentiniens. Roter Staub auf den Straßen, auf den Häuserwänden, er setzt sich überall fest, gibt dem Ort das Flair einer Grenzstadt. Foz schmeckt nach schläfrigen Mittagsstunden, Puerto nach Wildem Westen.

Am Busbahnhof schlagen wir die Zeit tot, indem wir die Abfahrtspläne studieren. Rund zehn Stunden sind es nach Cordoba. Cordoba … Hans Krankls drei zu zwo, i werd narrisch, die Österreicher schlugen die Deutschen, und zu Hause saß ein kleiner deutscher Bub, sechs Jahre alt, dessen erstes geschriebenes Wort *Borussia Mönchengladbach* gewesen war, der den *Kicker* für die Heilige Schrift hielt und der nicht verstand, was geschah. Hatte der Vater doch gesagt: Gegen die KÖNNEN wir gar nicht verlieren. Und dann verlieren wir das. Diese WM 1978 war die erste meines Lebens, ich kenne noch die Namen der Holländer, Rensenbrink und die zwei van de Kerkhofs mit den peinlichen Locken, und sehe das Konfetti beim Finale vor mir, die wehenden Haare von Kempes. Cordoba … Aber den Bus nehmen wir nicht.

Es ist ein herrlicher Tag, die Fälle zu entern. Viele Kilometer Wanderwege durchziehen die Wälder, da ist ein Zirpen und Röcheln in der Luft, dass einem ganz sumpfig wird. Wir gehen runter zum Fluss, wo Speedboote warten, wir sind in Ferienpark-Laune, warum auch immer, und wir wollen auf den Fluss. Schwimmwesten an und rein, ganz nach vorne. Ich mag keine Achterbahnen (Anna mag sie), aber auf dem Wasser kann ich ausnahmsweise so etwas wie mutig sein. Das Boot kreuzt erst in scharfen Kehren auf dem Paraná, hält dann mit Vollgas Kurs auf einen dampfenden Felsentopf. Wir brausen wirklich sehr nahe heran.

Da rein?, schreie ich.

Hoffentlich!, brüllt sie.

Da ist nur Gischt, vor uns, um uns, wir brausen hinei… Die Sicht weg, das Gehör, jetzt!, im Wasserfall, unterm Wasserfall, da ist nur noch Wasser, es betrommelt jede Faser des Körpers, ich habe die Arme in die Höhe gestreckt und schreie vor Wonne, aber meine Schreie werden vom Schwall verschluckt, wir sind verschlungen vom Großen Wasser. Als die Fälle uns endlich ausspucken, sind wir Wasserwesen, wie betäubt von ihrer anbrandenden Wucht.

Jaja, sagt der Bootsführer, der trieft wie wir, aber eingepackt in wasserdichte Klamotten, wir waren mittendrin, da ist keine Höhle oder so was. Einfach drunter gewesen.

Hinauf auf den Kamm des Canyons, rund einen Kilometer auf einem Steg übern Fluss hin zum Schlund. Wir nähern uns wie Pilger, erst konzentriert, aber lässig schwatzend, dann immer aufgeregter, immer stiller, bis wir vor der Kante stehen und hinabblicken ins schäumende, weiße, geifernde Maul des Teufels. Schwalben jagen sich in dessen Rachen.

Lange sitzen wir ganz vorne, ich habe mein Hemd aufgeknöpft, um den Fall an mich ranzulassen, die Stirn nass, die Haare nass, der Bauch nass, und große Perlen auf Annas Haut, es braust, es mahlt, rauscht, platscht und zischt. Die

Symphonie von Iguaçu. Das eben noch träge fließende Wasser wird hinabgerissen wie von einer unerbittlichen riesigen Faust. Wie die Tropfen jedoch, wenn man sie sich genau anschaut, für einen Moment kurz zögern, in der Schwebe gehalten werden durch ihre Geschwindigkeit, bevor die Schwerkraft zupackt. Dies sieht aus wie ein Zaudern, doch schon in der Luft haben sie keine Wahl mehr, sie müssen zu dieser Wasserwolke werden, zum weißen Vorhang.

Und da entdeckt Anna in der Gischt einen schmalen Regenbogen, der mitten durch die weiße Wolke führt, und wenn man das Wasser noch im Fallen verfolgt, das geht ja, jeder einzelne Tropfen stürzt nur für sich allein, so sieht man, so wie ich jetzt, wie das Wasser *hinter* den Regenbogen fällt. Ich wusste nicht, dass das geht. Das ist wie aus einer anderen Welt. Oder wie ...

Wir könnten im Himmel sein, sagt Anna.

Ja, sage ich.

Ich dachte nicht, dass es so was gibt, sagt sie.

Nein, sage ich.

Wir sind still, weil es so schön ist. Und ich denke, ob das Wasser vielleicht dahinter verschwindet, hinter dem Regenbogen? Ob dies ein Weltentor sein mag, durch das man, wenn man es durchschreitet ...?

Man würde da gern hin, nachsehen. Es zieht einen alles hinunter, hinunter.

Später, am Ausgang. Mit uns wartet ein Mann auf den Bus, mittelblonde Haare, aber er sieht nicht aus wie ein Brasilianer, so viel ist sicher. Argentinier, auch das weiß man vom Fußball, haben etwas Verwegenes, manche sagen: Verschlagenes. Jedenfalls etwas Verlebtes, was ihnen zu interessanten Gesichtern verhilft. Der Mann spricht uns an, und alles ist wahr. Juan ist Bauingenieur, selbstständig, und kommt aus Cordoba, sind ja nur 1000 Kilometer nach Süden. Cordoba ... Ergrauende Schläfen und kurze Hosen, Sonnenbrille im gewellten Haar. Er mag Mitte vierzig sein und sagt, er sei das erste Mal in seinem Leben bei den Fällen gewesen, es war sein großer Lebensplan, nun habe er ihn sich erfüllt.

Sie sind so schön, wie alle sagen, und sogar noch schöner, so eröffnet er das Gespräch.

Ja, sagen wir, jeder Weg lohnt sich, und wenn es aus Österreich wäre.

Er versteht den Scherz nicht. Wir kommen ins Plaudern, wie das eben auf Reisen so geht, wenn man im Nirgendwo als Schicksalsgenossen auf den Bus wartet. Vier Jahre lebte Juan in Spanien, ein Jahr in Italien, er kennt also Europa, aber er konnte die Europäer auf Dauer nicht ertragen. Sie seien ihm zu förmlich, zu korrekt, sagt er, zu distanziert.

Wir bitten Juan, von seinem Land zu erzählen, das wir nur kurz berühren, es ist nur ein Zipfel von Argentinien, aber so mancher hat am Zipfel schon die ganze Weltgeschichte hinter sich hergeschleift.

Die Wirtschaft brummt zurzeit, sagt Juan, 2001 war unser Land pleite, Crash, kaputt (er schlägt eine Faust in die flache Hand und tut, als zerdrücke er etwas), aber jetzt läuft es wie geschmiert. Wunderbar. Großartig!

Juan grinst sarkastisch.

Das ist bei uns immer ein Zyklus. (Er macht eine Handbewegung wie bei einer Berg- und Talbahn.) Ich wette, in zwei Jahren stürzen wir starr vor Angst ins nächste Loch.

Warum das?

Ich fürchte, es liegt an uns. An uns Argentiniern. Wir kriegen es nicht hin. Unser Land hat alles, Bodenschätze, Gold, Silber, Landschaft, aber wir kommen da nicht raus. Wir haben die besten Möglichkeiten, aber die Brasilianer machen uns vor, wie es geht. Die sind die Lokomotive Südamerikas, wie die USA in Nordamerika. Wir haben die schlechteren Politiker, die weniger stabile Währung, wir sind ja auch nur

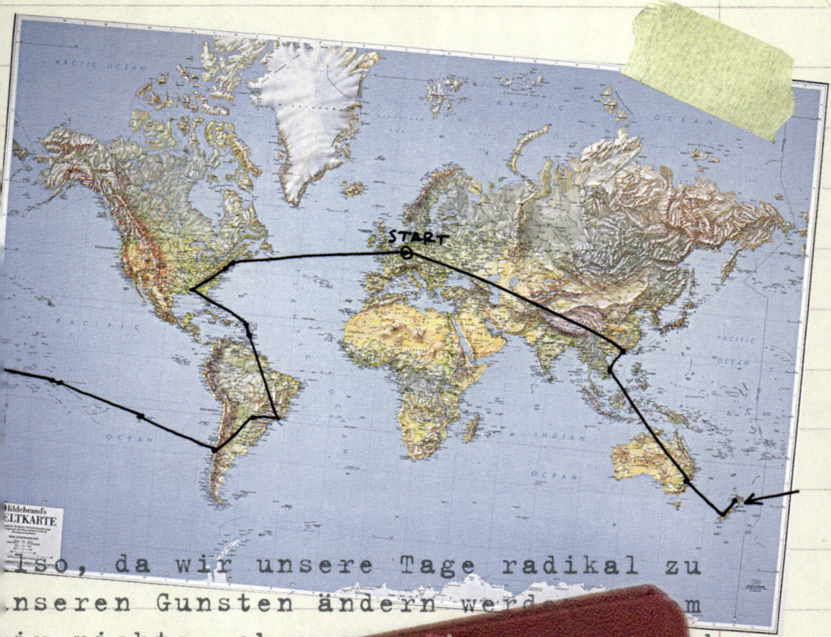


lso, da wir unsere Tage radikal zu
nseren Gunsten ändern werd m
ir nichts, aber a ehr
achen, angen
ir mit
ehmen u
racht,
lieger
nd von d
m die We
elt in 12
ine schön
reichen,
in Gefühl,
ohnt.

*A whale-ship was my Yale College and my Harvard.*
—Herman Melville, *Moby-Dick*

MYSTIC SEAPORT
THE MUSEUM OF AMERICA AND THE SEA

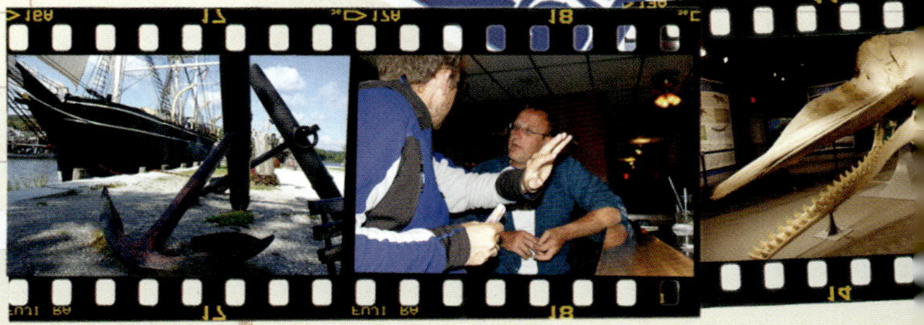

Charlie

Schoon
EASTW
633-65
RESERVATION T
Time: 3pm
Date: 10.07
$24 per person
Winter jackets are provid

Thank you!

Travis

Leroy (an der Trompete)

Margaret

Ben(l.), der Priester, Jordan(r.)

Alle anderen kommen bitte sofort. Man komme in diese Stadt, die so unamerikanisch ist, ihr Charakter voller Brüche, das Gesicht gezeichnet von Kerben. Eine Stadt wie aus einem Roman.

23

JAMBE DE BO

Pirates Cove

JJ's Paradise
Roseau Bay
Discovery at Marigot Bay
St. Lucia Distillers Rhythm of Rum Tour
Piton Flore Trail
Marc Marc
Bexon
Dernière Rivière
Piton St Esprit
Petit Piton
Ladera Resort
Jalousie Plantation
Fond Doux
Etangs
Mount Grand Magazin
Gros Piton
Saltibus
Titus
La Point
Giraud
St Lucia Helicopter Tours route
Angel
Pierrot
Augier
St Urbain
Pomme
Black Bay
Georgie Point
Vieux
Jason

Guadeloupe: Regenzeit, Rumzeit

Am nächsten Morgen Kaffee, Früchte und
Kräcker mit anas-Marmelade, alles lag
bereit nd die Gesten, die das
n. Robert, knapp über
rt, französisch feine
mit freiem Ober-
t uns erst

Robert und Juliette

MUSEE du
RUM

Luis und
Enrique

Tudo bem?
Tudo bem!
Und schon fühlen wir uns willkommen. Wir schicken all diesen Menschen den Daumen zurück, wir gewöhnen uns das regelrecht an.

Americano

ADMINISTRACION de PARQUES NACIONALES
APN
ARGENTINA
Nacionales
Para el Visitante
ENTRADA GENERAL DE
ACCESO AL PARQUE
VALOR

1
AQUATIC

RIO-FOZ

APN
ARGENTINA
IGUAZÚ
ARGENTINA
Nicolas
Hotel
Tarobá
Express
O PRIMEIRO
3ESTRELAS
CERTIFICADO
DO BRASIL
UAZU
RGENTINA
PARQUE NACIONAL IGUA
IGUAZÚ NATIONAL

Wie wir neugierig hereinstolpern, überfällt uns ein schönes Gefühl, ein urvertrautes Gefühl, ein starkes Gefühl von Stolz auf die Stadt, aus der wir kommen. Stolz auf die weiten Fühler Hamburgs.

Moises

Fünf Tage sind wir hier. Wir wussten vorher nicht, wie lange mag man wohl gerne dort sein? Es gibt nur zwei Flüge pro Woche von Santiago und weiter nach Tahiti, das machte die Planung leichter.

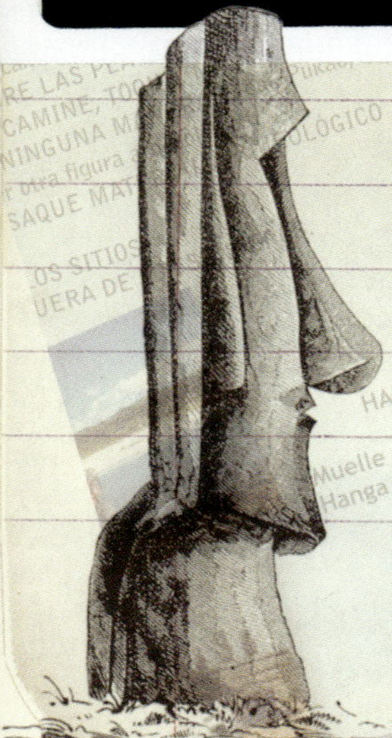

Wir sind aber bald die Einzigen. Im Ohr die Schreie der Weisspfeile. Die Abendsonne auf den stummen Götzen Ihre Konturen nur weich, voller Schatten und Charakte Wie hilflos sie dasitzen, niemals werden sie erlöst, vielleicht würden sie es auc nicht wollen.

Aku

SLOW
DOWN
PENGUINS
CROSSING
Invercargill

Nach einem langen Grill-abend stöbern wir gemeinsam über die Landkarte. Andy ist auf der Südinsel aufgewachsen, er schwärmt uns von allen Nationalparks minutenlang vor. Aber der Norden, sagt Andy, nehmt euch Zeit für den Norden! Absolutely stunning!

Andy

Noaline

Jo

STRONG
CURRENT

Max

Julien und Christoph

Beim Queren der Straße muss man irgendwann den ersten Schritt setzen, und wichtig ist, das Tempo fortan nicht mehr zu drosseln, trotzdem jederzeit bereit zu sein, nach vorne oder hinten zu springen, wobei man die Folge-Mopeds genau im Auge behalten sollte.

# vietnam

The hidden charm

Aber all dies juckt uns nicht. Die Dimensionen der Themen zu groß, unsere Zeit zu kurz. Ich weigere mich, mich einzufühlen.

38 Millionen. Wir können nichts besser ... Er stockt. Außer Fußball, natürlich.

Meinst du das ernst?

Das ist klar, dass wir da besser sind.

Als er hört, dass ich bei Argentiniens Ausscheiden, WM 2006, im Stadion war, Berlin, Viertelfinale gegen Deutschland, beginnt er sich fürchterlich zu erregen.

Ich begreife es bis heute nicht, wie wir verlieren konnten.

Unsere Spieler hatten Angst vor eurer Mannschaft, sage ich.

Unsere Spieler hatten Angst vor eurer, sagt er.

Wir dachten, ihr seid zu stark.

Wir waren stark. Wir waren die Besten.

Und warum ...?

Da war der mit dem türkischen Namen, wie hieß er?

Türkischer Name ...? Wir haben einige Polen im Team, sage ich. Also Jungs mit polnischen Wurzeln.

Nein, ein Türke. O... Odo...

Odonkor.

Genau. Der hat das Spiel entschieden. Der hat Argentinien hinausgeworfen. (Und so geht das Gespräch noch lange weiter, es ist natürlich ausgemachter Unfug, dass ausgerechnet der brave Herr O., der keineswegs aus der Türkei stammt, dieses Epochenspiel geprägt hat. Aber Juan beharrt bemerkenswert stur auf seiner Sicht der Dinge.)

Als wir uns trennen, ist uns, als hätten wir eine Kelle Argentinien geschöpft. Sie schmeckt durchaus eigen. Hatte zuvor viel gehört von den stolzen Argentiniern, die sich einbilden, der Vorposten Europas zu sein auf diesem Kontinent.

Zurück über die Grenze. Brasiliens Zoll glänzt durch absolutes Nichtvorhandensein. Ein freies Land, es kümmert sich nicht, wer noch hineinwill. Das beunruhigt mich nun auch ein wenig. Schläft man gerne in einem Haus, in dem nachts die Türen offen stehen?

Im Bus zum Fernterminal kommen wir mit Ohad aus Israel ins Gespräch, der vier Monate allein durch Südamerika tourt. Immer auf dem Gringo-Trail, auf der Route, die auch fast alle amerikanischen Backpacker nehmen, im Gepäck den Lonely Planet oder eine andere Reisebibel, von der Atacama-Wüste hinab nach Patagonien und so weiter.

Ohad schwärmt von Feuerland, die 32 Stunden im Bus seien es wert gewesen. Immer trifft man noch mal Leute, die härter drauf sind als wir, mehr vorhaben, weniger Ballast mit sich schleppen, mehr Ballast. Dieses Travellergeschwätz kümmert uns kaum mehr, dieses penetrante Tippaustauschen, was man wo günstig schießen könne. Dieses ständige Pimmelmessen unter ehrgeizigen Reisenden, die es sehr genau damit nehmen, unerhört relaxed zu wirken.

Ohad, schwarze Locken, hohe Stirn, reiste zu Hause los, gerade als der Krieg gegen den Libanon zu Ende ging. Er habe Freunde bei der Armee, Freunde seien gestorben in diesem Krieg. Man gewöhnt sich daran, sagt er.

Ich habe keine Ahnung, ob er das nur so dahingesagt hat, um weiteren Fragen auszuweichen. Ich glaube nicht, dass man sich daran gewöhnen kann, denke ich.

Würdet ihr, fragt Ohad, auch nach Rio de Janeiro fahren?

Ja, sagen wir, unbedingt.

Ist das nicht zu gefährlich?

Dieser Mann stammt aus Tel Aviv, wo jeden Moment eine Bombe hochgehen kann, ist es nicht so? Aber nach Rio traut er sich nicht.

Fahr dahin, sagen wir, es lohnt sich.

Ich werde mir eine Gruppe anderer Traveller suchen, sagt er.

Tu das, sagen wir, dann könnt ihr euch die besten Geschichten aus Patagonien erzählen.

Da hat's wirklich tolle Berge und eine ganz reine Luft.

Ach, sage ich. Und so trennen wir uns.

Im Nachtbus nach Curritiba. 13 Stunden, die nicht vergehen wollen. Meine Beine kribbeln, meine Arme kribbeln. Eigentlich kribbelt der ganze Kerl. Wir sitzen diesmal ganz hinten, ich neben einer Kiste, die freundlicherweise randvoll mit Wasserbechern gefüllt ist. Wann immer jemand Durst hat, schleicht er sich nach hinten, schlägt in der Toilette ab, kommt geräuschlos heraus, öffnet leise die Kiste neben meinem Ohr, holt einen Becher Wasser heraus, schließt sie fast unhörbar und schleicht nach vorne, weil: Nachtbus.

So weit die Theorie. Zwanzig Zentimeter von meinem Kopf entfernt läuft das so ab: Einer tappt im Halbdunkel heran, fuhrwerkt auf dem Klo herum, packt meine Kopfstütze, dass es mich nach hinten biegt, öffnet mit einem lauten Klacken die Box, wühlt darin herum, als gebe es noch etwas anderes außer Wasser, wirft den Deckel zu, rumms, lässt die Lehne los, bamm, ich schnelle nach vorne. Das Ganze wird untermalt vom Röcheln des Klos, vom Quietschen der Tür, die sich nur mit einem Tritt öffnen lässt, vom Geruch, der nach draußen dringt – bitte, kein Wort vom Geruch!

Bin sehr lange stockwach. Neben mir Anna mit Augenbinde. Einmal wacht sie auf, schaut lange heraus und sagt: Guck mal, die Sterne! (Meistens entdeckt sie dazu noch ein Sternbild, das ich fast nie ausmachen kann, selbst wenn sie es mir zeigt.) Wir fahren durch Brasiliens Nacht, außer uns ist auf dem Highway kein anderes Fahrzeug unterwegs, stundenlang blinde Fahrt.

Man könnte denken, sagt Anna, dass wir mit 370 Sachen in den Abgrund rauschen.

Wahrscheinlich ist es ja so, sage ich, und über dieser Erkenntnis schlafe ich doch ein.

Im Traum schaukele ich nochmals mit Edgar Allan Poes Held Gordon Pym durch die Antarktis: ein seltsames Buch war das, wie ein Mahlstrom. Auch hier ist es eine Weltreise, von Nantucket in Neuengland immer nach Süden, bis zum Packeis und darüber hinaus – wo das Eis verschwindet. Zu

Poes Zeiten, in der ersten Hälfte des 19. Jahrhunderts, rätselte man tatsächlich, kommt dort irgendwann grünes Land, leben dort Menschen? Und nachdem der wahnsinnige Poe seine Figuren verstümmelt hat, sie verfaulen, sich gegenseitig auffressen ließ, ein Abstieg in die niedersten Höllen, gönnt er ihnen einen Schluss voller Wunder. Die Helden fahren in einen weiten weißen Vorhang, der den Horizont ausfüllt, und sie verschwinden darin, ein meisterhaftes Ende. Was kommt hinter dem Vorhang?

In der *Rodoviaria* von Curritiba am frühen Morgen, Busse kommen, Busse fahren ab, draußen schwerer Regen, Donner, Blitz. Dies soll die Ökologie-Hauptstadt Brasiliens sein. Sind nicht die Themen, die mich im Urlaub brennend interessieren. Darf man das so schreiben? Oder werde ich dafür nun als Klimakiller beschimpft? Sei's drum. Ich bin einfach müde von der Nacht.

Beim Warten auf den Zug nach Morretes versuche ich in meinem besten Portugiesisch zu bestellen. Frischer Mangosaft, das versteht die Kellnerin auf Anhieb, wir lächeln uns an, und essen, sage ich, essen wollen wir später. Das ist ihr nicht begreiflich. Irgendwie meine ich mich zu erinnern, dass *demais* später heißt. *Demais*, sage ich, *muito demais, obrigado!* Man muss es, unbedingt dran denken, gekonnt aussprechen, also mit weichem Ä und schönem SCH am Ende. Aber vielleicht heißt *demais* ja etwas ganz anderes? Da bin ich mir jetzt auch nicht so sicher.

(Monate später schlage ich zu Hause nach. *Demais* heißt: *reichlich*. Und *später* hätte geheißen: *depois*. Ich finde, insgesamt waren wir nah dran, und eine etwas klügere Kellnerin hätte wissen müssen, was wir meinen.)

Brasilien: ein riesiges Land. Ein wunderbares Land. Im Reiseführer haben wir lange gestöbert, wie wir zurück nach Rio fahren sollen. Für die *Ilha Grande* bleibt leider keine Zeit. Sowieso: Wir sind viel zu kurz hier. Jetzt, wo wir uns eingewöhnt haben, könnten wir noch wochenlang weiterreisen. Nur die Sprache ist leider ein Problem. Wir kommen nicht ins Plaudern mit den Leuten, die doch so hilfsbereit sind. Es ist leider nur ein Gestammel möglich. Wenige relevante Seiten in unserem Guide: Immerhin erfahren wir, vor uns liegt ein Küstenlandstrich mit herrlichen Stränden und kleinen Kolonialstädten, eine fruchtbare, sorgenarme Region, in der die sozialen Probleme Brasiliens kaum sichtbar sind. Weit im Süden kommen Florianopolis und davor die *Ilha Catarina*, deren Schönheit gerühmt wird. Aber an die Küste vor Morretes verirren sich kaum Ausländer.

Die Zugfahrt mit dem *Serra Verde Express* über die Pässe einer eindrucksvollen Bergkette gilt als spektakulär, uns haut sie derweil nicht von den Sitzen. Muss man sich ja auch mal gönnen: sich selbst zugeben, enttäuscht zu sein. Zu viel Gewese um zu wenig Aussicht. Aber dann! Morretes. Ein Städtchen wie von Gabriel García Márquez geschaffen. Verblichene Kolonialbauten, ein kleines Flüsschen, Kopfsteinpflaster in den Gassen. Von Jesuiten 1733 gegründet, und seitdem kann hier nicht viel passiert sein.

Es geht uns wie immer nach einiger Zeit in der Neuen Welt: Wir sind gerührt, wenn wir die Alte Welt spüren. Sie hat uns zu fehlen begonnen, nach ein paar Wochen. Das Gefühl, von Geschichte umgeben zu sein. Von alten Gemäuern. Das Gefühl, Teil von etwas Bedeutsamem zu sein? Oder der verzweifelte Selbstbetrug des Bildungsbürgers?

Die Schwüle in Morretes ist kaum zu ertragen, die Luft feucht wie die Achselhöhle eines Otters, und irgendwann lösen sich Tropfen aus dem Dampf, er geht einfach in dichten Regen über. Das Wasser kommt von überallher, aus den Dachrinnen, aus den Gullis, pladdert durch undichte Vordächer. Vor dem Internetcafé *Microcell* rangeln vier halbwüchsige Jungs auf der Straße, nackter Oberkörper, barfuß, sie schlagen sich aus reinem Spaß, ihre Haut tropft, die kurzen Haare nass, ein wilder Tanz. Wir sitzen auf der Veranda eines kleinen Gasthauses, essen *Picanha*, gegrillten Tafelspitz, der hier so gut schmeckt wie überall.

Und vor uns der Regen. Eine Welt aus Wasser. Das ist die Vorhut von Márquez' zweijährigem Regen von Macondo, in dem alles verschwimmt, das Land, das Leben. Morretes, dieses stille Dorf. Der Regen auf dem Pflaster. Und als nach einer Stunde der Wolkenbruch endet, die Luft rein ist wie sonst nur am Neujahrsmorgen in Patagonien, da hören wir das Wispern des Rio Nhundiaquara.

Wir finden ein feines Zimmer für wenig Geld, werfen unsere Rucksäcke in die Ecke und machen erst einmal ein kräftiges Nickerchen. Ich liebe solche Flecken, in denen einen sofort die totale Entspannung überfällt. Mir kommt im Bett ein bekannter, gleichwohl absurder Gedanke: Was wäre, wenn man Jahre später wieder diesen Ort besuchte und zugleich es die Möglichkeit gäbe, jetzt einfach zu bleiben? Würden sich die beiden Leben kreuzen? Und man sich selbst treffen, nur anders gealtert?

Am Abend, in pastellfarbener Dämmerung, machen wir uns auf, die Stadt zu erkunden. Um die Ecke eine schmucklose Kirche, weiß gestrichen, zweckmäßiger Bau. Man hört von drinnen, der Prediger brüllt seine Gemeinde an, und danach singen sie gemeinsam, als wären sie einer Meinung. Aus der Ferne hatten wir gedacht, eine Theatergruppe führe ein griechisches Drama auf oder mindestens Shakespeare, aber es war nur der Pfarrer. Seine Strategie ist so durchsichtig wie durchtrieben: Freitagabends halb neun die fröhliche Gemeinde noch einmal zusammenstauchen, damit sie am Wochenende keinen Unsinn macht. Durch die geöffnete Tür sehen wir, dass im Gotteshaus vor allem Frauen sitzen, alte und junge. Wir fragen uns, ob nicht eine einfallsreiche Zielgruppe fehlt. Wir stellen uns den Pfarrer als mit sich heimlich hadernden Seelsorger vor, denn die, um die es ihm geht, sind nicht hier. Die Jungs des Ortes sitzen ein paar Dutzend Meter weiter an der Biegung des Flusses. Sie haben ihre Räder an der Uferpromenade geparkt und hocken auf den Lehnen der Bänke, die Schuhe auf dem Stein, und rauchen heimlich und saufen heimlich und reden heimlich von den Mädchen, drüben in der Kirche.

Schmusende Liebespaare auf den anderen Bänken, das gelbe Licht der Laternen hüllt sie ein. Überall in Brasilien gibt es Motels mit so schönen Namen wie *Liberty* oder *Happy Time*, die vor allem eins verheißen: ungestörte Zweisamkeit. Man sieht sie an den Ausfallstraßen, sie sind geheimnisvoll beleuchtet und augenscheinlich sehr diskret. In Morretes aber brauchen die Paare keine Motels. Alles geschieht am Fluss. Mit der alten Kirche der portugiesischen Siedler im Hintergrund, dem Strom im Abendlicht, den ausladenden Ästen der Bäume, den Anglern drüben am anderen Ufer ist es wie die Szenerie eines Films. Es wird hier so sein wie bei uns zu Hause, im Schwarzwald, wo wir beide aufgewachsen sind: In kleinen Städten sind die Leben der Menschen eng miteinander verflochten, und glücklich müssen sie keineswegs sein. Aber wer sein Glück gefunden hat, der wird es kaum verlieren.

Stelle selbst hier fest, beim Spaziergang, dass mein Bart zieht. Die Frauen gucken jetzt mehr, und es gucken andere Frauen, nicht mehr nur die, die einen braven Mann zum Heiraten suchen. Albern: Schon schert man sich nicht, verändert sich die Wahrnehmung der anderen, die zugedachte Rolle in der Gesellschaft, die Vorstellung der Mitmenschen. Und doch guckt man aus ein und denselben Augen in die Welt. Das ist wieder mal etwas zum Nachdenken. Mir persönlich dient der Bart zweifelsohne als Antithese zur wachsenden Glatze, das habe ich mir längst eingestanden. Dem ersten Gruß des Todes muss man eine Waffe entgegenrecken, ein trotziges: Nein! Noch nicht. Und diese Waffe, das ist mein Bart.

Rings um Morretes großartige, kaum berührte Natur. Wir haben am Telefon eine Rafting-Tour auf einem kleinen Wildwasserfluss gebucht, mitten in der *Serra*, uns vor dem Hotel für den nächsten Morgen verabredet. Pünktlich taucht ein alter Passat auf, dessen Türen sich nur öffnen, indem wir alle Kraft anwenden. Drinnen ein hageres Gesicht, ein Mann in den Vierzigern, er nickt uns zu. Nicolas von den *Cabanas Curupira*. Seine Frau Maria ist auf Ibiza aufgewachsen, ihre Oma ist Deutsche, und ihr Deutsch war am Telefon sehr hochdeutsch. Es folgt eine lange Fahrt hinein in die Berge, eine Fahrt, die uns die Sprache wiedergibt, denn unser Fahrer beherrscht ein ausgezeichnetes Englisch. Nicolas also, aus Castelldefels südlich von Barcelona, 46, wie er sagt, ausgemergelt, aber kraftvoll, sein Vater fanatischer Katalane, er selbst hält Katalonien für eine Schnapsidee, wie er zischt.

Menschen brauchen keine Grenzen, sagt er, wie wir so übers Land fahren, kein Gegenverkehr weit und breit. Ich habe nie verstanden, wozu Grenzen gut sind. Ich glaube nicht an Grenzen.

Wir erzählen von den Fällen von Iguaçu und den faulen Zöllnern, die Argentinier seien immerhin da, sagten wir, die Brasilianer lägen nur im Schatten.

Ich mag Argentinien nicht, sagt Nicolas, und ich mag die Argentinier nicht, sie sind alle Ingenieure oder Architekten und wissen alles besser.

Cordoba ... Wir fahren ins Bergland hinein, Nicolas kommt ins Schwärmen. Hier wachse noch der Atlantische Regenwald, der in Rio platt gemacht sei. Der ursprüngliche Regenwald, die uralte Lunge des Kontinents. Bei uns in Europa, sagt er, wachsen 15 bis 20 Spezies Bäume pro Quadratkilometer, hier sind es 300 bis 400. In diesem Wald wächst und stirbt alles schnell, und was stirbt, verrottet schnell, und daraus wächst neues Leben. Ich liebe diesen Wald.

Es ist ein klarer Tag, nur ein paar Wolken in der Ferne. Der höchste Gipfel 1900 Meter hoch. Nicolas sagt, es komme Regen nachher, ganz sicher sogar, man müsse nur die Zeichen der Natur lesen können. An solch sonnigen heißen Tagen atme der Wald, sagt er, der Wald schwitze, und was er ausdünste, bleibe an den Bergen hängen, und dann gehe es los. So sei es immer: Heiß und trocken und dann schwül und starker Regen, manchmal ein Gewitter, bei dem die Berge zu zittern scheinen. Eine junge, starke Natur.

Nicolas schaut mich an, ich sitze auf dem Beifahrersitz, Anna hat es sich hinten bequem gemacht. Sein Gesicht ist wie ausgezehrt, ein harter Mann, so scheint es mir, einer, der sich seine Welt selbst zurechtbastelt.

Seine Haut ist tief gebräunt, die Haare auf seinem Unterarm ganz blond. Er deutet mit der rechten Hand auf die verstreuten Bauernhöfe. Wir erzählen von Rio und seinen Favelas. Von der verzweifelten Suche der Menschen nach etwas Raum zum Leben. Die Menschen hier haben alles, sagt er. Wenn sie nur einen Trieb in die Erde stecken, schließt er ihnen am nächsten Tag über den Kopf. Es ist ein reicher Boden, ein guter Boden. Sie haben Wasser vom Fluss, und sie haben Land. Sie haben nicht viel, aber es sind gewiss keine armen Menschen.

Haben sie das bessere Leben?

Das würde ich nicht sagen, sagt Nicolas, er lacht, schaut mich mit hochgezogenen Brauen an. Habt ihr nicht die Schüsseln auf den Dächern gesehen? Sie alle haben Fernsehen, und wenn sich der Nachbar eine Spülmaschine kauft, wollen sie auch eine. Sie lassen sich zwingen, dieselben Träume zu leben wie die Menschen in den verfluchten Städten auch.

Es ist, als sei dies ein Thema, über das Nicolas schon häufig nachgedacht hat. Er überlegt nicht, er spricht einfach.

Armut ist ein Zustand des Geistes, fährt er fort. Ich verstehe das nicht: Die Leute in den Städten glauben daran, dass nur dort ihre Chancen liegen. Sie bauen sich in den Favelas ihre Hütte in den Fels, und alle paar Jahre donnern nach schweren Regenfällen die Felsen herunter, und ein paar von ihnen gehen drauf, und viele Häuser sind zerstört. Und was machen sie? Na? Bauen an genau derselben Stelle wieder ihre Hütte in den Fels. Weil sie sich in Rio kein schönes Stück Land kaufen können.

Aber hier könnten sie es, sage ich.

Über was für ein Stück Land reden wir?

Über ein schönes Grundstück, sage ich, wegen mir hundert mal hundert Meter.

Nicolas lacht laut auf: So ein kleines Stück Land kriegst du hier nicht. Ein Hektar ist das Minimum. Tausend mal tausend Meter.

Wir schütteln den Kopf. Ist das wahr?, fragt Anna.

Auf unserem Grundstück war ein Haus drauf, sagt Nicolas, kein sehr gutes, aber ein Haus. Das Grundstück ist 28 Hektar groß, und bezahlt haben wir 12 000 Real, das sind 4500 Euro. Wir mussten es noch erschließen, Wasser, Strom, okay, aber damit kann man doch etwas anfangen, oder? Wenn man arbeiten will und sich Mühe gibt, dann kann man damit sehr viel anfangen.

Und er erzählt, dass er die Hütten für seine Gäste selbst gebaut habe, mit eigener Hand, Brett für Brett. Vor zwölf Jahren hat er seine Frau in Holland kennengelernt, und sie beschlossen auszuwandern, in ein Land ohne gefühlte Grenzen, Ekuador sei infrage gekommen und Brasilien und die Dominikanische Republik, und als sie hier unten waren, verpassten sie den Bus und schauten sich um und verliebten sich in diese urwüchsige Landschaft. Und sie kauften das Land, und noch immer sei er nicht fertig mit dem Bauen.

Habe keinen Beruf erlernt, sagt er, habe mal hier gearbeitet, mal da, auf dem Bau, im Stahlwerk, alles und nichts, und irgendwann habe ich gemerkt, das ist eine Falle, ich sitze in der Falle, ich habe gekündigt und bin raus. Hab's nie bereut.

Und das hier, frage ich, ist das keine Falle? Zu warten, dass Touristen kommen, zu warten, dass jemand Schlauchboot fahren möchte?

Wenn ich morgen nicht mehr glücklich bin, sagt er, packe ich meine Sachen und gehe. Okay, ich habe jetzt eine Familie, das ist schwieriger als früher. Und ich bin glücklich. Aber wer weiß, was morgen ist? Solche Sachen entscheide ich in fünf Minuten. Vielleicht gehe ich nach Hawaii, eines Tages? Obwohl, nein, Hawaii ist Amerika, das scheidet aus.

Nicolas hat beide Hände am Lenkrad, er fährt konzentriert. Eine halbe Stunde mögen wir schon unterwegs sein, langsam steigt das Gelände an, einmal zeigt er nach rechts. Da, der Fluss!

Ich sage: Über diese Fragen reden wir oft mit unseren Freunden, zu Hause, wir sind glücklich in unserem Job, aber etwas scheint zu fehlen. Da ist immer ein Stachel. Der Stachel ist der Grund, warum wir hier sind.

Die Frage ist, sagt er leise, ob du glücklich bist in dem, was du tust, ob du glücklich bist da, wo du lebst. Wenn du zu lange unglücklich bist, bist du verloren. Viele sind sehr unglücklich mit ihrem Leben, und dennoch wagen sie nicht, etwas Neues anzufangen. Sie fürchten den ersten Schritt. Dabei kommt alles andere von selbst, wenn man erst mal den ersten Schritt gemacht hat.

Danach hängen wir alle unseren Gedanken nach. Eine Ahnung drängt sich mir auf: Dieser Stachel verlässt uns nicht. Wird uns niemals verlassen. Vielleicht ist es auch gut so. Vielleicht ist es dieser Stachel, der uns weitermachen lässt. Vielleicht ist es dieser Stachel, der das Leben ausmacht. Dass es da draußen noch andere Leben zu leben gäbe – es ist ein Gedanke, der nachdenklich macht und zugleich aber auch die Sinne schärft. Ob man wertschätzt, wer man ist.

Das Leben geschieht mir einfach, sagt Nicolas in das Schweigen. Ich bin nicht gut im Plänemachen. Meine Pläne sind mir meistens schiefgegangen. Als ich aufgehört habe, habe ich gemerkt, das Leben kommt von selbst. Du musst nur bereit sein, es anzunehmen.

Ich glaube schon an Pläne, sage ich. Du musst nur bereit sein, sie über Bord zu werfen.

Dann würdest du dich in Brasilien nicht sehr wohl fühlen, sagt Nicolas, der einzige Plan hier ist der, dass sich ein Plan nicht lohnt. Den brasilianischen Weg, so nennen sie das, immer findet sich eine Lösung. Ich habe hier viel gelernt über mich, vor allem, Geduld zu haben. Dinge nicht wichtig zu nehmen. In Brasilien kommt es oft anders, als man denkt, und dann ist es auch gut.

*Tudo bem*, ruft Anna von hinten.

*Tudo bem!*, ruft Nicolas und reckt den Daumen.

Würdest du dir diese Sicht der Dinge in Spanien bewahren können?, frage ich.

Ich fürchte nein. Ich glaube, man passt sich sehr schnell an. Ich dachte früher mal, ich könne die Welt verändern. Irgendwann habe ich begriffen, dass die Welt mich ziemlich schnell ändert. Deswegen muss ich mir die Welt sehr gut aussuchen, in der ich lebe. Hier stört mich nichts, vielleicht die Unfähigkeit der Brasilianer, pünktlich zu sein, so zu arbeiten, wie ich mir das vorstelle. Aber sonst? Mein Job ist es, mir mein Leben schön zu machen. Heute gehe ich mit euch raften, also habe ich meinen Job gut gemacht.

Am Ende des Wegs holpern wir über einen Feldweg, die Schlaglöcher tief wie der Teufelsschlund, und dann sind wir da. *Icatu* heißt die Rafting-Agentur von Julio, es ist ein Familienbetrieb von acht Mann, die im Haupterwerb im neuen Wasserkraftwerk arbeiten. Das alte hat man vor 30 Jahren aufgegeben, es rottet jetzt im Regenwald vor sich hin, vor ein paar Jahren wurde oben am Berg ein Loch gebohrt, das Wasser fällt nun 800 Meter in die Tiefe und treibt mächtige Turbinen an. Tolle Sache. Zumindest habe ich' s so verstanden.

Der Fluss bricht sich an dieser Stelle breite Bahn durch den Wald, gurgelnd geht es durch eine Galerie runder Felsen, die aussehen wie Granit. Eine Mutter schrubbt kleinen Jungs die Haare im Flusswasser, sie beachtet uns nicht.

Zwei Helfer lassen das Gummifloß zu Wasser, wir klettern in das Raft, sind zu viert. Anna vorne links, ich rechts, hinter ihr Nicolas, hinter mir Julio, der ein dunkles Gesicht hat und ein dickes Grinsen, einen Schnurrbart trägt und keine Kleidung, die man im Jack-Wolfskin-Katalog abdrucken würde, aber er weiß, was er macht. Er ist flussaufwärts aufgewachsen, erzählt er, Nicolas übersetzt, und das heißt, dass sie als Jungen im Fluss schwimmen lernten und von den Felsen ihre Köpper machten und von der Mama gewaschen wurden wie jetzt gerade die Jungs am Ufer und am Wasser sehr sicher auch ihr erstes Mädchen küssten. Vor neun Jahren haben sie gelernt, wie man ihren Fluss mit dem Schlauchboot befahren kann, Julio kennt jeden Felsen, er kennt den Fluss, wenn er viel Wasser führt und das Boot wild hinausschießt, man sieht die Felsen dann kaum, aber es gibt viele Wege, und er kennt ihn wie heute, da er gerade genug Wasser hat und da ist nur ein Weg, durch den müssen wir durch, aber der hat es in sich. Julios Befehle sind klar: *Go*, *Back*, *Atenção*!, und *Stop*.

Die ersten hundert Paddelschläge begleiten uns drei Jungen, die sich von der Strömung mittreiben lassen, dunkel glänzende Leiber im sprudelnden Wasser, schwarze Schöpfe. Sie schauen uns erst an, zum Abschied auf den Steinen kauernd, als wir ihnen den Daumen entgegenstrecken, sie lachen uns an, *sim*!

Und dann wird es ernst. Vor uns die erste Stromschnelle, rauschendes Weißwasser, schnell näher kommend. Ich schaue Anna an, sie nickt mir entschlossen zu, klammere meinen nackten linken Fuß in die Lasche, ruckel an meinem Helm, zuppel an der Weste, klemme den rechten Fuß in die Gummispalte, packe mein Paddel fester, und so geht es hinab, das Wasser spritzt, Julio brüllt, Julio steuert, er kennt alle Strudel und Rinnen, ein Heidenspaß, wir sind gefangen im Moment, yeah!, plötzlich Ruhe, das Boot gleitet sachte dahin. Nicolas lässt sich über Bord fallen, winkt uns, es ihm nachzumachen. Wir stürzen uns rücklings in den Fluss, das Wasser überraschend warm. Wir treiben in unseren Schwimmwesten langsam weiter, um uns dichter Wald, ein Wald voller Schlangen, so hat es Nicolas zuvor behauptet. Wir klettern auf einen Felsen und springen aus drei Metern hinunter ins dunkle Wasser. Es ist herrlich. Mehr Abenteuer brauche ich gar nicht, flüstere ich Anna zu.

Bald kommt die Monsterstelle, raunt Nicolas.

Wir Iguaçu-Kenner machen große Augen. Monsterstelle, frage ich, muss das sein?

Nein, Masterstelle, sagt er. Und er grinst breit.

Die Masterstelle entpuppt sich als ungeheuer fiese Linksrechts-Kombination, es geht steil hinab, die Gischt spritzt uns nur so ins Gesicht, das Raft bockt wie ein wildes Pferd, ich meine ein Ratschen zu hören, als schrappten wir über Stein, Julios aufgeregtes Kommando, das ich nicht verstehe, ich schaue nach hinten, er lehnt sich weit zurück, schwebt beinahe hinter dem Boot, paddelt in weiten Bögen, wir sind gefangen in einer Walze, einer mächtigen Walze, kommen nicht vom Fleck, der Sog zieht uns zurück, Wasser flutet das Boot, es kippt, nein, es kippt nicht, wir hängen quer zum Schwall, das Wasser schießt uns entgegen, ich dusche in der Walze, Nicolas ist ins Wasser gefallen, und dann erwischt es mich, ich stürze nach hinten, in düstere Schwärze, kriege mit der Rechten das Seil des Boots zu fassen, tauche unter, halte mich fest, tauche auf, kriege einen Schwall ins Gesicht, ich mache die Augen zu wegen der Kontaktlinsen, meine Rechte hat die Leine noch immer umklammert, da packen mich kräftige Hände an der Weste und zerren mich ins Floß, und ich höre ein Lachen, ein kräftiges Lachen aus mehreren Kehlen, am lautesten lacht Anna.

Noch mal?, fragt Julio.

Ja, schreien wir, und wir paddeln zurück, nun sehe ich, wie Julio die Kräfte der Walze ausnutzt, er arbeitet sich quer zur Strömung und bringt das Boot ins Kippen, dass sich die Kräfte aufheben; nun lässt sich Nicolas acht-, neunmal nach hinten fallen, duscht rückwärts, Anna klammert sich wacker fest, ich hänge hilflos im schrägen Boot, und am Ende landen wir alle drei wieder im Wasser.

Dieses elementare Gefühl, der Kampf mit den Gewalten! Das Untertauchen. Erst die Kühle, dann die Schwärze, das Nach-oben-Stoßen, Luftholen, dieses Gepacktwerden vom Fluss. Es ist ein heiliger Spaß, das Rafting bei Morretes.

Zur Erholung bummeln wir danach durch Antonina, das am Meer liegt. Hier wurde früher Gold verschifft, das heute in Lissabons Kirchen welkt, später baute man Mate-Tee an, es kamen ein paar Touristen, dann eröffneten sie den Zug von Curritiba nach Morretes, und Antonina geriet in Vergessenheit. Die Uferpromenade so halb angefressen, wie es die Deutschen im Urlaub lieben und in der Heimat niemals dulden würden. Alle Ostseebäder sind ja geleckt, Tradition muss bei uns blinken. Als Deutscher machte man sich sofort Sorgen: Was, wenn der Stein nicht nur verwittert, sondern sich zersetzt? Gelobt seien die Menschen, die antworten: Dann war es wenigstens bis dahin schön.

In einem kleinen Restaurant mit Blick auf die Bucht essen wir Krabben mit Palmenherzen – und das entpuppt sich als Fehler.

Es regnet stark in der Nacht, und mich meucheln plötzlich schreckliche Magenschmerzen. Die ersten auf dieser Reise. Montezumas Rache verschonte uns bislang, nicht mal ein Rächlein, nichts. Aber nun: Immer einen Hauch kurz vorm

Kotzen. Ein Spaziergang bringt keine Besserung. Anna versucht mit heldenhafter Rhetorik, mich vom Brechreiz abzulenken, sie weiß: Wenn ich einmal loslege, pflege ich meist in eine männliche Spirale des Grauens zu geraten. Ich warte vor dem Supermarkt, als Anna Cola und Salzstangen kauft. Drinnen viel zu heiß. Lehne entkräftet an der Mauer. Sehe Männer mit Fahrrad, die ihre Frauen auf dem Gepäckträger zum Einkaufen gebracht haben und nun vor dem Markt warten. Die meisten Restaurants haben jetzt geschlossen, sind nur mittags geöffnet, wegen der Zug-Touristen. Alles ist sehr still in Morretes, niemand redet laut. Wenig Wichtigtuerei. Aber auch wenig Musik zu hören, überraschend wenig, und die jungen Frauen nicht sehr hübsch. Ein etwas saftloses Brasilien. Oder kommt es mir gerade nur so vor?

Bin selbst kraftlos, antriebslos, lustlos, luftlos. Würde mich am liebsten zu Hause verkriechen. Schneckenimpuls. Das Leben reduziert sich aufs Atmen, wenn die Kraft fehlt, wenn kein Überschuss da ist. Das ist wohl das, was man in jedem Urlaub auffrischen muss. Den Überschuss.

Um zehn wanke ich nach Hause, Anna begleitet mich besorgten Blickes, falle sofort aufs Bett, schlafe ein, schrecke aber auf, als eine Familie samt schreiendem Kleinkind in den Hotelpool springt, nachts um zwölf. Danach an Schlaf nicht mehr zu denken. Entwerfe im Fieberwahn den Plot zu einem Roman, der niemals geschrieben wird. Er handelt von einem Deutschland der Zukunft, in dem all das wahr wird, was die düstersten Propheten vorhersagen.

Anna schläft tief, und ich spinne vor mich hin. Es werden in diesem unerzählbaren Roman eine Menge Country-Musik, viel Rum und noch mehr Schlangen vorkommen, dies scheint mir eine gute Idee, und am Ende wird eine gewaltige Flutwelle alles hinwegspülen, selbst den Kölner Dom, und über den Wassern werden Geier kreisen, über unser schönes feuchtes, fernes Vaterland.

# ZEHN
# Der Gesang der Sirene

Die modernste Fluglinie der Welt? Eindeutig LAN Chile. Das legen wir jetzt mal so fest, in unserer Begeisterung. Haben Klapperkisten erwartet, die Wurzel aus American Airlines und KLM, und dann das. Die Maschinen niegelnagelneu, die Stewardessen wie aus dem Ei gepellt, alles macht den Eindruck größter Professionalität, das wuppt wie 'ne Eins.

Santiago de Chile liegt in einem Kessel, auf einem Hochplateau zwischen Anden und Küstenkordilleren. Vom *Cerro San Cristóbal*, 300 Meter über der Stadt, kann man die strahlenförmige Anlage erkennen, wie weit sie sich ergießt in die Ebene, fast nordamerikanisch.

Die U-Bahn blitzt aber so was von. Nur dieser Geruch nach abgestreiftem Alltag, diese Mischung aus Parfüm, Schweiß, Was-weiß-ich und Klimaanlage: ernüchternd. Dünne Luft in Santiago, dabei liegt es nur etwas mehr als 500 Meter überm Meer, aber eben im Vergleich zu Rios dicker, dreckiger, blütensatt schwangerer Atmosphäre. An der Plaza del Armas wird gerade ein riesiger Weihnachtsbaum geschmückt, wie ein Wächter baut er sich vor der Kathedrale auf. Drinnen verschwenderische Pracht – ein italienischer Architekt hat sie gestaltet. Das ist mal wieder Katholizismus in seiner ganzen Herrlichkeit, den Menschen niederdrückend, immerfort auf die Knie, auf die Knie. An der Nachbarkiefer des Christbaums hängt der zerfledderte Leichnam einer

Taube kopfüber an einem Zweig. Warum fällt sie nicht herunter?

Überall in der Stadt Internetzugang. Das Netz hat sich hier zuletzt schnell verbreitet, ebenso gewachsen ist die Zahl der Chilenen, die Englisch können. Ihre eigene Sprache ist abgeschliffen, die Endungen werden verschluckt. Es ist Spanisch, man denkt aber, es sei keins, so weich ist es. Die weiche Melodie passt nicht recht zu den Gesichtern.

Chile verlor bei der WM 1982 1:4 gegen Westdeutschland. Das ist das eine, was ich von früher weiß. Das andere ist ein Bild: Ich habe mir Chile in meiner Jugend unendlich grau vorgestellt, man sah im Fernsehen immerzu nur Pinochets graue Männer, sein Regime schien eine Art DDR zu Füßen hoher Berge zu sein. Es sind aber keine grauen Menschen, denen wir in Santiago begegnen. Allerdings sehr ernsthafte Menschen. Es gibt hier keine Daumen frei Haus und auch kein großzügiges Lächeln. Wenn man gerade aus Brasilien kommt, versteht man die Welt nicht mehr. In Chile wird nicht gestrahlt. Man nennt sie die Deutschen Südamerikas. Leider. Was mag sie nur bedrücken? Ihnen geht es doch gut, ist zu lesen, jedenfalls besser als allen anderen Ländern auf dem Kontinent. Worunter leiden sie?

Die Augen der jungen Frauen schläfrig, ohne sinnlich zu sein. Die Männer starren Anna offen an. Düstere Gemüter, so wirkt es auf uns. Ein Ausdruck wie ein Inselvolk. Ist das so: Ist Chile eine Insel? Im Norden kommen die Wüste und Peru, im Osten ragen die Anden, es warten Bolivien und das mächtige Argentinien, und hinter dem Süden lockt die Antarktis. Chile: ein langes, dünnes Land. Nur Skelett, kein Fleisch. Was macht eine solche Geografie mit den Menschen? Lässt sich hoffnungsvoll nur nach Westen gucken? Auf die See? Es kann keine Chilenen geben, die nicht melancholisch sind. Das ist eine zugegeben etwas gewagte Theorie, aber nach einem halben Tag in Santiago, einem gemütlichen

Abend im Studentenviertel *Bellavista* sind wir uns da sicher.

Kerzenlicht auf dem Tisch, dazu Weltklasse-Steaks mit Pfefferkruste, keine zehn Euro, und vorneweg gefüllte Tintenfische, in eigener Tinte gekocht. Wir gönnen uns, weil wir das in Chile unbedingt machen wollten, ein edles Tröpfchen, einen sechs Jahre alten Carmenere, der knapp 30 Euro kostet, zur Feier des Tages. Für unser Zimmer zahlen wir nur 16 Euro – das muss man begießen.

Die Wirtschaft Chiles brummt, das haben wir gelesen, zuletzt ist sie real um vier Prozent gewachsen, die Armut hat sich in den letzten Jahren halbiert. Seid ihr zufrieden?, frage ich den Ober.

Wir haben uns mehr erwartet von den neuen Zeiten, sagt er, von unserer Präsidentin. Sie hatte viel versprochen. Nun sind wir enttäuscht, wir hatten gehofft, es würde schneller gehen. Wir sind die Nummer eins in Südamerika, aber was heißt das schon, wir schauen nach Europa, ihr macht uns vor, wie es geht.

Und wir denken: Ist das so? Ist wohl noch so.

Unser Hostel war kaum zu finden gewesen: Man muss an einer Stahltür klingeln, hat den Eindruck, Einlass in einen Nachtklub zu begehren. Drinnen aber der Lärm, die Gerüche, das Flair einer großen Studenten-WG. In der offenen Küche kochen ein paar Amis Spaghetti, einer trägt ein Fluminense-Trikot. Sie bewegen sich souverän, als lebten sie schon Jahre hier. Sind aber erst drei Tage, erzählt mir der Flu-Typ. An den Computern sitzen buckelig Backpacker und tippen sehnsuchtsvolle Mails. Und wir tun das auch. Jeden Monat schicken wir einen kleinen Bericht an unsere Freunde, alles mehr wäre Arbeit. Aber jetzt ist mal wieder Zeit. Das Schönste wird sein, in den nächsten Tagen die Antworten zu lesen. Kleine, gute Nachrichten von zu Hause. Die Vergewisserung, dass wir nichts verpassen. Bleibt bloß weg, schreiben manche, den Nebel hier würdet ihr nicht aushalten. Und andere enden so: Genießt jeden Tag, aber manchmal, ganz manchmal, da denkt an uns. Und das tun wir jetzt: an unsere Freunde denken.

Unser Zimmer wie ein Kerker, orange gestrichen. Hoch in der Ecke ein kleines Fenster. Das geht hinaus auf die Calle Dardignac, viele Bars, Restaurants, laute Bässe bis vier Uhr, dann hicksende Nachtschwärmer. Halb fünf bis Viertel vor fünf: Stille. Die ersten Vögel zwitschern, bis mit Gebrumm die Straßenreinigung kommt. Schwer, ein Auge zuzumachen. Wir stehen früh auf, brühen uns einen Kaffee, schlürfen ihn draußen, auf der Holzterrasse.

Eine kristallene Luft. Gerade geht die Sonne über den Anden auf. Die Silhouette der Berge ganz scharf. Der Kaffee heiß und stark, die Nacht vergessen.

Wenig später sitzen wir im Linienbus, fahren vorbei an properen Rebflächen, durch Kiefernwälder hinab nach Valparaiso, von Erdbeben gezeichnete Stadt, Stadt der Dichter, der Seefahrer, der Kap-Hoorniers. Legendäres Valparaiso. Ein Name wie eine Verheißung. Die Stadt der quietschenden Aufzüge, der gewundenen Straßen, der tausend Treppen. In der Hauptstadt beschimpft als Henkersloch, von Schwärmern bezeichnet als schönste Stadt der Welt.

2003 hat die Unesco ihr den Status eines Weltkulturerbes gegeben, nun spricht der Lonely Planet vom »versteckten Diamanten« – dieses Urteil ist meist der Anfang vom Ende. Seine wundersame Lage inmitten steiler Hügel, die sich an die Küste drängen. 15 hölzerne Aufzüge, die *ascensores*, schieben sich die Anstiege empor wie Käfer. Viele Häuser sind bunt gestrichen. Immer wieder wurde Valparaiso von Naturgewalten zerstört, zuletzt 1906, immer wieder aufgebaut. Ist es Trotz, dass man die Häuser so anmalte? Sind die Gedanken hier auch so bunt?

Die wenigsten Häuser haben die Farbe des Meeres, dabei

hocken die Häuser auf den Hängen wie Zuschauer auf den Rängen eines antiken Amphitheaters, die ganze Stadt starrt auf den dunklen blauen Pazifischen Ozean, als müsse da etwas kommen, ein Schauspiel, ein Wunder? Vielleicht, am Ende, die Erlösung. Valparaiso hat seine besten Zeiten definitiv hinter sich. Als 1914 der Panama-Kanal eröffnet wurde, änderten sich die Handelswege zur See, Valparaiso war plötzlich nicht mehr der ersehnte Hafen der vollbeladenen Schiffe, die heil das Kap Hoorn umrundet hatten, sondern lag kurz vorm Ausgang der Welt.

Wir hatten schon in Rio im Netz eine Pension ausgespäht, spottbillig, Privatzimmer in der Wohnung eines jungen Chilenen, und in dessen Küche machen wir es uns jetzt gemütlich. Paulo. Wir erzählen ihm von unserer Theorie, die mit der Melancholie der Chilenen. Es sei keine Theorie, fügen wir hinzu, die auf absonderlich vielen persönlichen Erfahrungen beruhe, aber immerhin.

Oh ja, ihr habt recht, sagt Paulo, und wisst ihr auch, warum wir so sind, wie wir sind?

Nee, sagen wir, wir sitzen an einem langen Tisch aus fein gehobeltem Holz, vor uns eine Karte der Stadt.

Wer sind schon die Chilenen?, fragt er. Paulo breitet die Arme aus. Seine Spannweite ist nicht ganz die eines Kondors.

Keine Ahnung, sagen wir.

Wir sind eine Mischung, sagt er. Ich bin selbst auch eine.

Eine Mischung sind die Brasilianer auch, sagt Anna.

Ja, aber wir sind eine besondere Mischung. Er grinst. Wir stammen ab von den übelsten Soldaten der Spanier, dazu gesellten sich Piraten und jene Indianer, die sich nicht aufraffen konnten, gegen die Spanier zu kämpfen. Die faulen Indianer also. Die Mischung ist nicht so toll. Also, was erwartet ihr?

Leider ist Paulo ein Typ, der sehr von sich eingenommen zu sein scheint. Jedenfalls braucht er sehr lange, bis er seine

Sätze vollendet, er gönnt sich lange Denk- oder Schlürfpausen, die er aber mit einem *ehm*-Laut einführt, der in den oberen Tonlagen endet, sodass einem gar nichts anderes übrig bleibt, man hält die Klappe, weil ja noch was kommen muss, was Wichtiges, Unerhörtes, aber halt erst nach dem Denken oder Schlürfen. Sein Vater war Kubaner gewesen, der starb, als Paulo 17 Jahre alt war. Seine Mutter, eine Chilenin, ging dann in die Wälder, wie er das nennt. Paulo wuchs bei der Großmutter auf, und als die starb, vermachte sie ihm das Haus auf dem *Cerro Concepción*, in dem wir gerade Kaffee trinken. Ein leuchtend blau gestrichener Holzbau mit steiler Eingangstreppe und hohen Decken und groben Dielen und weichen, aber nicht zu weichen Betten. Paulo ist nun 34, er reise viel im Winter, sagt er, und im Sommer lade er sich das Haus voll mit Gästen aus aller Welt.

Er findet sich schlau, das merkt man, er ist eitel, er guckt Anna zu lange an. So ein Guesthouse ist natürlich eine geniale Methode, haufenweise blonde Europäerinnen in sein Haus zu kriegen, denke ich mir so. Wirklich keine schlechte Methode. Und sie bringen sogar noch Geld mit.

Sein Vater sei aus Castros Kuba geflohen und später hier in Valparaiso im Gefängnis gesessen, unter Pinochet. Unter Pinochet war es schlimm, sagt er, an jeder Ecke Polizisten, die mich ausfragten, dabei war ich noch ein Junge, einfach nur so, um ihre Macht zu demonstrieren. Aber ich weiß, warum sie es tun mussten. Wir Chilenen leben am Rand der Zivilisation, sagt Paulo, ihr müsst uns verstehen, auch wenn wir uns selbst dafür verachten, wir können nicht anders: Wir lieben es zu diskriminieren. Vielleicht, weil wir nicht viel zu diskriminieren haben, sind wir froh, wenn wir uns mal größer machen können. Seid dann bitte nicht böse mit uns.

Paulo lacht breit, aber es ist kein Lachen, in das man einstimmen mag.

Wenn jetzt die Touristen kommen, fragen wir, wird in

zehn Jahren der Hügel wimmeln von überteuerten Guesthouses und Cafés und Designer-Boutiquen? Der Lonely Planet schaufelt euch das Grab, oder nicht? Mit einem kleinen Lob, so begann es an so vielen Orten anderswo auch.

Möglich, sagt er, vielleicht sterbe ich trotzdem hier, in Valparaiso. Vielleicht mache ich mich dann aber auf und suche das Weite. Ich mag nicht, wenn sich die Dinge wandeln.

Wie gefällt dir, dass ihr eine Frau zum Präsidenten habt?

Ich mag sie nicht und auch nicht, dass die Frauen jetzt mehr Rechte bekommen.

Wir sind verblüfft. Der Bursche ist ein Jahr jünger als wir.

Es ist schwer, ja fast unmöglich für einen Mann wie mich, fügt er hinzu, heute eine einheimische Frau zu finden, die eine Familie gründen will. Sie wollen studieren und arbeiten, und dann ist es manchmal zu spät …

Sie wollen einfach dieselben Rechte haben wie ein Mann, sage ich, das ist nur fair. Anna grinst, wir hatten das Thema früher nicht nur einmal. Nun benutze ich ihre Argumente aus zurückliegenden Zeiten. Ich bin ihr das schuldig, und ich hab's ja auch eingesehen. Irgendwann.

(Zuvor am Bus war uns ein Werbeplakat der Regierung aufgefallen: eine Kampagne gegen die Gewalt an Frauen. Abgedruckt war das Foto eines Mannes, der seinen Kopf schuldbewusst in die Hände stützt.)

Ihr seid Machos alten Schlags, sage ich.

Die chilenischen Männer sind keine Machos, sagt Paulo, nein, wir waren es gewohnt, Jäger zu sein, und wenn wir nach Hause kamen, waren wir einfach faul. Und die Frauen hatten das Sagen. Wir waren zufrieden, damit, versteht ihr? Wir wollten zu Hause nur in Frieden gelassen werden. Doch jetzt verändern sich die Rollen, und da ist kein Frieden mehr.

Wir wünschen Paulo einen schönen Tag und machen uns auf den Weg. Es ist zu deprimierend.

Spaziergang durch Valparaiso. Als Erstes besuchen wir *La*

*Sebastiana*, das Haus von Pablo Neruda, des chilenischen Nationaldichters, hoch oben auf dem *Cerro Alegre*. Schmale vier Stockwerke, verbunden durch Wendeltreppen, Bullaugen statt Fenster, eine Bar wie ein Schiffsbug. Überall Tüddelkram, Erinnerungsstücke. Auf dem Dach hat Neruda einen Hubschrauberlandeplatz eingerichtet, »für mögliche Raumfähren«, pflegte er zu sagen. So einer war das.

Nerudas Gedichte sind herb und fein zugleich, befremdlich und berührend – Seelenfänger. Er muss ein langsamer Mensch gewesen sein, in einem Film des Museums ist er mit Schiebermütze und Doppelkinn zu sehen. Er schrieb mit rechts, wobei er gerne den Kopf in die linke Hand stützte. 1971 erhielt Neruda den Literatur-Nobelpreis, 1973 ist er gestorben, mit 69 Jahren, zwölf Tage, nachdem Pinochet geputscht hatte. Der Putsch begann in Valparaiso.

Ganz oben, im vierten Stock, sein Schreibzimmer. Der Blick wie der Ausguck aus einem Krähennest, hoch im Mast, aber dies war der Horst eines Adlers. Im Gewitter fühle man sich hier, sagte er mal, als stehe man mitten in den Blitzen. Seinen Sessel nannte Neruda »die Wolke«, man sieht noch grüne Tintenflecken auf dem Hocker. Er sammelte Weltkarten und Porträts von Segelschiffen, fuhr selbst aber nicht zur See. Stattdessen sei er ein, wie er sagte, »Seefahrer des Worts«. Ein Träumer.

Weiter Blick. Der Horizont löst sich im Dunst auf, ein milchiger Weltenrand, das Wasser liegt ölig glatt unter einer harten Sonne. Durch das geöffnete Fenster weht der Duft des Pazifiks heran. Ringsum fließen die Viertel über die Hänge, unten tutet ein Schiff, die Bucht ist voll von diesem Laut.

In Nerudas Haus hängt auch ein Bild vom Erdbeben 1906, das platte Valparaiso. Das ganze Hafenbecken war damals voller Schiffe, es sieht aus wie eine Invasionsflotte, drumherum flitzen Beiboote und Schlepper – eine Stadt unter Schock, ihr blieb nur die Flucht aufs Wasser, und auch der

Wiederaufbau begann am Wasser. Dies ist eine Stadt, die nie Zeit hatte an morgen zu denken, oft genug stand der Tod vor der Tür.

Heute schiebt sich nur eine Handvoll Schiffe durch die Bucht. An den Kais knallrote Container mit dem Schriftzug Hamburg-Süd. Eine Luft wie frühmorgens an der Elbe, an einem dieser klaren nordischen Tage. Die deutschen Seeleute, die gerade das Kap Hoorn umrundet hatten, müssen sich mächtig an zu Hause erinnert gefühlt haben, als sie endlich Valparaiso erreichten.

Tut gut, wenn man mal Hamburg liest, sagt Anna, es steht da wie etwas Schönes. Ich wäre jetzt gern mal kurz zu Hause – nur mal so, zum Erfrischen.

In der Stadt dann die Entdeckung: Das Restaurant *Hamburg*, von *El Navegante Aleman*, einem früheren deutschen Schiffskoch. An der Tür der Spruch: *Hummel Hummel, Mors, Mors*. Drinnen weiße Tischdecken, an der Decke die Flagge Hamburgs mit der Hammaburg, an der Wand Rettungsringe, Fotos von Schiffen, ein maritimes Sammelsurium. An der Bar hängt ein Wimpel unseres verehrten ruhmarmen FC St. Pauli, daneben ein Bild des Hamburger Hafens, ein Kutter vor dem Michel. Wie wir neugierig hereinstolpern, überfällt uns ein schönes Gefühl, ein unvertrautes Gefühl, ein starkes Gefühl von Stolz auf die Stadt, aus der wir kommen. Stolz auf die weiten Fühler Hamburgs. Und zum ersten Mal, nach fast zehn Jahren, die wir Badener im Norden wohnen, empfinden wir dieses Heimatgefühl für Hamburg, unsere Perle. (Dieser simple Song von *Lotto King Karl* kommt mir beim Notieren tatsächlich in den Sinn, mitten in Valparaiso.) Wir werden den Moment nicht vergessen.

Wir ordern einen *Pisco Sour* an der Bar, er kommt cremig und hellgelb, wie es sein muss, da ist Eischnee drin und der Weinbrand aus dem Norden, wir setzen uns auf Barhocker und betrachten eingehend die Schiffsglocke der *Lucken-*

*walde*. Es ist erst sechs Uhr abends, noch ist das Restaurant leer, der deutsche Eigner wird nicht hereinschauen heute, erfahren wir. Sonst steht da an der Bar nur ein älterer Mann, der einen goldfarbenen Schnaps trinkt, unterm Tresen lugt eine Gurke aus seiner Einkaufstüte. Wir prosten ihm zu, mit unserem Pisco Sour, er prostet sachte zurück und studiert dann an der Wand einen Brief, den ich vorher auch bemerkt hatte. Es ist ein Gruß der Crew der *MV Pioneer*, frei nach Ringelnatz' Gedicht *Die Kneipe zum Südwester*. Ich spreche den alten Herrn auf Deutsch an. Er scheint es wie in sehr ferner Erinnerung zu verstehen, er antwortet langsam, in einem verblichenen Deutsch, er sagt, er fühle sich im Englischen wohler. Er spricht sehr gewählt, sein Vokabular ist groß, er achtet darauf, jedes Wort korrekt auszusprechen. Zwei Stunden lang werden wir uns unterhalten.

Es ist eine dieser Begegnungen, die sich problemlos erklären lassen, indem man den Zufall anführt, den listigen Buben, den göttlichen Funken, den großen Schicksalsbezwinger. Natürlich, Zufall: Moises, so heißt er, musste für seine Frau einkaufen gehen, er kam hier vorbei und dachte, dies sei womöglich eine gute Gelegenheit für einen Drink. Und wir sind eben heute hier und werden es morgen nicht sein, und der frühe Abend ist die Zeit, wo man einen Drink gebrauchen kann, wenn draußen ganz langsam das Licht schwindet, es dauert lange hier, so viel länger als in den Tropen, es ist fast bis neun Uhr hell. Aber dennoch ist es so, dass wir uns hinterher sehr sicher waren, dass all das genauso hat stattfinden müssen, dass dieser alte Mann in dieser Gaststätte uns erwartet hat, als habe es etwas zu bedeuten.

Moises lebte von 1964 bis 1966 in Hamburg, er studierte in Altona Fischereiwesen, oft war er auf der Nordsee, hat einmal einen schweren Sturm vor Norwegen abgewettert, vor Angst konnte er nicht schlafen. Wilde, schreckliche Nordsee.

Hat Hamburg heute viele Hochhäuser?, fragt er, die Stadt sieht bestimmt ganz anders aus.

Nein, es gibt noch immer nicht viele Hochhäuser, sagen wir, Sie würden Hamburg gewiss wiedererkennen.

Ehrlich?

Ja, sagen wir.

Moises schaut uns an, ohne sein Gesicht zu verziehen. Es ist ein chilenisches Gesicht. Ernsthaft. Er macht hinter seinen dicken Brillengläsern die Augen weit auf, nicht erstaunt, eher so, als versuche er sich das Bild wieder einzuprägen.

Sie würden die Stadt sofort wieder erkennen, sagt Anna.

Auch die Reeperbahn?, fragt er, ich kannte da jede Bar. Ich hab einmal einen lustigen Striptease gesehen.

Ja, sagen wir, Striptease gibt es noch, aber es würde eine andere Dame sein, heute.

Da muss er lachen, und wir freuen uns, ihn zum Lachen gebracht zu haben. Wir ordern eine neue Runde Pisco Sour, für ihn einen *Mandarina* und hören Moises zu.

Zu meiner Zeit gingen Hamburger da nicht hin, sagt er, das war nur etwas für Seeleute, Touristen und Typen wie uns.

Typen wie euch?

Wir waren eine Clique, Argentinier, Ekuadorianer, Peruaner, sagt er. Hier würden wir uns niemals verstehen, aber damals war es ganz normal, dass wir zusammengehalten haben. Wir haben uns geschworen, uns dort wiederzusehen, eines Tages. Aber ich war nie mehr da. Damals war ich, wie alt war ich? Dreißig. Ich habe diesen kleinen Stürmer spielen sehen, Uuuuwe – lebt er noch?

Uwe Seeler?, erwidere ich. Ich sag mal, sag ich mal, der lebt noch.

Und das Endspiel der Weltmeisterschaft 1966 habe ich in einer Eckkneipe in Altona gesehen. Sie sagen, es sieht alles noch so aus wie früher?

Das meiste schon, sage ich. Das, worauf es ankommt. Die

Elbe fließt noch, wo sie floss, der Michel steht noch, der Kiez leuchtet, die Alster schwimmt an alter Stelle, und zwischendrin ist noch immer vor allem frische Luft.

Gemeinsam schwärmen wir die nächste halbe Stunde von Hamburg. Wem schwärmen wir mehr vor, frage ich mich in einer Sekunde des Nachdenkens, ihm oder uns selbst?

Erkenntnis: Dass man sich durch die schiere Entfernung, durch die emotionale, räumliche, zeitliche Entfernung, sich selbst begreifbar macht, wie schön man es zu Hause hat. Dass man im ach so verfluchten Alltag an einem Ort lebt, der für andere, am anderen Ende der Welt, ein Sehnsuchtsort sein kann. Dass es an einem selbst liegt, ob man sich die Wachheit bewahrt, das Bewusstsein um die Kostbarkeit jeden Augenblicks. Ob man dankbar bleibt und wissend, dass sie sich umwandeln wird, umwandeln muss, diese Sehnsucht, unter dem Anprall der Zeit, in etwas anderes – eine innere Ruhe vielleicht, eine Vertrautheit, ein Angekommensein. Es ist also wie in der Liebe. Die anfängliche Sehnsucht kann nicht ewig währen. Doch die Sehnsucht wird nicht getötet, aus ihr wird etwas Neues, Größeres wachsen, wenn man ihr die Gelegenheit gibt. Die Frage ist, was an ihre Stelle tritt.

Daran will ich denken, wenn ich mich demnächst erinnere an diesen Abend von Valparaiso und mich frage, ob Moises heute wieder an der Bar steht und seinen Mandarinen-Schnaps trinkt und an früher denkt, an jene ferne Stadt, deren Echo er noch tief drinnen vernimmt, und vielleicht denkt er auch mal an uns und hofft, dass einmal wieder Reisende aus Hamburg sich zu ihm gesellen und mit ihm trinken, wie wenn man verabredet sei, über die Zeiten hinweg.

Aber das Gespräch ging noch weiter. Es wurde politisch. Wahrscheinlich war es unser Fehler, wir wollen immer zu viel wissen. Wir hätten ahnen müssen, dass es schiefgehen muss, dass die Vergangenheit manchmal zu schwierig ist, um sich zu verstehen.

Weil ich nicht anders kann, frage ich, wie war ihr Leben?

Moises, erfahren wir, hat in der Fischereibehörde gearbeitet, sein Leben lang, er schaut heute noch öfter vorbei, mit seinen 72 Jahren, mischt noch ein bisschen mit, wie er sagt, die Jungs treffen und übers Fischen reden. Valparaiso ist noch immer das Zentrum der chilenischen Fischerei, sagt er, auch wenn San Antonio im Süden heute der größere Hafen ist.

Wir waren in Neuengland, sage ich, wo *Moby Dick* seinen Anfang nimmt. Kennen Sie Moby Dick?

Oh ja, sagt er. Aber was heute die Japaner und Norweger machen, hat mit der Waljagd von damals nichts zu tun. Sie erschießen sie von ihren Schiffen aus und verfolgen sie mit Sonar, sodass die Wale auch nicht mehr abtauchen können und entkommen. Es ist eine einseitige Jagd. Wir Chilenen haben leider nicht die Ausrüstung zu kontrollieren, was die Japaner machen, ob sie sich an die Grenzen unserer Hoheitsgewässer halten. Wir vermuten, dass es nicht so ist. Aber wir sind machtlos. Ende der fünfziger Jahre war es, als ich rausfuhr mit japanischen Fischern, ich sollte ihre Fangquoten kontrollieren. Es war ein Walfänger, und sie entdeckten eine Herde Wale, sechs prächtige Tiere. Moises seufzt. Die Japaner haben sie alle getötet, sagt er, alle sechs, einen nach dem anderen, es war ein furchtbares Schlachten, ein Blutbad, ein Gestank lag in der Luft, dass einem übel wurde.

Haben Sie Ihren Beruf manchmal gehasst?

Natürlich nicht, sagt er. Viel besser, als wenn man sich an Land mit unseren Nachbarn herumschlagen musste. Denn wir Chilenen haben keine Freunde, alle um uns herum hassen uns, was sollen wir tun? Unsere Nation hat Bolivien vor vielen Jahren, mehr als hundert, den Weg zum Meer genommen, jetzt hassen sie uns. Auch Peru haben wir viel Land genommen, daher hassen sie uns. Außerdem haben wir ihnen die Osterinsel weggenommen, 1888.

Wir werden bald da sein, sagt Anna, auf der Osterinsel.

Fragen Sie die Menschen dort, sagt er, wir haben sie gerettet. Ich war nie auf der Osterinsel, und ich befürchte, dass sie eines Tages unabhängig werden wird oder sich Französisch-Polynesien anschließt. Die Leute dort sind ganz anders als wir, es sind Polynesier, keine Chilenen, Sie werden es sehen.

Fühlt ihr euch denn wenigstens noch Spanien verbunden?

Ich mag die Spanier nicht, sagt er, sie sind stolz. Schau dir nur die Argentinier an, die sind genauso, die halten sich für was Besseres. Nein, wir sind von Feinden umgeben.

Er sagt es wie ein Fakt, an dem man nichts ändern könnte. Geschichte, die unveränderbar bis in alle Ewigkeit die Politik bestimmt. Und so das Los eines Volkes: die Einsamkeit.

Wir haben selbst im eigenen Land Menschen, fährt er fort, die Chile nicht mögen. Die *Mapuche*, ein Indianerstamm, der niemals besiegt wurde. Seit 500 Jahren führen sie ihren Freiheitskampf. Es ist ein zähes Volk, das wilde Pferde gezähmt hat und früher den spanischen Siedlern die Hölle heiß gemacht. Langsam schwindet ihr Raum. Aber soviel ich weiß, leben noch immer mehr als eine halbe Million Mapuche in Chile.

Was sind das für Menschen?, fragt Anna.

Sie sind von Natur aus Krieger, sagt er. Und dann lächelt er ein bisschen: Wie die Deutschen!

Glaubt er, uns ein Kompliment zu machen? Es ist nicht das erste Mal, dass wir so etwas zu hören bekommen. Es macht uns jedes Mal sprachlos. Er sagt, seine deutschen Studentenfreunde hätten damals sehr gerne Märsche gehört, richtig schöne Militärmusik.

Deutschland hat sich im Innern sehr verändert, sage ich.

Wir wissen, wir werden keinen Menschen in diesem Alter mehr belehren können, man kann froh sein, wenn sie einem zuhören. Und Moises hört zu.

Wir jungen Deutschen glauben nicht mehr an Grenzen, sage ich. Und wir mögen es nicht, wenn jemand die Deutschen als kriegerisch bezeichnet. Wir und unsere Freunde sind nicht kriegerisch. Es ist für uns ein Schimpfwort.

Aber eure Nation ist aus Preußen entstanden, und die Preußen waren kriegerisch. Das sagt Moises, an der Bar im Restaurant Hamburg lehnend, Valparaiso, Chile.

Na ja, jetzt fühlen wir uns sehr wohl in der Mitte Europas, sagen wir. Wir fühlen uns nicht mehr bedroht, wir sind umgeben von guten Nachbarn, wir sind selbst ein guter Nachbar. Das ist ein großer Unterschied. Unsere Generation hat noch die DDR erlebt, die Grenze zwischen den Systemen, wir wissen, dass es auch anders sein kann.

Es entsteht eine unangenehme Distanz. Ich schaue Anna an, sie hebt nur die Brauen. Sie würde am liebsten auf der Stelle kehrtmachen oder noch lieber eine Grundsatzdiskussion anfangen. Womit nichts gewonnen wäre, außer dass man hinterher sagen könnte, man habe es ihm gegeben. Aber sie reagiert so wie ich: Wir lassen ihn reden. Wir widersprechen, wo es sein muss. Der Privatmann streitet. Bricht ab, wenn es zwecklos ist. Der Journalist hört zu. Hört einfach zu.

Moises scheint nur ein typischer Vertreter seiner Generation zu sein. Und fern der Heimat ist Deutschland noch ein anderes Deutschland, in vielerlei Hinsicht das alte Deutschland. Was uns nur bleibt, ist, das Bild des neuen Deutschland in die Welt zu tragen. Es wird dauern, aber in ein paar Jahrzehnten wird es auch ferne Gestade erreicht haben.

Dies alles mag ein wenig unfair sein gegenüber Moises, der ja doch, alles in allem, ein feiner Kerl ist. Es ist wohl nur das Alter. Das Alter macht hart. Vielleicht geht es gar nicht anders. Meine Großmutter, die der wärmste, netteste Mensch der Welt ist, schafft es nicht, ein gutes Wort über Polen verlieren. Denn sie stammt aus Oberschlesien und lebt im Herzen noch immer dort, mehr als 60 Jahre nach der Flucht. Wie könnte ich diesen Menschen verzeihen, fragt sie, dass sie dort leben, wo ich aufgewachsen bin und geheiratet habe und meine ersten Kinder bekommen? Schnuppelchen, das kann ich nicht!

Wir erinnern uns an Paulo und die Frauen. Wie ist das, fragen wir, wie sehen Sie die Entwicklung in der Gesellschaft? Es gibt jetzt ein Scheidungsrecht, die Frauen …

Die Frauen?, fällt er mir ins Wort. Sie kümmern sich nicht mehr um die Kinder. Die Werte verfallen, und man muss Angst vor Dieben haben. Das liegt daran, dass die Frauen nur noch an sich denken.

Anna guckt an die Decke.

Als Sie in Deutschland waren, sage ich, vor 40 Jahren, wie waren da die deutschen Frauen?

Oh, sagt er, sie waren wunderschön, und sie waren stark und unabhängig. Ich habe sie sehr bewundert.

Warum bewundern Sie die Frauen in Chile nicht?

Das ist etwas ganz anderes. Chile ist noch nicht so weit. Wir sind noch nicht reif.

(Wir werden leider in Chile mit keiner Frau ins Gespräch kommen. So werden wir Chile mit dem Eindruck verlassen, dass die Männer schwer zu leiden haben. Wir hoffen nur, dass es die Frauen wenigstens ein bisschen genießen.)

Und dann will ich's wissen. Ich erwähne Pinochet. Wir haben jetzt auf nüchternen Magen zwei Pisco Sour gekippt, da lässt man es schon mal krachen. Bin auf Krawall gebürstet. Obwohl in unserem Reiseführer steht: Fangt in Chile um Gottes willen keine politischen Gespräche an, die Wunden sind noch zu tief. Und sprecht nicht über die Pinochet-Zeit.

Pinochet kam, als Chaos war, sagt Moises. Salvador Allende war sehr schlecht für das Land, das Volk drängte die Militärs, also übernahmen sie die Macht. Es musste sein.

Allende war gewählt, frei gewählt, sage ich.

Er war sehr schlecht für das Land.

Aber Pinochet führte ein grausames Regime. Er kann nicht gut gewesen sein für Chile.

Es war wie bei den Deutschen, die nicht gemerkt haben, was mit den Juden passiert. Wir haben unter Pinochet auch nicht gewusst, was für Verbrechen geschehen. Und welche Diktatur gibt sonst schon freiwillig die Macht ab? Unsere Militärs haben das getan, 1988, sie haben die Abstimmung verloren, und es kamen freie Wahlen.

Wir sind ganz kurz still. Das Problem ist, wir sind bestimmt keine Chile-Experten, wir wissen allerdings, dass Tausende Oppositioneller verschleppt worden sind und umgebracht, ihre Leichen in den Pazifik geworfen wurden, und das sagen wir auch.

Moises antwortet: Wir haben es nicht gewusst. Ich war fast immer draußen auf den Forschungsbooten, Politik war nicht meins.

Will man einen Mann wie ihn an den Punkt treiben, an dem er sagt: Habe ich unter Pinochet gelebt oder Sie? Will man als Fremder, und das sind wir, Fremde, Gäste in einem gastfreundlichen Land, so den Gastgeber bedrängen? Wir lassen es sein. Wir geben ihm die Hand, wir wünschen ihm alles Gute. Aber es bleibt ein schales Gefühl. Der Abschied geht zu schnell.

Draußen duscht uns die kühle Luft mit sehr viel Nüchternheit. Ärger im Geist, vor allem Bärenhunger. Ein paar Schritte nur, dann fallen wir ins *Cinzano*, eines der ältesten Gasthäuser am Platze.

Seit 1896 wird hier zum Tango aufgespielt. Diese Musik ist in dieser schwerblütigen, schwermütigen Stadt die einzig richtige. Wir essen Lachs und trinken Sauvignon Blanc von 2006, jünger geht nicht. Auf der kleinen Bühne ein altes Muttchen in der Kittelschürze, wie man in Baden sagt. Geschätzte siebzig, und keineswegs die Putzfrau, wie Anna zunächst vermutet hatte. Am Keyboard wohl ihr Mann, gut zwanzig Jahre älter. Mit Schlips, fleischigem Hals und viel Pomade im grauen, sorgfältig gescheitelten Haar. Er bewegt sich nicht, aber da kommt Musik. Der Dritte im Bunde, ein dünner Gitarrist, wird von den beiden weder angeguckt noch angesprochen. Aber er klimpert unentbehrlich mit. Es könnte sein, dass man in dieser Combo seit fünfzig Jahren zusammen spielt. Hören tut man es leider nicht. Die Frau singt viel zu laut, um angenehm zu sein, dabei hat sie Timbre, und sie hat Tiefe in ihrer Stimme.

Man kann allerdings die Augen schließen, wie ich es jetzt tue, und die Stellen genießen, wo sie das Mikrofon ein wenig von sich weg hält, dann mag sich mancher vielleicht vorstellen, wie sie als junges Mädchen gesungen hat, dass alle dachten, sie komme direkt aus Buenos Aires, und womöglich kommt sie ja von da, und auch ihr erster Auftritt war schon im Cinzano, auf dieser kleinen Bühne. Und der, der sie schließlich abbekommen hat, war ein feuriger Seemann, der für sie die Orgel lernte, und jetzt sitzt er hier, Jahrzehnte später, in Form gehalten nur noch von Jackett, Krawatte, Gewohnheit, und schaut zwischen den Stücken auf die Uhr, und nichts regt sich in seinem Gesicht, längst nicht mehr, auch nicht, wenn die Leute begeistert klatschen.

Das Lokal hat sich gefüllt, an der Wand Fotos sinkender Schiffe, sie passen hierher. An der langen Bar ein glatzköpfiger Mann, der auf den Fernseher starrt. Wie viele Kap-Hoorniers einst hier gesessen haben und das Mädchen mit dem Timbre auf der Bühne anstarrten, das ihnen so hingebungsvoll die Herzen verdreht hat? Und wie sie dachten, sie habe eine Stimme, die die ganze Welt in sich trage …

Da endet das Lied, und der Zauber von Valparaiso verfliegt, als habe er es niemals so gemeint. Zurück bleibt nur eine Ahnung, aber das ist ja auch etwas, eine Ahnung, wie es ganz bestimmt gewesen sein wird, in jenen Tagen, die man die besseren nennt.

## ELF
# Blindflug mit tausend Sachen

Die Landebahn ist so üppig ausgelegt, dass auch ein Space Shuttle landen könnte, in einer Notsituation. Die Nasa hat den Ausbau bezahlt, das hatte ich vorher gelesen, nur nicht, wie verzweifelt die Besatzung sein müsste, um wirklich auf der Osterinsel aufzuschlagen. Nach fünf Stunden Flug landet unser Vogel butterweich. Wir haben eine Hütte des kleines Guesthouse *Ana Rapu* gebucht, und jetzt empfängt uns die Besitzerin am Flughafen mit mürrischer Miene, hängt uns verdrossen Blumenketten um den Hals. Die polynesische Langsamkeit durchdringt jede Bewegung. Selbst das Sprechen scheint ihr lästig zu sein. Die Hütte aber astrein, man hört sogar das Meer, und das Zentrum der Hauptstadt liegt um die Ecke.

Hanga Roa hat nicht viel Konkurrenz – es gibt keine andere Stadt auf der Osterinsel. Hier leben die meisten der nicht mal 4000 Einwohner, von denen etwas mehr als die Hälfte von den Ureinwohnern abstammt. *Rapa Nui* nennen die Einheimischen die Insel, so wie sich selbst, *Isla de Pascua* die herrschenden Chilenen. Fast 4000 Kilometer vom Festland entfernt, aber politisch Teil der Provinz Valparaiso. Da blüht der bürokratische Irrsinn, das kann man vermuten, ohne zu wissen, was Sache ist.

Man schwärmt im Reiseführer von der Kirche, in der Jesus und die Heiligen als Kopfschmuck eine Seeschwalbe ziert –

ein Relikt des heidnischen Vogelmann-Kultes –, es gibt einen Miniatur-Hafen, drei Handvoll Bars und Restaurants, ein Museum, kleine Hotels, einen bescheidenen Tourismus. Keine hohen Gebäude. Keinen Lärm. Ein paar Geschäfte reihen sich entlang der Hauptstraße, man ist aber schnell durch. Das ist sehr praktisch, denn wie fast alle Besucher kommen auch wir nur wegen der steinernen Riesen. Der rätselhaften *Moais.*

Fast 900 gibt es, verteilt über die ganze Insel, aber als Einstieg genügt ein Spaziergang die Küste entlang. Hier steht auch die Figur, die seine Augen wieder eingesetzt bekommen hat, der Augapfel aus weißen Korallen, die Iris aus rotem Schlackenstein. So, wie es früher gewesen sein muss. Der Effekt ist unheimlich. Der Mann (es ist zweifellos einer) guckt nach oben, zum Glück nicht nach unten, zu den Menschen. Es könnte sein wie bei Mona Lisa, dass man sich betrachtet fühlte, von welchem Winkel auch immer man sich nähert. Aber so schaut er ein bisschen genervt. Als verdrehe er sie, seine kunstvollen Augen. Auf dem Schopf trägt er einen riesigen roten Hut.

An diesem Ort namens *Tahai* erleben wir einen Sonnenuntergang, der so schön ist, dass man heulen könnte, denn die Sonne geht hinter den unbewegten Mienen von sechs Moais unter, und das ist so außerirdisch rührend, dass wir dasitzen, bis man gar nichts mehr erkennen kann. Kann man schließlich aber doch. Denn bald ist ein Sternenhimmel unterwegs, da oben, dass der Heimweg sicher beleuchtet ist.

Wir gehen Hand in Hand nach Hause. In den Restaurants sitzen noch ein paar Menschen, ansonsten schläft Hanga Roa. Volkshochschule: Die Insel im Südpazifik gleicht einem regelmäßigen Dreieck, sie ist dreimal so groß wie Manhattan. Drei erkaltete Vulkane, bis zu 500 Meter hoch. Zwischendrin ein windzerzaustes, abgefressenes Land. Zwei schöne kleine Strände. Ruinen aus Lavasteinen. Von See her Brecher, die einen Anlauf genommen haben, dass einem schwindelig wird, sie schlagen unablässig an schwarze, scharfkantige Felsen. Wenn man an der Küste herumstreift, ist ständig ein Rollen in der Luft, es hört sich an wie ein startendes Flugzeug. Es ist aber nur der Pazifik, der da in einem fort anklopft.

Ringsherum das leuchtend blaue Meer. Kein Streifen am Horizont, nichts. Etwas mehr als 400 Kilometer sind es zum nächsten Stückchen Land: einem unbewohnten Geröllhaufen namens *Sala y Gómez*. Und doch fürchteten die Ureinwohner nicht das Meer, sie waren gute Navigatoren, wussten, die Sterne zu lesen. Sie fürchteten wohl nur sich selbst. Für sie gab es nichts zu entdecken, keinen Handel zu treiben. Ein Menschenvolk, für immer verdammt, im eigenen Saft zu schmoren. Mehr als 1000 Jahre lang gab es wohl keine Einflüsse von außen, bis die Europäer kamen. Wie viele Generationen sind das? Geboren werden und leben und sterben auf einer Vulkaninsel und diese für das Universum halten. Bis zu 20 000 Menschen soll es mal hier gegeben haben, fünfmal so viel wie heute. Es muss ein Gefühl gewesen sein, wie wir Erdenbewohner es heute alle haben – beim Blick ins Weltall. Da ist nichts als eine vage Vermutung, dass da draußen noch Leben sein könnte.

Fünf Tage sind wir hier. Wir wussten vorher nicht, wie lange mag man da wohl gerne sein? Es gibt nur zwei Flüge pro Woche von Santiago und weiter nach Tahiti, das machte die Planung leichter. Die Luft ist samtiger als in Chile, aber nicht wärmer. Vielleicht 25 Grad, angenehm. Ein Wind, der nicht den Eindruck macht, jemals nachlassen zu wollen. Wir mieten uns einen Scooter, eine linksdrallige Yamaha, stülpen die Topfhelme über. Unterwegs, auf sauber geteerten Straßen, überholen uns die klimatisierten Kleinbusse der Tourveranstalter. Man hangelt sich von Monument zu Monument. Viele Touristen tragen eine beigefarbene Weste, weil das für sie eine Art Safari zu sein scheint, sie gehen sicher später noch Löwen töten.

Der Boden ausgelaugt von zu viel Wind und Sonne. Und abgefressen: Jahrzehntelang, von 1895 bis weit in die 60er-Jahre des 20. Jahrhunderts hinein, war fast die ganze Osterinsel die Weide einer chilenischen Schafzucht-Gesellschaft. In jener Zeit mussten die Rapa Nui in Hanga Roa bleiben, Gefangene auf ihrem eigenen Land. Und 50 000 Schafe futterten die ohnehin schon baumlose Insel endgültig kahl.

Schussfahrt hinaus zum Steinbruch am *Ranu Ranaku*. Hunderte Köpfe stehen, liegen, ruhen hier im hüfthohen Gras. Manche schauen auf den Kratersee, manche kauern am Rücken des Vulkans. Es ist nicht viel los. Gut, die Osterinsel liegt weiter weg als alles, was sonst weit weg liegt. Aber gehörte sie zu den USA, sie wäre gewiss längst ein einziger Vergnügungspark. Und am Ranu Ranaku würden Ranger mit Stablampen auf den Boden leuchten in der Dämmerung und sagen: *Watch your step*.

Man solle um Gottes willen nicht ohne Guide zu den Moais gehen, steht im Reiseführer, wir gehen aber ohne. Ich will es hier nicht so genau hören. Natürlich, wir werden ahnungslos umherirren. Aber die Phantasie, die kommt. Unsere Sicht auf die Dinge, unsere Version der Wahrheit. Unsere Osterinsel. Nur so gelingt Eintauchen in eine untergegangene Welt. Wir kennen es aus Griechenland. Geh mit Führer durch Delphi, und du fühlst es nicht. Setz dich allein auf die Stufen des Stadions in den Bergen, wenn die Reisegruppen weg sind, schließ die Augen, und hör nur hin.

Um den anderen Besuchern zu entgehen, klettern wir nach ganz oben, bis auf den Kraterrand. Das heißt, Anna klettert voraus, ich hinterher, um den gröbsten Unsinn zu verhindern. Kann gar nicht hinschauen, 100 Meter und mehr geht's rechts von uns senkrecht hinab. Fliegen umschwirren uns. Raubvögel patrouillieren am Himmel. Ihre Schreie wie Peiltöne. Gibt es hier Falken? Wenn ja, hat sie der Mensch eingeschleppt, oder fanden sie selbst den Weg übers Meer?

Anna robbt sich vor bis zur Abbruchkante, schaut dann lange kopfüber in die Tiefe. Ich wende mich ab, suche mir einen Felsen zum Anlehnen, packe das Tagebuch aus, fange an zu schreiben.

Schöner Platz, sagt Anna, als sie zurückgerobbt kommt.

Schön einsam, sage ich.

Unten am Fuß des Vulkans ziehen die Safari-Westen ihre Bahn. Das Baedeker-Geschnatter in zehn Sprachen war kaum zu ertragen.

Hier oben kein Gezwitscher, Getschilpe. Unten saftige Sträucher, drumherum Steppe, in der Mitte der dunkle See. In der Ferne zwei weitere kleine Kegel. Um uns vor allem der Pfiff des Windes. Wir sitzen auf weichem Tuffstein. Ist doch Tuffstein? Nehme einen Brocken in die Hand, schlage ihn auf den Boden. Er zerbröselt zu hellem braunem Staub. Kolossale Ameisen lugen aus der Erde, aufgeschreckt durch das Getrommel. Ganz schön was los heute.

Hier könnte man gut meditieren, sagt Anna, also, wenn man aufs Meditieren steht.

Das ist echt ein Vulkan, auf dem wir sitzen, sage ich.

Weiß er, dass er erkaltet ist?

Glaub schon.

Ich dachte, du weißt es, schnurrt Anna. Bist doch mein Worldguide.

Es gibt Orte auf der Welt, sage ich, da habe auch ich ein Auswärtsspiel. (Sie bespöttelt immer, dass ich so lange in den Reiseführern stöbere, bis ich alle Infos auswendig kann. Dabei mache ich das gar nicht absichtlich, es kommt einfach so. Aber wehe, ich habe keine Ahnung, dann sind wir verloren, und sie macht sich, noch schlimmer, über mich richtiggehend *lustig*.)

Diese Köpfe. Vor Hunderten von Jahren da hingestellt.

Schmale Lippen, kantige Kinne, eckige Schädel. Wenn sie aufs Meer rausgucken würden, hätte ich eine Privattheorie. Es wären Wächter gewesen. Sie gucken ja so. Wären eine Abschreckung gewesen für das, was von See hätte kommen können. Auch wenn da nie was kam. Da ist ja nichts als See. Überall.

Wenn man früher hier geboren wurde, bestand die Welt nur aus dieser Insel. Es muss aber Geschichten gegeben haben. Die Alten kannten sicher die Legende von der Großen Fahrt, wie sich die Ahnen aufgemacht hatten, in ihren Doppelkanus, dazwischen ein Segel. Nur, konnte man den Alten glauben und ihren Geschichten? Dass es woanders noch Land gebe, ein größeres Land, fruchtbares Land? Die Jungen werden es nicht geglaubt haben. Werden gesagt haben: Hört auf mit dem Geschwätz. Wir sind allein auf dieser Welt, denn nennen wir die Insel nicht seit alters *Te Pito O Te Henua*, den Nabel der Welt?

Die Gallier fürchteten einst, der Himmel falle ihnen eines Tages auf den Kopf – zumindest steht es so in den Asterix-Bänden. Was war die größte Furcht der Rapa Nui? War es die große Welle, ein Tsunami? Oder waren sie so beschäftigt mit ihrer Politik, zehn Clans bedeuteten unendlich viele Anlässe, sich zu streiten?

Aber die Köpfe schauten nicht aufs Meer. Sie schauten Richtung Land, zu den Lebenden. Die Wächter der Sitten. Denn, das habe ich gelesen, ihr Zweck war, die Vorfahren zu ehren, und ein Clan bewies seine Macht, indem er einen größeren Moai baute als der Nachbarclan, und ihn auf einem besonders feinen Sockel, dem *Ahu*, präsentierte.

Unten, am Hang, reibt sich ein Pferd wiehernd am Rücken eines Kopfes. Das Gras pulsiert im Rhythmus der Windstöße.

Warum erscheint uns diese Tradition so rätselhaft? Würde es einem Rapa Nui aus jener Zeit nicht genauso fremd vorkommen, dass anderswo Kreuze in Steinhäuser gehängt werden, daran genagelt eine blutende Figur namens Gottes Sohn? Nicht warum sie die Statuen gebaut haben, interessiert mich. Sondern: Warum haben sie aufgehört? Wie kann ein Volk sich selbst zugrunde richten?

Wenn es stimmt, was man zu lesen bekommt, haben sie wegen der Steinköpfe alles abgeholzt. Dann brauchten sie die Baumstämme, um die Figuren an die Küste zu schleifen, als eine Art Rutschbahn. Aber was wäre dies für ein Wahnsinn. Oder auch: Wie verzweifelt müssen sie gewesen sein, um das so zu machen. Zu sehen, lange hält der Vorrat nicht mehr, und dann: kein Baum mehr, nirgends. Verließen sie deswegen den Steinbruch, warfen entnervt ihre Werkzeuge weg? Jedenfalls ließen sie die Köpfe so, wie sie waren, manche fast fertig, andere gerade erst aus dem Fels geschlagen. Die sehen heute aus, als ruhten sie in einem gewaltigen Sarkophag. Der längste misst mehr als 21 Meter. Der Koloss von Rhodos soll nicht viel größer gewesen sein, rund 35 Meter.

Hätten sie am Ende den ganzen Vulkan abgetragen? Wer den letzten Baum fällt, plättet auch einen Berg. Doch wenn da mehr Wald gewesen wäre, wäre dann irgendwann die ganze Insel umkreist gewesen, Wächter an Wächter, Schulter an Schulter, bis die Lebenden umgeben gewesen wären von den Ahnen, ihren strengen Blicken?

Als der Bau der Moais aufgegeben wurde, war es eines Morgens der letzte Morgen. Das letzte Schleifen. Hatten es die Arbeiter schon morgens gewusst? Hatten sie seit Langem die Sorge, dass ihre Kunst nicht mehr gefragt war? Dass alle Fertigkeiten, die sie beherrschten, nutzlos geworden waren? Gab es Nasenspezialisten? Fachleute für die Anmut der Lippen? Grobe Klötze, die die ersten Schläge setzten? Gab es Talente, Meister, Stars? Künstler mit Klopfhemmung?

Ich stelle mir vor, dass es ein windiger Tag war, denn hier sind alle Tage windig, als der letzte Kopf der Osterinsel aufgestellt wurde …

Irgendwo kräht ein Hahn. Die Sonne gleitet am Himmel entlang, sie nähert sich langsam dem Horizont. Beim Abstieg wie aus dem Nichts ein Schlag aus Luft, ein Geräusch wie ein fernes Türepatschen oder ein vorbeizischender Pfeil. Aus dem Augenwinkel sehe ich, wie ein Falke abdreht, weiße Streifen auf Flügel und Schwanz, er muss uns ausgespäht haben und im Gras für Beute gehalten. Ich taufe ihn Weißer Pfeil. Gibt es bessere Namen als die, die man selbst erfunden hat? Seinen Angriff muss er im letzten Moment abgebrochen haben.

In einer Felsennische ein riesiges Wespennest, ein Meter hoch. Wir schleichen vorbei, halten weiten Abstand. Unten springt ein Mann nackt in den Kratersee. Wir sind aber bald die Einzigen. Im Ohr die Schreie der Weißpfeile. Die Abendsonne auf den stummen Götzen. Ihre Konturen nun weich, voller Schatten und Charakter. Wie hilflos sie dasitzen, niemals werden sie erlöst, vielleicht würden sie es auch nicht wollen. Wir gehen an den See, in den Kessel. Das Ufer sumpfig. Jeder Laut ganz scharf. An der Innenwand des Kraters eine Herde grasender Pferde, zwei Dutzend.

Da, aufgeschreckt durch etwas, das sein Geheimnis bleibt, stiebt ein Pferd davon, alle anderen sofort hinterher, ihre Hufe stampfen auf die rote Erde, ein Urlaut. Sie galoppieren hinauf zum Kraterrand, dort die ganze Länge des Kamms entlang. Das Schnauben in der ringsum schweigenden Natur. Wie Eiszapfen, die man aus der Luft bricht.

Erst nach ein paar Hundert Metern halten die Anführer an. Als sie zur Ruhe kommen, zeichnen sich ihre Leiber auf der Himmelskante ab, flache Schattenrisse. Dann kommen sie langsam zurück, drei Dutzend Leiber auf braun gebranntem Gras, wir machen, dass wir aus dem Weg kommen. Dieser Anblick, wie aus einer jüngeren Welt.

Im Yellowstone-Nationalpark stünde man staunend da, überwältigt von so viel Natur. Hier ist dies auch so. Bis man sich umdreht und Dutzenden Moais ins gleichgültige Gesicht schaut, fünf Meter hoch, 15 Tonnen schwer, der Blick leer, die Lippen in ewigem Trotz verschmolzen. Ihre Haut ist pockennarbig, von Flechten überzogen. Sie flößen uns kein Unbehagen ein, aber sie geben auch keine Wärme, sie sind einfach nur da, der Spross einer vergessenen Idee.

Am Abend gegen die tief stehende Sonne nach Hause. Ein Blindflug. Dröhnend die Maschine unterm Hintern, gefühlte tausend Sachen. Wir sind die Letzten, die noch unterwegs sind. Durch die polarisierten Gläser der Sonnenbrille ist es eine Fahrt wie im Film, dazu das fauchende Gasgeben, stures Festklammern am Lenker. Es ist, als beobachteten wir uns selbst von oben.

Anna sitzt hinter mir, vorhin saß ich hinter ihr. Sah die Steppe vorbeifliegen, die Vulkankegel, spürte den Wind, der an uns zerrt, die struppigen Felder, das Band der Straße. Schwarze Steinwälle durchbrechen das Land, wie dünne, unscharfe Wege. Die Schlaglöcher selten, aber blendend getarnt. Einmal denke ich: Wenn es jetzt geschehen soll, ist es gut.

In unserer ersten Nacht im Schoße des Pazifiks schlafwandele ich. Finde mich auf dem Bett wieder, stehend. Anna, eine Armlänge entfernt, ruft leise meinen Namen, um mich nicht zu erschrecken. Liege danach lange wach, das Herz schlägt mir bis zum Hals. Ist wirklich so. Man spürt es, dass es hinaushüpfen will. Der Adrenalinschub aus dem Nichts, der durch den gerade noch schlafenden Körper schießt. In Tübingen, wo wir im Studium in einer kleinen Etagenwohnung lebten, wachte ich mal am Kopf der Treppe auf. Ich weiß nicht, ob ich herunterfallen hätte können. Vermutlich schon.

Tübingen. Jetzt ist ... November. Wieder mal dort nach durchzechtem Abend über den menschenleeren Markt gehen und weiter durch die holprigen Gassen, nachts um zwei, wenn der Nebel um die Giebel streicht und sich die Häuser vorbeugen, um uns zu betrachten (das tun sie immer, aber nachts machen sie es aus alter Gewohnheit noch einmal so gern). Unsere Schritte hallen auf dem Pflaster, jedes Wort wird von den krummen Buckeln zurückgeworfen. Beste Zeitreise ins alte Deutschland.

So liege ich hier auf der Osterinsel und träume mich in dieser Nacht hinaus in unser fernes Tübingen. Das Wunder des Reisens. Und wie oft hatte ich mich damals von dort weggeträumt, an fremdere, ganz sicher spannendere Orte.

Der nächste Tag. Wir gehen baden am Strand von Anakena. Luftiger Palmenwald, dahinter der Moai, den einst Thor Heyerdahl wieder errichten ließ. In kleinen Buden werden Steaks gebraten, das heißt: Thunfischspieße mit dicken Brocken besten Filets. Dazu Süßkartoffeln und frisch gepresster Papayasaft. Das Wasser wie im Wellenbad. Die Leute warten in einem flachen Imitat von Meer, das sich kaum regt, doch jede Viertelstunde schaffen es ein paar steile Brecher in die Bucht.

Zurück in Hanga Roa schauen wir lange den Surfern zu, füttern einen herrenlosen Hund, den wir am liebsten einpackten, eine Mischung aus Alf und Problembär. Am Abend sitzen wir in einem Restaurant, dessen Stühle alle aufs Wasser schauen. Wir vergessen seinen Namen zu notieren, aber es ist das mit dem schönsten Blick. Blaue Stühle, und keiner mit dem Rücken zum Meer.

Die Küste fällt rings um die Insel steil ab, bis zu 3000 Meter geht es in die Tiefe. Es gibt nicht wie sonst in der Südsee ein Korallenriff, daher auch nicht sehr viele Arten Fische. Aber in den Restaurants werden herrlich saftige Brummer serviert, gestern hatten wir Großauge alias *Piafi*, heute die Rotschuppe *Paratoti*. Man kann sich durchs ganze Sortiment futtern, es wird nicht teuer, und das hoffentlich auch noch ohne schlechtes Gewissen. Eine Überfischung wird es hier kaum geben.

Es bedient uns ein junger Kerl, siebzehn Jahre alt, wie wir

erfahren. Aku Slater, so stellt er sich vor, nach Kelly Slater, dem Surfchampion. Aku ist selbst auch Surfchampion, aber mehr von der Osterinsel. Unschlagbar sei er in diesem Revier, behauptet er. Er sieht aus wie der junge Pierre Brice, und er bringt uns feinstes Thunfischcarpaccio. Kam gerade heute Morgen rein, sagt er, so ein Apparat. Er breitet die Arme aus, so breit er kann. Aber ich komme leider nicht auf die Idee, mir den Apparat anzuschauen.

Ein richtig guter Kellner ist Aku nicht. Er hat gelbe Hosen von Billabong an, die kommen aus Australien, und darüber einen Adidas-Pullover. Beim Servieren vergisst er ab und zu das Servieren. Dann stellt er sich an die Mauer aus Lavastein, stellt einen Fuß auf die oberste Reihe, verschränkt die Arme und schaut aufs Meer. Er hat schulterlange Haare und den Brustkorb der Surfer, der vom Rauspaddeln so aufgepumpt wird. Schwache Brandung heute, murmelt er, nix los. Morgen wird es besser, und wenn nicht, dann übermorgen.

Aku spricht ein passables Englisch. Das komme von den Surf-DVDs, erzählt er. Aber er reise auch viel. Er war schon auf Tahiti, wo die Mädchen immerzu wollten, dass er seine Ukulele anstimme. Und Französisch könne er, was wir nicht weiter nachprüfen, und er habe eine deutsche Freundin, ja, aus einer Stadt namens Frankfurt.

Ist das eine schöne Stadt?, fragt er.

Nicht direkt, sage ich. Um das schwierige Thema nicht weiter zu vertiefen, frage ich: Und, dann kannst du sicher auch Deutsch?

Guten Tag!, kräht er, und: Verzeihung!

Dieses Wort ist aus der Mode gekommen, sage ich, man hört es nicht mehr sehr häufig.

Wir werden ihn in den nächsten Tagen noch ein paar Mal sehen, er surft tatsächlich, und wir erfahren, dass er mit seinem Vater zusammenwohnt, in einem zweistöckigen Haus. Von seinem Zimmer aus kann Aku das Meer sehen.

Einmal treffen wir ihn in einer Bar an der Hauptstraße, die eine Art Treffpunkt lokaler Künstler sein muss. Jedenfalls schnitzt er an einem Holzblock herum und grüßt uns freundlich, nach Art der coolen Jungs, nicht aufgeregter als nötig. Daneben werkelt sein Vater, und der ist der Einzige im Raum, der nicht aufschaut, als wir hereinkommen. Er trägt ein blaues Stirnband, hat dieselben Haare wie der Sohn, und auch er schnitzt an etwas, das ein Marterpfahl sein könnte, aber gewiss keiner ist. Der Vater sei Maurer, hatte Aku berichtet, am liebsten arbeite er mit Vulkansteinblöcken. Dies sei eine Kunst, sehr kompliziert, denn die Frage sei immer, ob sie passen oder nicht, behauen könne man sie nicht. Wir haben ein Haus aus Vulkanstein gesehen. Die Wände sahen aus wie die Zyklopenmauern von Tiryns in der Alten Welt, auf dem Peloponnes. Das Gesicht des Vaters ist das seines Sohnes, nur in Stein gemeißelt.

Als wir Aku das letzte Mal treffen, fragen wir ihn: Bleibst du hier, auf eurer Insel, oder wirst du eines Tages wegziehen?

Warum sollte ich? Er schaut uns verständnislos an.

Weil es dort vielleicht interessante Arbeit gibt, eine bessere Ausbildung, ein anderes Leben.

Hier ist mein Haus, sagt Aku Slater, siebzehn Jahre. Und ich bin da, wo mein Haus ist.

Hinter dem Flugplatz, auf den sich eine Raumfähre retten könnte, führt eine Straße Richtung *Rano Kau*, dem bedeutendsten Vulkan der Osterinsel. Da oben liegt einer der mythischen Orte der Rapa Nui, *Orongo*, die heilige Stätte des Vogelmann-Kultes, eine Naturarena für einen alljährlichen spektakulären Wettkampf.

Die Schulter des Vulkans besteht aus verbrannten Hanfhalmen, zwischen denen junge Schösslinge wachsen. Ein schmaler Pfad führt lotrecht hinauf, der Anstieg ist gleichmäßig und steil. Wir finden einen guten Rhythmus, rollen gewissermaßen den Berg hoch. Das ist ohnehin sehr empfehlenswert, wenn man Gipfel erstürmen möchte: man erstürme sie nicht, man erstapfe sie. Denn wehe, man hält an, sei es, um zu trinken oder sich im Schritt zu lockern.

Die Sonne nagelt uns nach einem Päuschen beinahe auf dem schwarzen Hang fest. Ich habe mein Hemd geöffnet, mir ist sehr heiß, nur unter meinem Rucksack, unten am Rücken, da ist es eisig. So hat sich mancher schon den dollsten Bandscheibenvorfall geholt, ich kenne das, aber was will man machen?

Und dann sind wir oben. Der Wind, stark und kühl, fegt wunderbar über den Kraterrand. Kein menschengemachtes Geräusch, nirgendwo. Nichts als das Atmen des Pazifiks.

Ich höre nur das Rauschen in meinen Ohren, sagt Anna.

Wie hört es sich an?, frage ich.

Wild.

Der Krater kreisrund, zum Meer ist der Rand durchbrochen, wie ein Fenster schimmert blau hindurch der Ozean, ein Opal in einem Diadem. Unbewegtes Brackwasser, leuchtende Schilffelder. Der See soll sagenhafte 280 Meter tief sein. Ein Hexenkessel.

Bevor die Küste abbricht, 300 Meter jäh hinab, haben die Rapa Nui flache Basalthütten in die Erde hineingebaut, ein tolkiensches Hobbingen im Pazifik. Vor den Klippen drei kleine Inseln; zur größten schwammen sie einmal im Jahr hin, die besten Männer eines jeden Clans. Erst mussten sie die Klippen hinunterklettern, dann den Sund durchqueren. Und allen ging es darum, als Erster zurückzukehren mit einem Ei der Rußseeschwalbe, dem ersten Ei des Jahres. Die Geschichte kenne ich seit Kinderzeiten aus einem Donald-Duck-Comic. (Lesen bildet.) Und in seinem Film hat Kevin Costner den Wettkampf nachgestellt. Eine schreckliche Hollywood-Produktion, dieser Streifen, aber anschaulich gemacht. Es ging um sehr viel: Wer das Ei holte, dessen Clanchef wurde König für ein Jahr. Und König sein hieß: unantastbar sein, ja unansprechbar. Der König war *tapu*. Er wurde rasiert und lebte ein Jahr lang mit einem Priester auf dem Vulkan. Offenbar war die Machtfülle verlockend. Welcher siegreiche Politiker ginge heute freiwillig ins Exil?

Der ganze Kult erscheint mir vollkommen sinnvoll. Unermesslich weit und unermesslich blau der Ozean. Für sie die Welt, für uns ihr Ende. Das Knirschen unserer Schritte überscharf. Oder sind unsere Nerven überspannt?

Wie müssen sie aufs Meer gestarrt haben, die klügsten unter ihnen, und sich gefragt haben: Kommt da noch was? Die einzigen Zeichen die Vögel, die alljährlich wiederkehrten. Sie mussten von den Göttern gesandt sein. Ob es unter den Rapa Nui Leute gab, die die Riten verspotteten?

Der Kult um den Vogelmann kam auf, als der Bau der Moais bereits Geschichte war. Erst in diesem Jahrhundert haben Forscher einige Statuen wieder aufgerichtet. Der wichtigste Archäologe heißt Sergio Rapu, der noch immer auf der Osterinsel leben soll. Und weil die Insel so klein ist, beschließen wir einfach uns durchzufragen. In der Touristeninformation wissen sie immerhin, dass er an einem Luxushotel baue. Und da schlendern wir hin.

Es sind von unserem Guesthouse nur ein paar Hundert Meter, eine schmale Zufahrt, dann eine Baustelle, das Haupthaus scheint uns fast fertig zu sein. Ein Fratz im Argentinien-Trikot empfängt uns, und kurz später stehen wir vor Sergio Rapu, 57, von 1984 bis 1990 Gouverneur der Osterinsel, der erste, der hier geboren wurde. Auf dem Kopf trägt er eine Kappe der *All Blacks*, des neuseeländischen Rugby-Teams.

Englisch, sagt er zur Begrüßung, immerfort Englisch, warum lernt nur jeder diese schreckliche Sprache? In der Hand hält er den Grundriss eines großen Hauses. Er baue gerade ein Museum, eine Schule und, ja, dieses feine Hotel.

Wir schildern unser Interesse an den Rapa Nui, sagen,

dass wir Weltreisende seien mit einem offenen Herzen. Das Problem ist, sagt er, ich habe keine Zeit, mit Ihnen zu sprechen. Schauen Sie sich die Moais selbst an, fragen Sie die Guides.

Senor Rapu, sage ich, wir wollen mit Ihnen nicht über die Vergangenheit der Osterinsel sprechen.

Jetzt wird sein Blick wacher. Worüber dann?, fragt er scharf.

Über die Zukunft.

Rapu lacht. Kommen Sie morgen Abend vorbei. Bringen Sie aber eine Liste mit Fragen mit, ich will, dass Sie vorbereitet sind.

Wir werden vorbereitet sein.

Gut, dann machen wir das Beste draus.

Zur Einstimmung schauen wir im Museum vorbei, jetzt ist die richtige Gelegenheit dazu – wir können uns den Eindruck nicht mehr verderben. Haben schon unser Bild gewonnen, nun wird es von Fakten unterlegt. Oder von Vermutungen. Denn noch immer sind viele Rätsel ungeklärt.

Heyerdahls These wenigstens, dass die Insel einst von Südamerika besiedelt wurde, ist von Wissenschaftlern längst zerpflückt worden. Genealogisch gehören die Rapa Nui unzweifelhaft zu den Polynesiern, und heute geht man davon aus, dass die ersten Bewohner im 5. Jahrhundert nach Christus landeten. Mit Kanus über den Pazifik, im Schlepp lange Leinen, an denen Muscheln siedelten, die Fleisch und Süßwasser lieferten – das muss man sich mal vorstellen. Die Odyssee des großen Odysseus war ein Witz dagegen.

So viele Fragen. Natürlich: Wie nur wurden die Moais vom Steinbruch an die Küste bewegt? Antwort: Sie gingen von selbst. So will es die Überlieferung. Wurden sie also auf dem Sockel ruckelnd voranbewegt, links, rechts? Oder eben doch auf den Rücken gelegt und über ein Bett aus Baumstämmen geschleift?

Als die Europäer kamen, 1722, Holländer waren die Ersten, war die Blütezeit der Kultur längst vorbei. Besonders schlimm trieben es später peruanische Sklavenhändler, die mehr als die Hälfte der Bevölkerung verschleppten, wohl 1500 Menschen, darunter alle Lehrer. Im Jahr 1877 gab es gerade noch 111 Ureinwohner. 1888 annektierte Chile die Insel – unter dem Vorwand des Schutzes. Die Bevölkerung erholte sich langsam, wenn auch mitunter auf unergründlichen Pfaden. Nehmen wir Sergio Rapu. Ein echter Rapa Nui, fließt in seinen Adern ebenso das Blut von Schotten, Dänen, Chinesen, Franzosen und Chilenen. Ich bin ein Chop Suey, pflegt er zu sagen.

Sein Bruder war der erste gewählte Bürgermeister von Hanga Roa, er führte den Aufstand an, der den Rapa Nui 1964 die chilenische Staatsbürgerschaft verschaffte. Aber bis heute bezeichnet mancher kritische Geist die Osterinsel als Kolonialgebiet Chiles, man werde beherrscht von einer fremden Kultur, regiert von einer fremden Sprache.

Das Licht schwindet schon, als wir bei Sergio Rapu eintreffen. Die Glocken der Kirche schlagen neun, der Klang hallt durch die ganze Bucht. Wir werden auf die Terrasse gebeten, setzen uns in ein Ensemble Korbstühle, bekommen ein Glas Wasser.

Fragen Sie, sagt Rapu.

Er ist höflich, aber steif. Er ist ein Geschäftsmann, und unser Besuch macht ihn nicht neugierig. Er sitzt das hier jetzt ab, so wirkt er. Unentwegt spielt er mit dem Autoschlüssel in seinen Händen. Durch das offene Fenster dringt polynesische Musik, die dunkle Stimme einer Frau.

Das hört sich an wie Rapa-Nui-Soul, sagt Anna.

Es ist Sofia, die Frau meines Architekten Ignacio, sagt Rapu, im Gesicht ein plötzliches Lächeln. Sie ist sehr talentiert. Das ist das Masterband einer CD, die bald auf den Markt kommt. Viele Rapa Nui sind künstlerisch begabt.

Auf dem Tisch liegt ein Gemälde. Rapu deutet darauf: Das hat ihr Sohn gemacht. Er ist fünf. Es zeigt das Planetensystem, auf dem Computer erstellt von einem neuen Erdenbürger aus Rapa Nui.

Wenn Sie 30 Jahre vorausschauen, Senor Rapu, wie wird die Osterinsel sein?

Wissen Sie, sagt er, dies ist eine sehr arme Insel. Sie war immer arm. Sie muss aber nicht für alle Zeiten arm bleiben. Unsere einzigartige Kultur ist ein Geschenk für uns und ein Vermächtnis an die Menschheit. Wir müssen nur einen Weg finden, wie wir es pflegen und zugleich uns selbst dabei als Gesellschaft weiterentwickeln können. Die Leute hier stehen unter sehr viel Druck. Das Gute ist, dass kein Land an Nicht-Rapa Nui verkauft werden darf, trotzdem sind ausländische Investoren sehr interessiert. Ein neues Luxushotel ist schon fertig, zwei weitere werden gebaut. Geld fließt hierher, sehr viel Geld. Es ist ein ständiger Konflikt unter den Familien, ob sie ihr Land verpachten sollen, es ist ...

Sergio Rapu redet frei, es hört sich an wie die Rede eines Politikers. Er bräuchte keine Frage, um all das zu formulieren, das steht fest.

Wie aber soll Rapa Nui Ihrer Meinung nach aussehen, eines Tages?

Mein Traum ist der, sagt Rapu: In 30 Jahren komme ich von Hawaii, wo meine Familie lebt, hierher und finde viele Einheimische vor, die alles wissen über unsere Kultur, und Fremde, die sich von unseren Künsten inspirieren ließen. Ein Rapa Nui voller Künstler. Das ist meine Vision.

Der Tourismus ist eine delikate Sache, fährt er fort. Die Balance zu halten ist sehr, sehr schwierig. Es ist ein Spagat zwischen Entwickeln und Bewahren. Vor allem ist es ein Wettrennen. Chile wird schnell ein modernes Land. Und auf uns wächst der Druck unaufhörlich. Wir müssen schneller gut werden, als der Druck wächst. Handeln wir rasch und klug, werden wir aus dieser Insel das größte Open-Air-Museum der Welt machen, mit kundigen Führern und einem maßvollen, hochwertigen Tourismus. Schaffen wir das nicht, wird Rapa Nui verdorben werden, eine Schunkelinsel betrunkener Billigtouristen. Und das wäre der Tod unserer Kultur.

Er deutet hinter sich und zur Seite, in den Garten, wo Rohbauten zu sehen sind.

Daraus machen wir eine Luxusherberge, sagt er. 30 Einheiten warten schon im Lager, in ein paar Monaten werden sie wohl eingebaut sein. Wir akzeptieren auf Rapa Nui keinen Golfplatz und kein Casino, das haben wir bereits abgeschmettert. Aber wenn die Leute ein Jacuzzi haben wollen, bitte schön. Luxuszimmer bedeuten hohe Preise, und so können wir uns ein lebendiges Rapa Nui leisten. Das Entscheidende ist, dass wir selbst handeln. Denn wenn wir nicht aufpassen, sagt er, werden wir die edlen Wilden sein, die die Gärtner der Hotels stellen, aber nicht die Direktoren.

Das ist so in vielen Ländern, sage ich. Wir waren gerade in der Karibik, auf St. Lucia. Dort zum Beispiel, dort ist es so.

Deswegen müssen wir unseren Leuten klarmachen, dass Bildung nicht nur eine Chance ist, sondern die einzige Chance. Sonst gehen wir unter. Unsere Vorfahren vollbrachten Wunder, sie brachten die Statuen zum Laufen, fast ohne Werkzeuge. Dieses Volk kann mehr, als es glaubt zu können. Unsere Leute sehen es nur nicht. Sie sind zu bescheiden.

Wie kommt es, dass Sie nicht so bescheiden sind?

Ich habe in Chile studiert und zwei weitere Universitäten besucht. Aber erst als ich vor ein paar Jahren als Gastdozent in Berkeley war, habe ich begriffen: Wir dürfen nicht warten, bis es besser wird. Denn es wird nichts von allein besser. Wir müssen es selbst machen. Wir sind die Besitzer und die Wächter des Erbes. Und nun müssen wir alles tun, dass wir nicht zu Sklaven werden.

Sie mussten die Insel verlassen, um das zu erkennen? Erst in den USA sahen Sie das?

Ich fürchte, so war es. Wenn man auf Rapa Nui bleibt, bekommt man nicht diese Perspektive. Die Leute kommen nicht auf die Idee, die Augen der Welt auf uns zu lenken. Dabei haben wir unendlich viel zu bieten. Wir werden die kostbaren Schnitzereien zurückholen, die in den großen Museen zerstreut sind. Wir werden hier eine Plattform für Ausstellungen errichten, einen der spektakulärsten Orte überhaupt für Kulturevents, und das vermarkten wir international.

Das klingt ambitioniert.

Ich bin ambitioniert, sagt Rapu leise.

Eine Stunde reden wir so. Am Ende können wir die Gesichter in der Dunkelheit kaum mehr erkennen. Rapu bringt uns schließlich in seinem Minibus zum Restaurant am Meer.

Gute Nacht, meine Freunde, sagt er zum Abschied.

Am nächsten Nachmittag warten wir im Gemeinschaftshaus unseres Guesthouse auf die kleine, etwas formlose Chefin, die uns zum Flughafen bringen wird. Schmuckloser großer Raum, eine Bar, Tische, Stühle, Sofas. Wir sitzen da so. Die Chefin hat uns auf vier Uhr bestellt und wird selbst um fünf Uhr kommen, uns dann aber so angucken, als hätten wir sie warten lassen. Polynesische Zeitnahme.

Mit uns wartet Alan, der Ende fünfzig ist und bis zu seinem Ruhestand in England ein College für geistig Behinderte leitete. Er ist Australier, erfahren wir, seine Tochter studiert in London, sein Sohn in Sydney. Dort ist er jeden englischen Winter für zwei, drei Monate, und immer fliegt er eine andere Route nach Hause. Diesmal eben über die Osterinsel.

Wo sind Sie lieber?, frage ich.

Oh, wenn mein Flieger in Sydney landet, denke ich: *Phantastic, I'm home*! Und wenn mein Flieger wieder in London ist: *Shit! I'm home*. Kein Unterschied also.

Ein schwarzbärtiger, düsterer Mann kommt zur Tür herein,

ein Bier in der Hand, er setzt sich ein paar Meter entfernt in eine Sitzgruppe. Er sieht ungefähr so aus, wie unsereins sich einen Aserbaidschaner vorstellt. Er sagt nichts.

Wir plaudern mit Alan, um uns die Zeit zu vertreiben. Die Australier verspotten die Engländer gerne als *Pommies*, das wissen wir. Denn früher nannte man die ans andere Ende der Welt verschickten Sträflinge: *Prisoner of Mother England*, kurz POME. Daher der Kosename *Pommies*, in einer der üblichen Umkehrungen der Geschichte, denn heute gelten die Engländer als die vom Schicksal Gebeutelten.

Und wie nennen die Engländer die Australier?, frage ich.

*They call us lucky*, antwortet Alan.

Wir lachen, freuen uns über seine Antwort. Loben die Liebe zur Ironie, behaupten, die Amis verstünden sie nicht, die seien politisch so korrekt, dass man sich mitunter lieber auf die Zunge beiße, als einen Scherz zu machen.

Vergesst es, sagt Alan, wir leiden darunter wie die Hunde. Im Grunde kann man sich mit Amerikanern gar nicht unterhalten. Nur einen kannte ich, der verstand meinen Humor. Wir lebten zwei Jahre zusammen in Teheran. Aber er war Jude aus Chicago, das erklärt es wahrscheinlich.

Endlich kommt die Chefin geräuschvoll zur Tür herein, Alan schnappt sich seine Tasche, ist schwupps draußen. Wir packen unsere Rucksäcke und wünschen dem anderen Gast, dass ihm sein Bier schmecken möge. Er trägt abgewetzte Jeans und ein kariertes Hemd. Die Haare so schwarz wie der Bart und seitlich über die Halbglatze gekämmt. Dunkle Furchen unter den Augen.

Schmeckt es denn?

Nö, sagt er in ziemlich rauem Englisch. Das Bier hier kann man nicht trinken. Ist'n Drecksbier.

Woher kommen Sie denn, aus Budweis?

Ich bin Jude aus Chicago.

Er grinst nicht. Wir schmunzeln unsicher.

Erst als wir im Bus sitzen, gefriert uns das Lachen. War das ein guter Witz? Oder war es die Wahrheit? Und wenn es die Wahrheit war: Ist das nicht unglaublich unheimlich?

Der Mann passt nicht hierher. Solche Männer mit dunklen Gesichtern machen nicht Urlaub. Schon gar nicht auf der Osterinsel. Schon gar nicht steigen sie in einem Backpacker-Hostel ab. Wer hat das nur arrangiert?

Als wir schon halb draußen waren, hat er Anna leise hinterhergerufen: *You are a good wife.*

Ich habe es gehört, Anna nicht. Es macht die Begegnung noch seltsamer. Wenn man an Gott glaubte und daran, dass er ab und zu inkognito über den Erdenball wandelte – diese Verkleidung wäre perfekt gewesen.

Wir sitzen schon im Flugzeug, da blättere ich eine Broschüre durch, ein Informationspamphlet über die Osterinsel. Pünktlich hebt die Maschine ab, noch einmal fliegen wir über die Vulkane, sehen aus der Luft die steinernen Köpfe, wie sie ins Inselinnere blicken, den Rücken zum unermesslichen Meer. Und da lese ich, dass es irgendwo an der Küste einen kugelrunden Felsen gibt, umgürtet von Lavabrocken, den die Rapa Nui wie ihr Land *Te Pito O Te Henua* nennen. Ein glatter, mächtiger, unerklärlich runder Stein. Wir waren auf der Osterinsel, doch gesehen haben wir ihn nicht. Hier also ist er.

Der Nabel der Welt.

## ZWÖLF
# Im Mörderstau

Mitternachtsflug in der 767. Bestelle mir aus karibischen Gründen einen Rum mit Eis, schalte im Bordfunk Carlos Gardel ein, den argentinischen Tangoschmelzer. In seiner Heimat ebenso noch ein Held wie in Chile. Weiche, helle Stimme, rollendes R. Im Hintergrund wimmern Geigen. Ach ja.

Tahiti: ein Überseeland Frankreichs, Teil der Gesellschaftsinseln, Inbegriff des Touristenparadieses, früher. Hm, von der Hauptstadt Papeete wissen wir fast nichts, wir haben erstmals keinen Reiseführer gekauft. Das beunruhigt mich. Aber, sage ich mir, ist es nicht eine Chance, überrascht zu werden? Zwei Tage haben wir nur eingeplant. Die Südsee kennen wir ein bisschen, waren schon mal auf Tonga, und von Französisch-Polynesien hatten wir genug gelesen, um zu beschließen, dass ein langer Aufenthalt während einer solchen Reise nicht infrage kommt. Zu teuer. Lächerlich teuer, wenn man ehrlich ist. Das billigste Zimmer, das wir im Netz finden konnten, kostet 80 Euro. Plus Abholgebühr vom Flughafen. Da wir spät landen, fahren keine Busse mehr.

Immerhin nette Gastgeber. Fred und Christelle haben ihr Haus zu einer Pension erklärt, zwei Nachbarhäuser umgebaut, und nun empfangen sie Backpacker aus aller Welt. Unser Zimmer anständig sauber, unsere Nachbarn vier junge Studenten aus Samoa. Am Morgen Frühstück im Garten unterm Wellblechdach, Baguettes, tatsächlich echtes Nutella, frische Kokosnüsse, Avocados, Müsli und erstklassiger Kaffee – die Franzosen haben's raus.

Sie stammt aus Lyon, er aus der Bretagne. Er sieht nicht so aus, mit seiner Brille, und er hört sich nicht so hart an, sein Englisch wie abgeduscht – aber Fred war bei der Fremdenlegion. Seit zwanzig Jahren lebt er nun schon hier, damals war er eingesetzt bei den unterirdischen Atomtests. Elf Tests habe er miterlebt, sagt er.

Wie war das?, frage ich zwischen zwei Schlucken Kaffee.

Du hast nur ein paar Erdstöße gespürt, sagt er. Beim ersten Mal hast du ängstlich runtergezählt: *trois, deux, un. Brrrrr. Ce tout?*, habe ich meine Kollegen gefragt. Die haben nur genickt. Das war alles.

Über die französische Atompolitik angemessen zu diskutieren, dafür erscheint mir dies nicht der richtige Zeitpunkt, morgens um acht, inmitten eines tropischen Gartens, um uns tropft es, der Himmel ist verhangen, es ist sehr warm und sehr feucht. Aber mich reizt es halt.

Es gibt viele Leute, die finden nicht gut, was ihr da gemacht habt.

Ja, sagt Fred, ich weiß. Aber du musst immer schauen, was die anderen machen. Die Amerikaner haben in Australien in der Wüste ihre Bomben gezündet, überirdisch, ohne dass die Australier etwas davon wussten, und den Aborigines hatte kein Mensch etwas gesagt. Das finde ich einen Skandal. Und Tahiti hat unglaublich profitiert von den Tests. Durch sie gibt es einen Flughafen, seitdem lohnt es sich, hier zu leben. Die Tests haben Tahiti reich gemacht. Ihr würdet nicht glauben, wie die Leute die Fotos der Atompilze lieben.

Du machst einen Witz, sagt Anna.

Nein, drüben, unser Nachbar hat in seinem Wohnzimmer vier Poster hängen. Die vier schönsten Pilze, so nennt er sie. Die Leute sind stolz auf die Tests, das müsst ihr schon verstehen. Auch wenn sie, wie mein Nachbar, gar nicht zur Atomgeneration gehören.

Atomgeneration?

Das sind die Leute, die Tahiti groß gemacht haben.

An dieser Stelle wird unser Plausch unterbrochen, denn die nächsten Gäste schlurfen herbei, ein brasilianischer Surfer aus Florianapolis und zwei Neuseeländer. Sie wollen nach Teahupoo, erzählen sie, zur gefährlichsten Brandung der Welt, weiter Richtung Süden, wo sich Riesenbrecher direkt aufs Riff werfen. Der Brasilianer hebt sein Hemd und zeigt uns seinen zerschundenen Rücken, tiefe Kratzer, wie von einer Kralle – gestern sei er mit seinen Kumpeln an einer sanfteren Stelle surfen gewesen, aber auch hier schleuderten ihn die Wellen auf scharfkantige Steine.

Die Surfer ab, zu den Baguettes, und eine blonde Frau setzt sich zu uns, Mitte fünfzig, erkennbar eine Deutsche, erkennbar eine Norddeutsche, erkennbar, das dürfen wir als Neuhamburger sagen, aus Lübeck. Antje, die seit drei Monaten allein unterwegs ist und noch neun Monate vor sich hat.

Moin moin, sagt sie zur Begrüßung. Sie lacht, ihre Wangen sonnenverbrannt, aber bis das Gespräch in Gang kommt, sind da ein paar Augenblicke – im Wortsinne – des Einschätzens. Des Misstrauens? Eine Aura der Besserwisserei umgibt sie, wofür sie nichts kann. Es ist das Deutsche an ihr. Und wahrscheinlich geht es ihr umgekehrt mit uns so. Warum nur freuen wir uns nicht, wenn wir am anderen Ende der Welt Deutsche treffen? Weil wir, wenn wir Deutsche treffen wollen, auch zu Hause bleiben könnten. Ja, aber da ist noch mehr. Es liegt an unserem deutschen Ehrgeiz. Während etwa Australier sich planlos treiben lassen, neigen deutsche Traveller dazu, bestinformiert zu sein – und zugleich überzeugt, dass ihre Reise die einzig tolle sein kann. Die amerikanische Kunst des vorwurfslosen Geplauders beherrschen wir nicht, das hat alles Substanz, da geht's sofort ans Eingemachte. Wo wart ihr? Wie lange? Was habt ihr gemacht? Wie, ihr habt nur vier Monate? Wie, nur drei Tage Chile? Wie, eine ganze Woche in Rio? Wie, ihr fliegt nicht mit Star Alliance? Wie, so kurz in Asien? Und so fort. Es ist anstrengend, mit uns Deutschen zu reden. Man kann der Welt nicht böse sein, wenn sie es genauso empfindet.

Tschüss, Antje. Für einen Tag leisten wir uns den kleinsten Mietwagen, den wir auftreiben können. 65 Euro, ffft.

Die viel befahrene Ringstraße Richtung Süden. Unser Handy hat keinen Empfang, das erste Mal überhaupt auf der Reise. Auf der Osterinsel: beste Verbindung! Nicht, dass ich dort je telefoniert habe. Aber man hätte können. Hier rührt sich gar nichts. Und weil auch die ec-Karte nicht funktioniert, haben wir das Gefühl, nicht willkommen zu sein. Unfair? Können wir nix für, für unser Gefühl. Und dass sie einem das Fell über die Ohren ziehen, macht's nicht besser.

Wir fahren gemütlich herum, steigen da aus, steigen dort aus. Wenn man sich die Menschen so betrachtet … Die jungen Leute grüßen sich mit *Hang Loose*, dem Surfergruß, Daumen und kleiner Finger abspreizend, Handgelenk drehend, den der Kicker Ronaldinho populär gemacht hat. Doch wo sind die Alten? Sind sie zu Hause, sterben sie früher als anderswo? Oder scheinen sie länger jung? Es sind jedenfalls keine zu sehen.

Gauguins Mädchen sind auseinandergegangen. Und die Männer haben sich gesunden Appetits angeschlossen. Am französischen Einfluss kann es nicht liegen, denn die Tonganer sind noch dicker. Das Geh-Tempo ist gemächlich: kein Wunder, wenn man meist um die 30 Grad hat, dazu eine hohe Luftfeuchtigkeit, und ausgelatschte Schlappen trägt, mit denen man nur im Schildkrötentempo watscheln kann. Breitbäuchige, breitwangige, breit gehende, breit lachende Menschen.

Billabong, Quiksilver und Rip Curl, diese Surfermarken

sind hier wie Schuluniformen und dazu die Mode all derer, die tun wollen, als seien sie noch in Form. Wobei das dem Südseeinsulaner eher wurscht ist. Beneidenswert entspannte Einstellung zu den körperlichen Dingen des Lebens. Wahrscheinlich liegt es auch an der Üppigkeit der Natur. Das platzt alles vor Fruchtbarkeit. Übrigens lauter kleine Kirchen hier und lauter kleine Kinder. Die Mission hat gesiegt. Hurra.

Auf die südliche Halbinsel, zur legendären Brandung von Teahupoo. Das Wasser der Lagune klarer als die Luft. Hunderte Meter weiter sieht man – gar nichts. Platte See da draußen, heute. Ein zahnloses Monster. (Aber man sollte es sich mal auf *You Tube* anschauen.) Und für uns kein Wetter zum Rumlümmeln. Warm, schwül, diesig. Überall wird Laub gefegt. Herbst in den Tropen? Der Himmel bedeckt. Nieselregen.

Vorbei am Gauguin-Museum, wir schenken es uns. Haben ja nur einen Tag für die ganze Insel. Und Gauguins Bilder finden wir süßlich. An der wilden Nordostküste endlich Hunderte Surfer im Wasser. Schwarzer Sand, dahinter die Steilküste mit Schleiern aus Wellennebel überzogen. Das raueste, kraftvollste Bild, das uns in Erinnerung bleibt.

Das Inselinnere durchzogen von Zweitausendern, bedeckt mit unwegsamem Dschungel, der die Menschen fernhält. Und das ist auch das ganze Problem. Am Ende der Rundreise müssen wir Papeete queren, wir sind leider nicht die Einzigen. Eine Stunde lang Kriechfahrt. Die stille Hölle der Südsee. Friedlicher Feierabendstau, keiner hupt, alle kennen das offenbar schon. Jeden Werktag Abend sei das so, hat Fred erzählt, die Ringstraße sei dicht, die Menschen flüchten aufs Land. Allein in Papeete und Umgebung leben 130 000 Menschen, und das erscheint uns vielleicht doch etwas viel für eine Insel, die nur etwas größer als Rügen ist und im Süden fast unbewohnt.

Wo wollen die alle hin?, fragt Anna.

Nach Hause, sage ich.

Und wo kommen die alle her?

Das frag ich mich auch.

Um unseren Frust herunterzuspülen, versuchen wir noch ein Bierchen aufzutreiben. Alle Läden haben zu, als wir durch Papeete durch sind, acht Uhr abends, seit zwei Stunden schon ist es Nacht. Wir halten an drei Tankstellen, nichts zu machen. In der vierten Tankstelle latsche ich rein, grüße die Kassiererin, suche vergeblich, will sie nach einer Minute fragen, ob sie nicht …

*Fermé*, sagt die Frau.

Ich drehe mich wutschnaubend um und verwünsche Tahiti und seine Tahitianer. Warum hat sie das nicht schon beim Reingehen gesagt? Ich schnauze etwas von Lächerlichkeit und Frechheit und so weiter, auf Deutsch, versteht sich.

Typisch, sagt Anna, als ich wieder im Auto bin, ich habe dich beobachtet, erst nach dem Umdrehen hast du wirklich angefangen zu schimpfen. Wenn, dann mache es offen. Zeig's ihr. Aber tut mir leid, so zählt das nicht als Ausbruch.

Jetzt ein kühles Bier … Haben wir ein Alkoholproblem? Jeden Tag vier Liter stilles Wasser trinken ist vor allem eintönig.

Schwitziger Tag war das. In unserer Bude betrachte ich mich lange im Spiegel. Meine Haare sind noch immer ungeschnitten. Jetzt habe ich die Gewissheit, ich spüre es ja: Da hinten oben kommt nix mehr. Wird immer glatter, die Stelle, der Gruß des Todes, bald ist er nicht mal mehr wegzudenken. An den Seiten aber beginnen sich die Haare zu zwirbeln. Sie haben jetzt eine kritische Länge überschritten, die sie schon lange nicht mehr überschreiten durften. Über den Ohren formen sie kleine Löckchen. Tatsache: Ich sehe aus wie mit drei. Zum Glück ist da noch der Bart.

Der aber wird wirklich zu lang. Ist schon prophetenhaft. Ich schneide die Spitzen um den Mund mit der Nagelschere.

Versuche mich am Rest, schnippele nichts hinein als Löcher mit gebogenem Rand. Muss dringend zum Barbier. Ein Foto entsteht, sehe darauf sehr bärtig aus, sehr ernsthaft.

Das bist du nicht, sagt Anna, und ich widerspreche empört.

Natürlich bin ich das, sage ich, guck mal, die Augen, die Nase und die Ohren, alles ich, und sie schaut mich an und sagt: Nee, das bist du nicht.

Und das gibt mir den Rest.

Die vier Samoaner sind auch zu Hause. Sie erzählen, das seien sie jeden Abend. Zwei Jungs, zwei Mädels, zwanzig, einundzwanzig Jahre alt, und dies ist die erste Reise ihres Lebens. Tahiti ist ihnen zu groß, zu laut, furchteinflößend rummelig.

Und Tahiti ist so teuer, dass sie nicht ausgehen können, nichts unternehmen. Abends langweilen sie sich fürchterlich. Sie sitzen, als wir hereinkommen, im Wohnzimmer und hören amerikanische Popmusik. Sie haben schreckliches Heimweh, sie trauen sich nicht das bisschen Französisch zu sprechen, dass sie hier gelernt haben. Sie mögen die Tahitianer nicht. Denn die Leute sagen, Tahitianisch sei nur etwas für die Unterprivilegierten, wir aber sprechen Französisch! Die Jüngste der Samoaner erzählt das empört, ihr Englisch ist makellos: Dabei ist unsere polynesische Sprachkultur doch das, was uns ausmacht. Unsere Identität!

Ja, sagen wir, aber erklärt das mal den Franzosen.

Der Klügste unwahrscheinlich schwul. Die Älteste vermisst ihre Mama. Alle vier fragen sich, wie sie noch drei Wochen durchhalten sollen. Sie kichern bis spät in die Nacht, Kinder der Südsee, Kinder wie überall: Sie vermissen die Mutterbrust.

Uns fragen sie nichts. Wollen sie nichts von uns wissen? Trauen sie sich nicht? Manche Menschen fragen andere niemals etwas, sie drehen sich immer nur um sich selbst. Wenn ich mir diese Leute genau anschaue, wird mir dabei immer ganz schummerig: es sind so enge Karussells. Wenn man einen kleinen Gedankenradius hat, muss es einen nicht irgendwann aus der Kurve tragen? Oder ist die Anziehungskraft besonders groß?

Unsere vier wackeren Samoaner können vor Langeweile auch nicht schlafen, also kommen sie nachts um eins auf die Idee, ein Fotoshooting zu machen. Unglücklicherweise direkt vor unserem Fenster, das wir weit geöffnet haben, denn draußen ist die Luft einigermaßen frisch, drinnen steht sie wie in einer routinierten finnischen Erdsauna. Ich höre mir das Gegacker ein paar Minuten an, lehne mich dann aus dem Fenster und sage mit tiefer Stimme: *Sorry, guys*. Komme mir altväterlich vor. Es dauert keine zehn Sekunden, dann ist der Spuk vorbei. Huch, sind die gehorsam.

Am nächsten Morgen pladdert es humorlos. Wir nehmen kurz entschlossen den Bus, fahren zum Fährterminal. Das Beste an Tahiti? Die Fähre nach Moorea! Ruhige Überfahrt durch ein buttriges, hügeliges Meer. Die Nachbarinsel grüßt mit steilen Vulkanflanken, allerorten wild schießendes Grün. Wir kaufen nach Ankunft eine Ananas für zwei Euro, eigentlich, sagt die Verkäuferin, müsse man ja sechs im Pack kaufen. Ich würde gerne fragen: Wer legt eigentlich eure Preise fest? Habt ihr sie noch alle? Das wächst doch hier. Steck ich einfach eine Staude in den Boden, und ein Jahr später verkaufe ich euch alles, was ihr wollt. Aber das werde ich nicht los. Mein Französisch ist zum Fluchen leider zu fein.

Ich. Bin. Angefressen. Einzusehen, dass hier Camembert und Bordeaux ein Vermögen kosten. Aber eine Ananas von einer der hundertsiebzigtausend Stauden? Zu allem Überfluss haben wir auch noch unser Messer auf Tahiti vergessen, das merken wir, als wir das erste Mal sagen: Oh, nachher die Ananas!

Kaufen in einem Laden Wasser und einen *Fendant du*

*Chocolat*, für einen kleinen Becher Joghurt verlangen die 451 Pazifische Franc, fast vier Euro. Lehrreich: So fühlt es also sich an, vor vollen Regalen zu stehen und heimlich das Geld zu zählen. Und sich am Ende nichts zu leisten als ein bisschen trockenen Kuchen. Das Leben als unangemessen teuer zu empfinden macht bitter. Es macht unfrei. Wir sind dankbar, dass es sonst anders ist. Und es beschämt uns, dass es uns zu Hause so selten auffällt, wie unfrei sich manche Menschen fühlen müssen, voll inneren Zorns.

Wir stapfen in Richtung eines Strandes, den wir von der Fähre aus gesehen haben. Einen Scooter haben wir auf Tahiti nicht gebucht wegen des Regens, hier würde er fast 50 Euro kosten. Also latschen wir. Die Autos an der Ringstraße, fast alles Pick-ups, schwarze Ford Rangers und so, heizen die Küste entlang wie Tornados. Links spitzgiebelige Häuser vor Dschungelwand. Rechts Palmen und ungezählte Löcher im sandigen Boden. Rotbeinige Krabben, groß wie eine Männerhand, sie flüchten, sobald wir uns auf ein paar Meter nähern. Die ganze Gegend muss durchzogen sein von unterirdischen Gängen. Das Verlies einer Krabbe: sicher kühl dort, aber auch klamm, und wonach es riecht, wollen wir uns lieber nicht ausmalen.

Nach einer halben Stunde strammen Marsches erreichen wir das Sofitel, derzeit geschlossen wegen Renovierung. Der Strand daneben ist öffentlich, der Weg führt durch das Hotel. Der Wächter lässt uns ein, lotst uns um die Anlage herum. Triefende Bastdächer, verlassene Hütten im Palmenhain. Davor die türkis schimmernde Lagune. Die Bungalows auf dem Wasser eng gedrängt. Man kauft sich für Schweinegeld das Gefühl, auf dem Wasser zu schlafen. Mit Glück schnarcht der Nachbar weniger laut, als die Lagune plätschert. Warum nicht gleich auf ein Boot? Aus Illusion Wahrheit machen? Aber was mag hier ein Segelbötchen kosten? Eine Phantastilliarde wahrscheinlich.

Geisterhafte Stimmung. Nur alle paar Hundert Meter ein weiß gewandeter Aufseher, der uns beobachtet.

Der Strand besteht aus pudrigem Muschelkalk. Der Himmel hellgrau, von Osten kommt eine dunkle Front auf uns zu, Tahiti hat sie bereits verschluckt. Wir verstauen unseren Rucksack unter einem Baum und kramen hektisch unsere Sachen hervor, können es kaum erwarten, in die Lagune zu tauchen, die vor uns unberührt daliegt, keine Menschen sonst am schönsten Strand der Insel, kein anderer Schatten, der die Fische stören könnte. Wir packen die Schnorchel aus, die uns Fred geliehen hat, flapsen die Flossen über, staksen zum Strand, lassen uns ins Wasser gleiten. Badewannenwarm. Ein Traum.

Allerdings erfolgt meinerseits zunächst das obligatorische Verschlucken, kurze Durchleiden einer Panikattacke, wildes Herumfummeln am Brillenglas, siebzehnmaliges Durchpusten des Schnorchels. Bald aber schweben wir Seite an Seite. Nur ein paar Meter vom Strand entdecken wir Korallenbänke, Fischschwärme, eine Wunderwelt aus Trompetenfischen und knallorangenen Kugelfischen, ekligen Seegurken und schwarzen Stachelmonstern, die sich an Korallen krallen. Ihre Pfeile sehen abschussbereit aus, wie Harpunen-Selbstschussanlagen, designt im *Star Wars*-Labor. Ich mache, dass ich schnell weitergleite. Eine Berührung soll tödlich sein, hat uns der Surfer in der Pension erzählt. Es gibt ja solche und solche Phantasien, wie unsereins eines Tages den Löffel abzugeben hat, aber von einem schwarzen Riesenstachel aufgespießt zu werden und am menschenleeren Strand von Moorea zuckend zu verenden gehört nicht zu meinen Lieblingsvarianten. Ganz abgesehen davon, dass Anna schreckliche Probleme haben würde, mich aus dem Wasser zu bergen, bei dem Getümmel, das ich sicher veranstalten würde. Sie sagt ja schon, wenn ich nur die ersten Kraulzüge angesetzt habe: Im Umkreis von zehn Metern kann sich kein Mensch sonst im Wasser aufhalten, solche Turbulenzen verursachst du mit deinem hektischen Gepaddel. Ich nenne das: Ich schwimm schon mal los.

Halbe Stunde Schweben. Sind im Nu versöhnt mit diesem Ort. Vergessen die Wächter in der Ferne. Das Getrommel auf unseren Rücken merken wir erst, als wir den Kopf aus dem Wasser strecken. Es regnet, um nicht zu sagen: Es schüttet. Die dunkle Wolke hat uns aufgesogen. Nichts wie raus. Wir frösteln tatsächlich ein bisschen, im Gewitterwind, der Regen kühler als das Meer. Kauern uns unter den Baum. Bald gibt sein Blätterdach nach, nun tropft es um uns und auf uns so stark, dass es im Regen trockener wäre. Wir ziehen uns die dünnen Jacken über, die wir auf St. Lucia erstanden haben, und kauern uns wieder unter den Baum. Dann beginnt etwas, gegen das ein Wolkenbruch in Abstiegsgefahr geriete. Unterm Baum ist es nun so nass wie im Schnellboot auf dem Iguaçu, weiß der Teufel, wie der das fertigbringt, dieser Baum. Wir flüchten uns in die nächstgelegene Hütte des Hotels, auf deren holzbohlenbewehrte Veranda. Einsames Hüttchen ... Würden gerne jetzt, genau jetzt, die Ananas essen. Sie riecht sehr süß. Anna sucht eine scharfe Muschel. Säbelt hilflos an der rauen Schale herum, lässt es dann.

Heute Abend in Würde, sagt sie.

Das Hotel kommt uns lächerlich vor, so leer. Mit zwei abgerissenen, triefenden Gestalten wie uns als einzigen Gästen. Als der Regen nachlässt, die Umgebung tropft noch, dauert es keine Minute, und ein weißer Wächter des toten Hotels stiefelt heran, uns zu verscheuchen. Wir sehen erst jetzt die Videokameras am Rand des Geländes. Sie müssen uns die ganze Zeit beobachtet haben.

Schwarzer Schnauzer, schmale Augen. Der Manager sagt, ihr sollt gehen, schnauzt er.

Oh, der Manager, sagen wir. Es hat so stark geregnet, und

unter diesem Baum da drüben war es so nass, dass wir dachten …

Ja, der Manager, sagt er extralangsam und extrasnobistisch. (Manchmal gehen der polynesische Hang zur Bräsigkeit und der französische Hang zur erhobenen Nase eine ärgerlich machende Liaison ein.)

Schöne Grüße an den Manager, sage ich. Er ist ein guter Mensch.

Wir trollen uns. Es ist nie schön, von einem behaglichen Plätzchen vertrieben zu werden. Berührt Urgefühle. Psychologen haben beste Jagdgründe bei diesem Thema. Aber wir haben Glück: Die Wolke ist weitergezogen, die Sonne bricht durch, sie existiert tatsächlich auch in Französisch-Polynesien. Und wir legen uns für ein paar friedliche Minuten auf den bloßen Muschelpuderkalk und wärmen uns und schauen auf die Lagune und dahinter auf die Wellen, die sich am Riff brechen, immer wieder werfen sie sich dem Riff entgegen, man hört ihre Wut über Hunderte von Metern hinweg, aber sie knacken es nicht, sie stürmen die friedvolle Lagune nicht und stören auch nicht die lieben Fischlein und Stachelchen.

Unser Tagesausflug endet in Papeete. Gegen sechs Uhr bauen die Roulottes auf, verwandeln den weiß gefliesten Platz am Hafen binnen einer Stunde in eine Piazza voller Open-Air-Restaurants. Aus einem Dutzend Fiat Ducatos dringen interessante Gerüche. Und nun das aber.

Ein Gericht kostet volle zehn Euro, die Qualität ist eher mäßig. Die Gäste berechenbar. Japaner schaufeln sich Reisberge hinein, Lonely-Planet-Jünger ziehen vom *Hongkong* zum Crépeladen. Wie vielerorts haben die Chinesen das Geschäft in der Hand. Wo man schnell sein muss, fleißig, schlau und duldsam, da sind sie im Vorteil, die Diaspora-Chinesen, die Tiziano Terzani in seinem Buch *Fliegen ohne Flügel* so wunderbar beschrieben hat. Ein gegen sich selbst rücksichtsloser Menschenschlag, der überall gedeiht. Muss man sie deshalb mögen?

Papeete ist keine Stadt, die verführt. Die Tahitianer stehen früh auf, um halb acht Uhr morgens sind schon die Geschäfte offen, ab fünf jedoch alles zappe. Sie machen keine Siesta. Und alle marschieren früh ins Bett. Ein untertouriges, etwas unsympathisches Lebensmodell. Kein Bier auf der Piazza, auch kein Wein, wohl Konzessionssache. Also kurze Abende. Komisch, das passt gar nicht zu den Franzosen. Aber Tahiti ist viel weniger französisch als Guadeloupe. Der starke Arm der Grande Nation, er wirkt hier recht schlapp.

Mit dem Bus nach Hause. Vor dem *Sofitel Tahiti*, nahe am Flughafen, hängen Plakate, blaue Zelte bevölkern den Garten, Leute sitzen im Licht schwacher Lampen unter den Planen, gucken ausdruckslos unserem kriechenden Bus nach. Die Angestellten des Hotels streiken. Fordern ein 13. Monatsgehalt. Glückliches Tahiti, wenn nur das deine Probleme sind.

In der Pension *Temiti* ist die Dusche besetzt von Samoa. Also erst mal ins Internet. Wir sind sehr weit weg von zu Hause, in jeder Beziehung. Wir checken seltener unsere Mails, schreiben weniger. (Aber schön. Viele Freunde tippen, wie sie reden, man hört ihre Stimmen beim Lesen. Meine Mutter hat nun auch gelernt zu mailen, sie schreibt mit ihrer schnellen, witzigen, liebevollen Art, kennt die Delete-Taste nicht, oder sie nimmt sich die Zeit nicht. Und unsere Bekannten aus Auckland haben sich nach Wochen endlich gemeldet, laden uns zu sich ein. Schon morgen werden wir da sein. Irre.)

Mit mehr Abstand wird mehr egal. Am Anfang sagt man es sich nur, jetzt hat man sich selbst bewiesen: Man ist so was von ersetzbar. Das sollte einem eh immer klar sein, aber jetzt ist es ganz präsentes Wissen. Es führt zu einem großen Gefühl der Unabhängigkeit.

Und doch: Bin auf Tahiti ungnädig wie selten auf dieser

Reise. Eine Umkehrung der Dinge: Zeithaben ist Alltag geworden. Kein rastloses Auskosten jeden Tages, man gönnt sich Launen, weil man ja sonst nichts zu umsorgen hat. Der innerliche Befehl: Schnauze halten, jetzt ist Urlaub!, er ist längst vergessen. Das Leben geht wie von selbst. Solange der Automat Geld ausspuckt.

Anna und ich kabbeln uns ein paar Mal, wie zu Hause mitunter, stets geht es nur um Nichtigkeiten, kleine Rechthabereien, wenn man eine Sekunde klar drüber nachdenkt, muss man lachen. Und so löst sich das dann auf. Ich bin eh nicht streitfähig, sagt Anna immer. Zumindest nicht mit ihr. Ich denke halt: Das ist es jetzt nicht wert. Ist es ja auch nicht.

Plötzlich sage ich: Heute ist der erste Advent! Zu Hause gehen die Kerzen an. Das Warten auf den ersten Schnee. Der Geruch von Tannennadeln. Wie schnell die Dunkelheit übers Land fällt. Doch wenn wir an Deutschland denken und unsere Familien, spüren wir nicht den Winter. Man stellt sich dieselbe Wärme vor wie auf Tahiti, dasselbe Körpergefühl, kein Vergraben im dicksten Pulli. Unzulässiger Trick, wenn man ehrlich ist.

# DREIZEHN
# Delfine im Frost

Manche Dinge sind nicht wahr, nur weil sie immer wieder behauptet werden. Da ist zum Beispiel die Sache mit der Nordinsel Neuseelands, die, glaubt man kundigen Weltbürgern, nur zu einem Zweck geschaffen worden ist: dass man sich schnell davonmache, auf die ach so viel schönere Südinsel. Aber wir haben uns vorher ein wenig schlau gemacht. Wer das Land kennenlernen möchte, begriffen wir, mitsamt seiner reichen Kultur und sozialen Spannungen, der muss sich auch für den Norden Zeit nehmen. Denn dies ist das Kernland der Maori, Neuseelands Ureinwohner.

Natürlich beginnen wir unsere Rundreise in Auckland, das sich nach Kräften müht, eine Art kleines Sydney zu sein. Es liegt inmitten Dutzender erloschener Vulkankegel, wie hingebettet am zerklüfteten Hauraki-Golf, vor der Nase ragen Lavainseln auf, an den buchtenreichen Ufern leckt türkisfarbenes Wasser, dies ist eines der besten Segelreviere der Welt. Im Prinzip hat jeder einigermaßen wohlhabende Auckländer irgendwo sein Boot liegen, Ehrensache.

Neuseeländer sind manische Segler, so wie unser Bekannter Andy, der mit seiner Freundin Sam einen Partyservice betreibt und davon träumt, sein Haus zu verkaufen und auf einen Katamaran zu ziehen. Einen Katamaran, groß wie ein Haus, nur dass man eben davonsegeln kann, wenn es einem zu bunt wird. Dies ist keine verrückte Idee, nicht wenige

Auckländer machen das so. Wird ja nie richtig kalt hier – leider auch selten richtig warm.

Wir machen das jetzt schon jeden Sommer, nur auf dem Boot leben, sagt Andy. Vier Wochen lang, wir haben die Schränke vollgebunkert, und mittags und abends essen wir Fisch.

Andy hat raue, muskulöse Hände, knorrige Finger. Schaffhände, wie die Badener sagen. Oder auch: Abenteurerhände. Er ist zu unserem Glück Taucher. In seinem letzten Urlaub sei er täglich mit einem leeren Eimer hinabgeglitten, erzählt er, und mit vollen Eimern wieder hochgekommen. Darinnen Hunderte Jakobsmuscheln. Es waren so viele, wir konnten sie nicht mehr sehen, sagt Andy. Wir sitzen im Wohnzimmer ihres neuen Hauses, seit zwei Wochen wohnen sie hier, ein Neubauviertel in Brown Bay, fünf Minuten sind es zum Wasser. Zum Aperitif wirft Sam einen Berg Jakobsmuscheln in die Pfanne, die sie aus der Tiefkühltruhe gezaubert hat, brät sie mit Olivenöl an, streut dunklen Pfeffer darüber. Dazu gibt's einen Sauvignon Blanc von den Marlborough Sounds.

*Dig in!*, sagt Sam, und das tun wir auch. Wir könnten davonschwimmen vor Glück.

Kennengelernt hatten wir uns drei Jahre zuvor auf einer abgelegenen Insel Tongas, wohin es Anna und mich auf unserer Hochzeitsreise verschlagen hatte. Zehn Tage lang waren die beiden und wir die einzigen Gäste in einem Resort, das der Eigner aus Holz und Palmwedeln zusammengezimmert hatte. Wir hatten einander versprochen zu schreiben, doch dies nie getan. Nun sitzen wir hier, und das Gespräch flutscht, als hätten auch sie die Abende beim Kerzenschein und Djenga-Spielen nicht vergessen.

Die beiden schleifen uns durch prächtig gelegene Vororte, und unsere Entdeckungsfahrt beschließen wir mit zwei Bier in einem Seglerpub am Hafen, wo ein paar Jahre zuvor die Alinghi-Crew den Triumph beim America's Cup gefeiert hatte. Die Sonne schiebt sich aus dem Dunst, eine Ahnung von Hitze. *Terrible wheather so far*, sagt Andy, der Sommer will nicht kommen, die Jahreszeiten sind durcheinander. Wir haben das jetzt schon zu oft gehört: Überall ist das Wetter schlecht. Oder wenigstens anders als gewohnt. Die Klimakatastrophe … Nein, lassen wir das. Wir dürfen nicht um die Welt fliegen, um uns dann zu beschweren.

Wir erzählen vom Image Neuseelands in Deutschland, dass so gut wie jeder in einer schwachen Stunde davon spreche, einmal hierherzureisen, und nicht wenige würden auch gerne sofort auswandern. Ins Land der Kiwis, wie sich die Bewohner nennen, nach ihrem flügellahmen Wappentier, das Traumland am anderen Ende der Welt, die Luft soll besser sein, die Natur unbefleckt, das Leben lebenswert. Eine bessere Welt. Eine bessere Welt? Stimmt das denn, Andy?

Ich weiß nicht, sagt er nachdenklich. Unser glorreiches Neuseeland ist kein Wunderland, wir haben viele Probleme.

Andy erzählt, seine Landsleute fühlten sich in der Krise. Der *NZ Herald* habe gerade erst heute Morgen die »nervöse Psyche« beklagt, man sorge sich nur noch, aus dem früheren *Kiwis can do it*, sei eine *Wait and see*-Haltung geworden. Alles werde kaputtgeredet, man habe Angst vor der eigenen Courage. Für die Rugby-WM 2011 baue man nun doch kein Stadion an der Waterfront, das ganze brachliegende Viertel wäre belebt worden. Und noch immer habe man in Auckland keine Lösung für das fehlende Fährsystem zu den nördlichen Vororten, die Pendler stauen sich jeden Tag aufs Neue.

Dieser Journalist hat Gott verdammt noch mal recht, sagt Andy.

Oder nehmt unser Krankenversicherungssystem, ergänzt Sam, das ist leider völlig verrottet. Wer Brustkrebs hat, kommt mit Glück auf eine Warteliste. Mit Pech bekommt die Patientin gesagt: Kommen Sie in zwei Jahren noch mal vorbei. Wer die Operation nicht privat finanzieren kann, kann bis dahin tot sein. Meiner Mutter ging es so, wir konnten ihr die Operation bezahlen. Aber wer kann das sonst noch?

Anna und ich schauen uns an. Vom deutschen System halten sie hier in Neuseeland viel. Zumindest haben sie nur Gutes gehört. Uns fällt nach dieser Geschichte nicht viel ein, das wir an Skandalösem zu berichten wüssten.

Nach einem langen Grillabend stöbern wir gemeinsam über die Landkarte. Andy ist auf der Südinsel aufgewachsen, er schwärmt uns von allen Nationalparks minutenlang vor, und Sam hört staunend zu, sie stammt von einer Farm südlich von Auckland und war noch niemals jenseits von Wellington. Aber der Norden, sagt Andy, nehmt euch Zeit für den Norden! *Absolutely stunning!* Wir pennen im Gästezimmer, eine pudelwohlige Nacht.

Mit dem Mietwagen machen wir uns am nächsten Morgen sehr früh auf den Weg. Sorgloses Fahren, nichts los auf den Straßen. Mittags Kaffeepause in Mangawhai Heads, das alles bietet: einen Dorfkern, weiten Strand, Dünen, Klippen. Im *Sail Rock Café*, wenn man Glück hat, bedient Dozzy, mit einem Strahlen im Gesicht, als habe sie den ganzen Frühling auf uns gewartet. Das ist die größte Kunst in der Gastronomie, ich könnte sie niemals beherrschen, einem Gast das Gefühl zu geben, man habe sich auf ihn gefreut, und jetzt, gerade jetzt sei der ideale Augenblick, dass er vorbeischaut. Wir essen lauwarme, fluffige Muffins und trinken einen starken, cremigen *Flat White*.

Leider ist es zu kalt zum Baden. Viele prächtige, allein stehende Bäume. Man sieht, was die Natur anzustellen vermag, wenn man ihr Licht und Luft gibt. Mir scheint, dass es mit den Menschen genauso sein müsste. Das Wichtigste ist immer, Raum zum Wachsen zu haben. Man muss es ja nicht tun. Aber schön, es zu können.

Beim Flug über die Datumsgrenze haben wir, schwupps, einen Tag verloren. Wir sind nun also im Morgen. Gestern waren wir noch im Gestern, von Hamburg aus gesehen. Von jetzt an arbeiten wir uns zurück. Neun Wochen unserer Reise sind vergangen, noch sind es über sieben Wochen. Haben jetzt genug von kleinen Inseln. Wollen wählen können. Aber müde sind wir nicht. Oder reden wir uns das nur ein? In Brasilien und auf Tahiti war es manchmal, wie gefesselt zu sein, uns nicht unterhalten zu können. Wir lassen uns nun einfach treiben. Großes Gefühl der Freiheit.

Man nehme die schönste zerklüftete Bucht Skandinaviens, die man sich vorstellen kann, und streue Palmen darüber, packe Delfine und Killerwale ins Wasser. So sieht die Gegend um Russell aus, gelegen inmitten der *Bay of Islands*.

Es ist nicht so sehr die Lage, die uns sofort fasziniert, sondern das unverschämt entspannte Tempo. Jetzt, kurz vor Weihnachten, überzieht den Ort eine schläfrige Ruhe, alles wartet auf die *Silly Season*, wenn der *Pohutukawa* rot blüht, der neuseeländische Weihnachtsbaum, und das ganze Land an die Küste gefahren kommt. Es ist so friedlich, dass man denken könnte, hier müsse die Heilige Nacht zu Hause sein. Keine Bräsigkeit; Lebenskunst. Man weiß die Dinge zu nehmen. Vielleicht liegt es daran, dass hier alles angefangen hat, dass Russell die erste Hauptstadt Neuseelands war und in seinen Gemäuern gewissermaßen der *Genius Loci* zu finden sein muss. Im Prinzip besteht die Gemeinde aus einer Uferpromenade und zwei parallel laufenden Straßen, die gesäumt sind von Restaurants, Cafés und Läden. Aber massig Geschichte ringsum.

Der Ort, der einst Kororareka hieß, hatte sich vor 170 Jahren den redlichen Ruf als »Höllenloch des Pazifiks« erworben, warum, das kann man sich denken. Seefahrer kommen auf vielerlei Ideen, wie sie ihre Heuer verprassen können, wenn sie nach Monaten oder gar Jahren an Bord das erste Mal wieder an Land gehen. Es gab Kapitäne, die trauten sich erst gar nicht anzulegen in diesem Walfängerhafen, weil sie fürchteten, dass ihre Besatzung ermordet würde, entführt oder einfach desertieren. An Land herrschten Exsträflinge, Halunken und Deserteure anderer Schiffe. Die ganz normale Mischung, die etwa auch Sydney nach den ersten Geburtswehen bevölkerte. Bester Nährboden, offenbar.

Heute wohnen in Russell rund tausend Menschen, darunter der deutsche Kinderbuchautor Helme Heine, der die Figur Tabaluga erfunden hat. Wir klingeln an seinem Haus auf der Klippe, um ihn zu fragen, ob er uns weiterhelfen könne bei unserer Suche nach dem Geist des Ortes, aber er ist leider nicht zu Hause.

Vom Sog des Höllenlochs ist nicht mal mehr etwas zu ahnen. Die Pubs sind nur noch pubbig. Charles Darwin persönlich trägt Mitschuld, dass es erkaltete. Er spendete damals in seinem Eifer einen nennenswerten Beitrag zum Bau der *Christ Church*, der ältesten Kirche Neuseelands, die Russell fortan ihren Segen schenkte und dem Sündenpfuhl den Garaus machte, und natürlich sollte man dem lieben Gott danken, dass das geklappt hat.

Man könnte dem Flecken heutzutage gar vorwerfen, langweilig geworden zu sein, wäre die Ruhe nicht genau der Grund, warum wir hierhergekommen sind. Es ist einer dieser Plätze am Meer, an denen alles stimmt, vor allem die Menschen. Man kommt ins Plaudern, man kommt ins Träumen. Jeder hat hier sein Boot draußen liegen, man könnte es jeden Tag nutzen. Muss es aber nicht. Diese Halbinsel scheint mir ein Ort zu sein, an dem ich alt werden könnte. (Es gibt nicht viele Orte in Deutschland, an denen mir dieser Gedanke kommt. Ist wohl auch ganz gut so. Das Altwerden kann ja noch warten.)

Ein kleiner Weg vom Pier führt hinauf auf den Flagstaff Hill. Dort oben leuchtet das Wasser in der Dämmerung auf drei Seiten. Die Wanten, die den weißen Stahlmast halten, singen im Wind, als gehörten sie eigentlich zu einer Yacht.

Der Mond geht voll auf über dem Meer. In uns ist es sehr friedlich. Man fühlt sich sehr willkommen in diesem Land, schwer zu beschreiben, woran das liegt. Das mangelnde Tempo. Zeit in den Gesichtern. Die Sprache: Understatement. Alle Männer nennen sich *mates*, Gefährten. So ein Grundglück, das zu spüren ist. Man kennt dies in Europa nur aus dem Norden, wo wenig Menschen leben.

Im Gebüsch singt ein *Tui*. Was heißt singt. Er trötet seinen zweisilbigen Ton unaufhörlich, und er wird es die ganze Nacht tun, hat uns Derek gewarnt, der das *Triton Suites Motel* leitet. Paarungszeit. Du gehst die glatten Wände hoch, sagte er, der zieht das gnadenlos durch, bis ihn eine Dame erhört.

Der Himmel ist in Rosa und Lila getunkt, wir entkorken den nächsten Sauvignon Blanc, diesmal aus Hawke's Bay, und fabulieren uns in die Zeit zurück, als just hier, an dieser Stelle, Neuseelands umkämpftestes Heiligtum lag. Der Hügel mit dem Union Jack. Das Symbol der stolzen Kolonialherren, für die Briten. Das Symbol der Betrüger, für die Maori. Viermal errichteten die Engländer den Fahnenmast, an dem der Union Jack flatterte, viermal schlichen sich die Maori des Nachts empor und sägten ihn einfach um, zuletzt am 11. März 1845. Es war eine raffinierte Aktion: Die Maori ließen im Dorf ein Munitionsdepot in die Luft gehen, und als sich die Soldaten auf die Schiffe flüchteten, stürmten sie den zuvor mannhaft gesicherten Hügel. Von Bord aus feuerten die Briten aufs Dorf, schossen fast alle Häuser kurz und klein. Sechs ihrer eigenen Leute starben in jener Nacht, ihre Namen sind noch heute in der Kirche zu lesen. Dort liegt auch ihr Widersacher Hono Heke. Der für die Attacken zuständige Häuptling wird noch heute von einigen Ureinwohnern als Lichtgestalt verehrt.

Drüben, auf der anderen Seite der Bucht, hatte es zuvor, 1840, den Friedensschluss gegeben, in dem die Maori hofften, die Ansprüche der lästigen Neuankömmlinge begrenzen zu können. Die Maori hatten zuvor Chinesen, Holländer, Portugiesen, Spanier und Italiener vertrieben, nun schickten sich die Franzosen an, sich breitzumachen. Die Briten jedoch schienen den Maori alles in allem das zivilisiertere Volk (das können die ja gut, einen ordentlichen Eindruck hinterlassen). Man war fortan britischer Staatsbürger, stand unter dem Schutz der Krone, behielt dafür das Land und die religiöse Freiheit. Aber natürlich brachen auch die Briten in der Folge so ziemlich alle Absprachen, die je getroffen wurden, zumindest ist bis heute die Auslegung der drei Paragrafen ein Fall für die Gelehrten.

Das Areal von *Waitangi*, die Wiege der neuseeländischen Nation, ist allerdings ein schläfriger Park, mit dem größten Kriegskanu der Welt, und wenn die Maori nicht zu den sozial schwächsten Gruppen der Gesellschaft zählten, mit Problemen, die zum Himmel schreien, man könnte den Eindruck bekommen, alles sei gut.

Nur mal als Empfehlung: Man sollte unbedingt die Handvoll Dollar ausgeben und hier eine Führung machen – wenn man Glück hat, erwischt man Wil als Guide, und wenn man noch mehr Glück hat, hat man ihn für sich ganz allein. Er ist Maori, seine Eltern sind Maori, und doch lernte er die Sprache seiner Ahnen erst als junger Erwachsener. In der Schule wurden wir früher geschlagen, wenn wir Maori-Wörter in den Mund nahmen, sagt er. Er ist ein hagerer Mann, ganz anders, als man sich einen Maori vorstellt, wenn man mal Rugby geguckt hat oder Ethno-Fernsehen, als große Krieger mit hypnotisierenden Zeichen auf der Stirn.

Geduldig erläutert Wil die komplizierten Muster, die das Kriegskanu zieren – ganze Familienstammbäume sind hier hinterlegt. 120 Krieger passen hinein, dazu 40 Passagiere. Unsere Navy hat sein Tempo mit 51 km/h gemessen, sagt er stolz. Vor dem Versammlungshaus, dem *Marai*, ziehen wir uns die Schuhe aus. Wil grinst.

Jetzt kommt der Teil, den ich am wenigsten mag, sagt er. Er schließt die Augen, legt den Kopf in den Nacken und beginnt einen hohen, unheimlichen Gesang. Er ruft die Ahnen an, bittet um freundlichen Einlass. Mir rinnt ein Schauder den Rücken runter, ich schiebe es eindeutig auf die Tonlage. Hat was Wölfisches. Drinnen Halbdunkel. Aufwendige Schnitzereien, blinkende Augen dämonischer Figuren. Der Ahnenkult der Stämme. Man flüstert automatisch.

Wir erfahren unendlich viel in dieser Stunde. Der Vertrag von Waitangi gilt bis heute weltweit vielen indigenen Völkern als vorbildlich, weil er das Zusammenleben von Kolonialherren und Ureinwohnern friedlich zu regeln gedenkt. Aber an den Geist der Vertrags hielten sich längst nicht alle Weißen, *Pakehas* genannt. Bis in heutige Zeit fordern Maori-Stämme Land zurück, das ihnen einst genommen wurde. Es ist ein Thema, das Neuseeland im Griff hat. Viele Maori leben in den Elendsvierteln der großen Städte, ihr Alltag ist noch immer geprägt von Armut, Gewalt, Analphabetismus und hohen Krankheitsraten. Dabei erlebt die Kultur eine Renaissance, ihre Touristenzentren sind gut besucht, die Fans der *All Blacks* malen sich ihre Tattoos ins Gesicht.

Zum Abschluss bittet Wil ins Museum, wo eine Gruppe Teenager rituelle Tänze aufführt. Das ist niedlich und auch ein bisschen peinlich, weil sich die Jungs in ihren halb nacktem Aufzug wenig wohlfühlen neben den Mädels, die mit einer Art Staubwedel herumfuhrwerken.

Hollywood ist das nicht gerade, sagt Anna.

Aber es ist mit Liebe gemacht, sage ich.

Das ist das Mindeste, sagt sie.

Zu guter Letzt aber schlägt die Stunde der Jungs, jetzt dürfen sie zeigen, was sie draufhaben, beim *Haka*, dem Kriegstanz, den auch die Rugby-Spieler vor jedem Match aufführen. Die drei Burschen lassen die Augen aus ihren Höhlen treten, brüllen *Ka Mate!* – »Das ist Tod!«, schlagen sich mit der Faust gegen die Brust, es ist ein plötzliches Glühen im Raum, die Kerle sind nun ganz dabei, und hinter ihnen hat sich Wil eingereiht, der im Anzug mittanzt, es sind nur vier Maori – Ka Mate!, aber es hat Wirkung. Als hätte jemand erforscht, wie ein Mann am bedrohlichsten wirkt, so ist die Mimik, so sind die Gesten, verstärkt durch den Gleichklang, das gemeinsam ausgeübte Ritual. Man möchte nicht auf der Gegenseite gestanden haben, wenn sich einst 400 Maori ins Fieber tanzten, am Morgen vor der Schlacht.

Wie fühlst du dich dabei?, frage ich den Längsten nach der Show.

Er reibt sich über den Unterarm, sagt: Ich fühle mich zornig. Man steigert sich da rein. Man spürt wirklich, dass einen da so eine Wut überkommt.

Auf wen?

Ich weiß nicht. Auf niemand Bestimmtes. Es ist mehr so 'ne Haltung.

Wieder in Russell, am nächsten Morgen, entern wir ein Boot der *Dolphin Discoveries.* Man könnte auch eine Tour buchen, bei der man mit den Delfinen schwimmen kann, aber so was ist mir nicht geheuer. Ich weiß auch nicht, ob es den Delfinen geheuer wäre. Und Anna würde zwar gern, traut sich aber nicht. Außerdem kostete es eine ganze Stange extra. Also nur der Ausflug, ganz herkömmlich.

An Bord erzählt Jo, die Kapitänin, wie es kam, dass die Maori die Franzosen verschmähten. Sie erzählt die Geschichte des französischen Entdeckers Marion du Fresne, der hier 1772 ankerte, sich mit den Eingeborenen anfreundete und dann jedoch unverzeihlicherweise in einer Bucht fischte, die die Maori in ihrer polynesischen Spiritualität für *tapu* erklärt hatten. Du Fresne und seine zwölf Männer wurden getötet und verspeist – und als Rache veranstalteten die überlebenden Soldaten ein Massaker, mehr als 250 Maori starben. Fortan genossen Franzosen nicht mehr den allerbesten Ruf.

Wir aber sind hier, um Delfine zu sichten. *Alright, guys*, hat die zierliche Jo zur Begrüßung gesagt, als sie ihre Gäste erblickte, eine Crew, nicht jämmerlicher als sonst, Touristen halt. Ziemlich schlapp hängen wir an der Reling, ein ganzer Tag auf See, was mag das wohl werden, die eine oder andere ist blass um die Nase, wir zwei haben zum Glück Sonnencreme dabei – wir sind braun wie selten, und doch spüren wir, die Strahlen fressen sich ins Gesicht –, drei haben ihren Hut vergessen, und Frau Kapitänin sagt nur: *alright, guys.*

Tatsächlich steuert unser Boot schnell eine ganze Schule Delfine an, die sich im Windschatten einer flachen Insel austobt. Sie schrauben sich in die Luft und werfen sich ins Wasser, als hätten wir Eintritt dafür bezahlt. Ich besuche Jo im Cockpit.

Delfine sind launisch, sagt sie, und wir, wir fügen uns ganz ihren Launen. Manchmal kommen sie her, um zu spielen, wir machen natürlich gerne mit, und sie scheinen einen Heidenspaß zu haben. Aber am nächsten Tag kann es sein, dass sie uns ignorieren. Und dann lassen wir sie einfach in Ruhe. Sie schaut durch die Windschutzscheibe, sie strahlt. 30, 40 Tiere springen durcheinander, einige schwimmen um uns herum, beäugen uns, einer schnellt im hohen Bogen durch die Luft, sieben, acht Meter.

Heute sind es zehn von zehn Punkten, sagt sie.

Jo nimmt einen Schluck Schwarztee mit Milch, steuert uns vorsichtig weg von den Delfinen, drückt schließlich den Hebel ihrer mächtigen Caterpillar-Maschinen nach unten, das Speedboot macht einen Satz nach vorne.

Und dafür werde ich noch bezahlt!, sagt sie grinsend, über den Augen eine verspiegelte Sonnenbrille, die sie älter aussehen lässt als ihre 28 Jahre. Aufgewachsen im nahen Kerikeri, hat sie in Wellington studiert und fährt seit zwei Jahren für die *Dolphin Discoveries*. Das alles hier, sie zeigt über die inselreiche Bucht, eine Brise kräuselt das Wasser, in der Ferne blitzen Strände, das nimmst du als gegeben an, sagt sie, wenn du von hier kommst. Als gebe es keine andere Landschaft. Erst wenn du weg warst, weißt du, es gibt keinen schöneren Flecken Erde auf dieser Welt.

Ich habe eine Zeitlang in Südamerika gelebt, erzählt sie, ich habe meine Lektion gelernt. Und nun mache ich das, was am liebsten alle machen würden. Ich bin für alle Zeiten verdorben, fürchte ich. Arbeiten hier ist wie fischen. Du musst dich anstrengen, nichts zu fangen. Es gibt Tage, da fangen wir so viel, wir werfen das meiste zurück.

Bevor wir zurückkehren, fahren wir durch das berühmte *Hole in the Rock*. Riesenaufregung unter den anderen Passagieren. Anna sagt: So was lässt mich immer kalt.

Aber dass hinter dem Tunnel die offene Südsee wartet, das macht sie dann doch neugierig. Abertausende Seevögel treiben auf der Dünung, als bewachten sie einen geheimnisvollen Schatz.

Wärmer?, sage ich. Anna nickt.

Es ist ein bisschen, als habe ein neuer Urlaub begonnen. Die Atmosphäre so ganz anders. Wie befreit. Wir hatten offenbar eine sorgenvolle Spannung in uns, und nun fällt die ab, wir hatten sie gar nicht bemerkt. Und jetzt spüren wir auch: Dass wir eventuell ein bisschen müde sind. Dass wir vielleicht mal ein Päuschen brauchen.

Am Abend bleiben wir im Hotel. Gucken die *John Lennon*-Story: Wusste gar nicht, dass er Elvis imitierte, anfangs, sich eine Tolle stehen ließ wie der King. Dass Kunst fast immer aus Imitation erwächst, dass auch Genies nicht als Genies auf die Welt kommen – ein beruhigender Gedanke.

Die nächsten Tage cruisen wir vor uns hin. Fast nichts los auf den Straßen. Wälder, Berge, Steilküsten, keine menschengemachten Grenzen. Gedankenlose Tage. Road Movies, nur ohne Script. Es gelingt uns nicht, irgendwo schlecht zu essen, zu viele junge Köche aus aller Welt beeinflussen die heimische Küche, die sich *Pacific Rim* nennt, inspiriert von Asien, Polynesien, Australien. Und einen dünnen Kaffee kriegen wir auch nirgendwo. Die Qualität ist generell spektakulär, für Nicht-Italiener.

Neuseeland wurde erst vor 1000 Jahren von Menschen besiedelt, später als die Osterinsel. Zu jener Zeit waren weite Landstriche mit riesigen, uralten Wäldern bedeckt, aus denen die Kauri herausragten. Die Siedler schlugen viele der mächtigen Stämme, und heute gibt es nur noch wenige dieser Giganten, die an der Nordwestküste wachsen. Sie sehen aus wie die Ents aus dem *Herrn der Ringe*, zumindest wie der Regisseur Peter Jackson sie sich vorstellte, und der ist Neuseeländer. Der dickste Baum heißt *Te Matua Ngahere*, der Vater des Waldes, er hat einen Durchmesser von 16,41 Meter und ist wohl mehr als 2000 Jahre alt. Er hatte schon ein Jahrtausend auf dem Buckel, als die Maori das Land in Beschlag nahmen. Es ist ein massiver Stumpen, breitschultrig und gnubbelig, von keinem Sturm zu fällen. So mancher Reihenhausgarten wäre vollständig ausgefüllt von diesem Prachtbaum. Die Haut wie Beton, hart und kalt, abweisend und steinern.

Wieder Stunden auf der Straße bis zum Tagesziel: das berühmte Rotorua, mit seinem blubbernden und spuckenden Auswurf vulkanischen Gedärms. Die Erde dampft und zischt, es brodelt unter ihrer Hülle, doch all das sieht leider so aus, wie man es sich vorgestellt hat. Wir warten auf einen Geysir, der einmal in der Stunde ausbrechen soll, beachten gar nicht den fauchenden Kollegen nebendran. Endlich merken wir, der vielversprechende, größere Felsenmund daneben spuckt schon lange nicht mehr.

Am Morgen opulentes Frühstück bei Gill und Barry, Bed & Breakfast in der *Westminster Lodge*, Obstsalat, selbst gebackener Apfelmuffin, selbst gemachte Kiwimarmelade, Ei, Kaffee zum Selbstbrühen. Aber die Stadt unten im Tal gefällt uns nicht. Hat sich dem Tourismus an den Hals geworfen. Die Blubberlöcher und Geysire mit frechen Eintrittspreisen. Der ganze Ort ein Abenteuerspielplatz, aber auf Befehl kann ich nicht.

Barry, 65, wie so viele passionierte Gastgeber, schwatzt in einem fort. Wenn man ihn fragt, warum sie ihr Haus öffnen, sagen sie, sie seien neugierig auf die Leute, tatsächlich aber drängen sie jedem ihre Lebensgeschichte auf oder zumindest ihre Ansichten. Und man kann sich ja schlecht wehren, am Frühstückstisch, mit einem Muffin im Mund. Zum Glück trifft es heute nicht uns, sondern unsere Nachbarn, eine nette schwedische Familie mit zwei langhaarigen Jungs, die uns fast zu brav scheinen. Die Jugend von heute hat keinen Stolz mehr, sagt Barry, keinen Mumm mehr in den Knochen. Sie tragen ihre Hosen in den Kniekehlen wie Afroamerikaner in den Slums, weil sie sich keinen Gürtel leisten wollen. Die Werte gehen vor die Hunde. In Auckland kriegen wir dieselben Slums wie in New York.

Ist das so?, frage ich über meinen Kaffee hinweg.

Wenn ich's sage, sagt Barry und schnuffelt in die Küche, Toasts toasten.

Es ist überall dasselbe, denke ich, auf der ganzen Welt, die Alten verstehen die Jungen nicht und tun lauthals kund, das sei der Untergang der bekannten Welt, dabei war es schon immer so, schon Goethe sagte, die Jugend gehe vor die Hunde, oder war es Bach? Die Alten sehen, wie die Welt sich ändert, wie sie ihnen entgleitet, die sie sich doch gerade erst gestern unterjocht hatten, und jetzt schimpfen sie, als seien sie selbst niemals jung gewesen, hätten es niemals gehasst, dieses Urteil von den Alten zu hören. Es kommt ihnen nicht in den Sinn, dass ihre Maßstäbe zu klein geworden sein könnten. Dass die Jungen großzügiger denken, komplexer, vernetzter, schneller, dass das ganze Timing des Lebens anders geworden ist. Werden wir auch so? Habe mich zuletzt mal dabei ertappt, junge Praktikanten in der Redaktion als doch noch sehr jung und übertrieben selbstbewusst wahrzunehmen. Flausen im Kopp, was? Schrecklich.

Merkwürdig gedrückte Stimmung nach dem Frühstück, so als wollten wir nichts wie nach Hause. Wir haben zu viel vor, zu wenig Zeit für uns. Weltreiseblues. Nur eins heitert uns auf. In einer Espressobar in Taupo, wo wir Mittagspause machen, hängt eine Zeichnung an der Wand: Die *Preservation Hall of Jazz*, New Orleans. Ein Saxofonspieler im Rausch …

Auf der Fahrt zum *Tongariro National Park* wird das Wetter immer schlechter. Der Regen schlägt gegen die Scheibe, ausgestoßen von einer undefinierbaren Suppe, dazu hat es drei Grad. Plus, immerhin. Wir haben die Faxen dicke. Um drei Uhr checken wir im *Skotel* ein, einem Berghotel auf dem Vulkan. Die Lodge ist unsere Rettung. Hier oben, 1142 Meter hoch, kann man vorzüglich wandern oder Ski fahren, aber wir wollen nur noch eins: auftauen. Da hat's einen Whirlpool im Wintergarten, die Fenster beschlagen, eine halbe Stunde himmlisches Quirlen. Ich liebe Thermalwasser. Man ist faul wie ein Batzen Hefe und hat danach trotzdem das Gefühl, mordswas geleistet zu haben.

Danach sitzen wir an der Bar, im Bullerofen brennt ein schönes Feuer, durch die großen Fenster sieht man Heidegras und Vulkanbrocken und viel Nebel, nur nicht den Vulkan, wegen dem wir hierhergekommen sind, der *Mount Ngauruhoe*, der den »Schicksalsberg« darstellte im *Herrn der Ringe*. Als ich mir ein Foto des konisch geformten Berges ansehe, wird mir klar, dass Regisseur Jackson einfach ein Best-of von Neuseelands Naturwundern verwandte, um Mittelerde zum Leben zu erwecken. Als wenn in Deutschland ein Fantasy-Streifen gedreht würde, und Zugspitze, Sylt, Lüneburger Heide, Elbsandsteingebirge, Vulkaneifel und Rheinfall gäben die Kulisse. Das Verblüffende: Der Schicksalsberg wirkt, als sei er extra für den Film geschaffen. In den USA wäre das niemals möglich, das Monument Valley etwa ist längst ins kollektive Bewusstsein der Filmfans übergegangen, der Grand Canyon flach fotografiert worden. Hier für den Fremden noch alles jung, noch neu.

Lesen, schreiben, ins Feuer starren. Die Vorzüge eines ehrlichen Ofens. Draußen kalter, starker Regen. Waren beim Aussteigen aus dem Auto sofort durchnässt. Das wohltuende Gefühl, nicht mehr rauszumüssen. Skisocken an. Nur hier sein, warm werden. Frisch gezapftes *Monteiths Richly Hopped Original Ale* im Glas, überm Fenster Holzskier. Grobes Feuerholz im Weidenkorb. Im Regal entdecke ich *Drambuie* (der mir mal auf den Färöer-Inseln das Gemüt gerettet hat, in einem klammen Zimmer, Schluck für Schluck teilte ich ihn mit dem weltklügsten Sportreporter, einem Kölner). Ich gönne mir ein Glas.

Das ist ja nur ein Pfützchen, sagt Anna, die ein Glas Shiraz vor sich stehen hat.

Aber das entscheidende Pfützchen, erwidere ich und schütte mir den Drambuie in den Hals, ein honigherbes Feuerchen rinnt mir in den Bauch.

Das Gefühl ist schon wieder gekippt, zu muggelig hier. Auch Reisen ist Formsache: Man steht vor den größten Naturwundern und denkt ans Schnitzel von gestern Abend, und das nächste Mal reicht ein warmer Platz und ein guter Drink, und der ganze Urlaub scheint gerettet.

Das ist normal, Freunde. Kämpft niemals dagegen an, misstraut diesem Gefühl nicht. Es kommt von ganz innen.

Vorm Einschlafen, nach einem deftigen Dinner im Hotel, das wir nicht mehr verlassen haben, wird mir bewusst, dass wir hier auf einem aktiven Vulkan pennen. 1996 erst war der letzte Ausbruch. Überall hängen Hinweise, wie man sich zu verhalten habe, wenn … Es gibt ein *Volcanic warning system*. Das ist praktisch zu wissen: Acht Minuten nach Auslösen des Alarms sagt der Vulkan Grüß Gott. Diese Zeit hat man, sich in *safe zones* zu flüchten. Das Skotel soll geschützt liegen, aber weiß das der Vulkan? 1953 schickte er eine Lavalawine zu Tal, die eine Eisenbahn erfasste, 151 Menschen starben. Und der Kratersee des Rurutoa füllt sich gerade wieder, der Pfropfen wird größer, es ist nur eine Frage der Zeit, habe ich gelesen. (Am 18. März 2007, etwas mehr als drei Monate nach unserem Besuch, wird tatsächlich der Damm des knapp 2800 Meter hohen *Mount Rupaehu* brechen und eine Wasserwalze von 1,3 Millionen Kubikmeter sich zu Tal stürzen – allerdings, wie erhofft, im Lauf des *Whangaehu.*)

In der Nacht hat es geschneit, eine zwei Zentimeter dünne Decke! Wir fahren hoch bis zur Talstation, bewerfen uns mit Schneebällen, bis die Finger ganz blau sind, fahren bibbernd wieder den Berg hinab. Schlagen uns dann nach Osten durch, durch eine Gegend, in denen keine Menschen zu sehen sind, da ist einfach nur Wildnis. In Vermont traf man die Farmer und Ranger im Country Market, hier gibt es nicht mal einen Country Market. Aber bald erreichen wir die *Hawke's Bay*, einen Obstgarten der Nordinsel, bekannt für beste Weine. In den kleinen Läden Napiers werden Macadamia-Nüsse, Olivensenf und biologisch angebauter Kaffee verkauft. Vor der Stadt die leuchtende See. Sehr viel Landschaft auf engem Raum.

Es ist ein kühler Tag, am Nachmittag hagelt es sogar. Das Meer kleidet sich vor Empörung in ein mattes Grün, der Strand besteht aus schwarzem Kiesel, ein eisiger Wind. Die Leute wärmen sich in den Cafés der Stadt, die 1931 von einem Erdbeben platt gemacht wurde und danach in schönstem Art Déco wieder auferstand.

Abends essen wir im Hafenviertel West Quay, finden eine erstaunlich barcelonesk gestaltete Tapas-Bar in einem hohen Lagerschuppen. Die Menschen in dieser Ecke, erzählt Lisa, die Kellnerin, kommen alle aus Europa oder lebten lange da.

Das könnte ein Grund, denke ich, dass unsere Heimat merkwürdig nah scheint. Am nächsten Tag bei 14 Grad Bummel durch die Straßen. Wir entdecken einen Flohmarkt an der Marine Parade. Leider viel vom üblichen Ramsch. Aber gleich der erste Stand zur Linken besteht aus einem Toyota-Kombi mit offener Heckklappe, darinnen große Lautsprecher. *My way* ist zu hören, und die Livestimme zum Karaoke-Gedudel liefert ein Maori, ganz in Schwarz gekleidet, so breit wie hoch.

Man könnte einen Dollar investieren und sich ein Lied wünschen. Wir lauschen nur, mit ein paar Metern unauffälligem Abstand, das ist manchmal das Beste, einfach nur sehen, was passiert. Ein grauhaariger Mann, eindeutig auch ein Maori, schnappt sich als Nächstes das Mikrofon. Wir erkennen das Lied nach zwei Takten: *Good morning, America! How are you? Don't you know me, I'm your native son. I'm the train they call the city of New Orleans …*

Es läuft uns kalt den Rücken runter. In New Orleans hatte John Boutte das Lied trotzig und lakonisch und böse gesungen, hier wird es larifari geträllert, zugegeben. Aber ausgerechnet dieser Song. Wir wippen mit, und plötzlich fragt mich der Alte, und die Frage dringt durch die Boxen, dass es der ganze Flohmarkt und das ganze einst vom Erdbeben platt gemachte Napier hören kann: Willst du den Song zu Ende bringen, *mate*? Der Alte zeigt mir einen Daumen, ich gebe ihm meinen. Und schüttele langsam den Kopf.

Es ist ein köstlicher Sonntagmittag-Flohmarkt. Unterwegs fast nur tätowierte Maoris mit dampfender schlechter Laune und ihre rauchenden Frauen. Eine Szene, wie vom Schriftsteller Alan Duff beschrieben – und mit dem bin ich in einer halben Stunde verabredet. Anna zieht nun auf eigene Faust los, ich fahre mit dem Wagen nach Havelock North, einer Kleinstadt der Reichen, gelegen inmitten der Rebhänge der Hawke's Bay.

Mit Alan Duff hatte ich bereits vor Monaten Kontakt aufgenommen, um ein Gespräch gebeten. Ich hatte gerade seinen Roman *Warriors* verschlungen und war beeindruckt. Einen so kraftvollen, sensibel erzählten Roman hatte ich lange nicht gelesen (auch wenn er gegen Ende kitschig wird). Der darauf basierende Film wurde weltweit ein Erfolg. Duff ist halber Maori, landete als Jugendlicher im Knast, ging später nach London, kehrte zurück, begann zu schreiben und gilt als der umstrittenste Intellektuelle Neuseelands – das wusste ich. Als ich ihn anmailte, antwortete er: Yeah, kommen Sie vorbei, wenn es so weit ist.

Es ist ein offenes Haus, über mehrere Ebenen fließt es Richtung Garten, eine Komposition aus Beton, Holz und Glas. Duff, Jahrgang 1950, bittet mich an den Esstisch, holt uns zwei Heineken aus der Küche. Zwei mächtige Neufundländer und ein winziger Pekinese streichen uns um die Füße. Duff trägt einen blauen Pullover und karierte Golfhosen. Es ist Samstagabend, 18 Uhr. Bei uns zu Hause wäre Sportschau-Zeit, jedenfalls keine Zeit, einen Fremden zu empfangen.

Mister Duff, sage ich, als Sie vor 16 Jahren *Warriors* veröffentlichten, stand das Land unter Schock. Und Sie selbst waren über den Schock geschockt, das habe ich gelesen. Wie erklären Sie sich die Reaktion der Leute?

Duff ist ein Mann mit stabilem Körperbau. Dass er Rugby gespielt hat und noch immer spielt, man sieht es. Er fixiert mich, das kann er gut. Er nimmt Maß. Und dann legt er los. Er ist einer jener Männer, die keinen Small Talk können. Immer nur Big Talk. Er setzt Sätze wie Punchs. Ein Punkt ist in seiner Diktion wirklich ein *full stop*. Kein Zögern, auch nicht in den harten Urteilen. Aber auch kein Auskosten. Kein Prüfen, wie seine Gedanken wirken könnten. Wie ein Mann, der zuschlägt, wenn er will, und bereit ist, die Folgen zu tragen.

Die Maori, fängt Duff an, hatten keine Stimme in der Gesellschaft. Niemand wusste, wie diese Menschen reden, was sie denken, wie sie fühlen. Ich habe ihnen eine Stimme gegeben. Ich weiß, wie es ihnen geht, weil ein Teil von mir so ist wie sie – oder zumindest so war. Damals wusste das keiner. Es war kein Thema. Die Rollen waren verteilt: Die Maori sollten nehmen, was der Staat ihnen gab, und viele von ihnen ruhten sich darauf aus. Und die Weißen fühlen sich schuldig, aus historischen Gründen. Ich nenne das die Weiße Schuld.

Das klingt reichlich zynisch, sage ich.

Aber wahr ist es dennoch, sagt Duff. Es ist gewissermaßen verankert in den Gewissen der weißen Gutmenschen, die meinen, sich abarbeiten zu müssen. Aber ich sage: *Bullshit!* Wir sind alle gleich. Wir kommen auf die Welt, und jeder muss seinen Kampf kämpfen. Ich glaube nicht an die Schuld, die man über die Generationen vererbt.

Sie machen es den Weißen zu einfach, Alan.

Nein, denn der Effekt ist fatal. Sie haben den Maori die Verantwortung genommen. Ich habe der Gesellschaft nur den Spiegel vorgehalten. Der Aufschrei, der durchs Land ging, war das Entsetzen über sich selbst. Aber natürlich haben das die wenigsten erkannt. Ich gelte als Wilder Mann Neuseelands. Was ich sage, lässt die vornehmen Herrschaften die Nase rümpfen. Ich bin der böse Bube, der Feind. Wie kannst du es wagen, sagen die wichtigsten Maori, öffentlich unsere dreckige Wäsche zu waschen? Ich werde als Anti-Maori hingestellt, als Freund der weißen Rednecks. Manche Leute nennen mich einen Faschisten, und ich antworte: Feiglinge, euch hinter diesem Schild zu verstecken. (Duff schüttelt den Kopf, er ärgert sich offenbar auch noch all den Jahren, in denen er sich gewöhnt haben müsste.)

Die Situation, die Sie in Ihren Büchern schildern, ist dramatisch: Die Maori in den Städten trinken exzessiv, schlagen Frauen und Kinder, versaufen die Sozialhilfe. Ist die Lage noch immer so hoffnungslos?

Natürlich, sagt er. Es ist unglaublich (er prostet mir zu,

ich proste zurück), das ganze Land trinkt exzessiv, aber ich wurde angeklagt, es zu übertreiben. Wir Maori leben so, so intensiv. Früher war es Stamm gegen Stamm, ineinander verkeilt durch uralten Hass. Woher dieser Hass kam, wir wissen es nicht. Aber er war da. Die Maori waren Menschenfresser, ja, mein Gott, das ist die Wahrheit. In unserem Land schreien sie auf, wenn man das sagt, aber es war eben so. Die Maori stellen gerade mal ein Siebtel der Bevölkerung, aber begehen zwei Drittel der Gewalttaten. Und fast 100 Prozent der Morde an Kindern gehen auf unser Konto. Eine Freundin aus Brasilien sagte mir mal, als sie von einem Fall hörte: »Bei uns würde der Mann, der sein Kind zu Tode geprügelt hat, gelyncht. Bei euch wird er von seiner Familie geschützt.« Und das ist leider die Wahrheit. Es ist halt passiert, Pech, gehört dazu, was schreit der Bengel auch so laut. Es gibt keine Scham. Ich weiß das, ich war auch einmal gewalttätig. Jeder will der King sein und wird darin von seinen Kumpeln bestärkt. Die Rolle, die unsere Gesellschaft für die Maori vorsieht, ist die einer räudigen Arbeiterklasse. Sie prügeln sich, sie sehen keine Perspektive, sie haben auch keine, sie sind verdammt zu einem bemitleidenswerten Leben. In England heißen diese Menschen *White Trash*. In Neuseeland heißt es: Lass uns den Maori mehr Geld geben, damit deren Führer zu mehr Kongressen fliegen können. Dass man grundlegend etwas verändern muss, sieht kaum einer. Dass man die Alten absetzen muss, die den Jungen erzählen, sie müssen nach den Regeln des 19. Jahrhunderts leben, nicht den Alten widersprechen, nicht diskutieren.

Gibt es eine Lösung?, frage ich matt.

Duff antwortet nicht sofort, diesmal.

Ich rate den Maori, sagt er dann, wartet nicht darauf, dass die Pakehas wieder verschwinden. Denn sie werden nicht mehr verschwinden. Das Erste ist: lest! Lest, verdammt! Und lernt beim Lesen! Das Problem ist, die Maori sind buchlos.

Es gibt in den Maori-Häusern keine Bücher. Deswegen lasse ich seit Jahren Bücher drucken und kostenlos verteilen. Ob es etwas bringt? Ich weiß es nicht. Aber es ist ein erster Schritt.

Wie begegnen Ihnen die gewöhnlichen Maori?

Oh, die lieben mich. Alan, du sagst, was Sache ist, das sagen sie. Das ist ja das Irre: Die Menschen, um die es geht, die bestätigen, dass ich recht habe. Aber ihre Anführer beschimpfen mich, und die weißen Politiker beschimpfen mich. Eins müssen Sie wissen, die Maori sind großartige Leute. Sie machen sich einen Witz daraus, dass sie am Ende sind. Es sind herzliche, derbe, wunderbare Menschen. Sie sind sehr gut im Sport, sie singen sehr gut, sie hauen sich in alles rein. Aber sie sind keine guten Denker. Sie haben keine Selbstdisziplin. Sie sind wie Kinder, sie suchen die Zerstreuung, sie wollen sich ihre Wünsche sofort erfüllen. Sie haben keinen Lebensplan, sie denken nie an morgen. Aber, ja, ich liebe sie.

Was sind Sie selbst, Alan: ein weißer Maori? Ein Weißer mit Maori-Wurzeln?

Ich bin ein etwas anderer Maori. Meine Mutter war Maori, ich bin bei ihnen aufgewachsen. Wenn die Familie meines Vaters mich nicht zum Lesen, Denken, Schreiben gebracht hätte, wäre ich einer wie sie geworden. In vielem bin ich wie sie. Ich lasse mir noch immer nichts gefallen. Wenn mir einer dumm kommt, kriegt er das zu spüren. Ich habe eine einfache Regel: Versuch niemals mich zu dominieren. Niemals. Sonst wehre ich mich, wenn es sein muss, mit der Faust. (Duff schlägt sich mit der Faust in die offene Hand. Das tut er wirklich. Er schaut mich dabei sehr direkt an.) *Don't you fucking disrespect me.* Und wenn ich ein Bier im Pub trinke: Schubs mich nicht!

Wenn ich mit Ihnen in eine Maori-Bar ginge, als Weißer, was würde passieren?

Oh, sie würden Sie herzlich begrüßen, Ihnen ein Bier ausgeben, kein Problem. Aber …

Ja?

Sie dürften nicht überrascht sein, wenn Sie aus heiterem Himmel eine Faust im Gesicht hätten. Einfach so. Der Typ würde es nicht mal begründen können, er würde sagen, mir war so danach, *whatever, yeah*, und alle würden es verstehen. *No big deal.* Das ist tief in uns drin: dieser Kampf um Respekt. Das sind die Regeln, die ich gelernt habe.

(Mir fällt in diesem Moment eine großartige Skizze aus Kapuczinskis *Afrikanischen Reisen* ein. Liberias Geschichte: gegründet von freigelassenen Sklaven aus den amerikanischen Südstaaten, denen nichts Besseres einfiel, als in der Heimat ihrer Vorfahren exakt dasselbe System einzuführen, das sie in den USA kennengelernt hatten, nur liefen diesmal *sie* mit Frack und Melone durch die Straßen. Rassismus ist keine Frage der Rasse.)

Es geht immer um Stolz, sagt Duff, um Selbstachtung. Der Kampf wird niemals aufhören. Und das ist natürlich auch ganz schön irrsinnig, in meiner Situation.

Inwiefern?

(Duff deutet hinunter in den Garten und darüber hinaus.) Dort liegt die vornehme Privatschule dieser Stadt. Fast alle meine weißen Freunde von hier sind dort zur Schule gegangen. Ich habe zwei Freundeskreise, und nur in meinem Haus kommen sie zusammen. Ich lebe sonst in zwei Welten. Unten, im Pub, trinke ich mit meinen weißen Freunden, die Anwälte sind oder Ärzte, auch mal einen Wein für 15 Dollar das Glas. Nach dem Rugby, meine Maori spielen raues, wunderschönes Rugby, trinke ich mit meinen Jungs fünf Bier für dasselbe Geld. An manchen Tagen fühle ich mich zerrissen, als gehörte ich zu keiner der beiden Welten. Ich habe viel darüber nachgedacht, bis ich akzeptierte; ich kann nicht anders sein, beide Seiten sind in mir. Warum sollte ich das leugnen?

Wäre es für Sie ein Problem, als reicher Weißer zu gelten?

Es entspräche nicht der Wahrheit. (Duff geht in die Küche,

kehrt mit zwei Heineken zurück. Eiskalt sind sie.) Aber jeder muss einen Preis im Leben zahlen. Tief drinnen führe ich den Kampf gegen die mangelnde Selbstachtung, gegen den Selbsthass, gegen das Gefühl, zu leicht erniedrigt werden zu können. Nehmen Sie meine Frau. Sie hat den Mount Cook bestiegen, sie kommt aus einem wunderbaren Elternhaus, sie hat einen phantastischen Charakter, sie ist so viel netter, als ich es bin. Aber meine Frau, und so schätze ich auch Sie ein, mit Ihrem Idealismus, wie Sie um die Welt gereist kommen und einen grantelnden Typen wie mich aufsuchen, statt im Pub zu stehen und sich vollaufen zu lassen, wie das die meisten tun würden: Auf eine gewisse Art ist bei Ihnen beiden nichts da drinnen. (Er tippt sich gegen die Brust.)

Aber … (Ich protestiere, Duff winkt ab.)

Ich hasse es, das zu sagen, aber es ist die Wahrheit. Um ein erfülltes Leben zu leben, müssen Abgründe da sein. Das ist der Fluch einer guten Kindheit: Es sind keine wirklichen Abgründe da. Oh, ich beneide Sie darum. Aber es ist auch ein Preis, darüber müssen Sie sich im Klaren sein.

Und Ihr Preis, Alan.

Ich leide, sagt er, es tut oft weh, ich spüre einen großen Zorn, morgens um zwei, da ist die Welt für mich eine Hölle, da tanzen die Teufel mit mir Ringelreihen. Aber wissen Sie was? Sie sind doch Journalist … Manchmal wache ich auf aus einem solchen Traum, und ich würde meine Gefühle gern aufschreiben können.

Und? Sie sind Schriftsteller.

Aber es gibt Stimmungen, die kann ich nur träumen. Ich träume sie, und wenn ich wach bin, sind sie noch da. Ich kann sie aber nicht aufschreiben, ich finde einfach keine Worte dafür. Es gibt einen Schriftsteller, den ich beneide, denn er hat die Worte für meine Stimmungen. Sie sollten ihn lesen, Tim Winton aus Perth, Australien.

Nie gehört.

Lesen Sie ihn, Sie werden wissen, was ich meine. (Er streckt sich unvermittelt.) Ach, wissen Sie: Wenn die Welt perfekt wäre, würde ich umziehen. Es wäre zu langweilig. Cheers!

Als Duff mich nach draußen führt, es ist längst nach acht Uhr, seine Frau hat ihn mehrfach ermahnt, an ihre Verabredung zu denken, führt er mich noch in sein Schreibzimmer. Eine Art Garage, gesichert durch eine Rolltür. In dem Raum ein Schreibtisch, an der Wand Bücher, ein Bett, darauf eine ausgefledderte Rugby-Zeitschrift.

Er sagt: Wenn Sie mögen …

Er drückt mir zwei seiner Bücher in die Hand. Beide kenne ich nicht. Wir haben zwar kaum Platz mehr in unserem Rucksack, aber für Duff geht immer was.

Danke, sage ich. Leben Sie wohl.

Gute Reise, sagt Duff, und lesen Sie Winton.

Unsere Fahrt über die Nordinsel endet, wo viele enden: in Wellington, der Hauptstadt Neuseelands, dem Tor zum Süden. Die Jugendherberge im Zentrum toppt alles, was wir bisher erlebt haben. An der Rezeption flinke Helfer, die anbieten, alles im Voraus zu buchen. So professionell, freundlich, durchorganisiert, dies ist das Paradies für Rucksackreisende. Als wir ihnen aber klarzumachen versuchen, dass wir nichts vorbuchen wollen, dass wir spontan sehen, wo es uns gefällt, ernten wir spöttische Blicke.

Wir geben unseren Wagen ab, werden in Picton einen anderen Karren bekommen. Wenig Zeit für Wellington, das an einem großartig zerfransten Naturhafen liegt. Die schönsten Momente im *Chocolate Fish Café*, an der Scorching Bay. Hier machte die Crew vom *Herrn der Ringe* immer Pause, die Studios liegen um die Ecke. Handbemalte Stühle, schreiende Möwen. Das Wasser leckt am Felsen, wir futtern Birchermüesli und Pflaumenscone mit Butter und freuen uns auf die Überfahrt. Mit der *Santa Regina* kostet sie 49 Dollar, das sind 15 weniger als beim modernen *Interislander*. Nun ja, unter gehen wir nicht.

Wellingtons Fjorde sammeln die Wolken, nach Süden und Westen ist der Himmel frei. Ölige See, unser Schiff läuft wie auf Schienen. Vorbei an kargen Felsenkaps, die Bäume vom Wind zurechtgebogen, dunkle, schmale Strände. Aus dem Bauch des Schiffes spürt man mehr, als dass man es hört, das dumpfe Grollen der Dieselmotoren. Eine Zeitungsmeldung: Drei Eisberge aus der Antarktis sind vor Dunedin aufgetaucht. Leider dürften sie von Strömung und Wind aufs offene Meer getrieben werden, bevor wir da sein könnten. Die Neuseeländer an Bord erkennt man ganz einfach: Sweater, kurze Hose, grobe Schuhe. Nicht fabrikneu, wie bei den europäischen Travellern, die man problemlos an ihren unbefleckten Jack-Wolfskin-Jacken (die Fortgeschrittenen kaufen sich *Northface*) erkennt.

Eingemummelt, trotz Sonne, verbringen wir gemütliche Stunden an Deck. Schließlich schälen sich die langen Finger der Marlborough Sounds aus dem Dunst. Im Lonely Planet haben wir eine Unterkunft gefunden: *Noaline's Guesthouse*. Und Noaline sagt, sie habe ein Zimmer frei, allerdings müssten wir unsere Lebensmittel selbst einkaufen, und der Weg zu ihr sei etwas mühsam, immer den rosa Pfeilen nach.

Kein Problem, töne ich.

Mit prallen Tüten fahren wir den langen Weg auf die Landzunge, hinein in die unberührte Natur, zu erreichen nur über diese gewundene Straße. Noaline's liegt am *Queen Charlotte Track*, der zu den berühmten Wanderwegen Neuseelands gehört. Am Telefon hatte ich zugegebenermaßen nur halb hingehört – als es jetzt nicht mehr weitergeht, parken wir das Auto und marschieren los. Das Problem ist zum einen, was ich mitnehme: den großen, schweren Rucksack, ein gefühlter Doppelzentner, dazu den kleinen, der mir leider immer von der Schulter rutscht, und die zwei Einkaufstüten in der Hand wollen ständig ausbüchsen. Das andere Problem ist: Wir nehmen die falsche Abzweigung. Von einem rosafarbenen Pfeil ist nirgendwo etwas zu sehen, und so stampfen wir über einen Trampelpfad, der nach zehn Minuten mühsamen Marsches zwischen Dornen und Matsch endet. Riesengefluche. Bin bis zu den Knien verspritzt. Anna geht hinter mir, sie kriegt sich vor Lachen kaum noch ein.

Zurück am Parkplatz, nächster Anlauf. Finde endlich den rosa Pfeil, drücke mich fluchend durch den Busch, 200 Meter links, rechts, steil runter, steil hoch, es ist jetzt sieben Uhr abends, mein Magen besteht aus einem gewaltigen Loch, wir sind in goldenes Abendlicht getaucht, die Oberschenkel brennen. Immer weiter, bin am Ende der Kraft, ausgehungert, endlich schmale Stufen, da! Wir stehen vor ihrem Haus, das genauso gut in der Schweiz am Hang stehen könnte. Ein Sennerheim, umgeben von einer Veranda.

Noaline erwartet uns schon. Dass ich völlig außer Atem bin (Anna hatte weniger zu tragen, mehr zu lachen), ignoriert sie einfach. Sie ist über siebzig Jahre alt, trägt ein Nachthemd und schaut uns spitzbübisch an. Sie riecht nach Oma. Um ihre Füße wuschelt ein Yorkshire-Terrier. Dotty, stellt sie den Hund vor, *she's my mate*.

Sie führt uns durch das Haus, sagt: Das ist jetzt eures. Nur im Wohnzimmer, da hat sie eine Ecke für sich reserviert. Auf dem Sofa zwei müde Burschen, Wanderer, die schlapp den Arm heben. Im Fernseher läuft eine Dokumentation, Wale vor Tonga. Noaline hat Scones gebacken, der Duft durchzieht das ganze Haus. Wir machen uns einen Kaffee, stellen uns auf die Veranda. Schöner Blick auf einen Meeresarm, umgeben von bewaldeten Hügeln. Der Fjord leuchtet in der Dämmerung, ein Fluten geht ums Haus aus frischer Luft.

Wir zahlen hier 25 Euro die Nacht. Es ist ein Zuhause fern der Heimat. Und wie in jeder Familie gibt es, na ja: Nachteile zu ertragen. Noaline, sie schwatzt ein bisschen viel. Hat ja auch viel zu erzählen. Sie war in 37 Ländern, lebt in diesem Haus seit 21 Jahren, verlor vor zwölf Jahren erst ihren Mann, dann ihren Hund, ohne Warnung, sagt sie. Macht es das leichter, denke ich, wenn man gewarnt ist? Sie litt 18 Monate, trauerte, und endlich holte sie sich vorbeikommende Backpacker ins Haus. Draußen wird es klirrende Nacht, wir gehen in die Küche, sie erzählt weiter. Dass ihr Mann General war und sie selbst Krankenschwester in einer psychiatrischen Abteilung, dass sie schon mal auf einem Elefanten geritten sei in Thailand und auf einem Esel auf Santorini.

Das ist alles ungeheuer spannend, sage ich, unterdrücke ein Gähnen. Anna ist mit ihren Gedanken auch woanders, doch Noaline merkt es nicht. Wir setzen uns. Es fehlt nur ein Kamin, und ich würde über dem Strom ihrer Worte gemütlich einschlummern.

Nach dem Frühstück erkunden wir anderntags die Gegend. Unten am Strand liegt eine kleine Lodge, davor ein gepflegter Garten. John, der Besitzer, grüßt uns von Weitem. Ein silberhaariger, kraftvoller Mann. Genießt es hier, sagt er, wir haben *tons of space!* Wir kommen ins Plaudern. Bald schwärmt er von einer Wanderung im Allgäu, eine Woche, traumhaft schön. Überall Hütten im Nichts, üppiges Essen und Trinken. Eure Alpen, die sind unerreicht, sagt er. Ich würde sofort wieder losfliegen, um das zu erleben. Einmal noch nach Füssen. Wart ihr schon mal da?

Nein, sagen wir wahrheitsgemäß.

Bevor wir uns trennen, bietet er uns an, in seine Lodge umzuziehen. Und wenn nicht heute, dann morgen. Er hätte gerne eine Straße, die zur Bucht führt, es würden mehr Leute den Weg hierher finden, aber die anderen Nachbarn wollen das nicht, sagt er bitter. Vor allem die alte Lady nebenan, bei der wir wohnen.

John?, kreischt Noaline, als wir ihr von der Begegnung erzählen. Was er vorhat, bedeutet nur mehr Lärm, mehr Autos, mehr Fremde. Nein, wir werden das verhindern.

Wir?

Na, die paar Leute, die hier noch leben. Hat er euch auch von dem Schild erzählt, das ich aufstellen will?

Wir schütteln den Kopf

Er wehrt sich, der Bastard, sagt sie, er will alles kontrollieren, liegt mit allen im Streit. Wir sind ein Dutzend Leute in diesem abgeschiedenen Teil der Welt, aber er hat es in seinen paar Jahren geschafft, alle gegen sich aufzubringen.

Sie denkt nur an sich, hat John gesagt.

Er denkt nur an sich, sagt sie jetzt. Er brüllt mich immer an, nennt mich *nasty old lady*. Aber ich lächele nur, ich sage: Ich bin härtere Kerle gewohnt als Schuljungen wie Sie.

Wir stöhnen im Geiste auf und empfehlen uns. Ein Krieg unter Nachbarn ist das Letzte, was wir gesucht haben.

Ein paar Hundert Meter weiter entdecken wir ein kleines Hotel, das Kajaks verleiht. Die Sonne steht fröhlich am Himmel, der Wind döst noch. Wir lassen uns eine Karte geben, prüfen mögliche Routen, buchen gleich mal für den halben Tag. Eingestiegen, Spritzdecke drüber und – los! Nach einer Sekunde habe ich einen nassen Arsch, Anna auch. Massig Bilgewasser in den Eimern.

Anna aber düst los, ich nichts wie hinterher, nach fünfzig Schlägen scheinen mir die Muskeln völlig leer. Totale Übersäuerung. Du musst aus der Schulter kommen und der Hüfte, ruft Anna, nicht aus den Armen! Besser, jetzt. Glattes, kühles, grünes Wasser. Puderleicht zu paddeln, wenn man ehrlich ist. Lautlose Gleitfahrt. Seevögel stoßen hinab, tauchen ein paar Meter von uns ins Wasser. Endlich erreichen wir eine Bucht, knirschend setzen die Boote auf, wir reißen uns die nassen Sachen vom Leib, springen nackt ins Wasser. Schrumpelige 16 Grad, höchstens. Lassen uns von der Sonne trocknen. Holen Kekse und Wasser raus. Große Minuten!

Dann kommt Wind auf. Wir kleiden uns an, schaukeln die Kajaks, dass das Bilgewasser herausschwappt, fahren los. Ziemlich starker Wind, plötzlich. Ich verliere sehr rasch zweimal die Mütze, so stark ist der Wind. Halt, durchfährt es mich: *burnhour*! Meine Platte ungeschützt! Hab sie zum Glück eingecremt. (Entwürdigend: die Platte eincremen. Die kühle Creme auf der flaumigen Haut spüren. Davon machen sich Frauen gar keine Vorstellung. Vielleicht so ähnlich wie Zellulite massieren?) Aber wir wollten die Bucht queren, auf Entdeckungstour gehen, und das ziehen wir durch.

Nur dreht mein Boot leider nicht dahin, wo ich es hinhaben will. Anna ist weit voraus, und ich schaffe es nicht, Kurs zu halten. Drehe mich tatsächlich im Kreis. Stelle mich immer quer zum Wind, arbeite dagegen an und drehe die nächste Pirouette. Hohe Wellen inzwischen, mindestens 30 Zentimeter. Das sind ganz schöne Hubbel, in so einem wackeligen Ding. Kann das alles an mir liegen? Ziehe doch sehr sauber meine Schläge durch. Und doch ... Kämpfe mit aller Kraft, komme nicht um die Kurve. Ich brülle. Anna kapiert, wendet mühelos mit zwei Schlägen. Sie macht sich Sorgen, das sehe ich, wir schaukeln auf dem Wasser wie wild, aber um ihren Mund spielt ein Lächeln.

Du stellst dich an wie ein Amateur, sagt sie.

Ich bin auch einer.

Du wirst doch wenigstens geradeaus fahren können.

Versuche ich ja. Geht aber nicht.

Muss aber. Abmarsch nach Hause.

Na gut, sage ich kleinlaut.

Schwupps, mit zehn Schlägen ist sie mir wieder hoffnungslos enteilt. Sie macht das ohne jeglichen Kraftaufwand. Ich breche mir einen ab. Das Kajak will exakt dahin, wohin ich nicht will. Hat da einer eine Fernsteuerung eingebaut? Ich drehe zwei Kreisfiguren, komme dann auf Kurs, nähere mich völlig erschöpft dem Ufer. Und da ist's mir auf einmal, als packte mich eine starke Hand und trüge mich auf einem schwebenden Tablett übers Wasser. Es muss so sein: Ich surfe. Eine Welle hat mich huckepack genommen.

Hat ja lange gedauert, sagt Anna zur Begrüßung.

Ich, ich … Ich …

Keine Kondition mehr, was?

Sie lacht und holt uns vom Vermieter zwei *Bundaberg Lemon & Bitter*, wir setzen uns auf die Holzbohlen am Kai, es schmeckt, ich sag's euch. Wer mich beobachtet hatte, musste glauben, ich sei besoffen. Dabei habe ich mir alle Mühe gegeben. Ich hab' nur den Bogen nicht raus.

Zurück bei Noaline steigen wir unter die heiße Dusche. Lesen, bis der Abend graut. Eine neue Mitbewohnerin, eine Wanderin aus Bregenz, gesellt sich zu uns: Was, sagt sie nach einer Weile, ihr habt nur vier Monate für eure Reise?

Ach …

Halb sieben. Über die Hügel kriechen lange Schattenzungen. Wir haben die Füße auf dem Geländer, das nach außen geneigt ist wie eine Schiffsreling. In der Bucht sehen wir, dass die Wellen jetzt Schaumkronen tragen. Gott sei Dank sind wir nicht weiter hinausgefahren. Ich wäre morgen noch unterwegs.

Lange, selige Nacht. Abschied von Noaline am Morgen mit drei Küsschen, sie fühlt sich sehr weich an. Die Bregenzerin ist schon weg, sie reist mit Bussen von *Kiwi Tours* umher, wenn sie nicht gerade wandert. Sie habe, sagte sie am Abend, in sieben Wochen hier nur mit zwei Neuseeländern gesprochen, die nichts mit Tourismus zu tun hatten.

Dieses Mädel hat mir klargemacht: Ich bin müde, will erst mal keine Menschen mehr kennenlernen. Kostet Kraft. Hat alles Kraft gekostet. Im Rückblick war so viel Energie aufzubringen, jeden Tag. Und ganz wenige Menschen haben *uns* gefragt, wer wir sind, was wir wollen. Ist vielleicht auch gleichgültig. Viele werden beim erstbesten Stichwort ihre eigene Geschichte los. Mir ist's ja auch sehr lieb. Kann gut beim Zuhören abschweifen.

Wir freuen uns wie irre auf Sydney. Nehmen uns vor: dort die Form unseres Lebens zu erreichen. Vier Wochen lang was tun. Nicht mehr reisen müssen, nur noch sein, das ist unser Ziel. Ein ehrgeiziges Ziel, wenn ich jetzt so drüber nachdenke, wie wir wieder im Auto sitzen und Kilometer fressen, in dieser Stimmung: sinnlos Kilometer fressen.

Man muss sich eben zum Halt zwingen, ich zitiere nochmals Chatwin. Erst aus der Ruhe und Zeit entsteht ein Gefühl, die Seele muss man hinterherbringen. Wer sich stets bewegt, für den ist es, als erlebe er nichts. Wie mein Schulfreund Tim sagte, nach einem Traumurlaub in den USA: Wir sind blind mit dem Wohnmobil rumgeeiert, und abends haben wir angedockt. Ich kam mir vor wie ein Weltraumtourist.

Es ist für uns gerade, als habe das eigene Leben angehalten. Man sieht so viel, nimmt sich dann vor, wird angeregt, grübelt und doch kommt immer wieder nur der nächste Aussichtspunkt. Nichts Eigenes entwickelt sich. Habe dazu noch die letzten zwei Nächte von der Arbeit geträumt, von der Fußball-WM. Als Reporter ist man ja immer abhängig, ob man Zugänge bekommt, Gespräche. Bin schweißgebadet aufgewacht. Bricht jetzt hervor, was damals während der WM unterdrückt war? Eine Sorge, die mir gar nicht bewusst gewesen? Ein halbes Jahr danach, nach zehn Wochen Reise? Hätte verflixt lang gedauert. Aber denkbar. Der Stress sitzt womöglich tief drinnen und braucht eine Ewigkeit, bis er mal den Kopf rausstreckt.

Es wäre gerade unvorstellbar, zurückzufliegen und einfach so mit der Arbeit zu beginnen. Zu viel zu denken. Wenn ich jetzt wieder zu Hause wäre, müsste ich erst mal Urlaub beantragen.

Nun fahren wir die Küste hinunter, hinein in den sagenhaften *Wet West*. Ja doch, großartige Natur. Bei den *Pan-*

*cake Rocks* schlägt und schäumt die Brandung. Ein atlantischer Regenwald wie in Rio. Farne, Palmen, wuchernd. Nur kühler natürlich. Tiefe, scharfe Sonne, das ist unser Glück. Sonst regnet es hier meistens.

Dies ist Goldgräberland – und längst ein Highway der Touristen. Kann nicht anders als die anderen Reisenden heimlich beobachten. Die meisten Menschen retten sich permanent hinter ihre Objektive, manche benutzen sie wie Augen, scheint mir. Und zu Hause werden sie merken, dass sie nichts gesehen haben.

Übernachtung in einem Blockhaus in Hokitika. Alle traditionellen Namen scheinen sich hier zu ähneln, das Maori-Alphabet hat nur 14 Buchstaben. Stürmisch und kalt ist es, wir retten uns ins *Stumper's*. Die Männer mit abgetragenem Kinnbart, die raue Schale wie eine Monstranz vor sich hertragend. Kein freundliches Nicken. Es sind Nachkömmlinge der Goldgräber, Minenarbeiter und jener harten ersten Siedler, die nicht vor dem schrecklichen Regen flohen. Sie nuscheln und scheinen das *th* nicht zu kennen. *Danks*, sagen sie, wenn sie ein Bier hingeknallt bekommen.

Die Fotos im Museum illustrieren die große Zeit dieses Ortes im 19. Jahrhundert. »Nichts bevölkert eine Wildnis so sehr wie Gold« – schlauer Satz in der dort gezeigten Dokumentation. Fünf Wochen nach dem ersten Fund zählte der Flecken 53 Hotels und Bars. Die Goldgräber mit ihren langen Bärten sahen alle alt aus, viele Iren und Deutsche darunter. Schlechte Ernährung? Der junge Jack London erkrankte einst am Klondyke an Skorbut. Oder waren dies wirklich alles alte Männer, auf der Suche nach ihrer letzten Chance?

Weiter geht's. Man fährt und fährt, entlang klarer Flüsse, die sich durch Kieselbänke schieben, dahinter der Wald, die Berge, keine Wege, Strommasten, nichts. Einmal halten wir an, gehen ein paar Schritte hinunter zum Flussbett. Sind allein. Der Himmel wie aufgerissen, wir hören nur unseren eigenen Atem. Doch bald kommen wir an den ersten Gletscher, und da sammeln sie sich wieder, die Nervtöter aus aller Welt. Dort treffen wir das überlegen lächelnde deutsche Paar in seinem Geländewagen, das Nase rümpfend in unseren Fond hineinschaut und Dutzende Landkarten durcheinanderpurzeln sieht (es ist eine meiner großen Leidenschaften, mich hektisch durch unentzifferbare Karten zu wühlen). Der Wanderweg zum Gletscher bietet besten Stoßverkehr. Wir schauen uns an.

Lieber fünf Minuten am Straßenrand als eine Stunde im Gletscherstau, sagt Anna.

Lieber zwei Sekunden am Straßenrand als hier, sage ich.

Wir kehren um. Absurd, dieses Highlightgucken. Rauspullen, aussteigen, latschen, knipsen, einsteigen, reinpullen. Und beim folgenden Viewpoint denselben Leuten ausweichen müssen. Drive-in-Wildnis. Instant Feelings. Digital-Fotografie hat die Seuche noch einmal verstärkt. Knipsen, gucken, löschen, knipsen. Wir fühlen uns fehl am Platz, wir sehnen uns nach Europa. Wo wir im Urlaub viel mehr Traute haben zu sagen, hier ist's schön, hier bleiben wir für zwei Wochen, wir kommen ja irgendwann mal wieder in die Gegend. Null Gedanken übrigens auch an Weihnachten. Null Innerlichkeit, in dieser Atmosphäre. Es liegt aber am wenigsten an Neuseeland. Nur an uns, nur an uns.

Aber dann, die Strecke nach Wanaka. Eine der schönsten Fahrten unseres Lebens. Man könnte alle zwei Minuten anhalten, um zu staunen. Schneebedeckte Gipfel am Horizont, gleißend in der Sonne. Schmale Brücken über entfesselte Flüsse, in Felsspalten namenlose Wasserfälle und überall Schafe, Hunderttausende Schafe. Die Landschaft von roter Nachmittagssonne in pathetisches Licht getaucht. Wir sind gefangen, halten einfach nur die Schnauze. Lassen keinen schmallippigen Gedanken mehr zu. Erreichen Wanaka schweigend, ergattern ein nettes Motelzimmer samt Küche,

70 NZ-Dollar. Ringsum bauen sich die unberührten Gipfel der neuseeländischen Alpen auf. Das Städtchen ist direkt an einem See gelegen, das Klima zum Hemdausziehen. Die hohen Berge halten die Regenwolken der Küste ab.

Wie schnell sich Stimmungen ändern. Jetzt sind wir nicht mehr fehl am Platz, jetzt sind wir voller Tatendrang. Alles hängt ja immer nur davon ab, ob es passt. Hier passt es.

Zum Abendessen kaufen wir feudal ein, Jakobsmuscheln und Hirschfilet, das wir in die Pfanne werfen. Dazu ein feiner Roter. Der beste Abschluss eines Tages: Gut essen, gut trinken, gut reden. Unser gemeinsam formuliertes Ziel ist, aus jedem Tag etwas Besonderes zu machen. Nichts plätschern lassen. Guter Wein hilft da. Er muss aber so kostbar sein, dass man sich nicht leisten kann, zu viel zu trinken.

Spitzenkonzept – am nächsten Tag können wir jedes Faserchen Frische gebrauchen. Es geht zum *Glacier Rob Roy*, über den Fluss und in die Wälder. Wir überqueren eine Hängebrücke über einen Wildbach, wandern zwei Stunden über Stock, Stein und Wurzeln, entlang dem milchigen Rob Roy, der getrübt ist durch Eismehl, immer höher, bis hinauf über die Baumgrenze. Und da … Wir stehen mit offenem Mund. Vor uns, wie in einem Amphitheater, wölbt sich uns der Gletscher entgegen, wir zählen 19 Wasserfälle, ein einzigartiges Spektakel. Alle paar Minuten erzittert die Luft, ein Knirschen, ein Rauschen, dann donnert es, und eine Eislawine schießt über die Felsen. Dazu die Schreie der *Keas*, so vorwitzig wie furchtlos. Wir sitzen auf den moosbewachsenen Felsen und futtern Avocados und trinken Wasser und wehren mit einer Hand die Attacken der Bergpapageien ab. Und gucken und gucken.

Anna sagt leise: Wenn sich der ganze Gletscher zu Tale stürzen würde …

Das würde spritzen!, sage ich. (Und denke an Heinz Ehrhardt.)

Gäbe es für uns ein Entkommen?

Ich weiß nicht, sage ich.

Jedenfalls sind hier Urkräfte am Werk. Die Welt in der Entstehung. Einblicke in die dampfende, klirrende Hexenküche des großen Meisters. Wie albern unsere Überzeugung, das Universum kümmere sich um unsere Hoffnungen.

Und doch: Man muss es versuchen.

Noch mal 'ne Lawine, fordert Anna, bitte noch mal! Und wirklich, nach zwei Minuten beginnt es theatralisch zu tosen – dieser Wunsch ist erfüllt.

Hinunter rennen wir den Weg beinahe. Endlich kommen wir in Wallung, endlich schwitzen wir wieder, nicht nur Hintern platt sitzen im Mietwagen. Schritt für Schritt, der Rhythmus fördert das Denken. Mir ist längst klar: Diese Reise fühlt sich nicht an wie in 17 Etappen um die Welt. Es ist für uns eine einzige zusammengehörige Reise. Je nach Land, Kultur, Sprache, je nach unserer eigenen Form, wirkt die Welt auf uns vollkommen fremd oder überraschend vertraut, bereichernd, verstörend, inspirierend. Es ist nicht vorherzusagen. Überall bewusst die Dinge aufzunehmen, das ist die Kunst. Wichtig, sich einzulassen. Abzuhaken, was war, nicht dran zu denken, was sein wird. Lernen, Dinge auszulassen. Wissen: Die stärksten Momente kommen unerwartet. Werden wir als andere Menschen zurückkommen? Das kaum. Aber vielleicht werden wir gelassener sein. Vielleicht weniger dramatisierend.

Anna und ich kennen uns gut, seit 1990 schon, aber auch wir gewöhnen uns noch einmal ganz neu aneinander. Nun schon fast drei Monate Tag und Nacht zusammen sein – das ist schon was. Die kleinen Eigenheiten des anderen leuchten schärfer umrandet auf als zu Hause: Mein Zwang etwa, immer und überall etwas zu lesen dabeihaben zu müssen, nur keine Minute Leerlauf zu ertragen. Sie nennt mich zwar ihren *Worldguide*, manchmal sogar zärtlich, aber die Ironie schimmert immer durch. Anna wiederum reist gerne in den Tag hinein, es wird sich schon was ergeben. Da hätte ich immer das Gefühl, das Beste zu verpassen. Und verpasse so vielleicht das Beste, wer weiß. Ich glaube, die Mischung funktioniert ganz gut, bei uns.

Im Internetcafé, abends. Ein Nachbar guckt sich Fotoapparate im Netz an, ein anderer ballert mit Metallmonstern um die Wette, eine Dritte shoppt bei *Macy's*. Jeder trägt sein Leben mit sich um die Welt. Wir lesen die Mail eines unserer engsten Freunde, eines wirklichen wilden Dichters: »War Nachttauchen auf den Malediven. Noch nie so etwas Schönes gesehen! Was wollen wir da oben, an Land? Da unten ist das Leben! Ich werde mein Boot versenken und es nur noch betauchen.«

Starker Nebel treibt uns anderntags aus den Bergen. Über Christchurch fahren wir die paar Kilometer weiter nach Lyttelton, die kleine Hafenstadt am Rand eines spektakulären Vulkankraters. »Ein rauer Ort«, steht im Reiseführer. Oh, ein rauer Ort! Da wollen wir hin. Früher wurden hier Leute im *Bridge Hotel* erstochen, werden wir erfahren, und morgens trinken russische Seeleute Bier auf der Parkbank. Ein modernes Höllenloch also. Schon auf den ersten Blick riecht es hier nach Arbeit und Fernweh, endlich eine Stadt, die nicht auf den Tourismus zugeschnitten ist. Finden sofort ein Zimmer im *Tunnel Vision Backpackers*. Wir sind, um genau zu sein, die einzigen Gäste, 52 Dollar pro Nacht. Dicke Dielenbohlen in der honigfarbenen Küche.

Das Gute am Altern ist, dass wir gelernt haben, uns in den meisten Welten bewegen zu können. Wenn sich die Chance bietet, buchen wir uns in ein Backpacker-Hostel ein, wo wir nicht weiter auffallen, mit unseren staubigen Rucksäcken und sonnenverbrannten Gesichtern, die Gesprächskultur kennen wir, können mitbieten, da ist es schön, da viel schöner, wie, du warst nicht? Aber irgendwann gehen einem, sagen wir's ruhig, die gemeinsamen Scheißhäuser auf die Nerven, ebenso die engen Zimmer, und dann knallen wir die Kreditkarte auf den Tisch und setzen unsere beste familiäre Gemütlichkeit auf oder etwas weltgewandte Noblesse. Man wird wandelbar. Aber ein ganzes Hostel nur für uns – das ist Premiere.

Im Bottle Shop nebenan, der als Rezeption dient, lernen wir Jörg kennen, einen Berliner, der vor 16 Jahren hier hängen geblieben ist.

Ich dachte einfach, das sei ein verdammt feiner Ort zum Leben, sagt er, und das war's dann. Als Seemann habe ich alle Meere der Welt befahren, aber so schön wie hier ist es nirgendwo.

Draußen, in der Telefonzelle auf der London Street, drängen sich indische Seeleute. Vor der Tür hält ein Bus. Aufgebretzelte Hühner und ihre dickeiigen Begleiter. Sauftouristen aus der Stadt. *Booze Cruise* nennt sich das, sagt Jörg verächtlich.

Setzen uns zum Aperitif auf den Balkon der *Wunderbar*, mit Blick auf die Vulkanbucht und den Hafen, wo Frachter gelöscht werden. Es riecht durchdringend nach Malz. Reggae dringt aus der Kneipe. Drinnen Billardtische, eine plüschige Bar und deutsche Schilder: *Wer die Wirtin kränkt, wird aufgehängt*. Großartig. Die Bar steht zum Verkauf, lese ich, der deutsche Besitzer gibt auf.

Da könnte man jetzt einsteigen, sage ich.

Lass es uns tun, sagt Anna.

Und beide sagen wir dazu gar nichts mehr. Warum wir es dann doch nicht tun? Ja, warum?

Nach einem deftigen Abendessen kehren wir ein in der Weinbar *London Street*, wo an einer Edelstahltheke Jim sitzt. Der Ingenieur, Anfang fünfzig, hat Landgang, stammt aus England, lebt in Neuseeland und derzeit auf einem Schiff, das hier vor Anker liegt. Es beginnt einer dieser unerklärlichen Abende. Wir setzen uns an den Tresen, genießen die stilvolle Atmosphäre, Kamin, Holzbalken, offenes Mauerwerk. Jim hält sein Glas Wein in die Höhe, und wir grüßen zurück, und hinter dem Tresen gesellt sich Duncan zu uns, der Chef des Hauses, es ist halb zwölf nachts, und er genehmigt sich auch einen Schluck.

Bald erfahren wir, dass Jims Vater letzten Dezember starb, nach neuseeländischer Rechnung wurde er 86 Jahre alt, nach englischer 85 Jahre, und drei Wochen später starb auch dessen Frau. Nun habe er kein England mehr, nach dem er sich sehne.

Ich mag die Kiwis, sagt Jim dann, er guckt Duncan von der Seite an, als sei das eine Provokation. Dann lehnt er sich zurück, als der Wirt zu schimpfen beginnt, auf leise, überlegte, aber scharfe Art, oft genug vernichtend. Duncan ist Amerikaner, von der Ostküste. Er überlegt, ob es an Neuseeland als solchem liege. Oder doch nur an Lyttelton und der Stadt dahinter, seit sechs Monaten gehört das Dorf zu Christchurch, hat keinen eigenen Bürgermeister mehr, und seine Sorge ist, es könnte zu einer *tickytackytown* werden wie in den Vereinigten Staaten New Hope am Delaware, wo Washington übersetzte. Lyttelton ist an der Schwelle, genau da, sagt Duncan, und ich habe große Sorge, dass die Leute in die falsche Richtung driften. Alles, was in den letzten Jahren Gutes getan wurde, haben Ausländer gemacht, Australier, Amerikaner.

Jim lächelt, schaut in sein Glas. Er weiß offenbar, was kommt.

Die Neuseeländer sind blauäugig, sie haben keine Ahnung und hoffen immer nur, dass alles gut geht, sagt Duncan.

Sie sind Optimisten, sagt Jim. Er trägt einen Bart, der durch sein Gestutztsein ungeheuer kultiviert wirkt, also ganz anders als meiner.

Neuseeland macht es den Neuen leider sehr schwer, sagt Duncan. Qualifikationen werden nicht anerkannt – ich zum

Beispiel habe keine Chance, hier einen guten Job in einem Unternehmen zu bekommen, obwohl ich in den USA Millionenetats verantwortet habe und Hunderte Leute unter mir hatte. Sie würden mir niemals eine Chance geben.

Duncan, glatte, nackenlange Haare, leichtes Lispeln, wischt Gläser trocken, und als es keins mehr trockenzureiben gibt, schenkt er sich noch einen Australier ein, einen Shiraz aus dem Barossa Valley.

Nacheinander kommen seine Gehilfen aus der Küche, jung und cool, *you did a great job*, sagt Duncan, und sie sagen, *thank you*, bald sind nur noch wir in der Bar, und dann sagt Jim, dass er gehen müsse, und will sich gerade doch noch einen Wein bestellen, als ein torkelnder schottischer Rotbart hereinkommt, der ein Glas Wasser will und es bekommt, und dann eine billige Flasche Wein und diese nicht bezahlen will, er trollt sich schließlich, er wäre eigentlich noch jung genug, sich sonntagabends nicht die Hucke vollzusaufen.

Jim sagt zu Duncan: Was hast du zu bieten, guter Mann? Überrasche mich. Provoziere mich.

Er kriegt einen Blend aus Australien verpasst. Vom Weinmacher des Jahres dort, sagt Duncan mit ernster Miene.

Als wir gehen wollen, sagen wir, wie als Versöhnung, vielleicht sind wir in ein paar Jahren wieder da, dieses Städtchen und das Licht auf dem Wasser haben etwas, dass man zurückkehren will, wir hoffen, Ihre Bar ist dann noch da.

Das hoffe ich auch, sagt Duncan, er hat so eine Art, beim Lächeln wehmütig zu gucken, wir kennen ihn nicht, wissen nicht, ob er traurig guckt oder ganz einfach so aussieht. Es macht mich verrückt, sagt er, sie haben diesen Diamanten, diesen herrlichen Vulkan vor ihrer Haustür und wissen nichts damit anzufangen. Du erntest hier nur Neid und Misstrauen, wenn du Ideen hast. Ich habe einen Bauernmarkt etabliert, aber es war ein Kampf auf Biegen und Brechen. Und die Bar läuft so lala. Ich hatte eigentlich nicht vor, das hier wieder aufzugeben, aber seit vier Jahren kämpfen wir um's Überleben. Ich weiß nicht, ob wir's packen.

Duncan seufzt. Er mag Mitte vierzig sein. Es sind seine guten Jahre, oder nicht?

Am liebsten, sagt er, würde ich einfach mal Nordinsel und Südinsel mit einem Lasso zusammenbinden und vor die Küste Kaliforniens zerren, um sie dort für ein Jahr zu verankern. Sie würden dermaßen den Arsch versohlt kriegen, unsere lieben Kiwis, dass sie vielleicht ein paar Dinge begreifen würden. Wie man arbeitet, zum Beispiel. Sie denken, sie wissen es, aber sie wissen es nicht. Es braucht Ahnung und Fleiß, und beides zusammen ist hier selten. Sie sind nur vier Millionen Einwohner, vielleicht sind es einfach auch zu wenig, die kritische Masse ist nicht erreicht. Es macht mich irre, ein Land mit so einem Potenzial den Bach runtergehen zu sehen. Australien ist anders, ihr werdet es ja sehen. Die besten Kiwis sind längst dahin gezogen. Vielleicht sollte ich auch dahin ziehen, sagt Duncan.

Nun hör schon auf, sagt Jim.

Hast ja recht, sagt Duncan.

Als wir schließlich bezahlen und gehen, ist es aber Jim, seit dreißig Jahren wohnt er oben in der Bay of Islands, nahe Russell, der uns hinterherruft: Neuseeland ist ein Paradies für Besucher, das ist wahr. Aber wer hier lebt, sieht das ein bisschen anders. Wir Kiwis sagen: *It's a fools' paradise.*

## VIERZEHN
# In der Brandung der Rausch

Wir lösen ein Versprechen ein, durch die Rückkehr nach Sydney. Ich bin ein großer Anhänger von Comebacks, ich halte sie für romantisch, die Chance, dem *Früher* nachzuspüren, Erinnerungen und gespeicherte Gefühle abzugleichen mit der Gegenwart. Im Computerdeutsch spricht man vom »Synchronisieren«, und das ist es, auf eine gewisse Art, nur dass man sich nicht den neuesten Stand vom Server lädt, sondern den alten, den einst gelebten.

Elf Jahre ist es her, dass wir die Stadt verlassen haben, Ende November 95, mit dem Schwur, hier irgendwann einmal Weihnachten zu erleben und den ganzen langen heißen Januar. Nun setzen wir den Sommer fort, den wir damals verpasst haben, nach einem halben Jahr auf Studienaustausch. Wir hatten unseren Toyota Hiace verkauft, 300 000 Kilometer mit dem ersten Motor, nie eine Macke, wir drückten unsere Mitbewohner Hugh und Toschka, und dann setzten wir uns ins Taxi, fuhren zum Flughafen und heulten ein bisschen. Sydney ist eine Stadt, die das macht mit einem. Wir waren 23 Jahre alt und hatten das Beste vor uns, aber das weiß man nicht, wenn man 23 ist, es gibt kein Gefühl für Zeit, für Vergangenheit oder Zukunft.

Und jetzt werden wir am Flughafen abgeholt von unseren guten Freunden Bettina und Max, die Hamburg vor drei Jahren verlassen haben, um in Sydney zu arbeiten. Und vor allem: um am Meer zu leben. Sie haben zwei kleine Söhne, der eine ein Engel, der andere ein Rackerchen (der ist schon in Australien geboren), und wir werden Teil dieser Familie für geschlagene vier Wochen, es ist eine weiche Landung mitten hinein ins Leben. Sie wohnen zur Miete in einem Haus, das im Hügelland hinter Manly liegt, ein australisches Haus mit dünnen Wänden, einer quietschenden Dusche und einem wunderbar reichen Gedächtnis an backende Sommertage. Unsere Freunde sind Menschen, die sich trotz Weihnachten das ganze Haus vollpacken, zwei weitere deutsche Freunde haben Quartier im Wohnzimmer bezogen, wir nehmen das Kinderzimmer in Beschlag, man rückt zusammen, ohne sich auf die Nerven zu gehen. Das ist ein Kunststück, aber es funktioniert.

Vier Wochen lang treiben wir in die Stunden hinein. Kein Plan, keine Pflicht, keine verdammte zur Hölle fahrende Pflicht. Endlich schlampig, vergesslich, launisch, faul sein. Nix zu tun. Und sich dafür selbst feiern. Noch immer ist da zu Beginn ein Gefühl der Leere, kein Antrieb, nur Zufriedenheit, Lahmheit. Wo ist unsere Energie hin? Wir laden sie jetzt wieder auf. Lese im *Sydney Morning Herald* das Adjektiv: *zeitgeisty*. Wie cool Deutsch sein kann.

Schon der Gedanke an unsere Tour beeindruckt mich. Kaum vorstellbar, was wir hinter uns haben. Schlafe beim Lesen auf dem Sofa ein. Draußen schlägt Regen gegen das Fenster, ein kräftiger Wind bauscht den *jacaroonda* im Garten. Schön. Probleme werden zu Mäusen, Ideen zu Elefanten.

Wir machen Urlaub vom Reisen. Es stellt sich als grandiose Idee heraus, wir sind selbst stolz auf sie. Nach drei Tagen beginnen wir unseren Rhythmus zu finden. Stehen morgens auf, frühstücken eine Banane und joggen los, hinein in das angrenzende Naturreservat, verfluchen seine steilen Treppen, verirren uns einmal, dass wir denken, jetzt wird es uns so gehen wie dem 17-jährigen Burschen, den sie gerade verdurstet in den Blue Mountains gefunden haben. Aber wir finden dann doch wieder hinaus.

Und jeden Tag springen wir in den *Hop, Skip & Jump*-Bus, den das Viertel organisiert, ein kostenloser Service, die Fahrer quatschen mit den Passagieren, als kenne man sich seit Ewigkeiten. Ihr Dialekt stärker als der der Kiwis, *proice* sagen sie zum Preis und *toime* zur Zeit. Hinunter zum Manly Beach, der so heißt, weil die Entdecker hier Eingeborene sahen, die ihnen besonders männlich auszusehen schienen, *manly*. (Elf Jahre zuvor spielte ich in der örtlichen Volleyballmannschaft, unser Schlachtruf war *Come on, Manly*. Da durchströmen einen neu die Kräfte.)

Einer dieser perfekten Tage passiert mir nach einer knappen Woche, am 21. Dezember, dem Tag der Sommersonnenwende. Wenn Sydney einen Webfehler hat, dann den, dass die Stadt nach Osten hinausblickt auf den Pazifik, nicht Richtung Sonnenuntergang. So versinkt die Sonne Abend für Abend am Manly Beach hinter den turmhohen Norfolk-Tannen, die den Strand früh in kühlenden Schatten tauchen. Egal.

Es gehört zu den Dingen, die ich hier tun muss: Beachvolleyball daddeln. *Beachen*, wie wir sagen. Anna guckt lieber zu, sie hat es nicht so mit meinem Sport, aber im Sand liegen, ein Buch lesen, zu uns rüberschielen und ab und an in die Wellen springen, damit kann sie leben. Auf den Courts zu Manly gibt es keine Platzhirsche und ein warmes Willkommen für alle Neuen. Die einzige Regel, die man beachten muss: Man stelle einen Schuh neben den Netzpfosten, das ist das Zeichen, dass man den Sieger des gerade laufenden Spiels fordert. Wenn man gut genug ist, hat man diesen Court für den Rest des Tages erobert. Max, Heiko und ich wechseln uns ab, spielen zu zweit nacheinander gegen Toni aus Indonesien und Brandon aus Schottland sowie Alex aus Berlin und Joe aus Südafrika.

Als wir ein bisschen warm sind, Max und ich, kommt Anna tatsächlich herüber. Es gibt Tage, da liebt sie es, gestandenen Herren zuzusehen bei einem Spiel, das sie mal ganz gut beherrschten. Das Problem ist, dass diese Herren immer noch glauben, es ganz gut zu beherrschen. Es ist nur – so alles funktioniert nicht mehr. Es liegt nicht an den Einfällen, oh nein. Und sie fluchen auch sehr viel, weil so richtig viel klappt dann doch nicht. Es herrschen aber auch Winde, die man auf dem Feld allen Ernstes als Orkanböen bezeichnen muss, unsereins läuft an, freudig und voller Spannung, und der Ball plumpst fünf Meter vom berechneten Platz zu Boden. Die Lokalgrößen schert das merkwürdigerweise überhaupt nicht, sie haben den Windversatz in ihre Synapsen bereits mit eingebaut. Dazu kommt leider noch, dass der Sand nicht mein Freund ist. Nach drei Monaten feudalem Travellerleben springe ich ungefähr zwei Zentimeter hoch, und ein Mehlsack wäre schneller als ich. Wir spielen erbärmlich, treffen aber so viele Aufschläge, die wir einfach in den Wind bolzen, dass wir trotzdem ganz nah dran sind. Und verlieren alle drei Sätze 20:22, es ist zum Mäusemelken. Wir hören erst auf, als es fast dunkel ist, halb neun Uhr, ich springe in die Wellen, wetze zur Dusche, um den Trainingseffekt zu maximieren, wetze zurück und streife im Dämmerlicht meine Badehose ab, schnell umziehen …

Heh, sagt Max, das macht man hier nicht. Wirf dir ein Handtuch um, sonst wirste eingebuchtet!

Echt?

Da sind die völlig humorlos hier. Exhibitionisten werden ausgemerzt.

Wie es gute Sitte ist, stromern wir nun ins *Steyne Hotel*, an der Ecke der Fußgängerpromenade, bestellen eiskaltes Victoria Bitter vom Fass, um uns das übliche australische Publeben, der Ton ist rau, die Leute sind unglaublich besoffen, aber da muss man durch.

Und?, frage ich.

Anna sagt: Man ahnt, dass ihr es vielleicht mal ein bisschen gekonnt haben könntet.

Ich fand uns ganz gut, sagt Heiko.

Ich fand uns ganz gut, sagt Max.

Ich fand uns ganz gut, sage ich.

Und nach all dem Gepümmsel heben wir das Glas auf den Wunderball, der jedem von uns doch gelang, bei dem noch einmal die Idee und die Hand eins wurden. Der vorerst letzte endgültige Beweis unserer Klasse.

Am nächsten Abend hat das Wetter umgeschlagen, aus dem Wind ist ein Sturm geworden, der schwere Regenwolken über den Himmel treibt. Wir waren den ganzen Tag in Downtown unterwegs, haben der Oper Moin gesagt, streiften über die Oxford Street, futterten indisch für 4 Aussie-Dollar 90 und vertrödelten Stunden in einem Buchcafé. Finde dort Tim Wintons *Cloudstreet*, von dem Alan Duff gesagt hatte, dieser Mann findet die Worte, die mir fehlen. Schon die ersten zwanzig Seiten zum Niederknien. Alles drin, was ich auch schreiben können würde wollen, das ganze Leben in jeder Zeile. Seine Worte haben Flügel, und diese Flügel schlagen dir die Welt um die Ohren.

Den ganzen Tag freuen wir uns auf den Weg nach Hause: die Fährfahrt von *Circular Quay* zur *Manly Wharf*. An schönen Tagen ist dies eine beeindruckende Kreuzfahrt durch den zerklüfteten *Sydney Harbour*, vorbei an Segelyachten und Ausflugsbooten. Heute sind wir die einzigen Passagiere, die sich aufs Deck wagen. Der Regen schlägt laut gegen die Fenster, wir haben die Kapuzen festgezurrt, ein Zittern erfüllt das betagte gelbe Fährschiff, und als wir auf Höhe der Hafeneinfahrt sind, packen uns die mächtigen Wellen, die von der offenen See durch die *Heads* hereinströmen. Wir verziehen uns hinter das Vordach. Das Schiff rollt und stampft, doch einmal erwischt uns eine Breitseite, Gischt schlägt schäumend übers Deck. Die Fähren, hatte uns Bettina erzählt, haben einen schlechten Ruf, die Kapitäne saufen, und richtig gewartet werden die Maschinen auch nicht, ständig passieren Unfälle. Daran denken wir, als sich unser Schiff mühsam den Weg bahnt durch das aufgewühlte Meer. Hinten kommen Manlys Lichter langsam näher, ganz trübe, schwache Laternen in windzerfetzter Dämmerung.

Wenn das jeden Tag unser Nachhauseweg wäre von der Arbeit in der Stadt: Wie sollte man da nicht durchgepustet sein? Wie könnte man da einen sorgenvollen Gedanken wälzen?

Die Australier sind in diesen Tagen in schwatzhafter Aufregung. Die schönste Zeit des Jahres steht bevor, hier bedeutet Weihnachten nichts anderes als den Auftakt zu den Sommerferien, Ferien fürs ganze Land. Die heißen Tage kommen, alle zieht es an den Strand, zum Grillen, Cricketspielen, Surfen. Weihnachten und die Woche danach, das ist eine einzige große Sause, und um genau zu sein, bleibt Australien im Ausnahmezustand bis zum *Australia Day* am 26. Januar. Es ist ein schwereloser Sommer hier, nie hat man den Druck, jeden wolkenfreien Tag genießen zu müssen, es werden noch weitere kommen.

Man kann den Aussies vorwerfen, dass sie einen derben Humor haben, dass sie unangemessen sportverrückt sind, dass sie schlecht mit den Aborigines umgegangen sind und bis heute ratlos, wie ihnen zu helfen sei; dass sie ein Englisch sprechen, das wie eine Parodie auf Englisch klingt; dass sie eine konservative Regierung gewählt haben, die gegen den Volkswillen Soldaten in den Irak geschickt hat; dass sie über dramatischen Wassermangel klagen, eine ewige Dürre im Landesinneren, aber bislang schon den Vorschlag für unerhört ekelhaft betrachten, das eigene Schmutzwasser wiederaufzubereiten; dass sie … Oh ja, es gibt genug, das man ihnen vorwerfen kann.

Aber ich liebe sie. Die männlichen Aussies sagen, es gebe zwei Menschenalter bei ihnen: unter 25, da müssen Männer Kanonen sein, und über 25, da darf der Bauchansatz über die Surfhose schwappen, und man darf mit seinen *mates* saufen gehen, während die Mädels das Leben schmeißen. Sie sind unkompliziert und kumpelhaft, die Aussies. Sie sind tiefnäsig und weitherzig. Sie gönnen einander ein gutes Leben. Sie sind nett zu Fremden. Ihr Humor ist politisch nicht korrekt, aber ihr Benehmen ist korrekt. Sie machen es trotz allem einem leicht, sie zu mögen, *olroit, mait*?

Und dann ist Heiligabend.

Es ist ein bedeckter Tag, aber wir fahren trotzdem hinaus an den Strand. *Whale Beach*, ein paar Kilometer im Norden, goldener Sand, großzügige, aber nicht zu große Bucht, dahinter ein paar Traumhäuser. Graubärtige Lebensretter sitzen auf ihren Strandschemeln, auf ihrem Kopf ein *Rudolph-the-Reindeer*-Geweih. Es gibt 112 000 *Lifesaver* in Australien, in den 100 Jahren seit Bestehen haben sie 520 000 Menschen aus dem Meer gefischt – einmal die Bevölkerung von Leipzig. Die Strömung im Meer ist heute so stark, dass es mir die Beine wegreißt. Nicht dran zu denken, sich mit den Wellen zu messen, die sich hungrig an Land werfen. Auf unsere Rudolph-Helden will ich mich lieber nicht verlassen.

Wir spielen stundenlang Boule, lesen, stürzen uns mit den Kleinen in den *Rockpool*, ein in den Fels gehauenes Becken, von überkommenden Wellen beständig mit Frischwasser versorgt. Schwimmen ist Volkssport in Sydney, die Kleinsten, die *Nippers*, lernen gleich zu kraulen und drehen sich beim Atmen fast auf den Rücken, ein ozeangängiger Stil. Endlich klart der Tag auf, eine unbarmherzige Sonne schiebt sich an den Weihnachtshimmel. Die Familien verziehen sich in den Schatten, das muss hier sein, man spürt es sofort auf der Haut, vielleicht bilde ich es mir nur ein, ich glaub's aber nicht.

Am Nachmittag wird es besinnlich: Gestern haben wir den Plastikweihnachtsbaum aufgebaut, tasmanischen Lachs, australischen Weißwein und einen Berg *Prawns* erstanden, und jetzt lassen wir es uns gut gehen. Vier leuchtende Kinderaugen, acht Mann sehr aufgedreht. Wir schenken uns große Nichtigkeiten. Bekomme einen wunderbaren, sehr nützlichen Regenschirm. Stille Nacht … Das ist sehr fern.

Nach dem Essen *Texas Hold 'em Poker* zu sechst. Schnell umweht eine Spannung den Tisch, als würde es um was gehen. Die Mädels tapfer, aber ohne Fortune. Heiko mit System, ich ohne Verstand. Max aber hat einen Lauf. Max ist gerne unausstehlich, wenn er einen Lauf hat. Er ist nur 1,70 Meter groß, aber ein Sprungwunder, Volleyball ist der unwahrscheinlichste Sport für einen wie ihn, bis in die 2. Liga hat er es geschafft. Er ist wettkampfgehärtet, ein abgezockter Nervenkrieger, und er liebt wie ich *Trash Talk*. Spielt er irre gut? Hat er Glück? Vor ihm türmen sich die Chips. Und Max schwafelt pausenlos: »Hüülfe! Ich kann meine Chips schon gar nicht mehr zählen. Ha! Da baller ich was rein! Traut Ihr euch nicht? Ich kann's mir ja leisten!«

Als ich blank gespielt bin, viel Pech, natürlich, sage ich matt: Max, du bist Bayern München und die USA in einer Person.

Und darauf trinken wir 'ne Palette Victoria Bitter, an diesem Heiligen Abend.

Ganz spät telefonieren wir lange mit unseren Eltern. Wir sind zehn Stunden voraus und haben das größte Getümmel hinter uns, in Deutschland geht es erst richtig los. Zu Hause gibt es Sorgen, wir bestehen darauf, dass man sie uns erzählt. Wir sind beinahe beschämt, dass wir so sorglos durch die Tage treiben. Und die Großmama sagt zum Abschied: Wir alle warten auf euch, Schnuppelchen.

Familie: Was für ein unersetzliches, wärmendes, absurdes Konstrukt. Die zwei Kleinen unserer Freunde erinnern mich an uns, meinen Bruder und mich, zwei Jahre auseinander. Die Unberechenbarkeit der Stimmung. Alles konnte jederzeit kippen. War jederzeit zu kitten. Und immer da, als Retter, als Tröster, die Eltern. Gibt nichts Schöneres als: Familie.

Die Tage vergehen, einer fügt sich zum anderen, ohne Kerben zu hinterlassen. Wir schnuffeln hinein in den Tag, und ehe wir's uns versehen, ist er vorbei. Wir schauen den Start der Segelregatta Sydney–Hobart an einem dieser flachen Hafenstrände, die durch ein Hainetz gesichert sind. 2001 starben einige Segler in einem schrecklichen Sturm, doch heute ist ein strahlender Tag. Ein Sportflugzeug schreibt mit seinem Hintern eine Botschaft an den Himmel, B und o und s, oh, eine Liebesbotschaft? Nein. *Bose*. Werbung. Arschgeigen. Und die Masten der Yachten sind binnen ein paar Sekunden vorbeigeflogen.

Dabei trage ich da schon meine Brille. Man muss dazu sagen, es ist eine Brille mit starken Gläsern, rund sechs Dioptrien, und ich bin kein Brillenfan. Habe immer Kontaktlinsen an, nur wenn ich eine Augenentzündung habe, was ich einmal in zehn Jahre habe, kann ich sie nicht anziehen. Dann kommt die Brille zum Einsatz. Leider bin ich vor Jahren mal auf sie getreten, ein Glas ist der Länge nach gesplittert, und ich hatte bislang keine Gelegenheit, sie reparieren zu lassen. Man kommt zu so was ja nicht. Jedenfalls habe ich nun also die zersprungene Brille an. Ich muss kurz an die Frau in Hamburg denken, deren Gläser zerbrochen waren, wie sich die Dinge fügen. Dann wird mir klar, dass ich rumlaufe wie der letzte Depp. Das Wissen um die eigene, na ja: Behinderung führt dazu, dass ich den Leuten nicht mehr in die Augen gucke. Ziehe die Kappe tief ins Gesicht. Nach ein paar Tagen ist es überstanden. Aber an das Gefühl werde ich mich immer wieder zurückerinnern (nur ist die Brille auch ein knappes Jahr danach noch immer nicht repariert. Man kommt zu so was ja nicht).

Lange Strandtage, gekrönt durch den Feierabenddrink zur blauen Stunde im *Manly Wharf Hotel*. Habe Wintons *Cloudstreet* durch. Man nenne mir nun bitte einen Deutschen, der so erzählen kann. So ungekünstelt und doch kunstvoll, mit so viel Wumms und Herz.

Feines Dösen im Schatten. Erinnere mich elf Jahre zurück, wie eines Morgens mein Mitbewohner Morgan zur Tür hereinstürmte, das Surfbrett in der Hand, als habe er den Leibhaftigen gesehen. Ihr werdet das nicht glauben, ihr müsst es selbst sehen, schrie er, und dann rannte er wieder zu seinem Wagen, wir schmissen uns in unseren Hiace und folgten dem Burschen, der nachts als Barmann im *Opera Restaurant* arbeitete, und gemeinsam standen wir dann auf den Felsen, die über Maroubra Beach schauen. An jenem Tag muss man sagen: über das, was vom Strand übrig geblieben war. *Ammmazing*, schrie Morgan immer wieder, *unbellllllievable!* In der Nacht war ein Sturm auf die Küste geprallt, und nun war der Sand verschluckt vom aufgeschäumten Wasser, das Meer kochte, warf sich wie von Sinnen gegen die Felsen, dass uns die Gischt duschte.

Immer wieder jetzt der Gedanke: Das Leben ginge überall einfach weiter. Man wäre halt nur woanders. Schlage am nächsten Morgen die Wohnungsanzeigen im *Herald* auf, alles so wie vor elf Jahren, *share accomodation* in Maroubra, 145 Steine die Woche. Keiner, der deinen Ausweis sehen möchte. Einfach einziehen, Matratze kaufen und ab dafür.

Am Strand: Zeit für so vieles. Bekomme einen Blick für den Kampf der Männer in meinem Alter, in jenem Alter, in dem man außer Form gerät. Die Morgen, an denen man sich doch mal im Spiegel betrachtet und sich selbst verachtet für die keimende Schlappheit. Der Kampf mit dem eigenen Selbstbild, das nicht mehr gültig sein kann. Und es doch noch ist. Sehr viele Männer aber schaffen es irgendwie, sich zu straffen und der Welt zu vermitteln, sie seien noch da, mit ihnen müsse man noch rechnen.

Am Nachmittag ein Gerücht, Hai-Warnung oben in Curl Curl, kommt er die Küste herab? Doch diesmal erleben wir keinen Alarm. Damals schon. Von einem Boot aus war ein Hai gesichtet worden, und sofort ertönte eine Sirene, hoch und durchdringend, und alles flüchtete panisch aus dem Wasser. Es wurde ganz still am Manly Beach, obwohl der sehr voll war an jenem Tag. Jeder starrte aufs Meer. Ob die Flosse auszumachen sei. Es war eine unnatürliche Stille. Bis die Schnellboote und Hubschrauber aufkreuzten, die das Tier aufs offene Meer locken konnten. Und von ein paar Aussies, die neben uns standen, erfuhren wir, dass die Meeresstrände auch mit Hainetzen gesichert seien. Sie sind aber senkrecht zum Strand gespannt, um zu verhindern, dass der Hai vor der Küste zu kreuzen beginnt, so ein Jagdmuster entwickeln kann. Offenbar begeift der Hai die Idee. Denn eigentlich passiert nie etwas. Alle paar Jahre wird mal in Australien ein Schwimmer oder ein Surfer getötet, aber hier ist dies schon ewige Zeiten nicht mehr geschehen.

Es ist aber nicht so, dass Sydney keine Geschichte zu bieten hätte. 1788 landeten hier nicht mal tausend Leutchen, die meisten davon Sträflinge oder Wächter. Und 200 Jahre später steht da so eine Stadt. Das Geheimnis ist natürlich die Einwanderung, der Strom an motivierten, vor Ehrgeiz platzenden neuen Bürgern. Die Mythen Australiens speisen sich aus dieser Energie, und geprägt wurden sie in den Weltkriegen, in denen viele Männer fern der Heimat kämpften. Im Lauf der Jahre entstand der typische derbe Ton, der Zusammenhalt unter widrigen Umständen, der erdige Humor, die Abneigung gegen Wichtigtuer. Der Geist der Aussies.

Auf dem *North Head*, dem steinernen Wächter der Hafeneinfahrt, liegt die Quarantäne-Station, die von 1828 bis 1972 in Betrieb war. Alle Einwandererschiffe mussten zunächst hier anlanden, die Passagiere wurden geprüft, bis man sich sicher sein konnte, dass sie keine ansteckenden Krankheiten hatten. Das muss man sich vorstellen: Drei bis sechs Monate waren Menschen aus Europa unterwegs gewesen, auf einem stinkenden Schiff, über abweisende Meere, schon das Land vor Augen, in dem sie ihr neues Leben beginnen wollen, endlich, endlich anfangen, und dann wird das Schiff hinter der Hafeneinfahrt abgefangen. Und wenn nur einer krank war, kamen sie alle hier hinein, bezogen Quartier in hölzernen Baracken und mussten warten, was geschah. 13 000 Menschen wurden einst durchgeschleust, und davon starben 572 Leute, die meisten an Pocken oder der Cholera. Verscharrt wurden die Leichen auf drei Friedhöfen, ohne religiöse Zeremonie. Die Totengräber waren Säufer, die für eine Flasche Rum ein Grab schaufelten. Teilweise vergruben sie die Leichen nur 30 Zentimeter unter der Erde, was keinen Schutz vor den Krankheiten darstellte. Und eines Nachts, sagt Brian, fiel einer der Totengräber von den Klippen des North Head, nun geht er dort an manchen Abenden um, ein mümmelnder, rumbesessener Geist.

So eröffnet unser Guide seine *Ghost Tour* der Quarantäne-Station, Brian, der einen weißen Bart hat wie Roger Whittaker und über eine tiefe Stimme verfügt, die mir sehr gut geeignet scheint, um Geister anzulocken. Auf den Kopf hat er einen Outback-Hut gestülpt, zum Schutz vor den klammen Fingern der dunklen Ecken.

Während langsam das Tageslicht verlöscht und die Dämmerung die Bucht in ein Leuchten taucht, das aus den hinteren Winkeln des Himmels zu kommen scheint, drängt sich unsere Gruppe dicht um ihn. Endlich, es ist beinahe duster, bekommen wir Gaslampen in die Hand gedrückt, und unser Streifzug beginnt durch die schattenhaften Umrisse des Barackendorfes. Geschichten über Geschichten. Etwa jene des beklagenswerten Doctor Reid, *Chief Officer*, der es liebte, hier oben, vom Balkon seines Hauses – Brian deutet den Hang empor, man sieht das Haus, den Balkon, war da nicht eine Bewegung?, fast nicht zu sehen, aber ich hab sie gesehen – auf das Hafenbecken zu schauen. Und der im November 1927 beim Unglück der *Greycliff* umkam, als der Passagierdampfer *Tahiti* die Fähre rammte und 40 Menschen den Tod fanden. Noch heute könne man Dr. Reid, einen großen Mann, in manchen Nächten sehen dort oben auf dem Balkon, erzählt Brian, wie er sehnsüchtig aufs Meer starre …

Brian rollt die Augen und senkt die Stimme, wenn es darauf ankommt, und vor allem die Frauen sind es, die seine Pointen mit lauten Aaahs und Ooohs begleiten, die Augen geweitet, den Mund offen. Anna allerdings glaubt an derlei Hokuspokus nicht. Sie schüttelt den Kopf, hat spöttisch den Mund verzogen.

Du musst dich drauf einlassen, flüstere ich.

Quatsch, sagt sie.

Ich hab da oben aber was gesehen, 'ne Bewegung oder so.

Nun ist es wirklich Nacht, so finster wie der Wald von Connecticut, und wir bilden einen Pilgerzug aus flackerndem Licht. Mir wird schon ein bisschen anders.

Im Speisesaal der Asiaten – es gab einst *Rassentrennung* – schauen wir einen historischen Film, und danach sagt Brian: Wer von euch hat etwas gespürt?

Gemurmel.

Irgendwelche Frauen hier, die etwas gespürt haben?

Ja, sagt eine leise.

Ich auch, eine andere.

Was habt ihr gespürt, fragt Brian, eine Hand? Im Haar?

Ja, sagt die Erste, in meinem Haar.

Sie fuhr mir durchs Haar, sagt die Zweite.

Mir auch, sagt eine zittrige dritte Stimme.

Ich wollte nichts sagen, aber bei mir war's genauso, flüstert eine vierte, *eine ganz kalte Hand.*

Murmelndes Geraune.

Okay, sagt Brian, keine Panik, das ist der asiatische Geist. Er liebt das Haar von Frauen, vor allem blonder Frauen.

Na ja, denke ich. Mir wird er schon nix tun. Und Anna glaubt ja eh nicht an Geister. Aber da draußen in der Welt ist schon etwas, da bin ich mir sicher, es ist schwer, darüber zu sprechen, ohne dass es sich lächerlich anhört. Ich glaube nicht, dass wir nur fünf Sinne haben, dass wir die anderen Sinne nicht benennen können, heißt nicht, dass es sie nicht gibt. Und auch unsere versammelten fünfe reichen schon, in dieser Nacht, in der plötzlich Geräusche merkwürdig laut klingen, obwohl sie doch leise sein müssten, wo ein Rascheln im Busch genügt, einen Schauer im Rücken zu spüren, in der die Menschen die Nähe der anderen suchen in der Dunkelheit und über jede Berührung erschrecken und wie dankbar sie dem Guide lauschen, dem Geschichtenerzähler.

So muss es in alter Zeit gewesen sein, der Geschichtenerzähler gab den Menschen Halt, die sich ums Lagerfeuer geschart hatten. Und Brian macht es gut, einige Frauen werden am Ende der Tour bibbern vor Überspanntheit, und auch in meinem Magen ist manchmal ein Ziehen, und in meinem Rücken ist es kalt, es ist die Furcht, die ich von früher kenne, es ist der uralte Schrecken, er hat nichts zu tun mit Geistern, es sind meine ganz eigenen Geister, es ist, als liefe ich, zehn Jahre alt, noch einmal auf der Suche nach geheimen Verstecken durch den vertrauten Hain Laubbäume, ein wunderbar nach Abenteuer duftender Wald, der ein paar Hundert Meter hinter meinem Elternhaus beginnt und den die Welt in seiner Gesamtheit Schwarzwald nennt.

Zum Schluss wird es albern. Im Aufbahrungsraum wackelt Brian mit einer künstlichen Leiche und knallt mit dem Schuh gegen einen Eimer und löscht dabei seine Taschenlampe, Mädchen kreischen, das ist klar, und im Duschraum bollert Brian gegen die Blechwände, Anna erschrickt sich fürchterlich, aber nur wegen des Lärms und nicht wegen sonst was, und in den Duschen haben wir Deutsche kein gutes Gefühl, da kommt man nicht drumrum. Einmal haucht mir jemand in den Nacken, und mir wird eisig im Rücken. Muss der rumtrinkende Totengräber gewesen sein. Klingt nach einem seiner Späße. Unsere Tage von Guadeloupe wären nah genug, hat er uns gewittert?

Auf dem Weg zurück zum Eingang, im Schein der Lampe, da!, im Unterholz, was ist da? Leuchte hin, sagt jemand, schnell, ich hab da was gesehen … Ein Opossum. Sein ängstlicher Blick untermalt vom Schrei der *Kookaburras*, klagend und irr. Auf dem Wasser unter uns, erleuchtet wie ein Vergnügungsdampfer, die Fähre nach Manly, das Stampfen der Diesel dringt zu uns hinauf.

Wir haben keinen Geist gesehen, aber der Geist des Ortes ist ja auch etwas, dies war ein einst gottverlassener Platz, begrenzt von mächtigen Felsen, wie ein Gefängnis (nur hatte die Erste Klasse einen Tennisplatz und einen Zigarrenklub für die Männer, einen Nähraum für die Frauen). Und heute ist es *Prime Real Estate*. Die Mawland-Gruppe hat das Areal für 21 Jahre gepachtet, ein Deal, der heiß diskutiert war. Künftig wird es einen Fähranleger geben und Luxusbungalows für Touristen, aber auch Backpacker-Unterkünfte, die historischen Gebäude sollen sorgfältig wiederhergestellt werden, und Führungen sind geplant, bei denen sich Schauspieler, die in die Rollen von Einwanderern schlüpfen, unter die Besucher mischen. Sydney schaut gebannt hin, es ist ein sensibles Projekt. Es wird eine großartige Sache, sagt Brian, als wir uns verabschieden, dabei wird der vom Nationalpark bezahlt und müsste von Berufs wegen misstrauisch sein. Der Blick auf die Meereszunge und die in der Ferne heraufziehende Stadt ist traumhaft, und die 572 Gerippe werden die Gäste wohl kaum stören. Der Blick ist wirklich traumhaft.

Bald darauf ist das Jahr zu Ende. Wir haben es gar nicht

gemerkt, die letzten Tage flutschten nur so dahin. Natürlich feiern wir Silvester mit jenem Feuerwerk, das von der *Harbour Bridge* geschickt wird und den Hafen zum Leuchten bringt. Auch das gehörte zum Versprechen.

Frohes neues Jahr … Sydney spuckt uns aus nach dem Feuerwerk. Um ein Uhr morgens verlassen wir Cremorne, wo eine Gruppe betrunkener Lesben ihren Picknick-Kram zusammenpackt, eine von ihnen liegt platt auf dem Bauch und regt sich nicht mehr, neben dem rechten Bein ein leerer Karton Light Beer. Vier Polizisten machen klar Schiff. Sie scheinen nicht weiter enttäuscht zu sein, dass es keine Krawallmacher gibt. Anna und ich sitzen auf der Kaimauer und gucken aufs Wasser, hinüber zur Oper. Vor uns treibt ein Ausflugsboot, auf dem man Menschen tanzen sieht, die Musik fliegt heran, *Sweet Home Alabama*, live gesungen. Der Mond steht hoch am Himmel, er scheint wie hinter Milchglas, sein Licht trübe. Über uns kehren Flughunde von ihren Jagdausflügen zurück, auf der Brücke blinkt ein billig aussehender roter Kleiderbügel, als seien wir in Las Vegas. Drüben, jenseits des Wassers, sieht man keine Menschen mehr im Botanischen Garten, der zuvor ein gepunktetes Meer gewesen war. Wir stehen am Kai und trinken ein paar Gläser *Seaview Brut de Brut* und küssen uns und nehmen uns nichts vor für das kommende Jahr.

Beim Feuerwerk zuvor hatten wir oben an der Treppe gestanden, um uns Tausende Mitstreiter. Wie wir haben die meisten den ganzen Nachmittag und den ganzen langen Abend gewartet. Wir sind um drei Uhr gekommen, haben unsere Picknickdecken ausgebreitet – und lesen und plaudern, an einem annehmbaren Plätzchen im Schatten einer Palme. Vor uns paradieren die australischen Mädchen hin und her, in ihren bunten bauschigen Kleidern, gemacht für eine unvergessliche Sommernacht und sehr kitschig und viel zu kühl für diesen Abend, an dem es nicht regnet und nicht donnert, immerhin das, dabei hieß es seit Tagen im Herald: *Showers*. Aber es regnet nicht.

Wie halten es diese Frauen aus?, frage ich Anna, es ist ja erwiesen, dass ihr schnell friert und am liebsten ab 20 Grad abwärts mit Rollkragen herumlauft. Warum diese Mädchen solche Fummel anziehen, das ist mir schon klar, es ist die britisch witzlose Art des Geschlechterspiels, für das die jungen Männer beizutragen haben, viel zu trinken und Fußball-Lieder zu singen und sich ungehobelt zu benehmen, was die Mädchen so total anmacht, dass sie möglichst viel trinken. Aber anfassen und alles Weitere ist nicht. Also: wie?

Ganz einfach, sagt Anna, sie frieren sich den Arsch ab, aber sie würden es niemals zugeben. Nicht vor den anderen Mädels und natürlich niemals vor den Jungs. Sie denken, dass das dazugehört, eine Frau zu sein. Und viele haben eine Paracetamol eingeworfen, damit sie nicht krank werden.

Das ist Doping, sage ich.

Das ist das Leben, sagt sie.

Mich stört's nicht, sage ich, als eine dralle Blonde im Leopardenkleid vorbeistolziert, ihre Füße stecken in High Heels, die das neue Jahr nicht erleben dürften. Die besten Tribünenplätze sind früh belegt, mit ausgeklappten Strandstühlen, keiner rührt solche menschenleeren Plätze an, australisches Grundgesetz. Hinter uns ragt ein Apartmentblock in die Höhe, im ersten Stock ein Pärchen, er rotgesichtig und kurzhaarig, ihr fallen die Haare in die Augen, sie trinken Sekt und schauen den Leuten unten auf dem Weg zu, noch sieben Stunden bis zum Feuerwerk, und dann sind sie auf einmal verschwunden. Die haben es gut. Wir liegen auf dem Boden, der Boden wird immer härter, unsere Muskeln verspannen, bis sie so hart sind wie der Boden. Ist es das alles wert? Um neun Uhr Familienfeuerwerk, mit pathetischem, bombastischem Ende, danach gehen die Familien nach Hause, die freien Plätze sind im Nu wieder belegt, Tuch an Tuch. Kurz nach elf suchen wir uns einen Stehplatz, pflanzen uns auf in zweiter Reihe mit freiem Blick auf Oper und Brücke, können uns kaum rühren. Um zwanzig vor zwölf machen wir den Sekt auf, damit es später nicht hektisch wird. Es wird nicht leiser bis zwölf, keine Spannung vor dem Höhepunkt, die meisten Leute sind längst zu betrunken, um sich um irgendwas zu scheren. Die Schlangen vor den Toiletten werden das erste Mal kürzer, seit acht Stunden sind die Häuschen belagert. Ich könnte wetten, eine ältere Frau gesehen zu haben, die vom Klo kam, mit waschnassen Händen, und, kurz bedenkend, wie lang es dauern werde, angesichts einer Schlangenlänge von 30 Metern sich sofort wieder hinten anstellte.

Aber keiner drängelt, keiner murrt. Eine zu große Gartenparty, die wie von selbst nicht aus dem Ruder läuft. Ist es die Disziplin der Leute, die Freude aufs Feuerwerk? *Five, four, three, two, one* schreien wir endlich, *woohoo*! *happynewyear*! Doch nichts passiert. Die Brücke bleibt stumm. *Now that's an amazing experience*, sagt einer neben uns, wir lachen, da schießt die erste grüne Rakete in den Himmel, und nun kommen sie von allen Seiten. Laute *Cheers*!-Rufe, *woohoo*, sie haben die Wolkenkratzer eingebaut, von den Dächern sprühen Funken (merkwürdig symbolkräftige Bilder, brennende Häuser), sie haben Pontons auf dem Wasser und mehrere Feuerwerke synchronisiert, sechs Millionen Dollar soll es kosten, das größte Neujahrsgeballer der Welt, es knallt auch sehr laut, und es hängt Rauch in der Luft, das Wasser leuchtet, und die Fassaden der Hochhäuser werfen die Lichter gebrochen zurück, und zum Finale ist da nur noch die Brücke im Spiel, es ist plötzlich viel leiser, man hört aus einem Radio Opernmusik. Offenbar wird das Konzert untermalt, die Töne passen zu den Raketen, aber in diesem Jahr kommt als letzter Paukenschlag kein Feuerfall, sondern es zischt nur grün und hell hervor, und dann zeigt sich ein Leuchtdiamant in einem Kleiderbügel, und eine Riesenrakete zischt von der City herüber, bumms, fertig, aus. Applaus, Jubelrufe, aber die Leute fallen sich nicht in die Arme, sie warten noch, es ist, als seien alle ein bisschen enttäuscht, wir jedenfalls sind es, und ich ärgere mich über mich selbst, enttäuscht zu sein ob eines solchen Spektakels, das sekundengenau getaktet war und hochprofessionell und bunt und groß, aber irgendwie kalt, und daher hat es nicht zu Sydney gepasst.

Und jetzt, um ein Uhr, würden wir ganz gern nach Hause.

Wir laufen zur Military Road hoch, schon das ist ein strammer Marsch in schwüler Nacht, wir hoffen, den ersten Bus zu erwischen, aber der hält nicht, vollbeladen kommt er aus der Stadt, und auch nicht der zweite oder dritte oder der zwanzigste. Der dreiundzwanzigste stoppt, er lässt hinten drei Menschlein raus und vorne drei rein, ein Pärchen springt hinein, wir sind zu zweit, *no way*, sagt der Busfahrer, dabei stehen sie drinnen in lockerer Formation. Wir bleiben draußen. Verfluchen den öffentlichen Nahverkehr. Zetern wie der Kerl neben uns, der aus Melbourne ist, sie kriegen es hier einfach nicht hin, brüllt er, *it's a shame*. Ein paar Meter weiter zettelt ein Halbstarker eine Prügelei an, bald wankt ein Bursche mit zertrümmertem Nasenbein davon, an der Seite seine Mates. Er hat dunkle Locken, er presst die rechte Hand aufs Gesicht, das Blut läuft in Rinnsalen die Mundwinkel hinunter. Nach ein paar Minuten kehrt er wieder, läuft an uns vorbei. Den Kerl schnapp ich mir jetzt, sagt er. Er geht mit fliegenden Armen und breitbeinig. Womöglich ist er sehr besäuselt, viel eher fühlt er sich einfach nur sehr männlich. Vielleicht das erste Mal in seinem Leben.

Mit uns warten ein paar Dutzend. Wir warten eine Stunde. Anna versucht ein Taxi heranzuwinken, aber die Fahrer gucken nicht mal. Alles Chinesen, Freunde machen sie sich nicht. Irgendwann springen wir auf, ein Bus hält, *Spit Junction*. Viel zu früh aber hält er wieder an, Endstation.

Und von hier keine Pendelbusse nach Manly. Zwei große, leere Wagen düsen vorbei, *out of service*. Keine Flüche nun mehr, kein Gezeter. Wir sind müde, schicksalsergeben, platt. Marschieren schließlich los, über die *Spit Bridge*, finden den Fußweg nicht in der Dunkelheit, gehen am Rand des Highways, mittlerweile ist es morgens um halb vier, jetzt wäre die beste Zeit, denke ich, von einem Irrsinnigen über den Haufen gefahren zu werden. Entkräftet torkeln wir um vier Uhr in unsere Einfahrt, mit schmerzenden Beinen, schmerzenden Armen, eigentlich schmerzt alles bis auf die Kehle, die ist trocken. Ich falle ins Bett und schlafe eine Millisekunde später ein. Schrecke in der Dämmerung auf, es ist sechs Uhr, Regentropfen trommeln, und dann ist es, als kippe jemand Kübel über unser Dach. Glück gehabt, Gnade eines unbekannten Gottes. Am nächsten Tag steht in der Zeitung: *Showers*.

Aber es scheint die Sonne.

Wen man so am Strand alles trifft. Zum Beispiel deutsche Beachvolleyballspieler, die zu den besten der Welt gehören. Dass sie in warmen Gefilden überwintern, versteht sich von selbst, und im Prinzip kommen nur ein paar wenige Flecken dieser Welt dafür infrage, Ipanema etwa oder eben Manly Beach. Insofern war die Chance groß, dass die beiden hier herumhängen, Christoph Dieckmann, 30, und sein Partner Julius Brink, 24, die sechs Wochen lang hier, nein, nicht herumhängen, sondern auf die Olympia-Qualifikation hinackern. Man kann die beiden kaum verfehlen, morgens am Strand.

Dieckmann ist einer der wenigen Sportler, die über die Probleme der Gesundheitsreform so flüssig reden können wie über die Stärken der Konkurrenz. Beide Eltern sind Politiker, die Mutter ist Oberbürgermeisterin von Bonn und der Vater gerade als Vorsitzender der nordrhein-westfälischen SPD zurückgetreten. Wir sitzen im *Bluewater Café*,

South Steyne, und Dieckmann erzählt von seinen Rücktrittsplänen.

Ursprünglich wollte ich nach Olympia 2008 aufhören, sagt er, aber seit einiger Zeit habe ich das Gefühl, das wäre eine typisch deutsche Entscheidung. Ein Teil von mir sagt, mach endlich was Vernünftiges. Das ist der deutsche Teil in mir, der den Sport nicht gelten lässt. Der andere Teil in mir ist so, wie die Brasilianer oder Amis sind. Da würde keiner begreifen, warum ich mit zweiunddreißig aufhören würde. Dir macht es Spaß, du verdienst gutes Geld, du bist gesund – es gibt keinen Grund.

Gibt es denn einen?, fragt Anna.

Klar, sagt Dieckmann, die Zeit läuft mir davon. Ich weiß, dass ich viele Chancen im Berufsleben verpasse, je älter ich werde, und einige kommen nicht mehr zurück. Es ist vielleicht schon jetzt zu spät, in der Wirtschaft etwas Vernünftiges auf die Beine stellen zu können.

Das ist so sein Wort, dieses *vernünftig*. Es wirkt sehr deutsch an ihm.

Wir kommen auf die Olympischen Spiele zu sprechen, und ich erzähle, wie fassungslos ich 2004 in Athen auf der Tribüne saß, als er an der Seite von Andreas Scheuerpflug das Viertelfinale verlor und so die große Medaillenchance, ein dramatisches Spiel, gegen zwei Australier.

Ja, Julien Prosser und Mark Williams, sagt Dieckmann. Mit Julien trainiere ich morgen früh wieder.

Er ist hier?

Er lebt hier. Der Strand gehört praktisch ihm.

Und als ich höre, dass die beiden befreundeten Rivalen noch nie über ihr Match von Athen gesprochen haben, nicht ein einziges Mal, verabreden wir uns. Ich will wissen, wie es geschehen konnte, dass die Deutschen den olympischen Ruhm verspielten, der schon greifbar nahe war.

Am nächsten Mittag trinkt Julien Prosser einen großen

Flat White und einen *Burrito Wrap* dazu, ein ganzer Haufen Mann, wie er da sitzt im Schatten des *Fresh Café*, massiger Oberkörper, überall Haare, braune Haut. Prosser ist ein Held von Sydneys *Northern Beaches*, noch immer taucht sein Name an jedem zweiten Tag im *Manly Daily* auf. Ein australischer Strandmann.

Ich bin vierunddreißig und habe die Haut eines Fünfzigjährigen, sagt er in seinem Aussie-Slang, ich habe resigniert.

Die Haare drängen unter der Kappe hervor, er hat die Figur eines Rugbyspielers, zumindest wenn er neben Christoph Dieckmann sitzt, der drahtig ist und schmal, kein Verdränger, gar nicht. Prosser hat scharfe Falten um den Mund, er zieht die Kappe ab, fährt sich durch die Haare, die steif sind vom Salzwassser und vom Sand, Sand in jeder Pore, er verfolgt die Spieler überallhin, noch keine Dusche erfunden, die das letzte Korn herausspülen könnte, er knirscht beim Essen zwischen den Zähnen und rieselt beim Lesen aus den Büchern und reibt nachts auf dem Bettlaken.

Bei Olympia denkst du nicht daran, dass da drüben deine Freunde stehen, es macht keinen Unterschied, sagt Prosser, und Dieckmann lacht leise, sein Mund wird ganz breit, er hat ein sehr offenes Lachen, ein großes Lachen, wie man es bei einem leisen Mann wie ihm gar nicht erwartet. Als er noch mit seinem Zwillingsbruder Markus spielte, war da oft ein Gefluche auf dem Platz, sie raunzten sich an, eine Zeitung taufte sie die »mörderischen« Dieckmänner, doch als sie dann eines Tages Gegner wurden, war nicht zu sehen, dass sie Brüder sind. Also, Freundschaften spielen keine Rolle.

Athen 2004. Ein Sieg fehlte beiden noch für die Medaillenspiele. Es war einer dieser flimmernd heißen Tage von Faliro, nicht weit von Piräus, wo man von den obersten Stufen der Tribüne die Ägais blitzen sah, der Sand blendend weiß. Dieckmann wirkte stark, und sein Partner Andi schien ohne Nerven. Doch auf der anderen Seite stand Julien Prosser. Der im Frühjahr zwei Wochen in Berlin zu Gast gewesen war und mit dem Auto von Christophs Schwester durch die Stadt geheizt. Das Spiel, in alle Welt live übertragen. In der Arena Tausende Zuschauer. Es waren für Prosser die dritten Olympischen Spiele. Zweimal habe er es nicht genießen können, sagt er.

Beim Heimspiel in Sydney 2000 haben damals zehntausend Leute aufgestöhnt, wenn wir nur einen Aufschlag ins Aus gesetzt haben, sagt er. (Prosser hebt die Hände, reißt die Augen auf, die lebendige Mimik der Australier.) Hey, es ist nur ein Aufschlag, dachte ich, aber die Erwartungen machten uns die Beine schwer, am Ende: neunter Platz. Viele Favoriten scheitern früh bei Olympia. Es ist verrückt, du fühlst dich entspannt, aber du bist es nicht. Du denkst, alles ist in Ordnung, aber das ist es nicht. (Er fasst sich mit seinen Riesenhänden um den Brustkorb.) Da ist ein Zug drin, eine Beklemmung, sagt er, es schnürt dir die Luft ab.

Weil so viel auf dem Spiel steht?, frage ich.

Weil alles auf dem Spiel steht, sagt Prosser. Du weißt, du wirst dein Leben lang an diese Minuten denken. Bis zu deinem Tod wirst du an diese Minuten denken.

Die meisten Menschen kriegen so eine Chance nie, sage ich.

Die meisten sind froh darüber, sagt Prosser.

Dieckmann sitzt daneben im Schatten. Er hat seine ausdruckslose Miene auf, die Miene aus dem Spiel. Ich habe lange nicht mehr über das Match nachgedacht, sagt er.

Er spielte überragend. Die Australier hatten keine Chance im ersten Satz, Dieckmann schob immer wieder die Hände übers Netz, dass es auf der anderen Seite dunkelte, und Prosser hämmerte den Ball in diese Wand, elfmal insgesamt, ein schneller erster Satz, es war zu schnell, gefährlich schnell.

Wir wussten, wir müssen weitermachen, die werden kommen, sagt Dieckmann.

Sie machten weiter. Es war heiß im Stadion, der olympische Sand sehr feinkörnig, er reflektierte die Sonne, sodass man auch unter der Sonnenbrille die Augen zusammenkneifen musste. In den Satzpausen kamen Tänzerinnen aus Gran Canaria aufs Feld, die einen orangefarbenen Bikini trugen und diesen sehr vorteilhaft in Szene zu setzen wussten. Das Publikum war bester Laune, den meisten ist es bei diesem Sport egal, wer gewinnt, solange die Show stimmt, und daher begannen sie die Unterlegenen anzufeuern.

Es stand 13 : 8 im zweiten Satz, noch acht Punkte fehlten den Deutschen zum Halbfinale.

Unser Traum, er war ganz nah, sagt Christoph. Er sagt es wie einer, der das Wort Traum nicht sehr oft in den Mund nimmt. Und dann, sagt er, beginnt man auf dem Feld zu denken: Mein Gott, Halbfinale! Die Chance deines Lebens, vermassel sie nicht.

Da kommen die kleinen Stimmen, sagt Prosser. Das ganze Spiel dreht sich darum, die kleinen Stimmen im Ohr zu bekämpfen.

Er beugt sich nach vorn, dass ich mich automatisch auch nach vorn beuge. »Oh, jetzt keinen Fehler«, flüstert er, »nur jetzt keinen Fehler … Wenn du hinhörst, machst du den Fehler. Du musst dir sagen: großartiger Pass. Perfekt, Junge. Du kannst es! Du kämpfst ständig mit dir selbst.«

Die kleinen Stimmen, sagt Christoph, jeder hat sie.

Es folgte ein harmloser Ballwechsel, der mit einem Punkt für die Australier endete. Andi reklamiert, meckert, tobt, es geht um einen technischen Fehler, der vielleicht keiner war. Und Prossers Partner Williams stürmt zum Schiedsrichter, packt den Pfosten und rüttelt daran, und Prosser beginnt zu schimpfen, weil der Deutsche schimpft, reiner *trash talk*, Christoph steht dabei und sagt fast nichts, und danach kippt das Spiel.

In diesem Augenblick, genau in diesem Augenblick, haben

wir unseren Rhythmus verloren, sagt Christoph im Schatten des Fresh Café. Wir führten 13:8, aber plötzlich war alles aus.

Wir waren plötzlich drin im Spiel, sagt Prosser, er guckt Dieckmann an. Und danach kommen wir von unten. Von unten kommen ist immer gut. Wir haben gemerkt, wie die beiden unsicher wurden.

Wir wurden unsicher, sagt Dieckmann. Zwei Fehler, zack, zack, und das Spiel war offen. Du hast nur noch Trickschläge gemacht, Julien, *shots*.

Ich hatte plötzlich ein gutes Gefühl, sagt Prosser.

Die Australier gewinnen den zweiten Satz knapp, und danach gewinnen sie auch den dritten Satz knapp. Die Deutschen sind raus.

Es war hart, sagt Christoph. Da war nur noch Leere.

Soll ich dir was sagen?, sagt Julien. Ich habe vor ein paar Monaten eine Videocassette eingelegt, es war unser Spiel, das einzige Spiel, das ich von Olympia 2004 habe. Ich weiß bis heute nicht, wie wir das gewinnen konnten. Es war ein Wunder. Leider hatten wir danach keine Kraft mehr, wir haben's versiebt. Und ein vierter Platz zählt in Australien nichts.

Sie sitzen ein paar Sekunden schweigend nebeneinander im Schatten. Auf der Uferstraße schieben sich die Autos langsam vorbei, Urlaubszeit, sie ticken ohne Laut. Man hört die Wellen auf den Strand schlagen. Eine Lautsprecherdurchsage: Die Strömung ist heute extrem gefährlich, Leute. Seid bitte vorsichtig.

Ja, sagt Dieckmann, so ist Sport. Er lächelt.

Es tut wohl immer noch weh. Nach dem Spiel kam er in die *Mixed Zone*, wo die Reporter warten, es war kühl dort unten, ein Schattenreich. Auf Dieckmanns Haut stand der Schweiß, er rieb sich mit einem Handtuch langsam den Sand von der Schläfe, von den Unterarmen, und er sah über die Reporter hinweg, aber nicht wie der Torsteher Kahn, bei dem das eine Pose ist. Es waren Dieckmanns erste Olympische Spiele. Vielleicht hat er einfach nur nach vorne geblickt.

In Peking wird Prosser ziemlich sicher nicht dabei sein. Mit seinem neuen Partner ist er in der Weltrangliste abgestürzt, und er muss eine Familie ernähren. Vielleicht wird er bei *Channel 10* als Kommentator einsteigen.

Dieckmann hat längst einen neuen Partner, den ehrgeizigen Quasselkopp Julius, der ihm mit seinen Sprüchen guttut. Sie sind unter den besten Teams der Welt, sie sind deutscher Meister. Im August 2008 kommt die nächste Chance.

Ich würde dir eine Medaille gönnen, sagt Prosser. Er lacht. Denn dann kann ich allen sagen: Den habe ich bei den letzten Spielen aus dem Turnier geworfen. Schaut euch an, was der Knabe bei mir gelernt hat. (Er deutet zum Manly Beach, eine großzügige Handbewegung.)

Die beiden verabschieden sich. Ein Leben am Strand – Prosser kann kein unglücklicher Mann sein. Viele Ecken der Stadt erinnern ja an London, aber vor der Tür liegt die Küste von Biarritz. Sydney zeigt uns, wie wir wären, wenn wir die Dinge locker nähmen. Es wird nicht alles gut. Aber das sonnige Lebensgefühl, das hilft. Es ist eine andere Schwerkraft, hier. Oder würde uns nach einer gewissen Zeit die Ernsthaftigkeit Deutschlands fehlen?

Wenn man sich wie wir ein Boogie Board leistet, das halb so groß ist wie ein Surfbrett, zum richtigen Zeitpunkt abzuspringen weiß, sich dann flach aufs Brett legt – so zum Beispiel lernt man immerhin eine Art Surfen binnen weniger Minuten. Das Glück: Eine große Welle zu erwischen, sie oben zu erwischen, wenn sie gerade bricht, wenn sie dich zugleich bedroht und beschirmt, sie dich schäumend schiebt, stößt und du nach unten guckst und du hinterher wissen wirst, es war nur ein Meter, aber in diesem Moment, auf dem Brett, siehst du wie aus dem Himmel hinab auf den blanken, feucht glänzenden Erdboden, und du liegst oben und weißt, wenn sie jetzt bricht, wirst du hinuntergeworfen auf den harten Sand und die Welle bräche über dir zusammen, also richtest du dich ein bisschen auf, und der Druck lässt nach, und du hast die Vorhut verlassen und reitest hinter dem Wellenrand her, gurgelnd reißt dich die Welle noch 30 Meter mit über den flachen Boden, bis ihre Kraft nachlässt, und du liegst platt auf dem Strand, der Bauch ein bisschen wund gescheuert und blaue Flecken in der Leiste, wo das Brett dagegenschlug, es war ein guter Ritt und eine kleine Ahnung, wie es wäre, wenn man es könnte.

Man fühlt sich dann, ja: sehr sydneysiderisch. Es gibt allerdings mindestens vier verschiedene Sydneys. Das Sydney der Strände, wo ewig der Wind die Luft fächelt und alle Menschen Brüder und Schwestern sind unter der beißenden Sonne (wobei unten in Cronulla sich vor ein paar Monaten *locals* und Libanesen mal die Rübe eingebeult haben). Als Zweites das Sydney der City, noch immer britisch geprägt, die Banker sehen nicht viel anders aus als in London, nur dass sie nach getaner Arbeit schnell ins Auto springen und an den Strand fahren. Drittens der Westen, wo die Rugby-Fans wohnen, wo es an manchen Tagen zwölf Grad heißer ist als an der Küste. Das sind die *Westies*, die Jungs, die sonntagmittags im *Coogee Bay Hotel* Bier in sich reinlaufen lassen und deren Haut niemals braun wird. Unter ihnen brütet der Rassismus, bei ihnen bekommt der Slogan *proud to be Australian* einen unappetitlichen Beigeschmack. Und schließlich die jungen Einwanderer-Viertel, etwa Leichhardt, wo die Italiener längst einen Kult um ihre Kultur machen. Oder Cabramatta, wo Vietnamesen und Chinesen leben, von denen viele kein Wort Englisch sprechen.

Auch Australien gibt es nicht nur eins, sondern wenigstens drei. Da ist das kosmopolitische Australien der großen Städte. Dahinter das *Outback*, das dem rot gebackenen Land noch jenes *Frontier*-Gefühl gibt, das die USA längst verloren haben. Und dazwischen das ländliche Australien, das, wie der Reiseautor Bill Bryson schreibt, aus der Zeit gefallen scheint, »wie Iowa 1958«.

Überall aber ist dies noch ein altmodisches Land. Wo sich beim Barbecue die Geschlechter säuberlich trennen, denn die Aussies haben die englische Steifheit der zwischenmenschlichen Beziehungen geerbt, da ist wenig Flirt in der Luft. Allerdings gibt es hier Mädels, die am Strand von Coogee Rugby spielen, die schnell sind und robust, angefeuert von ihren Vätern. Nur selten sind die distinguierten englischen Mädels zu sehen, die so blass sind wie blasiert; sie gedeihen in diesem Klima nicht besonders gut.

Drei Tage vor der Abreise, die viel zu schnell kommt, wir könnten ewig so weiterdaddeln, kommen wir auf die glorreiche Idee, uns zu erkundigen, ob wir für Vietnam ein Visum brauchen. Um es kurz zu machen: Wir brauchen eins, sozialistische Republik und so. Wir haben aber keins. Völlig verpennt. Stundenlanges Surfen im Netz. Wir rufen *Jet Air* an, ob wir zwei Tage später nach Saigon fliegen könnten? Können wir nicht.

Anruf bei der Agentur *Visa on arrival*. Man müsse, erfahren wir, einen Antrag schicken, dann schicken sie die Information, was es uns kostet, dann muss man Geld schicken, dann legen sie los. Wie sollen wir bezahlen: Banküberweisung? Dauert fünf Tage. Western Transfer? Klingt dubios. Mit der Kreditkarte? *Very complicated*, steht da. Hmpf.

Nächster Versuch: Hallo, frage ich, ist dort e-*travelvietnam*? (höflich)

*Yes.* (eine Frau, selbstsicher)

*Great! We need a visa in a very short time. Sorry. But can you help us with Visa?* (sehr freundlich)

*Sorry?* (fragend)

*Can we pay with Credit Card?* (freundlich)

*Sorry?* (fest)

*Do you speak English?* (gerade noch freundlich)

*No.* (fröhlich)

*Can you please get somebody who speaks English?* (nicht mehr sehr freundlich)

*No.* (sehr fröhlich)

*Then* ..., ähm, *we* ... Beepbeepbeep.

Wir probieren eine zweite Nummer, ebenfalls in Hanoi. Ich stelle mir vor, wie sie dort ans Telefon spritzen, willige Dienstleister. Nach einem Klingeln eine freundliche Stimme. Dieselbe Stimme wie zuvor. Nur hängt sie diesmal schon nach meiner Frage auf, ob ich richtig sei bei e-*travelvietnam*.

Hektisch suchen wir weiter. Anna fordert einen Notfallplan *oder* Plan B, ich schlage Singapur vor oder Kuala Lumpur oder Dienstag früh zum Konsulat, herrgott. Was, fragt Anna, wenn der Flug verfällt?, zahlen wir dann den neuen Flug selbst?, wohl ja, Mist!, ja, Mist. Dann entdecken wir *Traveltovietnam*, hier kann man eine *Credit Warranty* runterladen, müssen das nur durchfaxen, also düsen wir runter ins *Manly Internet Travel Centre* an der Belgrave Road, legen die Kreditkarte auf den Kopierer, probieren, bis es passt, passt, faxen den Kram durch. Uff.

Wir betrachten anschließend gemütlich vom North Head den Sonnenuntergang. Über Downtown geht ein heller Stern auf, der sich sehr schnell bewegt – der Komet *McNaught*, der sich über den blauen Horizont Richtung Unendlichkeit schiebt. Danach erst, beim Thailänder, merke ich: Der Reisefuchs hat die Kreditkarte im Kopierer vergessen. Wir rasen zurück zum Reisebüro, jemand hat die Karte zum Glück abgegeben, hab sie wieder. Aber kann man so blöd sein?

Anna schaut mich skeptisch von der Seite an. Ich wusste vor der Reise nicht, sagt sie, dass du so ein Trottel bist. Ständig fällt dir was runter oder geht irgendwas schief. Dein Leben ist wie Tom & Jerry.

Ich hab eben viel Respekt vor der Tücke des Objekts, sage ich.

Und die Folge ist, dass sie dich immer überlistet?

Meistens gewinne ich den Kampf. Kriegt nur keiner mit.

Auf der Suche nach der Form unseres Lebens haben wir einige Fortschritte gemacht. Habe wohl fünf Kilo verloren, fühle mich schmalst, einfach nur durchs Bewegen und weniger Kekse Futtern als normal. Auch Anna hat sich unaufhaltsam der Bestform genähert, bis sie eine schmerzhafte Achillessehnenreizung außer Gefecht setzte.

Du simulierst, sage ich, als sie ein Läufchen abbricht.

Ich würd so gerne, aber es geht nicht, sagt sie.

Dir ist es zu anstrengend.

Geht nicht, sagt sie.

Also renne ich alleine los, Strand hoch, Strand runter, bis ich mich vor Erschöpfung in den Sand fallen lasse. Brauche eine halbe Stunde bis zur Wiederbelebung. Feine Sache, so eine Form des Lebens.

Statt weiter exzessiv Sport machen wir halt in Kultur. Geht ja inzwischen in Sydney, über das die Feingeister dieser Erde nicht mehr leichtfertig die Nase rümpfen sollten. Wir schauen *La Traviata* in der Oper, wobei ich im 3. Akt einschlafe, es sind mir zu viel wehende Mäntel im Spiel, zu viel Pathos. Und am nächsten Abend sehen wir das Theaterstück *Seemannslieder*, das wohl in Berlin große Erfolge gefeiert hat. Die Aussies verstehen kein Wort, wir finden's großartig. Sehr heimatlich.

Aber auch hier im Urlaub kommen manchmal Launen hoch, meistens ohne Grund. Schaffe es inzwischen, mich zu fragen, was machst du eigentlich hier. Was soll das, diese Laune. Gibt es einen Grund? Nein. Du nimmst dich wichtig. Nimmst dich verdammt noch mal einfach nur wichtig. Manchmal ist die Laune dann wirklich weg.

Und wenn gar nichts mehr hilft, gehen wir an den Strand.

Das wirkt immer. Man steigt jedes Mal aus dem Wasser wie ein Neugeborener. Die Welle bürstet dich und schrubbt dich und betäubt dich und treibt dir den ganzen Blödsinn aus dem Hirn und schüttelt dich durch, und du verlässt die Welle als neuer Mensch. So eine australische Brandung sollte man in Deutschland einführen. Wir hätten einige Probleme weniger, da wette ich. Wenn unsere Nordsee solche Wellen hätte, die Deutschen wären anders. Besser durchlüftet. Man muss nicht in die Kirche, um Gott nahe zu sein. Stell dich in die Brandung von Manly oder Maroubra, an einem dieser Tage.

Nichts, was mir einfiele, das einen so bei sich sein lässt. Ich kann mich auflösen am Meer. Ja, das ist wirklich so. Ich spüre mich dann nicht mehr. Ich bin mit mir im Reinen, ein Gefühl, das ich bei anderen oft beobachte und von mir selbst selten kenne. Das Meer stellt wer weiß was mit einem an. Mittags Zeitung lesen, Kaffee trinken, aufs Meer starren. Immer wieder dieses Aufs-Meer-Starren. Und in die Wolken gucken und sich drauf freuen, gleich wieder aufs Meer zu starren. Warum ist das so? Und warum ziehen wir zu Hause nicht an die See? Wenn das nur ginge. Das wäre was.

Denke zum ersten Mal: Jetzt ist es gut. Wir können hier noch ewig bleiben, oder bald nach Hause. Es macht keinen Unterschied. Ich fühle mich entspannt wie zuletzt mit zwanzig Jahren, nach dem Abi, sorglos und leicht. Und doch schlummert im Geldbeutel eine Kreditkarte.

Hast du Heimweh?, fragt Anna, als ich es ihr erzähle.

Nein, aber ich freue mich einfach auf die Rückkehr. Aufs Heimkommen.

Mir geht's genauso, sagt sie und seufzt ganz leise.

(Ist mir klar, ein Konflikt wäre spannender, wir sind uns darin aber einig wie selten, 'tschuldigung.)

Unsere Freunde sind nun selbst in Ferien gefahren, zum Zelten mit den Kindern, die Küste hoch, wo es viel weniger Menschen gibt und noch viel mehr Strand. Den letzten

Abend verbringen wir allein in Manly. Erwische zwei-, dreimal eine Welle, wie ich sie noch nie erwischt habe. Ohne Board, mache mich nur steif. Bin selbst mein eigenes Brett. Die tief stehende Sonne taucht das Wasser in Strahlen aus flüssigem Gold, und das ist jetzt bitte schön kein schiefes Bild, sondern die Wahrheit. Die Wellen kommen heute merkwürdig langsam heran, ganz gleichförmig, sie brechen gnädig, da, wo man gut stehen kann, das Wasser ist ungewöhnlich weich und klar. Das Meer schmust mit uns. Ich kann ganz weit hinauslaufen, Ebbenwasser, und da kommt eine herrlich geformte Welle, ich mache zwei schnelle Kraulzüge, paddele mit den Füßen, spüre die Welle, strecke meine Hände nach vorne, lege den Kopf in den Nacken und beginne auf dieser Welle zu gleiten. Da ist eine große Ruhe in dieser Bewegung, und ich kann dabei sogar die Augen aufmachen, ich schieße mit der Welle dahin, *yippiee*, ich schieße in einem Strahl aus Gischtfunken auf den goldenen Sand zu, *woohoo!*, einen Moment, für den Bruchteil einer Sekunde, ist es, als sei die Zeit eingefroren, als bewege sich nichts, und doch bin ich wach und koste ihn aus, endlich schlägt die Welle über mir zusammen, doch ich lande in dieser perfekten Welt auf den Füßen, mit einem astreinen Telemark.

Wenn man denn mal gehen muss, dann so, eines fernen Tages. Das wünsche ich mir. So soll es sein, an einem windstillen Abend, wenn das Meer zu träumen scheint, wenn das Licht seinen Biss verloren hat und doch noch wärmt, an einem solchen Abend müsste man hinauswaten in das weiche Meer, sich von diesen Wellen überspülen lassen und einfach weitergehen, bis hinter den Punkt, wo sie brechen, einfach weiter, bis die eine Welle kommt, die alles erlöst. Bis man in diesem gnädigen Ozean für immer verschwindet.

## FÜNFZEHN
# Die Schneeoper

Im Flugzug nach Ho-Chi-Minh-City gucke ich eine Talkshow mit Stephen Fry und Bette Midler. Der Schauspieler wirkt ein wenig verfettet und ähnelt verblüffend exakt Joschka Fischer in der fülligen Variante. Bette Midler sieht selbstverständlich phantastisch aus und sagt pro Satz hundertmal das schöne Wörtchen *ich*. Neben Joschka sitzt Sharon Stone und sagt nichts. Das ist der Höhepunkt des Fluges, jedenfalls schlafe ich danach ein.

Aus der Heimat haben uns in den letzten Tagen bemerkenswerte Nachrichten erreicht: Gute Freunde haben sich getrennt (warum *die*?), andere gute Freunde ihr Baby bekommen (alles gut gegangen), Stoiber geht es an den Kragen, Deisler tritt zurück, unsere Gips-Gans hat sich im Orkan vom Fenstersims gestürzt und ist auf dem Steinboden in tausend flugunfähige Teile zerplatzt, es ändert sich alles und nichts. Zu Hause, das ist ein gutes Gefühl, wenn man dran denkt. Der Gedanke kommt aber noch nicht oft von selbst.

In Sydney hatte ich eine brillante Idee: Ich werde eine Partei gründen. Die Partei der Optimisten. Unser Zeichen: der erhobene Daumen. Unser Motto: Das wird schon!

Würde man in Deutschland die Fünf-Prozent-Hürde schaffen?, fragte Anna.

Na ja, habe ich geantwortet, da wäre ich skeptisch.

Sitze nach dem Nickerchen hellwach auf Platz 44b, Jet Air,

und tippe vor mich hin. Hatte mich vor der Reise lange umgeschaut, kleine Laptops sind sündhaft teuer. Mein Bruder hatte es mir schon vor Jahren empfohlen: ein *PDA-Handy* und ein *Wireless Infrared Keyboard*. Ein Minicomputer für zusammen 120 Euro, Traum. Das Ensemble liegt jetzt auf dem Flugzeugtischchen, die schwarzen Tasten weich und glatt, es gibt ein schönes Tickgeräusch, wenn man sie presst, die Tastatur ist stabil – das alles so durchdacht, dass ich ganz stolz bin auf die Erfinder.

Man muss bei dieser Tastatur einen dünnen schwarzen Arm ausfahren, der in die Luft ragt wie eine Antenne, am Kopf hat dieser Arm einen Infrarotsensor, und über diesen Sensor werden die Befehle nach unten geschickt. Jeder Buchstabe geht diesen mysteriösen Weg, über die Tastatur hoch in den Arm und dann, durch die Luft, hinunter in das PDA-Handy. Ich halte das, wie so vieles, für ein Wunder.

Was ich am Tippen so liebe, ist, dass man sich treiben lassen kann. Ich tippe mit zwei Fingern, das ist wahr, aber ich sage mir immer: Ich kann schneller tippen als denken. Das stimmt zwar nicht, hört sich aber gut an. Es ist schnell genug, jedenfalls. Und mit Korrekturen halte ich mich nicht auf. Die Finger sind braun geworden im Lauf der Monate, vielleicht bilde ich mir das aber auch nur ein. Sie fliegen wie von selbst über die Tasten, und manchmal steht da ein Satz, den ich niemals gedacht hatte. Über den ich mich selbst wundere, dass er in mir war. Manchmal bin ich erfreut, manchmal peinlich berührt. Schreiben heißt, sich selbst zu überraschen.

Vietnams Grenzschutz winkt uns ohne Probleme durch, unser Last-Minute-Visum liegt wirklich vorbereitet am Schalter. Ich hatte mich darauf eingestellt, zwei bis fünf Grenzer schmieren zu müssen, Vietnam soll das korrupteste Land Asiens sein, die Korruption so ungeheuerlich groß, dass deutsche Vorstandsherren in ihrem Bildungsurlaub reihenweise hierherreisen. Aber wir werden einfach durchgewinkt, kommen schmierlos ins Land des untergehenden Sterns. Mit Sack, Pack und Boogie Board – eingeschweißt in einen schwarzen Müllbeutel – lassen wir uns vom Taxi zu unserem kleinen Hotel bringen. Schlendern danach Richtung Zentrum, durch die Dämmerung.

Saigon. Alle nennen die Stadt noch so, dabei heißt sie seit 31 Jahren Ho-Chi-Minh-City oder, für die Werbeleute der Postmoderne, *HCMC*. Saigon klingt für mich nicht nach Vietnamkrieg, sondern nach Kolonialkitsch. Man frage mich nicht, warum. Ich habe Graham Greenes *Der stille Amerikaner* im Gepäck, aber der Roman ist eine Enttäuschung, es gibt ja Bücher, die werden nicht alt. Das hier ist alt.

Erste Erkenntnis in Saigon: Die Menschen sind so duldsam. Ein jeder nimmt sehr wenig Platz ein. Im Schneidersitz dürften vier Vietnamesen in etwa den umhäuteten Raum eines Tahitianers beanspruchen und den von 2,7 St. Lucianern. Es ist sicher alles eine Frage der Gewöhnung, der Erziehung. Aber es ist auch eine Sache der anatomischen Gegebenheiten. So wie gewöhnliche norddeutsche Männer ihre süddeutschen Genossen um Haupteslänge überragen (man gehe zu Vergleichszwecken durch Hamburg und Stuttgart) und norddeutsche Frauen ihre süddeutschen Genossinnen (sodass süddeutsche Männer norddeutschen Frauen beinahe in die Augen sehen können), so muss man auch mal den Mut haben, die Beobachtung hinauszuposaunen: Der Vietnamese als solcher ist gemeinhin unfassbar klein, dünn und schmal. Das hat viele Vorteile, wie die Geschichte gezeigt hat (man versuche sich einmal als gemeiner süddeutscher Mann in die *Cuchi*-Tunnel der Vietkong zu zwängen, die Norddeutschen sollten gar nicht erst daran denken) – und vor allem auch die Gegenwart eindrucksvoll beweist: Die Vietnamesen können etwa auf den Bänken ihrer Mopeds schlafen oder im Schneidersitz darauf hocken, quer darauf liegen, um zu rauchen, auch ihre Liebste passt rittlings noch drauf, sie tanzen auf dem Sitz oder machen Yoga. Aber selbst die, die vorgeben, auf diesen Sofas zu schlafen, sind vor allem beschäftigt mit Lauern. In Wahrheit döst da keiner. Sobald sie dich erblicken, bieten sie dir ihre Dienste an. Nicht aufdringlich, höchst professionell. Und fahren tun sie schließlich auch noch mit ihren Mopeds.

Das ist natürlich das Problem.

Zweite Beobachtung in Saigon: Hier zu bummeln wäre Selbstmord. Eine Straße zu überqueren ist so, wie sich der bemitleidenswerte Frosch im Computerspiel *Frogger* fühlen musste, der lebend über eine viel befahrene Straße zu bringen war, vor, zurück, schnelle Sprünge, ab in Sicherheit. Ungefähr jeden dritten Frosch hat es gekostet, damals. Genauso dürfte es in Saigon sein. 40 Menschen sterben täglich auf den Straßen der Stadt, bei acht Millionen Einwohnern, und die große Frage ist, warum es nicht mehr sind. Ein Arbeiter verdient nur 50 Dollar im Monat, die Mieten in der Stadt kann sich kein Menschen leisten, also kommen sie alle morgens knatternd angedüst, auf ihren chinesischen Fabrikaten. Zwar ist Vietnam noch sozialistisch, doch die Wirtschaft liberalisiert, die Menschen ackern ohne Rücksicht auf sich oder andere, die Löhne sind weit billiger als in China. Die Wirtschaft wächst um 8 Prozent, man ist gerade der Welthandelsorganisation beigetreten – Globalisierung ist hier ein Lockruf, keine Drohung. Vietnam boomt, und jeder will seinen Teil abhaben.

Die Mopeds kommen in Schwärmen angeschossen oder vielmehr: wie ein einziger Schwarm nervöser Hummeln. Besonders anregend ist dieses Schauspiel nachts, wenn sie vieläugig und heulend herumdüsen. Auf eine dreispurige Fahrbahn passen locker siebzehn Mopeds nebeneinander, wenn sie anständig fahren. Sie fahren aber nicht anständig.

Beim Queren der Straße muss man irgendwann den ersten Schritt setzen, und wichtig ist, das Tempo fortan nicht mehr zu drosseln, trotzdem jederzeit bereit zu sein, nach vorne oder hinten zu springen, wobei man die Folge-Mopeds genau im Auge behalten sollte. Die Mopedfahrer nämlich werden nicht auf Sie achten, sie hupen nur. Es ist zudem auch so, dass auf einigen Mopeds vier Mann unterwegs sind, Vater, erster Sohn, Mutter, zweiter Sohn, mehr oder weniger gestapelt. Auf anderen kann man nicht erkennen, welcher der drei Gefährten den Lenker in der Hand hält. Augenkontakt nutzt also auch nix. ABSOLUT UNMÖGLICH ist es, zu zweit im Gleichschritt die Straße zu kreuzen. So schwer es auch fallen mag, ein jeder muss sich auf sich selbst konzentrieren. Hand in Hand würde gewiss einer draufgehen. Mit der Zeit kriegt man aber ein Gefühl für die sich naturgemäß ergebenden Hohlräumchen.

Wenn man davon ausgeht, dass Saigon vermutlich 100 Millionen Einwohner hat, sind abends rund 70 Millionen auf ihren Mopeds unterwegs. Man kann also ganze Urlaube am Straßenrand verbringen. Es hilft übrigens nichts, wenn plötzlich neben einem ein Einheimischer auftaucht. Der tappt einfach los und ist irgendwann drüben, als könne er durch Wände gehen. Aber das mit dem Urlaub am Straßenrand stimmt auch nicht. Vielen Fahrern geht es auf der Straße nicht schnell genug, also gehen sie stillschweigend davon aus, dass sie den Gehsteig benutzen dürfen, wo bereits Trilliarden Mopeds geparkt sind und noch mehr Plastikstühle stehen und Mopeds repariert werden und Hühnersuppen gekocht und Kinder gewickelt und Pickel gedrückt – und wir ja auf unser Hohlräumchen warten.

Leider ist Saigon kein Luftkurort. Wir kommen aus der wasserklaren pazifischen Brise von Sydneys Strandvierteln, und nach den ersten Atemzügen will ich hier nur noch weg. Es ist, als stecke man seinen Kopf in einen Sack voll Staub und pumpe sich die Lungen voll. (Hier möchte man keinen Marathon laufen, und Peking soll noch viel schlimmer sein.)

Der Himmel grau, ein asiatischer Himmel. Sie haben wirklich eine phantastische Begabung, die Luft zu verpesten. Wir röcheln uns durch Saigon.

Lecker duftet es dafür aus den Garküchen, von denen es an jeder Ecke welche gibt, und dazwischen auch. Die Nudelsuppe *Pho* schmeckt ja prinzipiell gut, aber sie hier essen, aus einem dieser dampfenden Töpfe? Scheint mir etwas für Liebhaber. Ein Bach Blut läuft über den Gehsteig, die Hand, die eben noch die Nase wischte, rupft den Salat, das Messer hackt Eiswürfel, das gerade das rohe Fleisch schnitt. Laut einer Studie sind 81 Prozent der Essensstände oben in Hanoi mit Erregern belastet, aber ich habe gelesen, dass Vietnamesen nicht an die Existenz von Bakterien glauben. So kann man das natürlich auch lösen. Und allüberall Fliegen.

Immerhin nirgendwo unfreundliche Gesichter. Eher Desinteresse. Wo uns ein Blick trifft, ist dieser offen. Nur in der Markthalle werden wir betatscht, hierhin, dorthin gezogen. Ich schüttele tapfer den Kopf, als mir eine Frau zwei Jeans vor die Latüchte hält, ich sage eine Spur zu laut: *No*!

*What are you looking for*?, fragt sie keck. Es ist eine junge Vietnamesin, mit den angestrengten Mundwinkeln der Krämer.

Ich stutze kurz, sage dann: *fresh fish*.

Da muss sie lachen, und ich lache auch, und wir trennen uns in einer schönen kleinen Umarmung.

Vor dem Vereinigungspalast setzen wir uns auf eine Bank, der Palast bleibt heute geschlossen, wir schmökern im Reiseführer, lesen: Vietnamesisch ist eine angsteinflößend schwer zu lernende Sprache ... Wir schauen auf. Wir sind umgeben von kleinen Kerlchen, die lautlos herangerannt gekommen waren. Erst verkauft uns ein Bursche mit Knopfaugen eine Kokosnuss, die ich gar nicht will, dann eilt ein kleines Schuhputzerchen herbei und beginnt meine ausgelatschten Puma-Treter zu wienern, denen ich eigentlich auf dieser Reise den Rest geben wollte. *No money*, ruft er, als ich energisch protestiere.

Schon bin ich wieder gefangen in dieser teuflischen Spirale.

Charaktertest!, flüstert Anna fröhlich.

Nein, rufe ich, das sind Weltreiseschuhe, daran der Staub des ganzen Erdballs, hör sofort auf, mach sie nicht sauber, bitte nicht!

*No money*, ruft er. Zwei Kumpels beginnen den anderen Schuh zu putzen. Anna sitzt daneben und kringelt sich vor Lachen. An sie wanzt sich niemand heran.

Bitte, hört auf, ich geb euch auch was, wenn ihr nur aufhört.

Heh, ruft der erste Junge, *broken*! Traurig hält er das Vorderteil der Sohle in den Fingern, die sich ablöst, jaja, sage ich, das ist Teil der Schuhe, das gehört dazu, es hat sich ereignet auf einem sehr langen Marsch auf St. Lucia, nun hört schon auf.

*Broken*, sagt der Junge traurig.

Der andere holt aus dem Nichts eine kleine Tube Klebstoff und schmiert einen dünnen Film auf die Innenseite der Sohle.

Um Gottes willen!, rufe ich.

Zu spät, die beiden pressen die Sohle gegen den Schuh, mit ihrer ganzen kleinen Kraft, und danach rufen sie stolz: *Jo!*, und zeigen auf den Schuh und schauen mich mit kullernden vietnamesischen Augen an.

Ihr habt ein Kunstwerk zerstört, sage ich leise, wir sind seit vier Monaten auf Reisen, egal, wie die Schuhe aussahen, es war okay. Der Kleine beugt sich wieder hinunter, er hört nicht auf zu schubbern und schrubben, und während meiner Tirade beginne ich in den Taschen zu kramen. Natürlich habe ich kein Kleingeld bei mir. Beim Kramen stoße ich die Kokosnuss um, sodass sie ausläuft, und Anna ist mir keine große Hilfe, das muss ich schon sagen. 20 000 Dong will ich maximal geben, das wären etwas mehr als ein Euro, ein Vermögen, aber ich hab nur 50 000. Das ist entschieden zu viel. Das versaut die Preise. Das ermutigt die Jungs, ihr ganzes Leben auf das Schuhputzhandwerk zu setzen. Aber es geht nicht anders, ich will ihnen nicht nichts geben.

Und so trollen sie sich, mit einem geschäftstüchtigen Grinsen im Gesicht.

Habe es wieder nicht übers Herz gebracht, laut Nein zu sagen. Habe mich nicht weiterentwickelt auf dieser Reise. Wenn ich in solchen Ländern lebte, würde ich bald wie sie, wie diese Jungs, pleite gegangen durch tausend verlorene Duelle. (Fast ein Jahr später, da ich diese Zeilen bearbeite, trage ich aber an meinen Füßen diese Treter, ebenjene ausgelatschten Pumas, die noch einen schimmernden Glanz haben, den ich mir nicht recht erklären kann. Ich konnte sie nicht aussortieren, nach der Reise, hab's nicht übers Herz gebracht, schließlich hält die Sohle wie 'ne Eins.)

Man sieht wenig Uniform auf den Straßen, wenig Insignien eines sozialistischen Reiches. Nur die üblichen Flaggen mit dem roten Stern, aber die gehören längst zur globalen Folklore, und ein paar Ho-Chi-Minh-Statuen – in seinem Gesicht vermag ich eine gewisse Menschlichkeit zu entdecken.

Im *War Remnants Museum* steht auf dem Hof allerlei Kriegsgerät herum. In meinen Augen sehen Jagdbomber und Panzer ganz nackt aus, wenn sie still stehen. Der Lärm gehört dazu, damit sie so kriegslüstern wirken, wie sie in der Tat sind, diese Mordmaschinen. Der Mensch muss ihre Motoren erst anwerfen. Von Natur aus sind sie harmlos.

Ein Museum, das aufwühlt. Am beeindruckendsten die Bilder der im Krieg gefallenen Fotografen. Ein Japaner mit Goldrandbrille hat die schrecklichsten Momente festgehalten, etwa einen GI, der den abgerissenen Kopf und Torso eines Vietkong in die Luft hält. Quälend langes Video über das Entlaubungsgift *Agent Orange*. Aber keine Einordnung der politischen Situation, keine Erklärung der Zusammenhänge. Alles arrangiert, als seien die Amerikaner skrupellose Mörder gewesen. (Waren sie das nicht auch, aus Sicht der Einheimischen?) Im Reiseführer steht, dass das Museum schon entschärft worden sei, vor Jahren seien noch missgebildete Föten in Einmachgläsern ausgestellt gewesen.

Der Vietnamkrieg heißt in Vietnam *American War*, es ist nur einer von vielen, die das Land heimgesucht haben, er war besonders schlimm, gewiss, drei Millionen Vietnamesen kamen um, aber die meisten der fast 90 Millionen, die heute leben, waren damals noch gar nicht geboren, mehr als die Hälfte der Bevölkerung ist unter dreißig Jahre alt. Absurd: In den USA lebt der Vietnamkrieg fort, solange die Veteranen leben, solange sie vom Wahnsinn des Krieges erzählen, solange Filme und Bücher das kollektive Bewusstsein der Amis erschüttern, solange im Irak ein Krieg stattfindet, der in zu vielem an Vietnam erinnert. Aber in Vietnam selbst ist er vorbei. Seit 1995 unterhält man diplomatische Beziehungen zu den USA. Es ist ein großmütiges Volk. Und ein Leid gewohntes.

1000 Jahre waren die Chinesen Herren über ihr Land, dann rebellierten die Vietnamesen und vertrieben sie, das war um 1000 nach Christus. Danach kamen die Mongolen und wieder die Chinesen und die Siamesen und wieder die Chinesen und die Franzosen und die Japaner, oder umgekehrt, alle wurden hinausgeworfen, und dass es schließlich auch die Amerikaner erwischte, muss nicht verwundern. Es gibt auf der Welt vielleicht kein zäheres Volk, im Wellenbad der Weltgeschichte abgehärteter als das Vietnams, und wenn hier dereinst Marsmenschen einmarschieren, gebe ich ihnen maximal fünf Jahre. Der Verkehr würde schon reichen.

Szenen aus Saigon: Ein Pause machender Busfahrer an der Hauptstraße Dong Khoi zupft sich die Nasenhaare vor dem Außenspiegel. Die Frau an der Ampel (eine Fußgängerampel! Eine von zehn oder zwölf!) drückt sich einen Pickel im Handspiegel aus. Als sie mich erblickt, kramt sie in ihrer Tasche und bietet mir eine Pinzette an, deutet mit der Pickelhand auf den Bart.

Eieieiei, sage ich. Da hätte ich zu tun, was?

Sie versteht mich nicht, merkt nur, dass ihre Geschäftsidee für den Augenblick verpufft. Der Bart, mit dem ich wieder ganz zufrieden bin (da ist man einfach angezogen), er scheint hier ein Ausbund an Ungepflegtheit zu sein.

In der chinesischen Pagode die Schwaden der Räucherspiralen, die Heiligen mit Schwert und unheimlich gezwirbelten Schnurrbärten, der Tempel ein Labyrinth aus Gängen, kleinen Räumen, dieser betäubende Geruch ... Die Nudeln essenden Alten in der schattenumrankten Ecke, am Boden ein Hund, der sich die Eier leckt. In einer Ecke sitzt ein Paar an einem Holztisch, sie hochschwanger, er zittert vor Aufregung. Dahinter ein Priester, der in einem vergilbten Buch mit sehr dünnem Papier blättert und mit Kreide irgendwelche Zeichen auf den Tisch kritzelt.

Wir bleiben in einiger Entfernung stehen, gucken wohl fragend, jedenfalls raunt uns ein junger Mann zu, der glimmende Räucherstäbe in der Hand hält: Er liest in ihrem Schicksal!

Schicksal?

Ob sie zusammenpassen. Ob ihre Ehe gut wird.

Und was, wenn die Zeichen schlecht stehen?

Er lächelt, schüttelt den Kopf, hebt die Schultern.

Die Stadt hat weniger koloniale Pracht, als ich erwartet hatte, warum auch immer, weniger Grandeur, sie ist enger, lauter, lebendiger. Man kann für, aus unserer Sicht, wenig Geld phantastisch essen, etwa den fondueartigen *Hot Pot* im Restaurant *Lemongrass*, und es gibt wunderbare Bars auf den Dächern der großen Hotels. Wir setzen uns oben auf die kitschbunte Terrasse des *Rex* und danach ins blöd betitelte

*Saigon Saigon* des Hotels *Caravelle*, neunter Stock, mit Blick auf die Oper und das Hotel *Continental*. Wir schlürfen einen Ricard, die Sonne drückt sich rot durch die Wolken, färbt den grauen Himmel gelb und taucht die ganze Stadt in ein magisches Zwielicht. Stark, so ein Pastis im richtigen Augenblick.

Und jetzt, da die Sonne weggetaucht ist und das Licht verlöscht und wir langsam betrunken werden, kommt ein leichter Wind, der die schwüle Luft durchschneidet, alle Fenster der Bar stehen offen. Weit weg das Gebrumm. Das alte Saigon der Kriegsberichterstatter, hier oben lebt es noch. Die Atmosphäre ist getränkt von der Sehnsucht der rotnasigen, teigigen Westler an den Theken, der *Expats*, die sich in ihrer hemmungslosen Verzweiflung volllaufen lassen.

Würde ich hier leben, ich würde wie sie. Ich würde jedenfalls saufen in diesem Klima, das steht seit St. Lucia fest, und ich muss es mir wieder bestätigen. Das ist nichts Heldenhaftes, gewiss nicht, es ist nur eine Erkenntnis, eine betrübliche.

Wir haben nicht viel Zeit in Vietnam, doch wir wollen ins Mekongdelta, Anna war hier mal mit dem Fahrrad unterwegs für eine Reisereportage, und sie schwärmte mir vor, das müsse ich sehen, allein die vielen Schatten des Grüns. Soll man da widersprechen? Aber, sage ich, wenn wir das machen, dann holen wir uns den besten Führer Saigons, ich möchte nicht so ’ne Standardtouritour machen, wo man von A nach B geschleift wird, und der Guide spricht nur radebrechend Englisch und am Ende soll man einen Teppich kaufen oder, noch schlimmer, landet in einer Trachtentruppe.

Also, das mit dem Teppich werden wir erfolgreich verhindern. Zwar sieht das Büro von *Asiana Travel Mate* aus wie ein Edeljuwelier, und die Beraterinnen gucken glutäugig und duften nach Mandelöl, ich weiß aber nicht, ob das alles nur Tarnung ist.

Wir sind Journalisten aus Deutschland, und wir wollen

eine sagenhaft gute Tour ins Mekongdelta mit eigenem Führer, sagen wir.

Kein Problem, schnurrt die Dame.

Und der Führer soll bitte flüssig Englisch können und sich richtig gut in der Geschichte auskennen, weil wir sind Journalisten und neigen dazu, viele Fragen zu stellen. Wir meinen das dann nicht böse, es ist nur so, wir können nicht anders.

Kein Problem, schnurrt die Dame.

Am nächsten Tag holt uns Viet-Ahn im Hotel ab, der so lala Englisch spricht und sich in Geschichte womöglich auskennt, sein Wissen aber nicht in englische Worte umsetzen kann. Doch er ist nett. Und der Fahrer ist nett, der seinen Namen murmelt, ohne dass wir ihn verstehen würden. Viet-Ahn sieht mit seinem Schlapphut, dem Schnauzer und der Sonnenbrille so astrein nach Geheimagent aus, dass wir ganz begeistert sind. Mir gefällt die Idee kolossal, dass der vietnamesische Staat uns womöglich einen eigenen Agenten als Begleitschutz mitgegeben hat.

Als Aufpasser, meinst du wohl, sagt Anna.

Pst, dafür könnte man dich schon einbuchten.

Wir erfahren von unserem kundigen Guide in den kommenden zwei Tagen wahnsinnig viel, beinahe so viel, wie man sich in ungefähr einer Stunde anlesen könnte.

Das Volk Vietnams besteht demnach aus 54 ethnischen Gruppen, die kleinste, der Stamm der *Odu*, hat nur 194 Mitglieder (wie viele Mopeds, weiß Viet-Ahn nicht), allein 65 Millionen zählen die ehrenwerten *Viet*. Der Mekongfluss entspringt in den Bergen von Tibet, rauscht dann 4500 Kilometer durch Südostasien und mündet in einem neunfingrigen Delta ins Südchinesische Meer. 17 Millionen Menschen leben in seinem Schoß. Der vietnamesische Name für Mekong bedeutet »Neun Drachen« – und das scheint mir angemessen bombastisch, wird doch das halbe Land von seinen Reisfeldern durchgefüttert.

Viet-Ahn, sagen wir von unseren Sitzen im Fond der klimatisierten Limousine, müssen wir das Programm so durchziehen? Ich wedele mit dem Blättchen, auf dem die Tour ausgebreitet ist.

*Well*, sagt er, *no. I think so.*

Weil, uns interessiert diese Musikeinlage nicht.

Okay, sagt er.

Und die Reiskeksfabrik muss auch nicht sein.

Okay, sagt er.

Wir würden stattdessen gerne von Can Tho aus ins Land fahren, wo sonst vielleicht keine Touristen hinkommen.

Okay, sagt er, *no problem, I think so.*

Die Fahrt durch die Peripherie Saigons ermüdet. Überall werden Wohnsilos aus den Feldern gestampft, die Bauern hat man, das las ich in einer englischsprachigen Zeitung, mit dem einst gültigen Bodenpreis abgespeist. Die Wohnungen gleichen Verschlägen, man sieht winzige Fenster, vor die Wäscheleinen gespannt sind. Nach zwei Stunden Gegurke, vorbei an unzähligen Imbissen, werden wir auf ein *Longtail*-Boot verfrachtet, ein treffender Name für den langschwänzigen Außenborder, der so viel Krach macht, dass man meinen könnte, wir hätten einen Rundflug im Sinn. Wir tuckern über einen Nebenarm des Mekong, der schlammig ist, die Grenzen der Welt bestehen aus Schilf, Mangroven und verwitterten Holzhütten. Ein Fluss wie aus Lehm. Nur flaches Land um uns, darüber drückend der diesige Himmel. Im Garten sind Grabsteine zu sehen, der Ahnenkult blüht. Der alles überwältigende Geruch nach hochkeimendem Leben. Süßlich, genau zwischen Überreife und Verwesung.

Ein Problem am Mekong sei die Erosion, sagt unser Guide. Der Mekong gibt den Leuten alles, was sie zum Leben brauchen, selbst den Sand für das Fundament der Häuser, aber manchmal wendet er sich gegen sie. Wir machen an einem

Steg fest. Es duftet nach gerösteten ... Die Reiskeksfabrik. Viet-Ahn!, rufen wir.

*Nice stop*, ruft er und ist schon vorgespurtet zum Reiskeksfabrikanten, der sicher handverlesen ist. Nun ja. Wir sind ja hier im Urlaub, und wenn ich eins hasse, dann, mich irgendwo beschweren zu müssen. Kraft zu lassen ohne Not. Und die Reiskekse sind sicher ganz lecker. Eigentlich auch interessant hier. Wie sie den schwarzen Schlamm des Flusses erhitzen, um darin Puffreis zu backen. Das Ganze bestäuben sie mit Sesamsamen, und köstlich ist auch das Kokosnusscandy, klebrig und zäh und so zuckrig, dass die Schoten platzen.

In der Fabrik schöne Kühle, herrliche Ruhe. Kein stinkender, lärmender, klopfender Zweitakter. Die Arbeiter sprechen nicht, füllen nur ihr Reiskornpop in Rohrzucker-Ingwer-Kokosnusspampe. Minutenlang fällt kein Wort. Wir scheinen nicht beachtet zu werden.

Danach wird Jasmintee gereicht, und das mir. Von Tee bekomme ich Brechreiz, es funktioniert meist zuverlässig. Ich nippe ein wenig und setze mein höflichstes Gesicht auf. Keiner scheint den ungeheuerlichen Affront zu bemerken, dass ich die Gastgabe verschmähe. An diesem Ort hat sich uns aus Gründen, die ich nicht begreife, ein zweiter Guide angeschlossen, Toni, der im Mekongdelta aufgewachsen ist. Toni spricht besser Englisch als unser Agent und hat ein sehr sauberes Hemd an. Vielleicht ein Super-Agent.

Wie ist es hier als Kind?, frage ich.

Der Fluss war unser Spielplatz, sagt Nam. Es ist zwar ein dunkles Wasser, man findet nichts, was hineingefallen ist, aber er bietet alles, was das Leben spannend macht.

So plaudern wir uns durch die Teestunde, und bald kommen wir auf Vietnam zu sprechen. Wir erfahren, dass die Leute im Süden als steifer, aber besser ausgebildet und gastfreundlicher gelten als die im Norden. Und dann reden wir über den Boom. Vietnam gilt als Tiger auf dem Sprung.

Was kommt bei den Leuten an?, frage ich.

Toni und Viet-Ahn schauen sich an.

Vielleicht ein Prozent der Leute können sich eine Krankenversicherung leisten, sagt Viet-Ahn nach einem kleinen Schweigen.

Ich kann's nicht, sagt Toni.

Ich auch nicht, sagt Viet-Ahn.

Und was, wenn etwas ist?, fragt Anna.

Die Familie muss halt für einen aufkommen, irgendwie, sagt Viet-Ahn. Deswegen sind ja meine Eltern so beunruhigt, dass ich in Saigon lebe und nicht bei ihnen.

Jetzt kommen große Versicherungen ins Land, sagt Toni, aber die Vietnamesen denken so nicht, so vorsichtig, sie müssen es erst lernen. Wir lernen ja auch erst, mit dem Markt umzugehen. Früher haben die Menschen für den Staat gearbeitet, da war es gut, faul zu sein, jetzt arbeiten sie für sich selbst, jetzt ist es gut, fleißig zu sein. Vietnam verändert sich sehr schnell.

Wieder zurück auf dem Boot, Toni ist an Land geblieben. Erzähl uns von dir, Viet-Ahn, sage ich.

Von mir?, sagt er. Er lacht unsicher.

Woher kommst du?

Stockend erzählt uns Viet-Ahn seine Geschichte, während rechts und links das Leben am Mekong vorbeitreibt. Die Boote haben am Bug Augen aufgemalt, um die Tiergeister des Flusses abzuschrecken. Weil ihre Motoren einen Höllenlärm machen, kommen sie daher wie unheimliche Lebewesen, die sich wie auf der Pirsch durch den Fluss schieben. Viele wild blickende Huck Finns auf diesen schlammbraunen Booten, übers Deck ein Zeltstoff gespannt, unter der Decke baumelt ein Handy.

Viet-Ahn sagt, er komme aus der armen Mitte des Landes, nahe der alten Kaiserstadt, er sei der einzige Sohn von Reisbauern, eigentlich hätte er Reisbauer werden sollen. Aber er ging nach Saigon und studierte Tourismus. Großes Problem, sagt er, die alten Leute verstehen nicht, warum man in die Städte muss.

Ja, sagen wir, das ist in vielen Ländern so.

Es war meine einzige Chance, sagt er. Ohne Studium hätte ich zur Armee gemusst, *I think so*.

Sein Englisch brachte er sich selbst bei, sagt er, mithilfe einer einzigen Lerncassette. Seit 1997 ist er in der Stadt. Immer wieder fügt er dies *I think so*! an seine Sätze an, als sei er sich selbst nicht sicher, eine solche Meinung äußern zu dürfen. Vielleicht sagt man das in Vietnam aber auch nur so, so wie manche Deutsche immerfort *irgendwie* in die Sätze einstreuen oder sie mit einem *gell* krönen. Oder es liegt daran, dass es noch nicht lange der Fall ist, dass man sich eigene Meinungen leisten darf. Das Internet hat sich auch in Vietnam unerhört fix verbreitet in den letzten Jahren, es verändert auch das Selbstbewusstsein der jungen Menschen. Zum ersten Mal darf die eigene Meinung zählen – auch wenn noch nicht alle damit umgehen können. Als eine Frau aus Saigon kürzlich einen Blog veröffentlichte, in dem sie Hanoi beschimpfte (»diese Stadt sollte man fluten«), bekam sie 10 000 Mails, die meisten bitterböse Kommentare. Inzwischen gibt es 500 000 Blogs, dabei war noch 2005 das Bloggen in Vietnam kaum bekannt.

Ho-Chi-Minh-City hat sich in den letzten Jahren dramatisch geändert, sagt Viet-Ahn, überall entstehen neue Hotels, neue Hochhäuser, das Geld der Welt strömt herein, *I think so*.

Und wie findest du das?

Ich? Er überlegt, klopft sich dann aufs Herz. Ich habe sehr starke Gefühle für unseren Weg. Vietnam ist auf einem guten Weg, *I think so*.

Unser Ziel am Abend ist Can Tho, rund 180 Kilometer von Saigon entfernt, am Zusammenfluss vom Hao Giang und Can Tho gelegen. In Vinh Long entern wir eine Fähre, noch ist die Brücke im Bau, Saigon, das gefräßige Monster, wird dann näher an das fruchtbare Delta rücken. Die Stahlkonstruktion spannt sich schon weit am Horizont, sie scheint viel zu groß für dieses platte Land. (Ein Jahr später wird ein Teilstück zusammenbrechen, sechzig Menschen sterben. Das stolze Bauwerk, das Südostasiens größte Hängebrücke werden sollte und 2008 eröffnet, hat wohl der Fluss kleingekriegt, die Fundamente unterspült.)

Abends in Can Tho, ein Zimmer mit Blick auf den Mekong. Die Promenade der Stadt hat ihren Platz in der vietnamesischen Poesie, sie gilt als eine der romantischsten Fleckchen des Südens. Überall große Restaurants, die auf Hochzeitsgesellschaften spezialisiert sind. Am Rand des Flanierwegs ein kleiner Park, der einen überlebensgroßen silberfarbenen Ho Chi Minh behütet. Davor zwei Mädchen, die Trockenfisch verkaufen, der aber wirklich nur ganz wenig riecht.

Hier schauen die Frauen vor allem Anna an, die ist so groß wie ihre größten Männer. Ich bin wahrscheinlich schon jenseits von Gut und Böse, ein *freak of nature*, 187 Zentimeter muss in ihren Augen fast so lang sein wie die Statue von Ho Chi Minh.

Wir essen am Fluss, haben das ganze Panorama vor uns. Das ewige Knattern der Diesel. Das Schnellboot nach Phnom Penh, wie ein Blitz aus einer anderen Zeit.

Da könnte man jetzt mitfahren, wenn man Zeit hätte, sagt Anna, einfach draufspringen und in Kambodscha ankommen. Und dann weiter, immer weiter. Von überall gibt es einen Weg weiterzukommen. Und immer kommt man eines Tages irgendwo an.

Man muss es aber auch wollen, sage ich.

Und die Zeit ist nun eh vorbei, sagt sie, wo wir Zeit hatten.

Flussbilder: Die brettdünnen Frauen in ihren Sampan, unter ihren Reishüten, sie kommen vom Markt. Das Klatschen des braunen Wassers an die Kaimauer. Am Ufer gegenüber die Palmenwipfel, die die Häuser überragen. Das gelbe Licht der Abendsonne. Das Durcheinanderfallende, Improvisierte der Hütten aus Wellblech und Holz. Darüber aber die Nokia-Reklame, riesengroß, Models mit westlichen Gesichtern. Daneben eine Werbung für Latex-Matratzen. Davon sollen sie also träumen, die Brautleute.

Das Bier *Bababa* kühl in unseren schwitzenden Gläsern. Der warme Wind, der die weiße Tischdecke bauscht. Der wolkenlose, weiche, farblose Himmel. Der flatternde gelbe Stern auf der Flagge der Fähre, die mit dem Hintern fast im Wasser liegt. Die Lastschiffe haben Autoreifen statt Fender an der Reling. Die wie irre Wasser schöpfende Frau, die nur hofft, nicht unterzugehen. Sie trägt ein rotes Seidenhemd, mit rechts hält sie das Ruder, mit links schöpft sie unentwegt.

All das prägt sich mir ein, ein geschäftiges und doch friedliches Bild, ein schöner Abend in Vietnams Hochzeitsstadt. Aber in mir wird nichts zum Klingen gebracht. Solche Szenen Asiens lassen mich kalt, ich weiß nicht recht, warum, ich muss mich entschuldigen, mir ging es früher bereits in Japan so, in Korea, in Thailand: Asien berührt mich nicht. Ich fühle mich schon zu Hause zu oft fremd, auf Reisen will ich zu mir finden. Fühle mich hier nie zu Hause, und das brauche ich, nach einer Weile. Die Geister, die durch die hereinbrechende Nacht herbeigeweht kommen, sind nicht meine Geister, sie müssen da sein, die lebenden Augen der Boote starren aufmerksam in die Dämmerung, aber ich kann sie nicht sehen und werde sie niemals hören, sie erzählen mir ihre Geschichten nicht.

Am nächsten Morgen stehen wir zeitig auf, die Schwimmenden Märkte von Cai Rang seien früh am schönsten, sagt Viet-Ahn. Knatternd geht es hinaus, zu den vertäuten Booten. Wie schwer diese Kähne beladen sind, Berge von Melonen oder Ananas, haufenweise Zwiebeln und Avocados, Knoblauch und Kürbissen. Unter Deck die Hängematten, am

Heck Kleiderbügel, die in der Brise baumeln. Früchte wandern wortlos von Boot zu Boot. Eine bunte, aber freudlose Veranstaltung. Mir scheint, die Romantik solcher Märkte liegt vor allem im Auge des Betrachters – für die Bewohner des Mekongdeltas ist es eine logische Sache, dass der größte Teil des Handels auf dem Wasser abgewickelt wird, in diesem tausendfach verzweigten Irrgarten aus Kanälen und Wasserwegen hat fast jeder Bauer ein kleines Boot vor der Haustür oder kennt jemanden, der eins hat. Die Marktweiber sitzen auf ihren Booten immerzu in der Hocke. Ich könnte das gar nicht. Meine Knie würden nach einer Minute sagen: So nicht, Freundchen, so haben wir nicht gewettet.

Unser Führer redet leider mit niemandem, und wir verlangen es auch nicht von ihm, als Übersetzer taugt er nicht. Mit fragenden Augen kriegen wir hundertundein Produkt angeboten, kaufen schließlich zwei Avocados, denken an Guadeloupe und sausen rüttelnd davon. Am Ufer reiht sich Wellblechhütte an Wellblechhütte, viele drehen ihren Rücken zum Fluss, und an diesem Rücken haben sie einen kleinen Anbau, der auf Holzstelzen ruht. Die meisten Menschen hier, sagen wir's, wie's ist, kacken direkt in den Fluss. Und in diesem Fluss waschen sich die Menschen und waschen sie ihre Wäsche und ihr Obst und spielen ihre Kinder. Ebbe und Flut und eine starke Strömung pumpen zwar immer wieder frisches Wasser heran, aber ein Fluss für Träumer ist der Mekong nicht.

Mittags kehren wir in einem Privathaus ein, das einem alten Vietkong gehört. Der Vietkong hat einen priesterhaft gezwirbelten Bart, er ist 87 Jahre alt. In diesem Klima verwittert alles, nur nicht die Menschen.

Die alten Leute rede gerne über den Krieg, sagt Viet-Ahn.

Auch über das Leid und die Gräueltaten des Krieges?, frage ich.

Kein Problem. Es ist nicht unsere Kultur, darüber zu schweigen, sagt er, *I think so*.

Dann frag ihn bitte, ob er uns erzählen möchte, was er erlebt hat, sage ich.

Viet-Ahn geht zu dem papierzarten Mann, an dessen Armen müde Muskeln hängen, und spricht mit ihm. Nach ein paar Minuten kehrt er zurück.

Er sagt, er spreche sehr gerne über den Krieg, nur heute nicht.

Warum?, fragt Anna, glaubt er, wir seien Amerikaner?

Er weiß, dass ihr Deutsche seid, sagt Viet-Ahn, er möchte es nicht, und wir werden dies natürlich respektieren.

Natürlich, sage ich enttäuscht.

Vor Frust trinke ich gleich zwei Whiskeys, die uns angeboten werden, aber Viet-Ahn macht das auch, mit Schwung kippen wir uns die Drinks hinter die Binde, ein Uhr mittags.

Wir sitzen so im Schatten herum, neben uns eine Horde Amerikaner, die den Whiskey lautstark begrüßt hatten. Es naht eine Combo Musiker, und was wir in den nächsten fünfzehn Lebensminuten zu hören bekommen, ist nur mit einem Gebet an Loriot zu ertragen.

Das Beste ist der Sänger, der sich erkennbar viel auf sein Äußeres einbildet. Er trägt einen sehr straff sitzenden braunen Overall, seine Haare wellen sich im Nacken ölig, und in den Augen sitzt der ganze Anspruch der Royal Albert Hall. Wir hatten ihn zuvor in einer kleinen Hütte schlummern sehen, der Künstler döste. Er wird begleitet von zwei jungen Damen, die ihn geschlechtslos anhimmeln, und einem nichtssagenden Burschen, der eine Gitarre mit zwei Saiten in den Händen hält. Die Stimme des Maestro lässt sich am besten beschreiben mit einem atonalen Näseln, unterstützt von absurd falschem Gefistel. Am Nachbartisch quatschen sie während des Liedes ungerührt über den bevorstehenden Super Bowl. Anna und ich wissen, wenn wir uns jetzt anschauen, ist es aus. Dann platzen wir vor Lachen und werden uns auf dem Boden kugeln müssen.

Viet-Ahn hat sich während des Auftritts noch einen Whiskey hinter die Binde gegossen. Die Lieder handelten vom Liebeswerben am Fluss und so weiter, erklärt er uns. Und man hat euch eine friedliche Rückkehr gewünscht. Wir verbeugen uns artig und geben etwas Trinkgeld. Und danken Loriot, dass er uns vorbereitet hat auf die Fallstricke des Lebens.

Ich habe mich mit aller Macht zurückgehalten, sagt Anna hinterher, das wollte aus jeder Pore raus, das Lachen. Das allein war das Geld wert.

Als wir am Nachmittag wieder zurück in Saigon sind, fragen wir unseren Privatagenten, wohin er denn reisen würde, könnte er an einen Ort seiner Wahl fahren.

Nach Sydney, *I think so*, sagt er.

Warum nach Sydney?, fragen wir.

Dort gibt es diese Oper, ich weiß nicht, ob ihr sie kennt, sie hat ein ganz weißes Dach, sie sieht aus wie eine Oper aus Schnee. Die würde ich gerne mal sehen. Aber ich weiß nicht, ob ich sie jemals im Leben sehen werde, sagt Viet-Ahn, Reisen ist teuer, *I think so*.

Wir erzählen ihm nicht, dass wir gerade aus Sydney kommen, dass wir vor ein paar Tagen in der Schneeoper waren. Es erschiene uns wie eine Beleidigung.

## SECHZEHN
# Ein Bad in den Wolken

Die letzten zwei Tage. Das ist merkwürdig: Die Reise hat alle Zeit der Welt in Anspruch genommen, und dennoch ist sie verflogen. So viele Momente, die uns lange noch beschäftigen werden, so vieles, das wir zu verarbeiten haben. Und doch steht die Rückkehr in die Heimat bevor, die Gedanken federn hin und her zwischen dem, was war, und dem, was sein wird. Nein, Hongkong hat keine Chance. Wir sind nicht neugierig auf diese Stadt, sie ist ein Opfer unserer Reiseplanung. Ich wette, sie kann es verschmerzen, auf den Einzelnen kommt es hier nicht an.

Zum Abschluss gönnen wir uns etwas Besonderes. Ein Zimmer mit bester Aussicht, endlich puren Luxus, das muss die Reisekasse noch hergeben – aber wir fragen sie erst gar nicht. Wir wollen die Tour nicht ausplätschern lassen, sondern mit einem Paukenschlag beenden. Die Nacht im *Langham Place Hotel* kostet 180 Euro, und das ist schon das Superduperinternet-Schnäppchen. Unser Bett breit wie die Champs-Elysées und bequem wie eine Schäfchenwolke. Das Frühstücksbuffet wird Köche inkludieren, die vor unseren Augen herumwirbeln, in der Bar gibt es zum Willkommensdrink einen Teller Jumbo-Oliven. So stellt man sich das vor.

Jeden Cent arbeiten wir ab. Unser Raum liegt im 28. Stockwerk und besteht im Prinzip nur aus Fenster. Unter uns türmen sich die Silos von Mongkok, gähnen Schluchten aus

Werbetafeln. Wir kaufen uns einen australischen Shiraz, futtern vorher in der Mall Sushi vom Fließband. Um uns nur Chinesen, keiner beachtet Langnasen. Viele Mädels herausgeputzt, als ginge es zum Pferderennen. Ihre nichtssehende Arroganz, ihr kokettes Selbstbewusstsein gleicht dem ihrer Gesinnungsgenossinnen in New York oder Paris. Und alle sind gleich gekleidet, Rock, Stiefel, breiter Gürtel – sie beziehen ihre ganze Sicherheit nur aus dem Wissen, der Mode zu folgen. Stark. Die Stadt sehr farbig, die chinesischen Zeichen blinken ganz fröhlich. Wenn man auf der Straße steht, nehmen sie einem den Himmel. Unfassbar viele Menschen in dieser Sekunde um uns. Wirklich unglaublich viele. Wie wenn sich ein Stadion leert, nur dass die ganze Stadt so voller Menschen ist.

Wir flüchten zurück in unser Hotel. Im 42. Stock wartet der Pool, 20 Meter lang, lautlos dampfend unter einem Baldachin gebogener Stahlträger. Wir sind ganz allein hier oben, es hat vielleicht 12 Grad, wir sind im Winter Südchinas. Ich mache eine Arschbombe, die mir sensationell gelingt.

Rekord?, frage ich enthusiastisch, als ich wieder auftauche.

Rekord!, ruft Anna, Hut ab und Respekt.

Ganz weiches Wasser. Mache ein paar olympiaverdächtige Züge, klammere mich ans andere Ende des Beckens. Bleicher Nachthimmel ohne Sterne, nur unser Atmen und das Klopfen der Herzen und das ferne Rauschen der Stadt. Wir kraulen um die Wette, Anna hielte viel länger durch, aber die erste Bahn gewinne immer ich, bin einfach länger. Schnaufe schwer, danach, meine Kraft reichte gerade mal, um einen Kanal des Mekong zu queren. Oder vielleicht noch den Mystic River.

Danach in die Sauna. Yin-und-Yang-Zeichen an der Wand, es plätschert Wasser. Bescheidene asiatische Lebensklugheit in jedem Detail, am feinsten die Regendusche und die hautsympathischen Schieferplatten auf dem Boden. Überall hilfreiche Geister, die überrascht sind, wenn man sich bei ihnen bedankt. Extraflauschige Handtücher, wo immer man hingreift. Irgendeinen gedankenschweren Film könnte man hier drehen oder auch einen Mord im Dampfbad.

Wir sickern im Lift wieder nach unten. In der Kabine läuft auf einem Bildschirm *Dick & Doof*, leider ist der Aufzug schnell wie eine Satellitenrakete. Und nicht mal Anna denkt, er könne stecken bleiben, Stan Laurel ist noch immer zu gut. In den extraflauschigen Bademänteln fühlen wir uns grundlos wie Rockstars. Wir setzen uns vors Fenster, futtern dunkle Schokolade und lassen den Wein hinuntergleiten. Bleiben hier, den ganzen Abend. An der Wand ein flacher Riese von Fernseher, wenn man ihn hinlegte, könnte man darauf den dreifachen Rittberger trainieren. Am Telefon ließen sich *Yahoo-News* abrufen. Will man das? Eine Glaswand verbindet Bad und Schlafzimmer. Man könnte stattdessen ja auch, theoretisch, seiner Liebsten beim Eincremen zugucken.

Wir schlafen bei offenen Vorhängen, wattiges Licht bringt unser Bett zum Leuchten, das aber wirklich ganz ehrlich so groß ist wie der ganze Raum. Oder so groß wie das Dagobert Ducks in jenem legendären Comic, über den ich mich seit meiner Kindheit freue. Dieses unfassbar große Bett zittert nachts, unerklärlicherweise, und schließlich engagiert Dagobert einen Privatdetektiv, der sich mit ihm auf der fußballfeldgroßen Matratze zu betten gedenkt. Als der Typ die Bettdecke ergreift, sagt Dagobert, mindestens zehn Kissenlängen entfernt, den unvergesslichen Satz: »Das könnte verteufelt eng werden!« (Das Zittern kommt natürlich aus dem nahen Geldspeicher, wo Donald mit einem Gabelstapler Geldsäcke hin und her wuchtet. Diese Idee der Geldspeicher. Hongkong scheint mir voller Geldspeicher zu sein. Und voller armseliger Donalds, die das Geld anderer betütteln.)

Arbeite mich durchs Kissenmenü, entscheide mich nach einigem Zögern fürs *Langham Tradition Pillow*.

Du fummelst das doch eh nach zwei Sekunden auf den Boden, sagt Anna.

Es geht doch nur ums Gefühl, sage ich.

Dann nimm doch den Lavendelduft, sagt sie, das nehme ich auch, gibt sicher blumige Träume. Oder soll ich lieber das mit dem Japanese Tea-Geschmack nehmen?

Willst du, dass ich brechen muss, mitten in mein schönes Lavendelkissen?

Gottchen, sagt sie, stellst du dich an.

Um es kurz zu machen: Dies ist ein Hotel, das man am liebsten gar nicht mehr verlässt. Wir sind ganz gerührt über unsere Wahl.

Am nächsten Morgen schlemmen wir uns von Gang zu Gang, ein nicht enden wollendes Frühstücksgelage, garniert mit der erfreulich kritischen *South China Morning Post*. Verzweifelte Mütter aus China, die der Ein-Kind-Regel entgehen wollen, flüchten sich auf Hongkonger Gebiet, um hier zu entbinden – trotz hoher Strafen. Wir lesen, Hongkong, das ja seit 1997 wieder zu China gehört, kämpfe gegen die Einflussnahme der *Mainlanders* und um die eigenen Rechte, die Freiheiten, die man nicht hergeben möchte, um den Luftraum, der viel zu knapp bemessen ist, vor allem will man nicht eine weitere chinesische Stadt werden, sondern eine Weltkapitale bleiben, eben *Asia's World City*. Ringsum wuchern die Bauten in den Himmel. Für unser Hotel und die angrenzende Mall wurden sechs Straßenzüge in Mongkok platt gemacht, ein alter, schäbiger, sicher lebendiger Teil der Stadt: tot. Fast zehn Jahre gehört Hongkong nun schon zu China, es knirscht an vielen Scharnieren, es gäbe viel …

Aber all dies juckt uns nicht. Die Dimensionen der Themen zu groß, unsere Zeit zu kurz. Ich weigere mich, mich einzufühlen.

Wir tapsen durch die Straßen. Ja doch: faszinierendes Häusergetümmel. Die Stadt ein einziges Rattenrennen. Die

Shops stapeln sich bis in den vierten Stock. Die Malls glitzern wie blöd, so stellen sich die Scheichs in Dubai den siebten Himmel vor. Chinesische Läden, die mit mysteriösen Produkten vollgeballert sind, man könnte sicher zerstoßenen Nashornhoden finden und denen einen prächtigen Vortrag zum Thema Naturschutz halten. Anna begnügt sich, Tigerbalsam zu kaufen. In der Auslage lebende Krebse mit verbundenen Scheren, sie spucken Bläschen, sind gepackt in Reih und Glied.

Die Gesichter der Menschen sind nicht zu lesen. Sie haben jedenfalls alle viel zu tun. Ich hatte ganz vergessen, wie geschäftig Weltstadtmenschen sind. Diese gehetzten Blicke. Die eingebaute Vorfahrt. Wirklich eine eigene Sorte Mensch. Wie ungeheuer beschäftigt alle sind, sich ein angenehmes Leben zu ermöglichen. Hektisches Geldverdienen, um sich so etwas wie ein Leben inmitten der Hektik leisten zu können. Widerspruchsloses Markengetrommel von allen Seiten, *salesalesale*. Wer braucht all diesen Scheiß? Handel ist die Grundlage der Gesellschaft, entfesselter Handel ist widerlich.

An den Wänden der Hochhäuser, die mit ihren Wohnschubladen aussehen wie Wabenkästen, kleben überall Klimaanlagen. Sonst wäre es drinnen wohl nicht auszuhalten, im schwülen Sommer würden die Menschen lebendig gegart – und es gibt keinen Balkon, keinen Vorgarten wie auf St. Lucia, wo man sich treffen könnte. Es gibt nur die Parks, aber die nutzen Abertausende andere auch. Ein Leben als gefangener Krebs. Bürgersklaven. Findet das noch wer absurd außer uns? Und nach sechs, sieben Jahren werden Gräber neu besetzt. Nicht mal im Tod hat man hier Ruhe.

Hongkong, lesen wir, ist der dichtest besiedelte Flecken des Universums, 6300 Leute auf den Quadratkilometer. Architektur-Kenner rühmen die hiesige Architektur. Für mich aber ist Hongkong so, wie man sich in den 80er-Jahren die Zukunft vorgestellt hat, eine Mischung aus *Mad Max* und

*Die Klapperschlange*. Ich glaube nicht, dass schattenwerfende Hochhäuser und Lautstärke eine Zukunft haben. Die Zukunft gehört dem Licht und der Stille, davon bin ich überzeugt. Oder wenigstens unsere Zukunft.

Eine seelenlose Stadt, sagt Anna, die sonst nicht so schnell urteilt.

Oder wir sehen ihre Seele nicht.

Wenn ich sie nicht sehen kann, weiß ich nicht, ob ich sie sehen möchte.

Wir schlendern die Shanghai Street runter, lugen in die Seitengassen, sind erstaunt, wie wenig britisch die Stadt ist, nach 100 Jahren britischer Verwaltung. In ein paar Gassen finden wir das dunkle, alte, runzlige, geheimnisvolle China. Wo Glücksdeuter, Wahrsager und Schamanen ihre Dienste feilbieten. Wo alte Männer mit Pergamenthaut mit einem Schuh auf einen Papiertiger einprügeln, dabei den Namen eines bösen Menschen verfluchend. Das ist beste Auftragsarbeit, versteht sich, kein Chinese macht etwas, ohne dafür bezahlt zu werden.

Unten am *Victoria Harbour* steigen wir auf die billige *Star Ferry*, verlassen Kowloon. Die Stadt macht sich immer breiter, Land wird aufgeschüttet, denn Land ist kostbar, die Ufer wachsen aufeinander zu. Ursprünglich verlief die Küstenlinie da, wo heute noch die Straßenbahn entlangrattert. Die Gleise wanderten im Lauf der Jahre wie von selbst vom Wasser weg. Eines fernen Tages wird der Hafen zugeschüttet sein, da wette ich. Mehrere Dutzend protzige Wolkenkratzer säumen Hongkong Island, vorneweg im Klub der Unsympathen: die *Bank of China*.

Wir machen eine Stadtrundfahrt, kostenlos im Hotelpackage enthalten. Lassen uns auf den *Victoria Peak* kutschieren, aber der liegt im Nebel. Wir sitzen hinten im Bus und fühlen uns wie Opa und Oma. Als Guide haben wir Cathy. Immer wieder sagt sie: *Don't worry*. Wir bringen euch nachher wieder nach Hause, *don't worry*. Hier gibt's was zu trinken, *don't worry*. Offenbar ist dies ein ängstliches Völkchen, das ständig behütet werden muss. Oder halten sie Touristen für bescheuert?

Cathy kichert sehr viel. Cathy erzählt auch sehr viel. Dass es zum Beispiel keine Männer gebe in Hongkong, die eine Frau aus Hongkong heiraten würden. Die seien viel zu selbstsicher, viel zu stark und viel zu verschwatzt, hihi. Wir brauchen mehr Männer!, ruft Cathy. Sie ist vielleicht dreißig, wohnt noch bei ihren Eltern, zusammen mit zwei Schwestern, zu fünft auf 40 Quadratmetern. Und wir haben es sogar noch gut getroffen, sagt Cathy.

Mit dem Sampan tuckern wir durch die *Aberdeen Bay*. 8000 Fischerboote gibt es noch, einige liegen hier vor Anker. Man hört im Geiste so einen chinesischen Gong ertönen, das passte zu diesem Bild. In 15 bis 20 Jahren wird es wohl keine Fischer mehr geben, sagt Cathy, die Söhne mögen das Leben der Väter nicht mehr, auf dem Boot sein und so oft fern der Stadt und ihrer Bräute, hihi. Die Schiffe sind stumpig. Auf dem zweistöckigen Deck hängen Netze zum Trocknen, über die Planken eines Kutters krabbelt ein Oktopus. Ein Fischer entdeckt den Knaben, packt und wirft ihn in einen Bottich, wobei er nicht den Oktopus anstarrt, sondern uns. Alles ist überzogen mit Salz und Algen und einer unbenennbaren Patina.

Wir erstehen auf dem Stanley Market zwei düstere Skizzen des Hongkonger Stadtlebens, stimmungsvolle Radierungen. Die sturmsicheren Hochhäuser an den Hängen wirken wie in den Fels gerammt. Sie flüchten in die Höhe, in die Breite können sie nicht. Eines hat ein viereckiges umbautes Loch in seiner Mitte. Das ist wegen *Feng Shui*, sagt Cathy, hihi, damit der Drache vom Hang zum Meer fliegen kann, wenn er baden will. Dabei ist hier der Quadratmeter Wohnung lächerlich teuer, und doch schlägt der Aberglauben das kaufmännische Kalkül. Was muss dies für ein mächtiger Glauben sein.

Immerhin, die Südküste von Hongkong Island ist schön. Doch: wirklich schön. Man muss sich nur die Häuser wegdenken. Mit Stränden und einem Blick aufs Meer und die untergehende Sonne, dazu dieses milchige Licht dieser Breiten, wie eine Ursuppe. Einen klaren Himmel gibt's hier nur nach Sturm und Regen, hat Cathy erzählt. Das reicht schon, Hongkong nicht zu mögen. Ich brauche möglichst oft einen klaren Himmel über mir. Das gehört zu den Dingen, auf denen man bestehen sollte: klare Himmel.

Wir kaufen uns in Stanley zwei Heineken und setzen uns auf die Kaimauer, grüßen die blasse Sonne, die im Dunst von Hongkong den ganzen Tag nicht zu sehen war, sie hat am Ende unserer Reise keine Kraft mehr, aber das ist in Ordnung. Erschöpft sind wir auch.

Am Abend, auf dem Weg zum Flughafen, sind wir sehr still. Wir begannen unsere Tour in New York, der Stadt des Westens, nun beenden wir sie in der Stadt des Ostens. Zwei Weltstädte, die sich nahe sind, die in ihrer Weltläufigkeit gar nicht wissen, wie weit der Nabel der Welt entfernt liegt, die niemals auch nur daran denken würden, dass er nicht um die Ecke sei, sondern weit draußen im Pazifik, zwischen Valparaiso und Papeete, am unwahrscheinlichsten Ort, den man sich vorstellen mag.

Es war ein langer Weg. Es war ein guter Weg. Sydney hat uns aufgeladen, wir sind frischer als je zuvor. Nun wartet das letzte Ziel auf uns, ein Ziel, das unsere Augen zum Leuchten bringt, ein Ziel, das einen exotischen Klang verströmt, wir können es kaum abwarten, wie es sein wird: zu Hause.

Es ist aufregend, sagt Anna, richtig aufregend, nach Hause zu fahren.

Wir kommen von morgen wieder.

## SIEBZEHN
# Die List der Gefühle

Wir setzen im Schlaf auf, meine Linke unter Annas Händen. Dünne weiße Decke auf der Landebahn, es schneit in Hamburg. Auf uns warten Feuer und Wein, der im Feuerschein glänzt. Wir haben den Winter vermisst, das wird uns klar. Die zu warme Wärme des Ofens. Das lautlose Fallen des Schnees, das Knirschen der Sohlen. Das Knacken brechender Äste im Wald. Die roten Wangen. All das ist, wenn der Winter gut in Form ist, eine erstklassige Brandung.

Der Freund, der unser Heim gehütet hat, empfängt uns am Flughafen, wir drücken ihn lange, und er erzählt uns vom Waschmaschinen-Drama im Keller, gerade erst gestern, Wassereinbruch! Schließlich sind wir zu Hause. Das ist jetzt überraschend: Es riecht alles so, wie es riechen soll. Es fühlt sich an, wie es sich anfühlen soll. So … vertraut. So nach uns. Es ist, auf eine unergründliche Weise, als seien wir gar nicht weg gewesen.

Dann muss der Freund zur Arbeit, und um uns wird es ganz still. Wir setzen uns an den Tisch, trinken Kaffee, essen ein Laugenbrötchen. Ich streiche mit der flachen Hand über die Platte des Tisches, spüre das feine Wachs auf dem Holz, jede einzelne Kerbe. An die Kreidetafel in der Küche hat der Freund geschrieben: *Welcome in your sweet home*. Wir wischen es nicht weg. Ein knappes Jahr später steht es da immer noch, man kann nichts Besseres an diese Tafel schreiben.

Es wird noch lange dastehen, vielleicht bis ans Ende unserer Zeiten.

Wir verließen Hamburg im späten Sommer, am 29. September 2006, und heute ist der erste Tag, an dem es schneit, der 25. Januar 2007. Als habe der Winter auf uns gewartet. Ob es was zu bedeuten hat?

Wir waren mal um die Häuser gezogen, in einem Winter vor zwei Jahren, es hatte dick geschneit, seit Mitternacht war kein Auto gefahren, nun war es drei Uhr morgens, und Hamburgs Straßen lagen wie von einem Mantel verhüllt. Wir sagten kein Wort, als wir durch Eimsbüttel gingen, unser Atem hing über uns wie eine klirrende Fahne, und nach ein paar Minuten schauten wir uns an, benebelt vom Bier und vom Schnee, und sagten, dass die Stadt wohl niemals mehr so schön sein werde wie jetzt, da sie fliegen gelernt hatte, und wir flogen mit ihr. Am nächsten Morgen hatten sie die Straßen geräumt, und der Schnee war feldgrau geworden von der Luft, die wir atmen, und die Menschen schlitterten fluchend über die vereisten Gehwege. Das war damals ein herrlicher Winter.

Vielleicht haben wir Glück, und es wird die nächsten Tage weiterschneien, so viel, dass das ganze Leben zum Stillstand kommt. Das gäbe uns noch ein wenig Zeit, den Moment auszukosten. In uns ist eine Gelassenheit, die wir nicht kannten. Die wenigstens ich nicht kannte. Mich hat die Form des Lebens erwischt, auf unerwartete Art: innerlich. Reisen befreit vom Kreisen um sich selbst. Reisen richtet aus. Reisen macht gerade. Man muss manchmal raus, um mit sich ins Reine zu kommen. Wir sind gewiss nicht als bessere Menschen zurückgekommen. Aber als glücklichere.

Wir haben uns bewiesen, dass es geht, sich zu lösen von allen Fesseln. Wir sind verflucht stolz auf uns. Ich freue mich jeden Tag aufs Neue ein Loch in den Bauch, dass wir den Arsch hochgekriegt haben. In wie viele Leben wir eingedrungen sind …

Ich habe eine These entwickelt: Die Welt besteht nur aus Provinz. Genauer: aus lauter Provinzen. Wo immer wir Menschen getroffen haben, die uns etwas bedeuteten, schienen sie uns unauflöslich verwoben mit ihrem kleinen heimischen Kosmos. Man mag den Blick an den Horizont richten, vielleicht ist dort beizeiten ein Schiff zu sehen, das einen wer weiß wohin mitnehmen könnte, vielleicht steuert es sogar auf uns zu. Das Leben aber findet immer in Nahaufnahme statt, egal, wo.

Noch heute, genau ein Jahr nach unserem Abflug, vermag ich das Gefühl unserer Reise ohne Umschweife wiederzufinden, fast jeder Tag ist noch da, stark und klar, und es ist manchmal, als seien wir immer noch unterwegs, als würde sich unsere Tour für immer fortsetzen. Und wir sind sehr glücklich, in diesen Augenblicken, auch Anna geht es so. Das Leben scheint mir seitdem nichts anderes als eine lange Reise, die begonnen hat, ohne dass wir danach gefragt haben, und die enden wird, ohne dass wir ahnen, dass es Zeit ist. Immer sind wir unterwegs, überall können wir zu Hause sein. Wir habe keine Krankheit durchlitten, erlebten keinen Unfall, keinen Diebstahl, nicht mal ein Flügchen wurde verschoben. Ich weiß nicht, ob wir so viel Glück verdient haben. Ich weiß nicht mal, ob es Glück war. Oder ob die Welt nicht alles in allem ein ganz annehmbarer Ort ist.

Habe mir angewöhnt, mit der Zunge rechts über die kleinen Härchen am Bart zu streichen und mit den Fingern die Haare unter der Unterlippe zu zwirbeln und ganz sachte an ihnen zu ziehen. Ich mache es oft unbewusst, aber manchmal, um mich zu erinnern. Es ist ein guter Griff. Damit bin ich mitunter vollauf beschäftigt, zur Not den ganzen Tag. Es ist mein Gruß ans Leben.

Vielleicht werden wir nie mehr losziehen, vielleicht aber auch morgen, gleich nach dem Frühstück. Das wäre mal was.

# Dank

Mein aufrichtiger Dank gilt allen Menschen, die uns auf unserem Weg begleiteten. Viele nur ein kurzes Stück, andere ohne es zu ahnen, und manche trugen uns auf Händen: die alte Dame, Bernd, Travis, die Jungs von Ben & Jerry's, Charlie, Tom, Pat, die Gäste von Pat, Herb und Doris, Strecki und Annette, Christopher, Paula, Lizzy, Randy, Monique, Leroy, Ben, der Priester, Jordan, John, Margaret, Grayson, Alex, Martina, Will, Simon, Charlie, Jason, Titus, Tera, Angel, Phillipe, Juliette, Robert, Fernando, Isabel, Americano, Luis und Enrique, Ohad, Juan, Nicolas, Julio, die Bands vom Scenarium, die drei Retter in Rio, Rene, Moises, die Musiker vom Cinzano, Aku, Sergio, Alan und der Jude aus Chicago, Sam, Andy, Gill, Barry, Alan, der Karaoke-Maori, Jo, Duncan, Jim, Noaline, John, Will, Dozzy, Jörg, Fred und Christelle, Antje, die vier Samoaner, Max, Bettina, Heiko, Thomas, Barbara, Martin, Kerstin, Bennett, Yannis, Christoph, Julien, Brian, Toni und Viet-Ahn, die Jungs vom Vereinigungspalast, der greise Vietkong, der Sänger vom Mekong, Cathy.

Als alles überstanden war, begann die Reise von neuem, in Gedanken – dafür meinen herzlichen Dank an Thomas Hölzl, der mir half, der Idee einen Weg zu bahnen und schließlich den richtigen Ton zu finden. An die Lektorin Bettina Feldweg, für die begeisterungsfähige, kritische und gut gelaunte Begleitung des Projekts, an den Hersteller Markus Dockhorn für seine schöne Bildidee, an die Grafikerin Birgit Kohlhaas für die Gestaltung der Bildseiten.

Danken möchte ich Klaus für die Empfehlung, mit der alles begann, und natürlich dem großen Giuseppe (er weiß, warum) – euch beiden schulde ich einen kühlen Drink nahe dem Nabel der Welt. Meinen Eltern, weil sie mich irgendwie gelehrt haben, staunen zu können. Sebastian für sein großartiges Heimspiel, Carsten und Doris für den freien Rücken. Unserem wunderbaren Team im Sportressort des *stern* und den beiden Chefs, die mich ziehen ließen. Den unbeugbaren Hamburg Cowboys, 1. Bundesliga Volleyball, vorneweg dem Präsi, weil es Träume gibt, die man erzwingen muss. Meinem Bruder Alex, der schneller las, als ich denken konnte. Vor allem aber M., die in diesem Buch Anna genannt wird, weil sie unerklärlicherweise immer wieder ins Leben hinaus zieht mit einem Tölpel wie mir. Und das auch noch gern.

Eine Stunde lang Kriechfahrt. Die stille Hölle der Südsee. Friedlicher Feierabendstau, keiner hupt, alle kennen das offenbar schon. Jeden Freitagabend sei das so, hat Fred erzählt, die Ringstrasse sei dicht, die Menschen flüchten aufs Land.